KB136875

발해 유민사 연구

발해 유민사 연구

이효형 지음

혜안

책을 펴내며

"발해국이 唐 皇朝의 지방민족정권이라는 것은 중국 학자들의 공통된 견해이고, 발해국 200년 역사상 시종 주로 중국의 전통 강역 내에 위치하였고, 당에 조공하고 당의 관할을 받았으며, 당의 번속이고 지방정권이었다. 따라서 발해국은 처음부터 끝까지 중국의 일부이다."(『北方文物』, 2004-1) 이 글 속에는 오늘날 대부분의 중국 학자들이 발해사에 대해 가지고 있는 기본적인 시각이 집약되어 있다. 그리고 중국 학자들은 발해는 이전의 고구려와 이후의 고려와는 그 계승관계를 주장할 수 없는 국가라고 규정한다. 이와 같은 중국의 역사인식에 대해서는 감정적인 대응보다는 역사적인 자료를 통해 보다 치밀하면서도 논리적으로 한국사의 체계적인 흐름을 파악하는 것이 중요하다. 동시에 우리 스스로도 연구 자세의 반성과 성찰이 있어야 하는 것은 당연하다. 그렇다면 실제로 고구려-발해-고려는 아무 관련이 없는가?

고구려가 신라와 당의 연합군에 의해 멸망하자 그 유민들은 나라를 되찾으려는 부흥운동을 지속적으로 전개하였다. 이러한 가운데 정확히 30년, 고구려 유민들은 말갈세력을 규합해 나라를 세웠다. 이 나라가 다름아닌 발해다. 발해는 海東盛國을 건설하였지만 10세기 들어 거란의 계속되는 침공으로 끝내 패망하였다. 발해 유민 역시 200여 년에 이르는 부흥운동 기간 동안 소위 후발해, 정안국, 홍료국, 대발해 등을 세웠다. 차이점이라면 고구려 유민들은 발해라는 거대 국가를 세워 동아시아의 최강국인 唐과도 대결해 밀리지 않았으나, 발해 유민들은 시차를 두고 다수의 국가를 세웠음에도 부흥운동 국가들은 오래가지 못하고 곧 소멸하고 말았다. 이와 같은 결과가 어디에서 비롯되는 것일까? 원인도 중요하지만 결과는 너무나 컸다. 즉, 발해 유민들은 줄기찬 부흥운동을 전개하는 가운데 발해를 계승한 소국들을 세웠으나 거란의 遼와 여진의 金의 틈바구니에서 고구려, 발해와 같은 강대한 국가를 세우지 못한 채 시간의 흐름과 더불어 서서히 요·금 왕조에 용해돼 버렸다. 이리하여 만주는 더 이상 한국사가 아니라 우리에게 점점 멀어지는 땅이 되고 말았던 것이다.

어쨌든 본서의 목적은 고구려-고구려 유민의 부흥운동-발해-발해 유민의 부흥운동으로 이어지는 한국사의 전개과정 중 맨 마지막 부분을 정확히 이해해 한국사와의 관련성을 찾아보자는 것이다. 이리하여 남북국시대에서 고려로 나아가는 한국사 내의 발해, 발해 유민사의 위치를 파악할 수 있을 것으로 믿는다.

우리나라 역사상 가장 큰 석등을 남긴 나라의 이름은 무엇인가? 지금부터 30여 년 전 국민학교(지금의 초등학교) 6학년 때 담임선생님의 질문이다. 대부분의 아이들은 '통일신라', '백제' 등 다양한 답을 내놓았다. 이 질문에 정확히 답한 아이는 없었다. 선생님은 '발해'가 정답이라 하였다. 이는 필자가 발해에 대해 가지고 있는 가장 오래된 기억이지만, 아직도 생생하다.

이어 발해와의 본격적인 만남은 대학 2학년 때 한국고대사 강의 시간이었다. 수강생들은 자기가 하나의 논문을 작성한다고 가정하고 주제, 목차, 개요, 참고문헌을 작성해 제출하는 리포트를 받았다. 필자는 남들이 연구하지 않은 분야는 어디인가를 생각하다 주제를 발해로 잡고, 80년대 이전까지의 각 나라의 연구 성과를 정리한 다음 참고문헌을 첨가해 제출했는데 무난히 통과가 되었다. 한 가지 조그만 충격은

金毓黻의 『渤海國志長編』에 대한 것이었다. 김육불은 한국인 이름과 유사해 한국인인 줄 알았는데 알고 보니 중국인이었던 것이다. 동시에 그가 비록 중국인이지만 지금도 존경스럽게 생각하는 것은 동아시아 각 나라의 방대한 자료를 어떻게 그처럼 섭렵해 정리할 수 있었는가 하는 점이다.

발해사에 대한 약간의 관심과 지식을 가지고 있는 상황에서 대학 졸업 논문은 「渤海史上의 諸問題」라는 이름으로 정하였다. 발해사의 연구 동향과 논란이 되고 있는 몇 가지 문제를 정리해 제출하였다. 대학을 졸업하면서부터는 이제 발해사에 더 많은 관심을 가지고 자료를 수집하면서 글을 써보았다. 특히 발해 유민사에 대한 글들을 지속적으로 발표한 것은 첫 번째 연구 주제에서 비롯된다. 즉, 발해와 고려의 혼인 관계에 대한 것이었는데 이를 공부하다보니 자꾸만 10세기 동아시아 발해 유민들의 활동이 손에 잡히는 것이었다. 이렇게 유민사에 대한 연구를 한 이래 벌써 20년 가까운 시간이 지났고, 학계에 얼마나 보탬이 되는지는 모르겠으나 다수의 논문이 나오게 되었다. 이러한 가운데 2004년에 『渤海 遺民史 研究-高麗와의 관계를 중심으로』라는 제목으로 박사학위를 받기도 하였다.

이 책은 필자의 박사학위논문을 토대로 그 이후에 나온 몇 편의 논문 내용을 첨가·보완해 완성도를 높이려 한 결과물이다. 전체적인 흐름은 발해·발해 유민과 고려의 관계를 바탕에 두고 발해 유민사를 체계적으로 엮어 본 것이다. 지금까지 우리 학계에서는 발해사가 한국사임을 주장하는 가장 큰 논거를 '발해는 고구려 계승국가'였다는 점에서 찾았다. 이리하여 건국자 대조영이 고구려 출신이고 건국의 주도세력 역시 고구려계 사람들이며 강역이나 문화도 고구려를 이어받았고, 발해의 고구려 계승의식도 강조하였다. 여기에 대해서는 일부 반론도 없지 않으나 발해사 연구자들의 입장은 이와 크게 다르지는 않다. 하지만 발해가 멸망한 이후의 유민사는 어떻게 되는가? 유민사와 한국사는 어떤 관련성을 갖게 되는가? 이 의문이 바로 이 책의 출발이다.

 이 책의 한계성도 지적할 필요가 있다. 먼저 遼·金 지배하의 발해 유민, 지금의 몽골 지역으로 이주해 간 유민 등 다양한 유민사의 전반에 대해 주도면밀하게 연구한 것이 아니다. 이는 앞으로의 연구를 통해 조금씩 해결되리라 믿는다. 다음은 발해와 고려의 관계를 통해 발해·발해 유민사가 한국사에 어느 정도 자리잡을 수 있는지를 검토한 것이지만, 본서 내용의 깊이에 대해서는 늘 불만이다. 필자는 항상 학문에 대한 능력이 부족하다는 생각을 가지고 있다. 역사에 대한 학문적 식견의 모자람과 함께 시간과 집중력의 부족을 부지런함으로 메꾸어 보려고 하지만 그 벽을 넘어서지 못하고 있음을 절감한다.

 그래도 이만한 정도의 책을 출간하게 된 데는 여러 선생님의 도움이 있었다. 먼저 부산대 사학과의 채상식 선생님은 지도교수라는 역할 이외에 쉽게 구하기 힘든 발해사 연구 자료를 수시로 구해주시고 사회생활 전반에 대해 늘 관심을 가져주시는 등 필자의 오늘에 큰 가르침이 되신 분이다. 경성대 사학과의 한규철 선생님은 학위논문 심사는 물론 오래 전부터 필자가 자주 찾아가 자료를 요청하더라도 항상 거절하지 않고 반기면서 자료를 제공하였을 뿐만 아니라, 자문을 통해 발해사 이해에 많은 방향을 제시하였음에 깊은 감사를 드린다. 서울대 국사학과의 송기호 선생님은 박사학위논문 심사를 위해 먼 길을 몇 차례나 다녀가시는 수고스러움을 감수하셨고, 발해사의 깊이있는 연구를 제공하여 새로운 사실을 이해토록 하는 데 감사함을 느낀다. 그리고 부산대 사학과의 김기섭, 이종봉 선생님은 학위논문 심사를 맡으면서 필자가 소홀히 하거나 놓친 부분을 빠뜨리지 않고 지적하여 많은 부분을 보완하는 데 큰 도움을 주었다. 또한 발해사를 같이 연구한다는 이유로 늘 관심을 가지고 도움을 주고받는 동북아역사재단의 임상선 연구위원도 얼굴이 떠오르고, 중문 초록을 잘 다듬어 준 한국학중앙연구원의 김진광 박사에게 고마움을 전하며, 당시 일본의 東京大와 京都大의 연구원으로 있던 백승옥, 김경남 선생에게 자료 복사를 부탁해 잘 활용했던 적이 있는데 이들에게도 고마움을 전한다. 그리고 학부, 대학원 시절에 역사연구의 많은 가르침을 제공하신 부산대 사학과와 역사교육과의 여러 선생님들에게 깊은 감사를 드리며, 그 외에도 일일이 밝힐 수 없으나 많은 분의 얼굴이 떠오른다.

한편 한국에 유학 와 발해사를 전공했던 중국 연변대의 이동휘 교수와의 많은 대화와 교류는 오늘날 중국 학자들의 발해사 연구를 이해하는 데 큰 도움을 주었다. 그리고 그의 은사인 방학봉 전 연변대 교수의 많은 글과 답사 안내도 발해사에 대한 견문을 넓히는 데 커다란 도움이 되었다. 개인이 가기에는 거의 불가능한 러시아 연해주 지역의 주요 발해 유적지를 답사할 기회를 만든 서길수 교수님에게도 감사를 드리지 않을 수 없다.

많은 분의 도움에 깊은 감사를 드리나, 늘 아쉬움으로 다가오는 분은 부산대 역사교육과 명예교수이신 정용숙 선생님이다. 필자의 석·박사 과정 지도교수이셨으나, 필자가 박사학위논문을 제출하기에는 더 많은 시간이 필요한 상태에서 정년을 맞으시는 바람에 항상 죄송한 마음이 앞선다. 자상한 가르침이 아직도 생생하다. 항상 건강하시기를 빌어본다.

필자가 오늘에까지 이른 데는 역시 부모님의 공이 가장 앞선다. 시골에서 당시로서는 어느 정도 배운 축에 들어가나 그 뜻을 제대로 펼치지 못한 채, 오늘도 시골에서 묵묵히 살아가시는 아버님, 아버님의 내조와 자식의 뒷바라지에 최선을 다한 어머님, 늘 필자가 잘되기를 빌며 도와준 누님과 동생에게도 다시 한 번 감사한 마음을 전하고 싶다. 그리고 내조 외에 필자가 쓰는 모든 글의 교정까지 담당하며 더할 수 없는 도움을 주고 있는 아내 최정화, 건실하게 자라며 아빠에게 용기를 주고 있는 현성, 민성 두 아들, 붙임성 없는 사위를 늘 따뜻하게 맞이하시는 장인, 장모님께도 고마움을 전한다.

　마지막으로 좋은 책으로 다듬는 데 정성을 다한 김현숙 편집장님 및 출판사 관계자 분들에게도 감사를 드린다.

2007년 12월
해운대 동백섬 인근 서재에서 필자 씀

목 차

12

14

표 차례

그림 차례

그림 출처

그림 1   동북아역사재단 편, 『발해의 역사와 문화』, 동북아역사재단, 2007, 119쪽.

그림 2   田村實造, 『慶陵の壁畵-繪畵·彫飾·陶磁』, 同朋舍, 1977, 147쪽.

그림 3   동북아역사재단 편, 『발해의 역사와 문화』, 동북아역사재단, 2007, 125쪽.

그림 4   합천 해인사 寺刊板殿 소장 『歷代年表』 板本 및 木板

　　　　　판본 사진 : 부산대 사학과 채상식 교수 제공

　　　　　목판 사진 : 합천 해인사 성보박물관 학예연구실 제공

그림 5   『발해 건국 1300주년 기획전 도록-발해를 찾아서』, 전쟁기념관, 1998, 33쪽.

그림 6   서울대박물관, 『해동성국 발해』(도록), 통천문화사, 2003, 90쪽.

그림 7　조선유적유물도감 편찬위원회 편, 『북한의 문화재와 문화유적』(고려편, Ⅳ), 서울대학교출판부, 2000.

그림 8　서울대박물관, 『해동성국 발해』(도록), 통천문화사, 2003, 70쪽.

그림 9　조선유적유물도감 편찬위원회 편, 『북한의 문화재와 문화유적』(고려편, Ⅳ), 서울대학교출판부, 2000.

서 론

　발해(698~926)는 전성기에 遼東盛國, 海東盛國으로 불리며 그 영토
가 동쪽으로는 오늘날의 러시아 연해주, 서쪽으로는 중국의 요동지방,
북쪽으로는 松花江과 아무르(Amur)강 유역까지 미쳤고, 남쪽으로는 한
반도의 대동강과 원산만을 연결하는 선을 그을 정도로 광활하였다. 그
러므로 발해사 연구는 남북한을 비롯하여 중국, 러시아에서 서로 다른
시각으로 진행되고 있으며, 발해와 외교관계를 밀접하게 가졌던 일본
에서도 연구가 이루어지고 있다.[1]

　중심을 이루는 연구 주제는 대조영의 出自, 종족 구성, 지리 고증,
대외관계, 문화 성격, 고고 조사 및 연구, 유민의 활동, 정치·사회 등
이다. 이 가운데 각 나라의 이해관계에 따라 가장 첨예하게 대립하고
있는 주제는 역시 대조영의 출자와 종족 구성, 문화의 성격에 대한 것
이다. 이는 발해사의 귀속과 직결되기 때문이다. 발해사의 귀속문제가
발생하는 가장 큰 이유는 발해인 스스로 또는 멸망 직후 유민에 의해
서술된 발해 사서가 존재하지 않는다는 것에서 비롯된다. 그런데 최근
에는 이보다 더 중요한 요소로 작용하고 있는 것이 발해의 옛 영토가

---

1) 발해사에 대한 국가별 연구 현황과 주제별 연구 동향에 대해서는 다음 참조.
　韓圭哲 외 共著, 『渤海史의 綜合的 考察』, 高麗大學校 民族文化研究院, 2000 ;
　韓國史研究會 編, 『韓國史研究』 122(특집 : 발해), 한국사연구회, 2003 ; 고구려
　연구재단 편, 『발해사 연구논저 목록』, 고구려연구재단, 2005.

오늘날 동아시아 3국에 걸쳐 있다는 사실이다. 이 점에 대해서는 중국이 가장 민감하게 받아들이고 있다. 현 중국 영토 내의 전체 역사는 모두 중국사라는 인식하에 고조선, 부여, 고구려, 발해 등을 중국사로 규정하기 때문이다.

이러한 사실을 염두에 두고 우선 발해사에 대한 국가별 연구 동향을 20세기 이후로 한정하여 간단히 살펴보도록 하겠다. 이어서 발해 유민사에 관한 연구 동향을 보다 자세히 검토한 다음, 본서 전체의 연구 목적 및 연구 방향을 제시한다.

1. 연구 동향

1) 국가별 연구 동향

우리나라 발해사 연구의 실질적인 출발은 조선 후기 柳得恭의 『渤海考』(1784)였다. 이 시기에 발해사에 대한 관심이 고조되어 활발한 연구가 진행되었으나 한말·일제하를 거치면서 연구에 커다란 진전은 없었다. 해방이 되면서 발해사 연구는 자연스레 남북한에서 별도로 진행되었다.

남한의 발해사 연구는 1960년대부터 조금씩 이루어지기 시작하여 1970년대까지는 동양사 연구자인 李龍範이 일본 학자들의 연구 성과를 수용하면서 주도해 나갔다. 70년대에 李佑成의 남북국시대론을 거쳐 80년대 들어 韓圭哲, 宋基豪, 盧泰敦 등에 의해 본격적인 연구가 이루어졌다. 90년대 이후에는 다수의 학자가 새로이 참여하면서 연구 분야도 다양해지고 연구 성과도 눈에 띄게 많아졌다. 게다가 인접 학문으로까지 연구 범위가 확대되어 주목할 만한 연구 성과가 나오기도 하였다.[2] 이러한 가운데 몇 차례에 걸쳐 발해사 국제학술회의가 열리기

도 하고 순수 발해사 전공자에 의한 전문 연구결과가 출간되기에 이르
렀다.[3] 2000년대 들어 연구 인력은 더욱더 늘어났으며 지금까지 한 학
자가 발해사 분야 전체를 연구하는 연구 분위기에서 벗어나, 이제 서
서히 특정 분야를 깊이 연구하는 방향으로 나아가고 있다.

이렇게 자료와 지역적인 접근이 어려운 한계에도 불구하고 1990년
대 이래 계속해서 발해사 연구자의 박사학위논문이 나오고 있는데,[4]
이는 상당히 고무적인 현상이다. 동시에 한국계이긴 하지만 중국 학자
가 국내에서 박사학위를 받았다는 사실과,[5] 러시아인이 한국에서 발해
사를 전공했다는 것도 주목된다.[6] 더불어 발해 유적지와 멀리 떨어진

---

2) 金玟志,『渤海 服飾 硏究』, 서울대 대학원 의류학과 박사학위논문, 2000 ; 이
   병건,『발해 24개돌유적에 관한 건축적 연구』, 건국대 대학원 건축공학과 박
   사학위논문, 2001 ; 具蘭熹,『國際理解 增進을 위한 渤海・日本 交流史 學習
   硏究』, 韓國敎員大 大學院 敎育學 博士學位論文, 2003 ; 全炫室,『對外關係를
   중심으로 본 渤海 男子 服飾 硏究』, 가톨릭대 대학원 생활문화학과 의류학전
   공 박사학위논문, 2004.

3) 韓圭哲,『渤海의 對外關係史-南北國의 形成과 展開』, 新書苑, 1994 ; 宋基豪,
  『渤海政治史硏究』, 一潮閣, 1995 ; 임상선,『발해의 지배세력 연구』, 신서원,
   1999.

4) 韓圭哲,『渤海의 對外 關係 硏究-新羅와의 關係를 中心으로』, 高麗大 大學院,
   1991 ; 宋基豪,『渤海의 歷史的 展開 過程과 國家 位相』, 서울대 대학원, 1994 ;
   林相先,『渤海의 支配勢力 硏究』, 韓國精神文化硏究院 韓國學大學院, 1998 ; 朴
   眞淑,『渤海의 對日本外交 硏究』, 忠南大 大學院, 2001 ; 尹載云,『南北國時代
   貿易硏究』, 高麗大 大學院, 2002 ; 金種福,『渤海 政治勢力의 推移 硏究-對唐政
   策을 中心으로』, 成均館大 大學院, 2003 ; 李孝珩,『渤海 遺民史 硏究-高麗와의
   관계를 중심으로』, 釜山大 大學院, 2004 ; 金恩國,『渤海 對外關係의 展開와 性
   格-唐・新羅・契丹과의 관계를 중심으로』, 中央大 大學院, 2005 ; 金東佑,『渤
   海 地方 統治體制 硏究-渤海 首領을 中心으로』, 高麗大 大學院, 2006 ; 金鎭光,
  『발해 문왕대의 지배체제 연구』, 韓國學中央硏究院 韓國學大學院, 2007.

5) 李東輝,『발해의 종족구성과 신라의 발해관』, 釜山大 大學院 博士學位論文,
   2004.

6) 박 빅토리아,「渤海의 經濟文化類型」, 서울大學校 大學院 碩士學位論文,

남한에서 러시아와 공동으로 유적지를 발굴하여 보고서를 간행하거나,[7] 몇 차례의 발해사 관련 전시회가 열리는 단계에까지 이른 것은 발해사 연구의 획기적인 발전을 의미하는 것이라 하겠다.

최근의 발해사 연구는 어느 다른 시대와 비교할 수 없을 정도로 활발하게 이루어지고 있다. 연구 여건이 매우 불리함에도 연구 인력이 확충되고 많은 연구 성과를 낳고 있는 것은 어느 누구도 부인할 수 없다. 하지만 이와 같은 현상이 발해사 연구가 미비한 데 따른 반성 위에 자연스럽게 조성된 것이 아니라 외부적인 요인에서 비롯되었다는 것은 주지의 사실이다. 즉, 東北工程으로 대표되는 중국의 발해사 왜곡과 중국사화 정책에 큰 자극을 받아 이에 대응하려는 차원에서 많은 연구가 추진되고 있는 것이다. 앞으로는 이를 계기로 발해사에 대한 새로운 연구 방향을 정립할 필요가 있다.

북한의 발해사 연구는 1960년대에 박시형의 「발해사연구를 위하여」(『력사과학』 1962-1)라는 力作이 나오면서 사실상 시작되었다. 1963~1964년에는 북한과 중국이 합동으로 발해 유적을 발굴하기도 하였는데, 이는 북한의 발해사 연구에 상당한 의미가 있는 작업이었다.[8] 1970

2005.

7) 대륙연구소 편, 『러시아 연해주 발해유적』, 대륙연구소, 1994 ; 고구려연구회 편, 『러시아 연해주 발해 절터』, 학연문화사, 1998 ; V.I. Boldin · E.I. Gelman, 『2004년도 러시아 연해주 발해 유적 발굴 보고서』, 고구려연구재단, 2005 ; 문명대 · 이남석 · V.I. Boldin, 『러시아 연해주 크라스키노 발해 사원지 발굴 보고서』, 고구려연구재단, 2005 ; 고구려연구재단 편, 『2005년도 러시아 연해주 크라스키노성 발굴 보고서』, 고구려연구재단, 2006 ; 동북아역사재단 편, 『2006년도 러시아 연해주 크라스키노성 발굴 보고서』, 대한민국 동북아역사재단 · 러시아 극동역사고고민속학연구소, 2007 ; 한국전통문화학교 편, 『연해주 체르냐치노 5 발해고분군(Ⅰ · Ⅱ)』, 대한민국 문화재청 한국전통문화학교 · 러시아연방 극동국립기술대학교, 2005 · 2006.

8) 북한과 중국의 공동 발굴 보고서가 30년이 지난 최근에 중국에서 발간되었다. 中國社會科學院考古研究所 編著, 『六頂山與渤海鎭-唐代渤海國的貴族墓

년대에 주영헌의 『발해문화』(사회과학출판사, 1971)가 나오면서 이제
문헌 연구와 고고학 두 분야에서 북한 발해사 연구의 기본 방향이 잡
혔다고 할 수 있다. 1980년대 후반을 지나면서 연구자의 양적 확대와
그 성과는 이전보다 더욱 늘어나는 경향을 보인다. 1990년대에는 연구
성과를 집대성한 전7권의 『발해사연구』(사회과학출판사, 1998)가 나왔
으며, 2000년대에는 남북 교류협력에 의해 그들의 연구 성과가 남한에
서 출판되었다.[9]

　일본에서의 발해사 연구는 그들의 만주 침략과 깊은 관련이 있다.
이에 따라 일제시대에는 지리 고증과 고고 조사가 연구의 중심이었다.
그들은 東京城(上京城) 등을 직접 조사, 발굴하여 연구 결과를 내놓기
도 하였다.[10] 이 시기에 鳥山喜一, 三上次男, 駒井和愛, 和田淸, 津田
左右吉 등이 활동하였다. 전후가 되면 일단 연구가 활발하지 않으나
三上次男, 日野開三郞 등은 유민사 연구에 일정한 성과를 내기도 하였
다. 1970년대 이후는 대외관계사가 주류를 이루긴 하지만 首領 문제
등 연구 주제가 다양화되는 경향을 보이고 있으며, 새로운 연구자들이
많이 등장하고 있다. 濱田耕策, 石井正敏, 酒寄雅志, 鈴木靖民, 上田雄,
小嶋芳孝, 李成市 등이 주목되는데 일부 학자는 연구 성과를 출간하기
도 하였다.[11] 이 가운데 李成市는 근대 국민국가가 전유하는 고대 동
아시아의 역사상을 해체하고 새로운 고대 동아시아 역사상을 구축하

　　　地與都城遺址-』, 中國田野考古報告集 考古學專刊 丁種 第56號, 中國大百
　　　科全書出版社, 1997.
　9) 장국종, 『발해국과 말갈족』(사회과학원), 중심, 2001 ; 김종혁, 『동해안 일대의
　　　발해유적에 대한 연구』(사회과학원), 중심, 2002.
　10) 東亞考古學會 編, 『東京城-渤海國上京龍泉府址の發掘調査-』(東亞考古學叢刊
　　　甲種 第五冊), 1939.
　11) 濱田耕策, 『渤海國興亡史』, 吉川弘文館, 2000 ; 石井正敏, 『日本渤海關係史の
　　　研究』, 吉川弘文館, 2001 ; 酒寄雅志, 『渤海と古代の日本』, 校倉書房, 2001 ;
　　　上田雄, 『渤海使の硏究』, 名石書店, 2002.

자는 시각에서 발해사에 대한 조심스런 접근을 시도하고 있어 눈길을 끈다.12)

일제하에 발해 수도를 직접 발굴한 경험을 가졌던 일본의 경우, 90년대 후반 연구자들이 러시아 연해주의 발해 유적을 다시 발굴하기도 하여 문헌 연구 이외에 고고학 분야에서도 여전히 발해사에 깊은 관심을 가지고 연구를 진행하고 있다.

중국 발해사 연구의 출발은 金毓黻이라 해도 과언이 아니다. 그 이전에 唐宴의 『渤海國志』(1919)나 黃維翰의 『渤海國記』(1933)가 출간되었으나 전통적인 역사서술체제를 벗어나지 못하였고 내용상 문제점도 많았다. 반면에 金毓黻의 『渤海國志長編』(1934)은 동아시아의 발해 관련 자료 거의 전부를 모았을 뿐만 아니라 고증도 정밀하여, 지금도 중국의 발해사 연구에 커다란 지침서가 되고 있다. 단 그가 근대 발해사 연구의 토대를 놓은 인물이지만 그의 의식이 중국 본위로 되어 있거나 한국 문헌의 인용이 소홀한 면은 유의할 필요가 있다.13)

그 이후 한동안 발해사 연구는 침체기를 맞이하였으나 1980년대 이래 연구자의 수가 급증하였으며, 王承禮, 孫玉良, 魏國忠, 朱國忱 등이 대표적인 인물이다. 특징적인 것은 고고학적인 발굴과 그 결과에 대한 글들이 많이 나타난다는 점이다. 80년대 이후의 대표적인 저서로는 王承禮의 『渤海簡史』(1984), 朱國忱·魏國忠의 『渤海史稿』(1984), 李殿福·孫玉良의 『渤海國』(1987), 魏國忠 외 공저인 『渤海國史』(2006)를 비롯하여 다수가 있다. 『渤海史料全編』(孫玉良 編, 1992)은 발해사와 관련된 문헌, 고고, 문화 자료를 주제별로 잘 정리하여 연구에 보탬을

---

12) 이성시 지음·박경희 옮김, 『만들어진 고대-근대 국민국가의 동아시아 이야기-』, 삼인, 2001.
13) 李佑成, 「渤海國志長編 影印序(太學社, 1977)」 『實是學舍散藁』, 創作과 批評社, 1995, 281~284쪽.

주고 있다. 그리고 최근에는 특정 주제에 대한 저서도 출간되고 있는 상황이다. 조선족 출신인 方學鳳은 발해사 연구 성과도 많지만 한국과 중국 사이의 발해사 연구에 가교 역할을 하고 있다는 점이 주목된다. 연변대학 내에 발해사연구소가 설치되어 『발해사연구』(1~10)가 계속 출간되고 있는 점도 빼놓을 수 없는 중요한 성과이다.

중국의 발해사 연구의 주요한 주제는 지리 고증, 발해사 귀속문제, 고고연구, 대외관계 등이다. 최근에는 이른바 '東北工程'에 의해 발해 관련 자료수집, 유적지 조사, 번역, 민족, 변경 문제에 대한 일련의 작업이 진행되어 여러 결과물들이 간행되고 있다.

러시아의 발해사 연구는 1950년대에 자리잡기 시작하였다. 발해 고고학의 기초를 닦은 인물은 아끌라드니꼬프(A.P. Okladnikov)이다. 그의 제자인 샤프꾸노프(E.V. Shavkunov)가 발해사 연구에 진력하여 많은 연구 성과물을 내놓으면서 연구 수준은 한층 높아졌다. 그런데 2001년 샤프꾸노프(E.V. Shavkunov)가 세상을 떠나면서 이제는 볼딘(V.I. Boldin)이나 세메니첸코(L.E. Semenichenko), 이블리예프(A.L. Ivliev), 니키틴(Yu.G. Nikitin), 겔만(E.I. Gelman) 등이 발해사 연구의 중심인물이 되었다.

러시아에서의 발해사 연구는 여건상 문헌 연구보다는 고고학 분야에 집중될 수밖에 없어 주거지나 성터, 절터에 대한 연구가 많다. 더욱이 남한과 공동으로 크라스키노, 코르사코프카, 체르냐치노, 트로이츠코예 등 다수 유적을 공동으로 발굴하기도 한 것은 그 배경이야 어떠하든 의미 있는 일이라 생각된다. 중국과 북한에 있는 발해 유적의 발굴 참여가 거의 불가능한 상황에서 연해주 지역에 대한 한국과 러시아의 공동조사·발굴 및 보고서 간행은 발해사 연구 자료를 새로이 만들어 내는 것과 같다는 점에서 더 없이 중요한 의의를 지닌다.

하지만 양국 간의 공동작업이 순수한 학문적인 차원을 벗어나 과시적인 현상이 엿보이는 것은 문제가 아닐 수 없다. 동시에 많은 공동연구와 보고서·출판물은 발해사 연구에 적극적으로 활용되어야 하겠지만, 그 내용이 러시아 측 발굴보고를 소개하는 수준에서 머물고 있는 경우가 많다거나,[14] 동아시아 단위의 거시적 관점에서 발해의 모습을 객관적으로 평가하는 능력을 가진 발해고고학자의 양성도 해결과제다.[15]

2) 유민사 연구 동향[16]

발해사에 대한 여러 연구 주제 가운데 유민사는 해방 이후 1960년대부터 시작되는 남한 발해사 연구의 출발을 이루는 분야이다.[17] 70년대 이후에도 유민사에 대한 연구는 계속되어 연구 결과는 타 분야에 비해 외형상 많은 편이다. 그 배경에는 발해사 연구의 자료가 전체적으로 부족한 상태에서도 『高麗史』 내에 발해 유민의 내투와 관련된 기록이 그런대로 수록되어 있기 때문이다. 거란이나 여진 지배하의 발해 유민에 대한 연구가 행해진 것도 역시 『遼史』와 『金史』에 수록된 유민 관련 내용들이 산견되기 때문에 가능하였다.

그러나 유민과 관련된 다수 연구의 내면을 들여다보면 발해 유민사

---

14) O.V. 디야꼬바 글·강인욱 역, 「연해주 중세시대 성지에 보이는 고구려의 전통」『한국의 고고학』, 2007년 봄호, 125쪽.

15) A.L. 이블리예프 글·강인욱 역, 「러시아 연해주 발해고고학 연구의 어제와 오늘」『한국의 고고학』, 2007년 여름호, 149쪽.

16) 지금까지 각 나라에서 발표된 유민사 연구의 결과와 연구 동향에 대해서는 근래에 필자가 정리한 바가 있으니(李孝珩, 「발해의 멸망·유민사에 대한 연구 현황과 과제」『釜大史學』 30, 2006) 자세한 것은 이를 참고 바란다. 그러므로 이 책에서는 연구자와 연구 목록을 일일이 거론하지는 않고 필요한 경우에만 제시하였다.

17) 金昌洙, 「高麗와 興遼國」『黃義敦先生古稀記念史學論叢』, 1960 ; 李鍾明, 「高麗에 來投한 渤海人考」『白山學報』 4, 1968.

의 범주에 포함될 수 없는 글들이 많다. 발해 유민의 고려 내투나 유민 정책 문제를 다룬 글이 상당수 있으나, 일부를 제외하고 대부분 고려 사의 입장에서 이해하려고 하였기 때문에 발해 유민사와는 초점이 다르다고 할 수 있다. 반면에 거란이나 여진 지배하 발해 유민들의 부흥 운동이나 제 활동에 대한 글들은 유민사의 범주에 바로 포함될 수 있다. 이 가운데는 발해 유민사 전체의 흐름 속에서 개설적인 수준을 크게 벗어나지 못하고 있는 일부의 글이 있지만 대개는 깊이 있는 글이어서 발해 유민사 이해에 큰 도움을 주고 있다.[18] 최근에는 금석문을 활용한 글이 등장하였고,[19] 발해 유예인의 문학에 대한 글까지 몇 개 나타나 연구 범위의 확대로 이어지고 있다.[20]

남한의 발해 유민사에 대한 하나하나의 연구는 각자 나름의 의미를 지니고 있지만 주목되는 성과를 낸 일부 학자를 언급하고자 한다. 먼저 李龍範은 요·금시대의 발해 유민에 대한 선구적 연구업적을 쌓았으며 발해에서 고려로 나아가는 한국사의 흐름을 정리하기도 하였다. 그러나 그가 1970년대까지 한국의 대표적인 발해사 연구자임에도 불구하고 발해의 한국사 체계화에 주저한 것은 특기할 만한 사실이다. 그것은 아마도 당시까지의 발해사 연구 수준을 반영하는 동시에 동양사학자의 입장에서 발해사를 연구했다는 점도 크게 작용했을 것으로 생각된다.

金渭顯은 유민사에 대한 연구 성과가 많은 것은 아니지만 발해 유민사 전체를 개관하면서 각 부흥운동에 대한 성격이나 유민사의 시기 구

---

18) 李孝珩, 앞의 글, 2006, 485~486쪽.
19) 方京一, 「金代 墓誌銘에 실린 渤海遺民」『白山學報』76, 2006.
20) 류재일, 「渤海 유예인의 한시 작품 연구」『洌上古典硏究』10, 1997 ; 柳在日, 「渤海 遺裔人의 한시 작품 연구」·「王庭筠 시 작품의 문예 공간」『韓國 漢詩의 探究』, 이회, 2003 ; 이구의, 「왕정균(王庭筠) 시에 나타난 자아와 외물」『民族文化論叢』30, 2004.

분을 시도했다는 점에서 그의 연구는 일정한 의의를 지니고 있다. 최근에는 일부 발해 유민들이 참여했던 東丹國에 관심을 가지기도 하였다. 서병국은 논문의 형태로 글을 발표한 것은 별로 없지만 그가 저술한 저서 가운데는 유민사에 대한 많은 내용이 포함되어 있어 발해 유민사 이해에 도움을 주고 있다.

韓圭哲의 발해사 연구 출발은 유민사에서 비롯되었다. 그러므로 그의 유민사에 대한 관심은 대단히 높은 듯하며 연구 성과 또한 남다른 면이 있다. 그것은 그의 대표 저작인 『渤海의 對外關係史』(1994)에서 크게 발해의 고구려 계승, 신라와의 교섭·대립, 발해 유민과 고려라는 세 가지 문제를 통해 발해의 한국사화를 시도했다는 면에서 보더라도 잘 알 수 있다. 그리고 고려에 내투한 발해 유민을 집중 분석하여 유민을 단순히 발해 유민만으로 간주하지 않고 渤海, 東丹國, 後渤海, 定安國人 등으로 나누어 이해하려 했던 면이나, 고려 내투 거란인·여진인 가운데서도 발해계 인물이 상당수 있었다는 점을 밝혀낸 것은 커다란 성과라 하겠다.

李孝珩은 발해 유민사를 통해 발해의 한국사 체계화를 시도하였다는 점에서 의의가 있다. 즉, 지금까지 발해사가 한국사라는 근거는 주로 발해는 고구려 계승국가라는 문제에 초점이 맞춰져 있었다. 그런데 그는 고구려-발해 계승관계도 중요하지만 발해 멸망기 이후 발해, 발해 유민사가 고려 더 나아가 한국사와 어떻게 연결되는가 하는 문제에 주목하여 발해의 한국사화 문제를 적극적으로 밝히려 하였다. 최근에는 발해 멸망 당시의 왕이었던 대인선, 그의 세자 대광현, 東丹國 내의 발해 유민, 발해 부흥국가와 고려의 발해 계승의식 등의 문제까지 연구 범위를 넓혀가고 있다.

북한에서의 발해 유민사에 대한 개별 연구는 아직 나타나지 않았다. 대신 발해 관련 저서에는 많은 분량을 할애하여 유민들의 활동에 대해

자세히 설명하고 있다.21) 특히 박시형의 『발해사』에는 후편 모두를 「국
가회복을 위한 발해인민들의 투쟁」이라는 이름으로 발해 유민의 고려
내투와 유민들의 부흥운동을 상당한 분량에 걸쳐 서술하고 있다.22) 이
렇게 유민 활동에 대해서 자세히 다루고 있는 것은 외국 침략자에 저
항하는 사회주의적 애국심의 고양과 밀접한 관련이 있을 것이다.23) 유
민사에 대한 전체적인 내용의 전개와 주목하는 부분은 남한과 크게 다
르지 않으나, 세부적인 사실의 설명에서는 중간중간 다른 부분이 눈에
띈다.

일본은 그다지 많은 학자는 아니지만 거란이나 여진 지배 하 발해
유민의 활동을 깊이 있게 연구하여 괄목할 만한 연구 성과를 거두었
다. 특히 日野開三郎의 경우, 발해 멸망 직후부터 그 유민들과 관련된
後渤海, 定安國, 兀惹에 대한 精緻한 연구는 가히 독보적이어서 오늘
날까지 일본이나 한국에 많은 영향을 끼치고 있다. 물론 그의 연구 내
용을 전적으로 수용할 수는 없다고 하더라도, 단순히 유민들의 부흥운
동 사실에만 그치는 것이 아니라, 당시 동아시아 전체의 역사 흐름과
연결지어 논지를 전개하고 있다는 점과 유민들의 무역 활동까지 아우
르고 있다는 측면에서 시사하는 바가 매우 크다고 하겠다.24)

---

21) 박시형, 『발해사』, 김일성종합대학출판사, 1979 ; 사회과학원 력사연구소, 『조
   선전사』5(중세편, 발해 및 후기신라사), 1979 ; 사회과학원 력사연구소, 『조선
   전사』6(중세편, 고려사1), 1979 ; 전준현, 『조선인민의 반침략투쟁사』(고조선~
   발해편), 과학백과사전종합출판사, 1988 ; 장국종, 『발해사연구』1(성립과 주
   민)・『발해사연구』2(정치), 사회과학출판사, 1998.
22) 박시형, 『발해사』, 김일성종합대학출판사, 1979 ; 박시형 지음・송기호 해제,
   『발해사』, 이론과 실천(서울), 1989, 255~320쪽.
23) 宋基豪, 「北韓의 渤海史・統一新羅史 硏究」『北韓의 古代史硏究』, 一潮閣,
   1991, 190쪽.
24) 日野開三郎의 발해 유민 활동에 대한 연구는 『日野開三郎東洋史學論集』16
   (東北アジア民族史(下), 三一書房, 1990)에 정리, 수록되어 있는데 분량면에서

중국에서의 발해 유민사 연구는 한국, 일본과는 또 다른 특징이 있다. 발해 유민의 고려 내투에 대한 것을 전적으로 다룬 연구는 없다는 점이다. 그리고 발해 유민들이 고려에 수만 명이 왔다는 점에 대해서 큰 의의를 두고 있지도 않다. 단지 발해 유민들이 고려로 이동하였다는 정도에 그치고 있다. 그것은 기본적으로 발해를 중국사의 한 부분으로 규정하기 때문에 한국사와의 관련성에 큰 의미를 부여하지 않으려는 자세 때문이다.

따라서 고려와의 관련성보다는 오히려 발해가 망한 후 생겨난 거란의 괴뢰국 東丹國이나, 遼·金 지배 아래에 있었던 발해 유민의 활동에 대한 연구가 주종을 이루고 있다. 한편 발해 왕실 대씨 유민들이 西渤海라는 나라를 세웠다는 내용의 글이 국내에 소개되었으나,[25] 국호나 자세한 내용 등은 앞으로 연구가 더 필요하다고 생각된다. 그리고 발해사 전반에 대해 많은 저서와 글을 남긴 방학봉이 발해 유민사에 관한 글을 하나도 발표하지 않은 점은 주목된다.

러시아에서의 발해 유민사 연구는 우리가 일반적으로 말하는 유민과는 많은 차이가 있다. 즉, 발해 유민의 고려 내투나 부흥운동을 통한 對契丹 항쟁이라는 측면이 아닌 말갈의 후손이라고 여기는 여진에 대해 각종 연구가 집중되고 있다는 점이다. 이러한 사실은 샤프꾸노프(E.V. Shavkunov)가 중심이 되어 편찬한 『러시아 연해주와 발해 역사』에서도 여실히 드러나고 있다.[26] 이 책에서는 발해 유민에 대한 언급이

보더라도(555쪽) 그가 얼마나 발해 유민사 연구에 심혈을 기울였는가를 알 수 있다.

25) 烏雲達賚,「渤海唐朝的繫縻國·西渤海軼事」『鄂溫克的起源』, 內蒙古大學出版社, 1998 ; 윤은숙 譯,「「西발해」와 몽골」『博物館誌』4·5合, 강원대학교 박물관, 1998.

26) E.V. Shavkunov·송기호/정석배 옮김, 『러시아 연해주와 발해 역사』, 민음사, 1996.

전혀 없다. 이것은 연해주 지역의 역사 계승관계를 말갈-발해-여진 (금)으로 이어지는 것으로 파악하는 그들의 역사인식과 관련이 있다. 또한 러시아에서의 발해사 연구가 문헌보다는 고고학 중심으로 진행 되는 현실에서 여진 관계 자료가 많이 출토되는 것과도 깊은 관련이 있다고 짐작된다. 때문에 러시아에서의 발해 유민사 연구는 이 책에서 의도하는 부분과는 거리가 멀다.

이상에서 보듯이 발해사 연구에 각자의 이해관계를 지닌 동아시아 국가 가운데 러시아를 제외하고는 발해 유민들의 움직임과 부흥운동 에 많은 관심을 가지고 있다. 북한에서도 비록 개별 연구는 없다고 해 도 소홀히 다루고 있지는 않다. 남한과 일본, 중국에서의 유민사 연구 는 바라보는 시각과 주목하는 내용은 서로 다르지만 연구 결과의 축적 과 함께 그 수준이 점차 높아지고 있다.

이러한 발해 유민사 연구의 진척과 함께 이제 유민사에 대한 명확한 시기 구분이 필요하다. 건국에서 멸망까지의 발해사에 대한 시기 구분 에도 다양한 견해가 있다. 예컨대 국가별 차이는 물론이고 한국의 발 해사 연구를 대표하는 한규철과 송기호 간에도 시기나 용어를 달리하 고 있으며,[27] 濱田耕策은 武의 시대, 文의 시대, 富의 시대, 商의 시대, 왕국의 해체라는 특이한 구분을 시도하였다.[28] 그런데 발해 유민사는 926년 멸망한 이후 집단적인 유민의 활동이 소멸하는 1116년까지 사건 의 연속성이 부족하고 단속적이라는 점 때문에 체계적으로 나누는 데 는 더 힘든 면이 있다.

이 같은 측면에서 김위현이 발해 유민사의 시기 구분을 시도하였다 는 것은 의미있는 작업이라 생각된다.[29] 그는 초기 叛遼 復興運動(遼

---

27) 韓圭哲, 『渤海의 對外關係史-南北國의 形成과 展開』, 신서원, 1994, 95~96 쪽, 目次 ; 宋基豪, 『渤海政治史研究』, 一潮閣, 1995, 19~20쪽.

28) 濱田耕策, 『渤海國興亡史』, 吉川弘文館, 2000, 目次.

太祖~太宗初 : 926), 중기 結宋 復興運動(太宗~聖宗初 : 927~997), 晚期 復興運動情況(聖宗~天祚帝 : 998~1116)이라 하여 초기(邊地府州의 叛遼抗戰, 渤海遺民의 移動), 중기(後渤海의 對中原交涉, 定安國의 結宋抗遼, 兀惹의 結宋抗遼), 만기(大延琳의 興遼國, 古欲의 稱王叛遼, 高永昌의 大元國)로 나누었다. 세부적인 사실에 문제가 없는 것은 아니나,[30] 앞으로 이를 기초로 새로운 시기 구분에 대한 논의가 활발하게 진행되어야 할 것이다.

2. 연구 방향

본서는 10세기 초 발해 멸망 이래 발해 유민사를 체계적으로 연구, 정리해 보려는 데 목적이 있다. 그렇지만 발해 멸망 이후 거란이나 여진 등의 지배하에 살아가는 유민의 여러 활동과 고려나 중국으로 이동해 간 유민 전체를 대상으로 한 것은 아니다. 유민사 가운데 주로 고려와 관계되는 분야를 중심으로 다루었다. 기존의 연구 가운데 발해·발

---

29) 金渭顯,「遼代 渤海復興運動의 性格」『明大論文集』11, 1979 ;「遼代의 渤海復興運動」『遼金史硏究』, 裕豊出版社, 1985. 그리고 한규철도 아래 글에서 발해 유민의 부흥운동을 전기(後渤海와 定安國)와 후기(興遼國과 大渤海國)로 나눠 유민사를 설명하고 있으나 이는 편의적으로 나눈 듯하며 본격적인 시기 구분을 시도한 것 같지는 않다. 韓圭哲,『渤海의 對外關係史-南北國의 形成과 展開』, 신서원, 1994, 제4장 제2절 ; 韓圭哲,「발해유민의 부흥운동」『한국사』10, 국사편찬위원회, 1996.

30) 먼저 초기, 중기, 만기라는 이름의 세 시기로 나누게 된 구체적인 설명이 없다. 그리고 만기는 초기, 중기와 달리 유민 활동의 성격을 제대로 담아내지 못하고「復興運動의 情況」이라는 제목에 머물고 말았다. 그 외에 兀惹가 발해 부흥운동에 포함되는가의 명확한 설명이 부족하다. 또한 晚期의 興遼國(1029)과 大元國(1116)은 시차가 무려 100년에 이르는데 이를 같은 시기 내에 묶을 수 있는가 하는 것도 문제다.

해 유민과 고려의 관계를 조명하려는 시도가 전혀 없었던 것은 아니다. 그러나 이들은 단편적이고, 계기적으로 정리된 것이 아니었다. 따라서 본 연구는 이러한 현 단계 한국의 연구 성과를 종합적으로 분석한 바탕 위에 발해 유민사 연구의 새로운 토대를 마련하기 위해 시도한 것이다.

고려와 관계되는 발해 유민사 연구를 넓게 보면 다음의 몇 가지로 나눌 수 있다. 10세기 초 동아시아 전환기의 발해·발해 유민과 고려 관계(발해의 멸망에 따른 고려의 대외정책 변화, 혼인 관계, 국경), 발해 유민의 부흥운동(後渤海, 定安國, 興遼國, 大渤海)과 고려와의 관계, 발해 유민의 고려 내투와 처우, 발해 유민 후예의 사회적 지위, 발해 문화의 고려 전승, 고려시대 발해·발해 유민 인식의 변화 과정 등이다. 대개 이 글에서 밝혀보고자 하는 주제와 유사하다.

이러한 과제를 수행하는 데 어려운 점은 역시 자료의 부족이다. 남아 있는 자료가 얼마 되지도 않지만 그나마 남아 있는 자료도 중국이나 고려·조선시대의 단편적인 것에 불과하다. 이를 보완할 만한 고고학·금석학적 자료도 거의 없는 실정이다. 실제로 발해와 달리 발해 유민사는 고고학적인 발굴 연구가 없는 것이나 마찬가지여서 문헌의 공백을 조금도 메울 수 없는 상황에 있다. 예컨대 중국의 방대한『中國考古集成』31)에도 발해시대의 것은 200편 정도 올라와 있지만, 발해 유민의 부흥운동과 관련된 유적·유물에 관한 것은 단 한 편의 글도 실려 있지 않다.

발해 유민의 부흥운동이 주로 오늘날 중국 영토 안에서 일어났으므로 러시아와 북한에서의 발해 유민과 관련된 고고학적인 연구 성과를 기대하긴 어렵지만, 북한 지역은 수많은 발해 유민이 내투한 지역이고

---

31)『中國考古集成』東北卷(全20冊), 北京出版社, 1996.

만주 일대의 부흥운동 여파가 미치던 경우도 있었으므로 유민 관련 고고자료가 있을 가능성이 없지 않다. 그러나 아직 학계에 보고된 것은 없다. 결국 이러한 자료의 문제는 일정 부분 중국의 발해 인식이나 고려·조선의 발해 인식으로 귀착하게 되는 것이다. 따라서 이 글도 발해 유민사라고 하지만 고려와의 관계를 집중적으로 조명하기 때문에 자연히 고려사의 영역과 만날 수밖에 없다. 그리고 어느 부분은 고려시대사 내에서 발해 유민들의 활동을 고찰하는 가운데 渤海 遺民史를 설정해야 하는 한계성을 지니고 있다.

발해 유민들은 926년 발해 멸망 직후부터 12세기 초까지 200년 가까이 부흥운동을 전개하였다. 이렇게 긴 시간 동안의 유민의 부흥운동과 유민 활동의 역사를 발해사로 보느냐, 아니면 부흥운동이 전개되고 유민들의 활동 상황을 파악할 수 있는 시기의 나라인 高麗史나 契丹(遼)史, 女眞(金)史에서 다뤄야 할 것인가 하는 문제가 제기될 수 있다. 발해 유민사는 다른 나라의 지배를 받으면서 전개되기 때문에 그 이전의 발해사와는 성격에서 많은 변화를 가져온 것은 사실이다. 그런 면에서 고려, 거란, 여진사에서 다뤄져야 할 부분이 있다. 그러나 어느 나라에서든 발해 유민 스스로 渤海人을 자처하는 예가 수없이 많고 고려, 거란, 여진에서도 이들을 渤海系人으로 인식하고 있었다는 점 등에 비춰 발해사의 연장선상에서 '渤海 遺民史'라는 이름으로 다뤄도 큰 문제는 없다고 생각된다.

이 글의 전체적인 구성은 다음과 같다. 서론에서는 발해사에 대한 국가별 연구 동향에 이어 발해 유민사에 대한 연구 동향을 검토하였다. 그리고 연구 목적과 연구 방향을 다루고 있다.

제1장에서는 발해의 멸망과 유민의 여러 양상이라는 이름 아래 10세기 동아시아 정세의 변화 속에서 발해의 멸망 과정을 살핀 다음, 東丹國의 건립·국가 성격 및 유민들의 움직임을 검토하고자 한다. 그리

고 발해의 마지막 왕 大諲譔에 대한 기존의 입장이 부정적이지만 새롭
게 바라볼 필요성이 있음을 주장하려고 한다.

제2장에서는 발해 멸망 전후의 발해·발해 유민과 고려의 관계를
크게 두 가지 측면에서 규명할 것이다. 하나는 발해·발해 유민과 고
려 사이의 혼인의 실체와 이와 관련된 일련의 사실을 고찰하였다. 다
음에 발해 세자 大光顯의 고려 내투 시기, 그에 대한 고려의 처우, 고
려 사회 내의 그의 역할이 어떠했는지에 관해서 밝혀보려고 한다.

제3장은 발해 유민들의 활동에 의해 등장하는 後渤海·定安國, 興遼
國, 大渤海의 건국 과정과 고려와의 관계에 대해서 알아보려는 것이다.
後渤海·定安國은 두 나라 사이의 관계에 따라 건국 시기나 멸망 시
기, 위치가 매우 유동적이다. 興遼國은 11세기 초(1029~1030) 대조영
의 후손인 大延琳의 주도로 요동 지역에서 건국된 나라로서 고려에 5
회에 걸쳐 구원을 요청하기도 하였다. 大渤海는 1116년 요·금 교체기
에 高永昌이 중심이 되어 세운 작은 나라이다. 요동 일대에 그 세력이
미쳤던 나라로서 12세기 초 흥기한 금의 세력에 의해 진압되었다. 이
나라 역시 고려와 관계를 맺고 있었다.

제4장은 고려 내투 발해 유민과 漢人, 契丹人, 女眞人에 대한 고려
의 인식 및 처우를 비교하고자 한다. 이어서 고려 내에서 살아가는 발
해 유민 후예의 사례를 분석하고 그들의 사회적 지위에 대해서도 다루
었다. 발해가 망하면서 고려에 내투한 유민에 대해 고려 측에서는 우
대하는 정책을 펼쳤다. 그러면 그 유민의 후예는 어떠한 지위에 있었
는가 하는 점이다.

제5장은 고려시대의 발해·발해 유민에 대한 인식, 고려의 발해 계
승의식, 발해와 고려 문화의 유사성과 전승 가능성 등 여러 문제를 대
상으로 삼았다. 이러한 주제는 발해 유민사를 고려와 관련지어 연구하
는 입장에서는 반드시 검토가 필요한 부분이라고 판단된다. 이 가운데

해명하기 어려운 것은 문화의 계승에 대한 문제이다. 발해의 문화는 고구려, 말갈, 당, 중앙아시아, 신라, 발해 고유의 요소 등 그 성격이 다양하다. 이렇게 다양한 성격을 지닌 발해 문화에 연구 자료까지 희박한 상태에서 문화의 유사성과 전승 가능성에 대한 추적은 쉽지않다. 때문에 필자는 발해와 고려 문화의 관련성에 대해 많은 관심을 가지고 논의하였지만 기존의 연구가 거의 없는 상태에서 나온 시론적 차원의 내용일 수 있음을 미리 밝혀둔다.

　마지막 결론에서는 앞의 내용을 요약, 정리하였다. 그리고 발해 유민사 연구의 해결 과제를 몇 가지 제시하였으며, 이어서 발해사를 연구하는 동아시아 각국의 연구 자세에 대해서도 간단히 언급하였다.

제1장 발해의 멸망과 유민의 양상

　대조영이 당나라 李楷固 군대의 추격을 뿌리치고 東牟山에서 발해라는 나라를 세웠던 해는 698년이었다. 발해는 9세기 접어들어 크게 발전하면서 당으로부터 海東盛國 즉, '바다(渤海) 동쪽의 번성한 국가'라는 칭호를 듣기도 하였다. 그러나 10세기 초 동아시아 전체가 흔들리는 틈을 탄 거란의 耶律阿保機가 거란족의 숙원이었던 제 부족을 통합하고, 이어 발해에 대한 경략을 감행하면서 두 나라 간의 대충돌은 불가피하였다. 925년 말 거란군은 발해의 전략적 요충지 扶餘城을 뚫고 이어 수도 상경성을 포위, 공격하였다. 발해는 불과 한 달도 견디지 못하고 926년 1월 중순 마지막 왕 大諲譔이 항복함으로써, 15대 220여 년 지속되던 국가는 동아시아 중심 무대에서 사라지게 되었다.

　따라서 발해의 멸망 과정이 어떠한 지, 발해 땅에 새로이 건립된 東丹國의 성격이 무엇이고 유민들은 어떠한 양상을 보이는가를 확인할 필요가 있다. 동시에 멸망 당시 왕이었던 대인선에 대한 인식의 전환이 필요하리라 본다.

1. 동아시아 정세 변화와 발해의 멸망

　발해가 멸망하는 926년 전후 즉, 10세기 전반기의 동아시아는 한마

디로 격동의 시대였다. 중국이나 한반도, 그리고 두 지역 사이에 있는 만주 등 각 지역에서는 대변화가 일고 있었다. 이 시대적 큰 전환기에 대한 기존의 연구는 어느 정도 나와 있다. 이 가운데는 발해사의 입장에서 이해하려는 경우도 있지만,[1] 대개는 고려 초의 대외관계나 동아시아 국제관계를 이해하는 차원에서 나온 것이다.[2] 여기서는 이 글 전체의 이해를 돕기 위해 발해를 중심에 두고 몇 가지 살펴보고자 한다.

1) 발해와 후삼국의 관계

발해가 멸망하던 당시의 왕은 대인선(906~926)이었다. 이 시기에 동아시아의 중국과 한반도는 하나의 통일 국가가 지방 세력의 할거 속에서 대분열로 나아가고 있었다. 반면에 분열의 틈바구니에서 성장한 거

---

1) 韓圭哲,「後三國時代 高麗와 契丹 關係」『富山史叢』1, 1985 ; 宋基豪,「발해 멸망기의 대외관계 – 거란·후삼국과의 관계를 중심으로」『韓國史論』17, 서울대, 1987 ; 金恩國,「渤海 末王 大諲譔時期 對外關係 研究」『國史館論叢』82, 1998.

2) 姜大良,「高麗初期의 對契丹關係」『史海』1, 1948 ; 李基白,「高麗初期에 있어서의 五代와의 關係」『韓國文化研究院論叢』1, 1959 ; 朴賢緒,「北方民族과의 抗爭」『韓國史』4, 국사편찬위원회, 1974 ; 李龍範,「10~12 世紀의 國際 情勢」『韓國史』4, 국사편찬위원회, 1974 ; 李龍範,「胡僧 襪曪의 高麗往復」『歷史學報』75·76合, 1977 ; 金在滿,「五代와 後三國 高麗初期의 關係史」『大東文化研究』17, 1983 ; 金在滿,「契丹·高麗 國交前史」『人文科學』15, 成均館大學校, 1986 ; 金成俊,「10세기 東北亞細亞의 國際情勢와 韓日 交涉問題」『大東文化研究』23, 1989 ; 文秀鎭,「王建의 高麗建國과 後三國統一」『國史館論叢』35, 1992 ; 金渭顯,「高麗와 契丹과의 關係」『한민족과 북방과의 관계사 연구』(精研), 1995 ; 朴漢男,「10~12세기 동아시아 정세」『한국사』15, 국사편찬위원회, 1995 ; 서성호,「고려 태조대 대(對)거란 정책의 추이와 성격」『역사와현실』34, 1999 ; 羅鍾宇,「10세기 동아시아의 국제정세 속에서 고려와 거란 관계」『軍史』46, 2002 ; 이정신,「고려 태조의 건국이념의 형성과 국내외 정세」『한국사연구』118, 2002 ; 류영철,『高麗의 後三國 統一過程 研究』, 景仁文化社, 2004.

란은 만주 일대의 새로운 질서를 구축하고 있었다.

먼저 중국에서의 움직임부터 살펴보자. 발해의 거의 전 시기에 해당하는 중국 왕조는 당(618~907)이었다. 발해와도 많은 교류를 가졌던 당은 그 판도가 점차 넓어져 세계제국으로서의 위용을 과시하기도 하였으나 751년 탈라스(Talas) 전투에서 압바스 왕조(the Abbasid, 750~1258)의 세력에 패하여 대외적으로 쇠퇴기에 접어들었다. 그 뒤 安史의 난(755~763)으로 인해 당의 세력은 점점 약화의 길로 나아갔으며 여기에 당나라를 붕괴시키는 농민 대반란 즉, 黃巢의 亂(875~884)이 10년 동안에 걸쳐 중국을 뒤흔들면서 중국은 다시 대분열의 시기로 나아가고 말았다.

이리하여 당을 이어 5대 10국이라는 시대가 등장하였다. 5대 10국의 분열기는 후주의 절도사 趙匡胤이라는 인물에 의해 새로운 통일 왕조 宋의 출현으로 막을 내렸다.

중국이 통일과 분열을 거쳐 다시 통일 왕조로 나아가는 10세기에 한반도 역시 통일신라의 단일화된 국가체제가 무너지고 후삼국으로 나아가고 있었다. 통일신라(676~935)는 북쪽의 발해(698~926)와 건국에서 멸망까지 남북에서 병립하며 거의 비슷한 시기를 거쳐갔다. 이른바 남북국시대로 일컬어지던 시기이다.

삼국을 통일한 신라는 영역의 확대, 인구의 증가, 생산력의 증대와 함께 정치적 안정을 이루었다. 그러나 8세기 후반 이래 중앙 귀족 사이의 권력 싸움이 치열해지고 중앙의 지방에 대한 통제력이 약화되면서 지방에는 새로운 세력들이 등장하였다. 호족으로 통칭되는 이들은 군사력과 경제력, 새로운 사상을 갖추면서 성장하고 있었다. 호족들은 사회가 혼란해지자 각처에서 일어나 중앙 정부의 통제에서 벗어나는 반독립적 세력으로 성장하였다. 이러한 호족세력의 성장과 함께 후백제와 후고구려가 건국됨으로써 이제 한반도의 대표적인 분열기인 후삼국시대가 도래하였다.

후백제와 후고구려의 등장으로 1000년 가까이 국가의 전통을 이어
오던 신라는 이제 그 영토와 지배권이 경주 일대로 축소되어 존립이
위태로운 상황에 이르렀다. 발해의 남쪽에 있으면서 발해와 200여 년
동안 대립뿐만 아니라 여러 차례 교섭을 행하기도 했던 신라는 결국
마지막 왕 경순왕이 935년 나라를 들어 고려의 왕건에게 항복함으로써
멸망하고 말았다.

이리하여 한반도 내에서 후삼국시대가 전개됨으로써 한국사 전체의
입장에서 바라보면 한꺼번에 4개의 나라가 남북에서 동시에 존립하는
상황이 되었다. 즉, 남방의 후삼국, 북방의 발해가 대략 대동강을 경계
로 병립하는 상황이 된 것이다. 따라서 병립시기는 비록 25년에 불과
하지만 이 시기를 통칭하는 새로운 시대 명칭이 설정되어야 할 필요가
있다. 일단 '後三國·渤海의 4國時代'[3]나 '後南北國時代'[4]라는 이름을
거론할 수 있다. 전자는 네 나라를 한꺼번에 담아낼 수 있는 특징이 있
으나 그 시대에 대한 의미 부여가 미약하다는 문제가 있다. 후자는 일
견 어느 시대임을 파악하는데 약간의 어려움이 있으나 후삼국 이전의
남북국시대를 잇는다는 의미가 내포된 장점이 있다. 더욱이 고려인의
입장에서 후백제와 발해를 '남북'이라 칭한 사례까지 있다.[5] 그러므로
'후남북국시대'라는 명칭이 보다 적절할 것으로 생각된다.

한편 중국과 한반도의 분열은 장시간 부족 단위 생활을 하던 북방의

---

3) 黃義敦도 『新編朝鮮歷史』에서 신라의 내란으로 말미암아 후백제와 고려가
   생겨나 발해·신라와 함께 4국이 분립한 것으로 이해하였다. 심승구, 「황의
   돈」 『한국의 역사가와 역사학(하)』, 창작과비평사, 1994, 131쪽.
4) 後南北國時代 외에 新南北國時代를 생각할 수 있으나 이는 현대적 의미에서
   남북국시대를 이해하는 데에 사용될 수 있으므로(金恩國, 「渤海 末王 大諲譔
   時期 對外關係 硏究」 『國史館論叢』 82, 1998) 여기서는 제외하였다.
5) 李基白 外 著, 『崔承老上書文硏究』, 一潮閣, 1997, 29·56쪽.

거란이 통합되는 계기를 만들면서 국제관계에 많은 변화를 초래하였다. 거란에 대한 본격적인 설명이 사서에 등장하는 것은 『魏書』이다. 거란(契丹)이라는 이름이 389년 처음 이 책에 등장한 이래 각 사서가 보여주는 거란전은 거란족들이 동부 몽골리아의 시라무렌(Sira-muren, 西喇木倫, 西拉木倫) 유역에서 부족 단위 생활을 했다고 전한다. 8부의 대부족으로 성장하고 있던 거란은 중원정부의 통치체제가 확고한 동안은 부족집단의 위치를 벗어나지 못하였다. 그러나 돌궐 세력의 약화와 더불어 대당제국이 동요하고 지방의 절도사가 발호하여 분열기로 나아가는 상황이 전개되자 부족을 통일할 수 있는 계기가 마련되었다. 이러한 상황에서 耶律阿保機의 등장은 거란사의 발전에 커다란 전기가 되었다.6)

거란의 발전은 동쪽 발해에도 커다란 위협으로 다가왔다. 거란과 한반도의 중간에 위치해 있던 발해 역시 시라무렌 유역에서 급성장한 이른바 정복왕조 거란의 공세를 받지 않을 수 없었던 것이다. 916년 이래 여러 차례에 걸쳐 突厥, 党項, 吐渾 등 많은 곳의 서방 정벌을 마친 거란 군대가 마침내 925년 12월 발해를 침공하여 926년 1월 발해를 멸망시켰다. 야율아보기는 거란으로 귀국하는 도중에 병사하였다. 그 뒤 차남 耶律德光이 즉위하여 太宗이 되었다. 장남인 耶律倍는 어려서부터 聰敏·好學의 文化人으로 그림에도 능했으나, 이것이 도리어 勇猛·果斷한 동생에게 제위를 넘겨주는 요인이 되었을 것이다.7) 태종은 중

---

6) 거란의 발흥과 제국건설에 대해서는 아래가 참조된다. 松井等, 「契丹勃興史」 『滿鮮地理歷史研究報告』 第1冊, 東京大 文學部, 1915 ; 松井等, 「五代の世に於ける契丹」 『滿鮮地理歷史研究報告』 第3冊, 東京大 文學部, 1916 ; 田村實造, 『中國征服王朝の研究』(上), 京都大 東洋史研究會, 1964 ; 金在滿, 『契丹民族 發展史의 研究』, 讀書新聞社, 1974.

7) 『遼史』 卷72, 列傳 宗室 義宗倍 및 『契丹國志』 卷14, 諸王傳 東丹王 ; 田村實造, 「遼代の畫人とその作品」 『慶陵の壁畫-繪畫·彫飾·陶磁-』, 同朋舍, 1977,

원으로의 경략에 힘을 쏟아 936년 石敬塘이 後唐을 멸망시키고 後晉
을 세우도록 도와주었다. 그 대가로 燕雲 16州를 할양받기도 하였다.

앞에서 살펴본 것처럼 중국과 한반도에서 통일국가가 무너지고 새
로운 분열의 시대로 접어든 10세기 초에 발해는 남쪽의 후삼국과 외교
관계를 맺고 있었다. 일단 후백제와의 관계는 사료상에 드러나지 않지
만 발해와 후삼국과의 관계에 대한 검토는 발해·발해 유민과 고려의
관계에 대한 이해에 앞서 고찰이 필요하리라 생각된다.

발해는 후삼국이 형성되기 전부터 신라와 교섭, 대립을 지속하고 있
었다.[8] 발해를 건국한 대조영 시기에 신라로부터 대아찬의 秩을 받은
것을 비롯하여,[9] 멸망 때까지 그렇게 활발하지는 않았지만 두 나라는
관계를 맺고 있었다. 물론 문화·경제적 교류까지 포함하면 두 나라의
관계는 기록에 나타나는 것보다는 훨씬 많았을 것으로 추정되나, 일단
기록상 신라가 북국 발해에 사신을 파견한 것은 790년과 812년 두 차
례이다.[10] 이후 70여 년 동안 양국 사이의 관계는 나타나지 않다가 886
년에 이르러 다시 나타나고 있다.

즉, 헌강왕 12년(886) 봄에 北鎭에서 아뢰기를 "狄國人이 鎭에 들어
와 나뭇조각을 나무에 걸어놓고 돌아갔으므로 그것을 가져다가 바칩
니다. 그 나무에는 15자가 쓰여 있었는데, 寶露國이 黑水國 사람과 함
께 新羅國에 和通하겠다고 합니다"라고 하였다.[11]

145~149쪽.
8) 한규철은 발해와 신라의 南北國 사이의 교섭과 대립관계를 남북우호기(698~
713), 남북대결기(713~785), 남북교섭기(785~818), 발해중흥기의 남북대결기
(818~911), 발해 멸망 전의 남북교섭기(911~926)로 나눠 자세히 정리한 바
있다. 韓圭哲, 『渤海의 對外關係史-南北國의 形成과 展開』, 신서원, 1994.
9) 『東文選』 卷33, 表箋, 謝不許北國居上表.
10) 『三國史記』 卷10, 元聖王 6年 3月·憲德王 4年 9月條.
11) 『三國史記』 卷11, 憲康王 12年 春.

여기서 문제가 되는 것은 적국인이 누구인가 하는 점이다. 李丙燾는 적국인은 여진인이라 하였고, 보로국과 흑수국은 安邊 부근의 여진 부락으로 보았다.[12] 물론 이때의 여진은 말갈을 의미하는 듯하다. 이에 앞서 三上次男도 이병도와 비슷한 견해를 제기한 바 있다.[13] 그러나 이들의 견해는 사실 池內宏의 설을 많이 따르고 있는 것 같다.[14]

한편 적국인을 발해인으로 보는 견해도 있다. 金毓黻은 적국인은 발해인이며 보로(勃利의 對音)와 흑수국(黑水部)은 현재 중국의 흑룡강 근처의 흑수말갈 부락이라 하였다. 그리하여 보로국, 흑수국이 신라와 화친을 구하자 발해가 이를 가로막고 몰래 사람을 보내어 나뭇조각을 걸어 신라에 경고를 하고 있는 것으로 설명하였다.[15] 宋基豪 역시 적국인을 발해인으로 보았으나 김육불과 달리 발해가 중간에서 보로국, 흑수국과 신라의 화친을 중개하는 것으로 해석하였다.[16] 반면에 노태돈은 적국인은 함흥평야 일대에 거주하던 흑수국과 보로국 사람을 지칭한다고 하였다.[17] 사실 이 문제는 발해와 신라의 국경, 말갈의 실체, 적국과 흑수국의 위치 등 복잡하게 얽혀 있다.

우선 적국인을 여진(말갈)계인으로 볼 수 있는 것은 위의 사료(헌강왕 12년조)가 바로 발해 말기에 이르러 지방에 대한 통치력이 약화되면서 여러 족속이 발해의 지배로부터 벗어나는 현상을 반영하는 것으로 이해할 수 있기 때문이다. 그리고 신라의 입장에서도 중앙의 지방

12) 李丙燾 譯註, 『三國史記(上)』, 을유문화사, 1987년판, 225·235쪽.
13) 三上次男, 「新羅東北境外における黑水·鐵勒·達姑等の諸族について」『史學雜誌』 50-7, 1939 ;『高句麗と渤海』, 吉川弘文館, 1990, 231~232쪽.
14) 池內宏, 「鐵利考」『滿鮮地理歷史硏究報告』 第3冊, 1916 ; 「鐵利考 (附設 : 麗初の僞鐵利)」『滿鮮史硏究』(中世 第1冊), 1933, 170쪽.
15) 金毓黻, 『渤海國志長編』 卷19, 叢考 40쪽·補遺 29쪽.
16) 宋基豪, 앞의 글, 1987, 89쪽.
17) 노태돈, 「『삼국사기』에 등장하는 말갈의 실체」『한반도와 만주의 역사 문화』, 서울대학교출판부, 2003, 311쪽.

에 대한 통제력이 상실되면서 발해와 신라 사이에 여러 族屬들이 할거할 수 있는 상황이 되었기 때문이다.

그런데 발해인으로 볼 수도 있다. 886년(헌강왕 12)은 아직 후백제나 후고구려 등이 건국되기 전이고 발해가 멸망하기 40년 전이라 신라와 발해 사이의 여러 족속들이 활동하기에 아직은 이른 감이 있기 때문이다. 실제로 『고려사』를 통해 보면 태조대에 들어 흑수 등 여러 족속들의 내투 기사가 다수 등장하고 있다. 그리고 『삼국사기』나 『삼국유사』에서 발해를 狄國으로 지칭한 사례가 있다는 점, 원래 흑수말갈이 오늘날 흑룡강 일대에서 거주한 데서 유래했다는 사실을 상기한다면 적국인은 발해인으로 볼 수도 있다. 따라서 발해인이 북방의 보로국·흑수인과 남방의 신라 사이에 모종의 역할을 하고 있는 것으로 해석할 수 있는 것이다.

이처럼 적국인이 정확히 누구인가 하는 문제는 9세기 말~10세기 초의 동아시아 대외관계사 이해에 작은 실마리를 제공할 수 있으나 쉽게 해결될 문제는 아니다. 기본적으로는 신라와 발해의 국경선과 말갈의 실체에서 출발하는 것이지만 적국인은 발해인으로 보는 것이 옳을 듯하다.

한편 헌강왕 12년 이후 발해와 신라 사이의 관계는 먼저 897년 7월의 '사신 윗자리 다툼(爭長事件)'[18]으로 나타나고 있다. 여기에 대해서는 최치원이 당나라 昭宗에게 올린 「謝不許北國居上表」[19]를 통해 잘 알 수 있다. 즉, 발해 왕자 大封裔가 이제 발해의 국세가 신라보다 우위에 있으니 발해가 신라 위에 위치하기를 청하였으나 당에서는 舊例

---

18) 浜田耕策, 「唐朝における渤海と新羅の爭長事件」 『古代東アジア史論集(下卷)』 (末松保和博士古稀記念會 編), 吉川弘文館, 1978 ; 「당에 있어서 발해와 신라의 爭長事件」 『渤海史의 理解』(임상선 편역), 신서원, 1990.

19) 『東文選』 卷33, 表箋, 謝不許北國居上表.

대로 하게 하자, 최치원이 이 사실을 알고 감사히 여기는 글이다. 이
글은 최치원이 쓴 것이지만 당시 신라 지식인들의 생각을 대변하는 면
도 있기 때문에 발해와 신라의 대립 의식을 살필 수도 있다.[20]

그리고 906년으로 추정되는 시기에는 신라 崔彦撝와 발해 烏光贊과
의 '당 빈공과 서열 다툼'으로 나타나기도 하였다. 여기에 대해선『동
문선』에 전하는 최치원의 글과『고려사』를 통해 알 수 있다.[21] 내용은
처음에는 발해의 烏炤度가 신라의 李同보다 높은 점수로 수석이 되었
고, 다음에는 신라 崔彦撝가 발해 오소도의 아들 烏光贊보다 높은 점
수로 합격하였다는 것이다.[22] 문제는 신라가 발해인 오소도에게 빈공
과 수석을 놓친 것을 두고 일국의 수치로 여기는 최치원의 표현에서
보듯이 이러한 것들은 단순히 학문적 경쟁이 아니라 두 나라 사이의
대립과 경쟁에서 비롯되었다는 점이다. 발해 역시 마침 입당하였던 오
소도가 아들 오광찬의 석차가 최언위보다 뒤지자 당에 석차 변경을 요
구하는 외교 활동을 펼쳤던 것은 신라를 의식한 결과일 것이다.

10세기 초의 발해와 신라 관계는 거란이 동아시아의 중요한 위치를
차지하면서 복잡한 양상을 띠게 된다. 915년 10월 신라는 거란에 사신

---

20) 韓圭哲, 앞의 책, 1994, 213쪽.
21) 『東文選』卷47, 狀, 新羅王與唐江西高大夫湘狀・與禮部裵尙書瓚狀 ;『高麗史』
卷92, 列傳 崔彦撝.
22) 두 차례의 빈공과 서열 다툼의 시기는 여러 견해가 있다. 崔彦撝와 烏光贊의
급제 시기를 906년으로 보는 데는 의견이 대략 일치하나, 李同과 烏炤度의
급제 시기는 872년설과 875년설이 있다. 淸代의『登科記考』등 여러 자료를
참고하여 872년으로 보는 송기호의 견해가 논리적이다.
金毓黻,『渤海國志長編』卷3 世紀 大瑋瑎・卷10 諸臣列傳・卷19 叢考 ; 韓
圭哲, 앞의 책, 1994, 218쪽 ; 宋基豪,「唐 賓貢科에 급제한 渤海人」『李基白
先生古稀紀念韓國史學論叢』(上), 1994 ;『渤海政治史硏究』, 一潮閣, 1995,
166~170쪽 ; 李基東,『新羅骨品制社會와 花郞徒』, 一潮閣, 1985, 260~261쪽
; 浜田耕策, 앞의 글, 1978 ;「당에 있어서 발해와 신라의 爭長事件」『渤海史
의 理解』(임상선 편역), 신서원, 1990, 265쪽.

을 보내어 방물을 바치고 있다.[23] 921년 2월에는 발해의 속부로 추정되는 達姑의 무리가 신라의 북경에 침범하자 고려 태조의 도움으로 물리치기도 하였다.[24] 물론 이것은 발해와 신라 정부 차원의 관계는 아니다. 신라는 925년 11월에는 다시 거란에 사신을 파견하고 있다.[25]

이러한 신라의 對契丹 사신 파견이 단순히 거란과의 관계를 우호적으로 만들려는 포석인지, 발해 견제까지 포함하는 다목적인지는 명확하지 않다. 후삼국의 정립으로 오늘날 경상도 지역 일대로 영토가 축소된 신라의 처지를 생각하면 전자일 가능성이 높다. 하지만 925년 말거란이 발해를 침공하자, 926년 신라가 거란군을 돕기도 하였다는 사실에 근거하면[26] 후자일 가능성도 있다. 그런데 이 당시 발해와 신라의 양국 관계에서 가장 주목되는 것은 『契丹國志』에 나오는 다음의 내용이다.

天顯元年 春正月 太祖攻渤海 拔夫餘城 更命曰東丹國 命長子托雲鎭
之 號人皇王 以次子德光守西樓 自隨號元帥太子 先是 渤海國王大諲譔
本與奚契丹爲脣齒國 太祖初興 倂呑八部 繼而用師 倂呑奚國 大諲譔深
憚之 陰與新羅諸國結援 太祖知之集議未決 後因遊獵 彌旬不止 有黃龍
在氈屋上 連發三矢 殪之 龍墜其前 太祖曰 吾欲伐渤海國 衆計未定而
龍見吾前 吾能殺之 是滅渤海之勝兆也 遂平其國 擄其王.[27] (『契丹國志』卷

---

23) 『遼史』卷1, 太祖本紀 上 9年 十月 戊申, "鈞魚于鴨淥江 新羅遣使貢方物 高
麗遣使進寶劍 吳越王錢鏐遣勝彦休來貢".

24) 『三國史記』卷12, 新羅本紀 景明王 5年 2月, "靺鞨別部達姑衆 來寇北邊 時太
祖將堅權鎭朔州 率騎擊大破之 匹馬不還 王喜 遣使移書 謝於太祖".

25) 『遼史』卷1, 太祖本紀 上 天贊 4年 11月條.

26) 『遼史』卷2, 太祖本紀 下 天顯 元年 2月 ; 卷69, 部族表 天顯 元年 2月 ; 卷70,
屬國表 天顯 元年 2月條.

27) 이 기록은 『契丹國志』의 간행처에 따라 전체적인 맥락은 유사하지만 세부적
인 내용이 조금씩 다르다. 여기서는 『欽定四庫全書』내의 『契丹國志』의 기록

1, 太祖 天顯 元年)

내용상 중요한 것은 거란이 8부를 통일하고 인근의 나라들을 병합하여 발해를 서서히 위협하자, 발해 말왕 대인선이 이를 몹시 두려워하여 몰래 新羅諸國과 결원하였다는 것이다. 이 기록은 거란사 연구의 대표적인 두 사서 가운데 元 順帝 至正 4년(1344)에 脫脫(托克托) 등이 편찬한 『요사』에는 나오지 않고, 이보다 앞선 南宋 孝宗 淳熙 연간 (1174~1189)에 葉隆禮가 칙명을 받들어 편찬한 『거란국지』에만 기재돼 있다. 물론 『삼국사기』나 『삼국유사』에도 등장하지 않는다. 그리고 10세기 초의 동아시아 형세도를 고려하면 발해와 신라 사이에 후고구려~고려로 이어지는 국가가 존재하는 상황에서 결원이 가능한가 하는 의문이 생긴다.

따라서 기록의 신빙성 문제부터 제기될 수 있다. 세부적인 내용으로도 거란이 발해의 부여성을 공략한 다음 東丹國으로 고쳤다는 내용이 있지만, 실제로는 발해의 수도는 忽汗城으로 이 성이 함락되면서 발해가 東丹國으로 불리게 된다. 그리고 황룡부의 설치 과정도 『요사』의 기록과28) 비교하면 서로 맞지 않는 점이 있다.

이처럼 발해와 신라의 결원 가능성에 의문이 들 수 있다. 그러나 발해 건국 직후 신라에서 대조영에게 대아찬의 秩을 내린 바 있고 북국에 두 차례 사신을 파견했다는 기록도 있기 때문에 위의 기록을 토대로 10세기 초 발해와 신라 관계를 살펴보는 것도 큰 문제는 없을 것이다. 특이한 것은 발해와 신라 관계에 대한 기록들이 대개 신라인의 입장이나 당나라 조정에서의 두 나라 관계에 대한 것인데, 위의 기록은

을 따랐다.
28) 『遼史』 卷38, 地理志 東京道, "龍州 黃龍府 本渤海夫餘府 太祖平渤海還 至此 崩 有黃龍見 更名".

신라보다 발해 입장에서 설명되었다는 차이점이 있다.

위 기록에서의 가장 큰 해결 과제는 결원 시기와 국가에 대한 것이다. 결원 시기에 대해서는 여러 견해가 있다. 발해가 멸망한 후 東丹國이 설립되는 과정을 설명하면서 막연히 '先是'라는 시간 표현을 가지고 결원 사실을 거론하였기 때문에 911년 설,29) 923년 설,30) 923~924년 설,31) 924년 설,32) 924~925년 설,33) 925년 설34) 등 실로 다양한 의견이 개진되었다.

위 글의 내용상 결원 시기의 초점 가운데 하나는 거란이 8부를 병탄하고 이어서 奚國을 병탄한 직후라는 사실이다. 다른 하나는 거란 태조가 발해를 공격하려고 하나 의견이 모아지지 않는 상황에서 黃龍을 화살로 쏘아 떨어뜨린 것이 계기가 되었다는 사실이다. 그리하여 이를 가장 설득력 있게 분석한 것은 해국에 대한 정벌이 완료되는 시기를 911년으로 보고 거란 태조가 용을 쏘아 맞힌 920년으로 범위를 좁힌 후, 비밀 결원은 911년 또는 그 직후에 이루어진 것으로 보는 견해이다.35)

---

29) 韓圭哲, 「新羅와 渤海의 政治的 交涉過程－南北國의 사신파견을 중심으로－」 『韓國史研究』 43, 1983 ; 앞의 책, 1994, 130~131쪽 ; 宋基豪, 앞의 글, 1987 ; 앞의 책, 1995, 205쪽.
30) 사회과학원 력사연구소, 『조선전사』 6, 과학백과사전출판사, 1979, 41쪽.
31) 林相先, 「高麗와 渤海의 關係－高麗 太祖의 渤海認識을 중심으로」 『素軒南都泳博士古稀紀念 歷史學論叢』, 민족문화사, 1993, 114쪽 ; 李孝珩, 「渤海와 高麗 사이의 婚姻關係에 대한 檢討」 『釜山史學』 31, 1996, 73쪽.
32) 酒寄雅志, 「渤海國家の史的展開と國際關係」 『朝鮮史研究會論文集』 16, 1979, 32쪽.
33) 金恩國, 「渤海滅亡에 관한 재검토」 『白山學報』 40, 1992, 102쪽.
34) 金毓黻, 『渤海國志長編』 卷19, 叢考 ; 박시형 지음・송기호 해제, 『발해사』, 이론과실천, 1989, 103쪽.
35) 宋基豪, 「발해 멸망기의 대외관계－거란・후삼국과의 관계를 중심으로」 『韓國史論』 17, 1987 ; 앞의 책, 1995, 203~205쪽.

그런데 아래와 같은 해석도 가능하지 않을까 한다. 먼저 奚에 대한 정벌의 완성이 911년이 아닐 수도 있다는 점이다.『요사』의 태조본기 5년조에 근거하면 911년에 완료되는 것처럼 되어 있다.[36] 그러나 태조 天贊 2년조(923)에 奚에 대한 정벌 기사가 다시 나오고 있어,[37] 이때 奚의 각 부가 완전히 거란에 정복되는 것으로 보인다.[38] 물론『新五代史』(卷74, 奚)나『五代會要』(卷28, 奚)에 나오는 내용까지 종합하면 936년이라는 견해도 있고,[39] 거란의 태종이 奚의 후방에서 도움을 준 후당을 쓰러뜨린(936) 이후로 보는 견해도 있다.[40] 따라서 奚 병탄을 통해 결원 시기를 설정하는 데는 한계가 발생한다고 생각된다.

또한 결원보다 뒤에 일어난 일로 결원 시기의 하한선으로 설정할 수 있는 황룡을 쏘아 맞힌 연대는 기록상 920년인 듯하지만,[41] 위 글 전체의 문맥을 세밀히 보면 奚國의 병탄(?)→ 신라제국과의 결원(?)→ 황룡이 거란 태조 앞에 떨어진 것을 勝兆로 인식(?)→ 발해 평정(926)이 연속적으로 이어진다는 것에 주목할 필요가 있다. 특히 거란의 성장을 대인선이 매우 두려워했다는 것과 신라제국과의 결원, 발해의 평정이 긴밀하게 연결되어 있다는 점을 알 수 있다. 동시에 황룡을 화살로 쏘아 떨어뜨린 일로 인해 발해 평정이 단행되었다는 것은 두 사건이 거의 같은 시기에 이루어진 일로 여겨진다.

그러므로 결원 시기는 거란의 발해에 대한 위협이 적은 911년보다

---

36) 『遼史』卷1, 太祖本紀 上 太祖 5年 正月 丙申條.
37) 『遼史』卷2, 太祖本紀 下 天贊 2年 3月 戊寅條.
38) 방학봉,『중국 동북민족 관계사』, 대륙연구소 출판부, 1991, 106쪽 ; 林相先,「高麗와 渤海의 關係-高麗 太祖의 渤海認識을 중심으로」『素軒南都泳博士古稀紀念歷史學論叢』, 민족문화사, 1993, 115쪽.
39) 李在成,『古代 東蒙古史硏究』, 법인문화사, 1996, 20~21쪽·31~32쪽.
40) 沼田勒雄・中村治兵衛,『異民族の支那統治史』(日本東亞硏究所 編), 1934 ; 서병국 옮김,『이민족의 중국통치사』, 대륙연구소 출판부, 1991, 64쪽.
41) 『遼史』卷68, 遊幸表 神冊 5年 5月.

48

는 발해 평정에 가까운 920년대의 어느 시점이 옳을 것 같다. 여기서
고려해 볼 수 있는 것은 923년 3월 거란이 奚를 병탄한 것과 다음해
924년 5월 발해가 거란의 遼州를 공격하여 刺史 張秀實을 죽이는 일,
7월 거란이 발해의 요동을 공격하여 營州·平州 등을 점거한 사실이
다.42) 요컨대 奚가 병탄되는 923년 3월에서 거란의 요동 진출로 위협
을 느낀 발해가 遼州를 공격하는 924년 5월 사이의 어느 시기에 新羅
諸國과의 결원 가능성이 가장 높은 것으로 추정된다.43)

　다음은 비밀 결원의 대상국에 대한 문제이다. 新羅諸國을 단순히 신
라만으로 해석하는 경우도 있고,44) 신라 대신 고려로 대체하여 이해하
는 경우도 있으며,45) 신라를 비롯한 여러 나라로 해석하는 입장도 있
다.46) 『거란국지』 외에 다른 사서에 이와 관련된 내용이 없어 정확한
국명을 거론하기에는 어려움이 있다. 그렇지만 국호 新羅에 諸國이란

---

42) 『遼史』 卷2, 太祖本紀 下 天贊 3年 5月 ; 『資治通鑑』 卷273, 後唐 莊宗 同光
　　2年 7月.
43) 더불어 중요하게 고려될 수 있는 것은 新羅諸國이라 했을 때, 이를 신라를 비
　　롯한 여러 나라로 해석한다면 각 나라별로 결원 시기가 달라질 수 있다는 점
　　이다. 때문에 비록 신라가 그 대표성을 지닌다 해도 諸國과의 결원 시기는 조
　　금씩 차이를 지닐 수밖에 없을 것이다.
44) 金毓黻, 『渤海國志長編』 卷3, 世紀 末王 19年條 ; 酒寄雅志, 「渤海國家の史的
　　展開と國際關係」 『朝鮮史研究會論文集』 16, 1979, 32쪽 ; 金渭顯, 『契丹的東
　　北政策-契丹與高麗女眞關係之研究』, 華世出版社(臺北), 1982, 19쪽.
45) 사회과학원 력사연구소, 『조선전사』 6, 과학백과사전출판사, 1979, 41쪽.
46) 여기서도 의견이 다시 나뉘어진다. 한규철은 諸國 가운데 後梁을 특별히 강
　　조하였고 송기호는 신라 외의 다른 나라에 대해서는 추측을 벗어나기 어렵다
　　는 취지에서 언급을 자제하였다. 김은국은 후당과 고려를, 임상선, 이효형은
　　고려를 포함시키고 있다.
　　韓圭哲, 「新羅와 渤海의 政治的 交涉過程-南北國의 사신파견을 중심으로」
　　『韓國史研究』 43, 1983 ; 앞의 책, 1994, 131·134쪽 ; 宋基豪, 앞의 글, 1987 ;
　　앞의 책, 1995, 205쪽 ; 林相先, 앞의 글, 1993, 114~115쪽 ; 李孝珩, 앞의 글,
　　1996, 62쪽 ; 金恩國, 앞의 글, 1998, 189쪽.

말이 덧붙어 있으므로 신라를 비롯한 여러 나라로 해석하는 것이 옳을 것이다. 특히 諸國 가운데는 발해 멸망 전후 발해와 고려 간의 여러 관계로 미뤄 고려도 포함되는 것으로 생각된다.

그런데 발해와 신라제국과의 결원에서 발해가 신라로부터 군사, 외교적으로 어떠한 특별 지원을 받았는지는 의문이다. 이때는 한반도가 후삼국시대였다. 후삼국 중에서도 신라는 그 세력이 크게 약화되어 통치 지역이 지금의 경상도에 머물 정도였다. 이러한 상황에서 신라가 발해에 도움을 준다는 것은 현실적으로 거의 불가능하다. 그러므로 발해와 신라의 결원은 실질적인 것이 아니라 단순한 외교적 형식에 불과하였다고 본다.

앞에서 후삼국시대의 발해와 신라 관계를 『거란국지』에 나오는 新羅諸國 문제에 중점을 두고 살펴보았다. 이와 관련된 사실로서 중요한 것은 아래의 기록에서처럼 거란이 발해를 침공하자 신라가 이제 발해 대신 거란을 도우면서 공을 세웠다는 사실이다. 이는 발해와 신라의 마지막 관계이기도 하다.

(天顯 元年 2月) 甲午 復幸忽汗城 閱府庫物 賜從臣有差 以奚部長勃魯恩王郁自回鶻新羅吐蕃党項室韋沙陀烏古等從征有功 優加賞賚. (『遼史』 卷2, 太祖本紀)
(天顯 元年 2月) 奚部長勃魯恩王郁從征有功 賞之. (『遼史』 卷69, 部族表)
(天顯 元年 2月) 回鶻新羅吐蕃党項沙陀從征有功 賞之. (『遼史』 卷70, 屬國表)

위의 기록들은 이전에 발해와 신라가 결원했다는 사실과는 완전히 반대되는 국제관계의 변화상을 보여주고 있다. 그런데 『요사』 내에서도 본기와 부족표, 속국표 간에 기록의 불일치가 나타나고 있다. 본기에 따르면 926년 2월에 奚의 部長 勃魯恩과 王郁이 신라 등의 정벌에 공이 있어 특별히 상을 추가하여 주었다는 것인데, 奚가 신라를 정벌한 사실이 없으므로 일단 사실과 맞지 않다. 반면 부족표나 속국표를 따르면 해의 부장 발로은, 왕욱, 회골, 신라, 토번 등이 정벌에 참여하여 공을 세웠으므로 상을 주게 되었다는 것이다. 그러므로 이 기록에 대해 다양한 의견들이 있다.[47)

아무튼 위의 기록을 토대로 한 신라의 對 발해 태도 변화는 10세기 초 수시로 변하는 동아시아의 복잡한 정세를 감안한다면 가능성이 있는 것이지만, 실제로 신라가 거란을 도와 공을 세웠는지는 의문이다.

한편 발해는 후고구려-마진-태봉으로 이어지는 궁예정권과 918년 이래의 고려와도 외교관계를 맺고 있었다. 이들과는 25년 정도 국경을 직접 접하고 있었기 때문에 정치, 군사, 외교, 문화 등 다방면에 걸쳐 관계를 지닐 수 있는 가장 기본적인 조건을 지니고 있었다. 901년 스스로 왕이라 칭하고 국호를 후고구려라 하였던 궁예는 왕건의 활약에 힘입어 많은 영토를 확보하였다. 그러나 동아시아의 흐름을 잘 읽고 적극적인 대외관계를 펼치는 자세는 아니었다. 이는 후백제의 견훤이 나라를 세우자마자 吳越에 사신을 파견하고 그 뒤에도 오월과 사신 왕래를 함과[48) 아울러 거란, 후당 등 다른 나라와도 통교하여 후백제의 입지를 강화시키는 것과는 대조적인 현상이다.[49)

궁예가 처음으로 외국에 사신을 파견한 것은 915년이다. 915년 10월

47) 다양한 견해 가운데는 本紀 내에 들어있는 '自'가 잘못 삽입되었다고 주장하는 송기호의 해석이 가장 합리적이다(宋基豪, 앞의 글, 1987, 67~71쪽).

48) 『三國史記』 卷50, 列傳10 甄萱 ; 『三國遺事』 卷2, 紀異2 後百濟甄萱.

49) 후삼국의 대외관계에 대해서는 韓圭哲의 「後三國時代 高麗와 契丹 關係」(『富山史叢』 1, 1985, 10~12쪽, <표 1> 後三國의 대외 관계표)에 잘 정리되어 있다.

고려는 거란에 사신을 파견하여 寶劍을 바쳤다.[50] 3년이 지난 918년 2월 고려는 다시 거란에 사신을 보냈는데,[51] 이때는 발해도 같이 사신을 보내고 있는 점이 이채롭다. 918년 3월에 고려는 거란에 또 사신을 보내고 있다.[52] 이때의 고려는 물론 궁예정권을 의미한다. 왕건이 고려의 왕으로 추대된 시기는 918년 6월이기 때문이다. 이처럼 세 차례에 걸친 궁예정권의 對契丹 사신 파견은 강력하게 성장하고 있는 거란 세력의 존재를 인정하는 의미로 보인다. 그렇다고 거란을 통해 바로 인접한 발해를 견제하는 외교책은 아니었을 것이다. 고려가 거란에 사신을 보내 공물을 바쳤다는 918년 2월 기록에 발해 역시 국명이 거론되어 있기 때문이다.

발해와 고려가 관련되어 나타나는 첫 번째 사건은 921년이었다. 2월에 達姑의 무리가 신라의 북경에 침범하자 고려 태조의 도움으로 물리친 일이 있었다.[53] 이것은 궁예정권과의 관계는 아니고 왕건이 고려의 왕위에 있던 시기이다. 그런데 이 달고를 『삼국사기』에는 말갈의 別部라 하였지만 『삼국사기』의 발해 인식에 비추어 볼 때 발해의 지배를 받고 있던 하나의 속부로 추정된다. 그러므로 발해의 지배를 받고있던 달고의 무리가 신라를 침범하자, 고려 태조가 이들을 물리친 셈이 되는 것이다.

그리고 923년에서 924년 사이의 어느 시기에는 발해와 고려 사이에

---

50) 『遼史』卷1, 太祖本紀 上 天贊 9年 冬十月 戊申, "鉤魚于鴨淥江新羅遣使貢方物高麗遣使進寶劍 吳越王錢鏐遣勝彦休來貢"; 『遼史』 卷115, 二國外己列傳 高麗, "自太祖皇帝神冊間 高麗遣使進寶劍".

51) 『遼史』卷1, 太祖本紀 上 神冊三年 二月, "癸亥 城皇都 以禮部尙書康默記充版築使 梁遣使來聘 晉吳越渤海高麗回鶻阻卜党項及幽鎭定魏潞等州 各遣使來貢"; 『遼史』 卷70, 屬國表, "渤海高麗回鶻阻卜党項 各遣使來貢".

52) 『遼史』卷70, 屬國表, "高麗及西北諸蕃 皆遣使來貢 回鶻獻珊瑚樹".

53) 『三國史記』卷12, 新羅本紀 景明王 5年 二月, "靺鞨別部達姑衆 來寇北邊 時太祖將堅權鎭朔州 率騎擊大破之 匹馬不還 王喜 遣使移書 謝於太祖".

혼인관계를 맺었을 것으로 추정된다. 두 나라 사이에 혼인관계가 있었음을 암시하는 내용이 『자치통감』에 실려 있다. 곧, 왕건은 후진의 고조에게 "발해는 나와(또는 우리와) 혼인한 사이인데 발해왕(大諲譔)이 거란에 잡혔으니, 청컨대 후진 조정과 함께 거란을 공격하여 발해왕을 구하고자 합니다"54)라고 한 기록이다.

925년에 들면 발해인들이 고려로 내투하는 현상이 발생하고 있었다. 925년 9월과 12월에 발해의 申德, 大和鈞, 冒豆干, 朴漁 등 고위 관리들이 내투하고 있는 것이다.55) 9월이면 발해가 거란에 망하기 4개월 전인데도 불구하고 이들이 내투한다는 것은 발해 사회 내부의 문제점을 반영한 것이다.

발해와 고려 두 나라 사이의 마지막 관계는 926년 발해의 멸망에서 비롯되었다. 발해의 멸망은 고려에 커다란 영향을 미치게 되는데, 크게 두 가지 현상으로 나눠 볼 수 있다. 하나는 수만의 발해 유민이 고려로 내투하자 이들을 조건없이 수용였다는 점이다. 내투 유민들에 대해 고려 측에서는 관직과 토지를 수여하는 등 우대정책을 실시하였다. 특히 발해 세자 대광현에 대해서는 王繼라는 성명을 내려주고 宗籍에 싣게 하였으며, 발해 왕실의 제사를 받들게 하였다. 이는 고려의 내투민에 대한 정치적 의도 외에 발해 유민에 대한 동류의식의 표출로도 생각된다.

다른 하나는 발해의 멸망을 계기로 고려의 대외정책은 큰 변화를 가

---

54) 『資治通鑑』 卷285, 後晋紀 齊王 開運 2年 10月·11月條.
　　혼인 시기를 923~924년의 어느 시기로 잡은 것은 앞에서 살펴보았던 『契丹國志』의 결원 기사 가운데 발해와 新羅諸國과의 결원 시기를 923년 내지 924년 무렵으로 보았던 것과 관련이 있다. 즉, 10세기 초의 여러 정황 속에서 新羅諸國 내에 고려도 포함되었을 가능성이 높다면, 발해와 고려 사이의 혼인관계도 대략 이와 비슷한 시기일 것으로 추정되기 때문이다.
55) 『高麗史』 卷1, 太祖 8年 9月·12月條.

져왔다는 사실이다. 이는 앞에서 서술한 『자치통감』의 기록처럼 고려
와 후진이 협공하여 거란을 치는 명분으로 발해의 왕이 거란의 침공으
로 잡혀있다고 언급한 데서 알 수 있다. 그리고 태조 25년(942) 10월에
고려·거란 간에 국교가 단절되는 상황으로 나아갔던 이른바 '만부교
사건'의 배경으로 거란과 발해가 화목하게 지내오다가 별안간 의심을
내어 맹약을 어기고 발해를 멸망시켰다는 점을 거론한 데서도 입증된
다.

　이상을 요약하면 발해는 후삼국 가운데 후백제와는 아무런 교섭이
없었으나 신라, 궁예정권, 고려와 관계를 맺고 있었다. 신라와는 발해
건국 초부터 멸망에 이르기까지 교섭과 대립이 있었지만 후삼국시대
에는 거란의 위협에 발해가 비밀리에 신라와 결원하여 대응하려 했다
는 사실이 눈에 띈다. 그러나 926년 거란의 발해 정벌에 신라가 참여하
여 공을 세움으로써 외교상의 변화를 꾀하고 있다. 그리고 발해는 국
경을 접한 궁예정권과도 깊은 관계를 맺을 수 있는 위치에 있었다. 일
단 기록상으로 궁예정권은 915~918년에 걸쳐 거란과 사신을 교환하
고 있으나 발해와는 직접적인 교섭의 흔적이 나타나지 않는다. 왕건이
즉위한 이후 발해와 고려 관계는 매우 주목된다. 두 나라 사이의 혼인
관계, 수만에 이르는 발해 유민의 고려 내투, 발해 세자 대광현에 대한
동족적 대우, 발해 멸망에 따른 고려의 對契丹 강경책으로 정리할 수
있다.

　2) 거란의 요동 진출과 발해의 멸망

　10세기 초 耶律阿保機가 부족을 통합하면서 국가 발전의 기틀을 잡
은 거란은 국가체제를 정비하는 동시에 인근 국가에 대한 정복활동을
계속적으로 추진하였다. 정복활동의 최종 목표는 중원으로의 진출이었

다. 그리하여 야율아보기는 황제에 오른 이후 중원의 여러 州를 공략하여 많은 전과를 거두기도 하였다. 이러한 사실에 대해서는『요사』,『거란국지』의 910~920년대 기사에 수록돼 있다. 그러나 중원에 대한 대규모의 침략은 중원 자체의 세력도 만만찮지만 배후 세력이 늘 염려되었다.[56]

배후 세력 가운데는 발해가 가장 강대하였다. 이에 발해에 대한 공략이 필요했으나 또 서쪽의 배후 세력이 염려되어 서쪽을 먼저 공략하는 방법을 택하였다. 이 같은 거란의 움직임에 대해서는『요사』에 잘 나타나 있다.[57]

서방에 대한 본격적인 정벌은 924년 6월 크게 군사를 일으켜 土渾(吐谷渾), 党項(Tangut), 阻卜(남방 Tartar) 등의 정벌에 나서면서부터 시작되었다. 9월과 10월에 걸쳐 서쪽 지역의 여러 곳을 취하고, 925년 2월 党項을 공략하였고 4월에는 남쪽으로 小蕃을 함락시켰다. 925년 9월 초 서방정벌을 마치고 귀국까지의 정벌 결과는 서쪽으로 甘州, 서북쪽으로 鄂爾渾河(Orkhon 江)까지 거란의 세력이 미치게 되었다.[58]

서방정벌을 마친 야율아보기는 이제 발해에 대한 공격을 추진하였다. 거란의 발해에 대한 정벌 의지는 단호하여 발해를 원수로 여기고 복수를 갚을 것이라 하였다.[59] 거란의 발해 침공은 먼저 요동으로 추진되었다. 이것은 발해의 교통로를 차단하려는 의도와 함께 요동이 경제적으로 아주 중요한 위치를 차지하고 있었기 때문이다. 특히 전쟁에

---

56)『新五代史』卷72, 四夷附錄 契丹傳 ;『資治通鑑』卷273, 後唐 莊宗 同光二年 七月條.

57)『遼史』卷75, 耶律鐸臻傳, "天贊三年(924) 將伐渤海 鐸臻諫曰 陛下先事渤海 則西夏躡吾後 請先西討 庶無後顧憂 太祖從之".

58) 宋基豪, 앞의 글, 1987, 72 · 76쪽.

59)『遼史』卷2, 天贊 四年 十二月 乙亥, "詔曰 所謂兩事 一事已畢 惟渤海世讎未 雪 豈宜安駐".

필요한 물자의 조달과 확보 차원에서 후자의 이유도 결코 무시할 수
없었을 것으로 보인다.[60] 요동이 과연 발해의 영토였는가 하는 문제가
있지만,[61] 고구려 멸망 이후 어느 때부터 발해의 영토에 편입되었던
것 같다. 이는 여러 사서에 '東京故渤海地'나 '渤海之遼東', '東京渤海
大氏所有'와 같은 표현들이 등장하고 있는 점에서 입증되고 있다.[62]

거란의 발해 공격은 일시적으로 행해진 것이 아니라 20년이 넘는 장
시간에 걸쳐 이루어졌다. 이는 아래의 몇 가지 기록으로도 알 수 있다.

① 當五代時 契丹與渤海血戰數十年 竟滅其國 於是遼東之地 盡入於
遼. (『遼東行部志』)
② 東京乃渤海故地 自阿保機力戰二十餘年 始得之 建爲東京. (『契丹國
志』卷10, 天祚皇帝紀 天慶 6年 春正月)
③ 東京故渤海地 太祖力戰二十餘年 乃得之. (『遼史』卷28, 天祚皇帝本
紀 天慶 6年 正月)

『요사』(태조본기)에는 야율아보기가 황제의 자리에 오르기 훨씬 전
인 903년부터 수차례에 걸쳐 거란이 요동으로 진출하고 있음이 기록되
어 있다. 특히 918년 2월 발해가 거란에 사신을 보내 공물을 바쳤음에
도,[63] 12월 거란은 遼陽 지방을 차지하여 동방 진출의 전진기지로 삼
았다. 919년에는 요양의 故城을 수리하여 漢·渤海民으로 그곳을 채우
고 防禦使를 두기도 하였다. 921년 12월에는 檀州人과 順州人들을 東

---

60) 宋基豪, 앞의 책, 1995, 224~225쪽.
61) 발해의 요동 영유 문제에 대한 연구 현황에 대해서는 다음 참조. 李美子,「渤
海の遼東地域の領有問題をめぐって-拂涅·越喜·鐵利等靺鞨の故地と關聯
して」『史淵』140, 2003.
62) 宋基豪, 앞의 책, 1995, 220쪽.
63)『遼史』卷1, 太祖本紀 上 神冊 三年 二月, "(癸亥) 梁遺使來聘 晉吳越渤海高
麗回鶻阻党項及幽鎭定魏潞等州各遺使來貢".

56

平과 瀋州에 옮기는 조치를 취하였다. 거란의 요동 진출이 추진되는
상황에서 발해는 907년 이래 중국에 사신을 보내 꾸준히 외교정책을
펼치고 있다.

<표 1> 발해의 對中國 사신 파견 연표(907~925년)

연도	월	일	국가	내용	전거
907년	5월	戊寅	후량	渤海契丹遣使者來	『신오대사』 권2
908년	1월	丁酉	후량	渤海遣使者來	『신오대사』 권2
909년	3월	辛未	후량	渤海國王大諲譔遣使者來	『신오대사』 권2
911년	8월	戊辰	후량	渤海遣使者來	『신오대사』 권2
912년	3월	丁亥	후량	渤海遣使者來	『신오대사』 권2
912년	5월	甲申	후량	渤海遣使朝貢	『구오대사』 권7
924년	1월	乙卯	후당	渤海國遣使貢方物	『구오대사』 권31
				渤海國王大諲譔使大禹謨來	『신오대사』 권2
924년	5월	丙辰	후당	渤海國王大諲譔遣使者來	『신오대사』 권5
				渤海國王大諲譔遣使貢方物	『구오대사』 권32
925년	2월	辛巳	후당	突厥渾解樓渤海國王大諲譔皆遣使者來	『신오대사』 권5
				突厥渤海國皆遣使貢方物	『구오대사』 권32

위의 <표 1>에서 보듯이 당시의 중국은 後梁과 後唐으로서 이들에
대해 발해가 사신을 보내고 공물을 바치는 데는 위협적으로 다가오는
거란에 대한 견제의 의미도 포함되어 있을 것이다.

발해는 거란의 위협이 가중되자 923~924년의 어느 시기에 新羅諸
國 즉, 新羅를 비롯한 여러 나라와 결원을 시도하였던 것으로 보인다.
여기에 대해서는 이미 앞에서 살펴보았다. 이어서 발해는 924년 5월
거란이 차지한 것으로 보이는 遼州를 공격하였다. 그리고 요주자사 張
秀實을 죽이고 그곳에 있던 발해민들을 데리고 왔다.

거란은 이에 맞서 924년 7월 발해에 대한 침공을 감행하였다. 여기
에 대해서는 『자치통감』을 위시한 여러 사서에 그 사정을 전하고 있
다.64) 거란은 9월에도 발해를 공격하였다. 비록 공을 세우지 못하고 돌

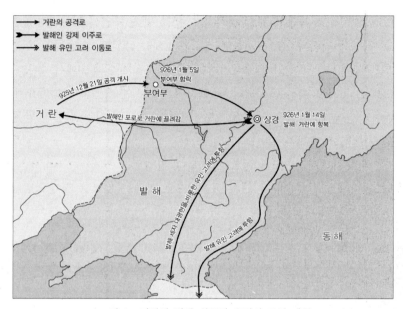

거란의 공격로
발해인 강제 이주로
발해 유민 고려 이동로

925년 12월 21일 공격 개시

926년 1월 5일
부여부 함락

부여부

거 란

발해인 포로로 거란에 끌려감

상경

926년 1월 14일
발해 거란에 항복

발해

동 해

발해 유민 고려에 투항

발해 유민 고려에 투항

<그림 1> 거란의 발해 침공과 유민의 고려 내투

아왔으나,[65] 거란과 발해는 점점 첨예하게 대립하는 양상으로 나아갔
다.

925년 9월에 태조는 서방정벌을 성공적으로 끝내고, 다음은 발해에
대한 침공을 염두에 두고 있었다. 태조 야율아보기는 3개월 뒤 925년
12월 중순 乙亥일에 조서를 내려 발해에 대한 출정을 표명하였다. 즉,
그는 "소위 두 가지 일 가운데 하나의 일을 끝냈지만 발해가 대대로
내려오는 원수로서 아직 복수를 하지 못하고 있으니 어찌 안주할 수

64) 『資治通鑑』卷273, 後唐 莊宗 同光 2年 秋七月, "(庚申) 契丹恃其彊盛遣使就
帝求幽州 以處盧文進 時東北諸夷皆役屬契丹 惟勃海未服 契丹主謀入寇 恐勃
海掎其後 乃先舉兵 擊勃海之遼東";『舊五代史』卷32, 後唐 莊宗 同光 2年
七月, "(壬戌) 幽州奏 契丹安巴堅 東攻渤海".
65) 『資治通鑑』卷273;『舊五代史』卷32, 後唐 莊宗 同光 2年 9月條.

있겠는가"라고 하면서 친히 병사를 이끌고 발해 대인선을 공격하겠다고 천명한 것이다. 925년 閏12월 초 壬辰에는 潢河와 老哈河의 合流부근에 위치한 木葉山에 제사지내고, 중순 壬寅에는 鳥山에서 靑牛·白馬로 천지에 제사를 지냈다.[66] 하순에 접어드는 己酉에는 撤葛山에 나아가 鬼箭을 쏘았으며, 12월 말 丁巳에는 商嶺에 이르고 밤에 발해의 夫餘府를 포위하였다.

거란에서 발해 수도에 이르는 주요한 침입로는 크게 두 가지가 있다. 남방으로는 長嶺府를 거쳐 동북방으로 향하는 것이고, 북방으로는 부여부에서 동남으로 나아가는 것이다. 거란의 발해 공격은 부여부로 가는 길을 택하였는데, 이는 거란군이 발해 수도까지 진격하는 데 근거리였기 때문이다.[67]

거란군은 발해의 부여부(지금의 吉林省 農安縣 農安古城)[68]를 포위한 지 3일 만인 926년 1월 3일(庚申)에 부여부를 함락시켰으며, 발해 守長은 죽임을 당하였다. 그 뒤 渤海老相이 이끄는 3만 군대를 만나 격파하였다.[69] 이어 곧바로 발해 수도를 공략하여 9일(丙寅)에는 수도를 포위하였고 12일(己巳)에는 발해의 마지막 왕 대인선이 항복을 청하였다. 1월 14일(辛未)에는 대인선이 흰 옷을 입고, 양을 끌고 또 요속 300여 인을 이끌고 성을 나와 정식의 항복 절차를 밟음으로써 발해는 마침내 멸망하고 말았다.[70]

---

66) 田村實造, 「靑牛·白馬と木葉山信仰」 『中國征服王朝の硏究』(上), 京都大 東洋史硏究會, 1964.
• 67) 松井等, 「五代の世に於ける契丹」 『滿鮮地理歷史硏究報告』 3, 1916, 335쪽.
68) 扶餘府의 위치, 형태, 둘레 등에 대해서는 다음 책 참조. 방학봉, 『발해의 유적을 찾아서』, 연변대학출판사, 2003, 355~359쪽.
69) 『遼史』의 太祖本紀에는 老相軍의 규모를 명시하지 않았으나 阿古只傳(卷73, 蕭敵魯 弟 阿古只, "天贊初 與王郁略地燕趙破磁窯 太祖西征 悉誘以南面邊事 攻渤海破扶餘城 獨將騎兵五百 敗老相軍三萬 渤海旣平 改東丹國 頃之已降郡縣復叛 盜賊蜂起 阿古只與康默記討之")에는 3萬이라 하였다.

그러나 발해는 멸망에 순순히 응하지 않았다. 거란은 일단 17일(甲戌) 渤海郡縣에 조칙을 내려 회유를 시도하였다. 19일(丙子)에는 태조는 近侍 康末怛 등 13인을 성으로 파견하여 병기를 수색하도록 하였는데 이때 발해 병사들이 康末怛을 살해하였다. 그리고 20일(丁丑) 대인선도 다시 거란에 반대하는 기치를 내걸자 야율아보기가 홀한성을 공격함으로써 성은 함락되었다. 거란군이 입성하자 대인선은 말 앞에서 죄를 청하였다. 그 뒤 대인선의 행적은 뚜렷하지 않다가 926년 7월 거란의 皇都 서쪽에 옮겨가 성을 쌓고 살았는데 이름을 烏魯古라 칭하게 되었고 부인은 阿里只라 하였다.

이상 거란의 침공에 의한 발해의 멸망 과정과 대인선에 대한 것을 역시 『요사』(권2, 태조본기)를 토대로 정리하면 다음과 같다.

925년 10월, 丁卯 唐以滅梁來告 卽遣使報聘 庚辰 日本國來貢 辛巳 高麗國來貢.

11월, 己酉 新羅國來貢.

12월, 乙亥 詔曰 所謂兩事 一事已畢 惟渤海世讐未雪 豈宜安駐 乃擧兵親征渤海大諲譔 皇后皇太子大元帥堯骨皆從.

閏月, 壬辰 祠木葉山 壬寅 以靑牛白馬祭天地于烏山 己酉 次撒葛山 射鬼箭 丁巳 次商嶺 夜圍扶餘府.

926년 1월, 庚申 拔扶餘城 誅其守將 丙寅 命惕隱安端 前北府宰相蕭阿古只等將萬騎爲先鋒 遇諲譔老相兵 破之 皇太子大元帥堯骨 南府宰相蘇 北院夷離菫斜涅赤 南院夷離菫迭里是夜圍忽汗城. 己巳 諲譔請降 庚午 駐軍于忽汗城南 辛未諲譔素服 槀索牽羊 率僚屬三百餘人出降 上優禮而釋之. 甲戌 詔諭渤海郡縣 丙子 遣近侍康末怛等十三人入城索兵器 爲

---

70) 발해 멸망기의 대외관계, 멸망 과정 등에 대해서는 아래가 크게 참조됨.
宋基豪, 앞의 책, 1995, 198~232쪽.

邏卒所害. 丁丑 諲譔復叛 攻其城 破之 駕幸城中 諲譔請
罪馬前 詔以兵爲諲譔及族屬以出 祭告天地 復還軍中.
7월, 辛未 衛送大諲譔于皇都西 築城以居之 賜諲譔名曰烏魯古
妻曰阿里只.

발해가 멸망하고 난 뒤 그 자리에는 발해를 대신하여 동란국이 들어
섰고 수도 忽汗城은 天福城으로 이름이 바뀌었다. 동란국의 고위 관리
에는 일부 발해인들이 참여하고 있으나 이 국가는 발해 계승국가는 아
니며, 발해인들은 멸망 직후부터 安邊, 鄭頡, 定理 등지에서 거란의 지
배에 강력하게 반발하는 집단행동을 보이고 있다.[71]

발해 유민들의 저항이 지속되는 가운데 926년 7월 야율아보기가 세
상을 떠나자 耶律德光(태종)이 황제를 이어받음으로써 耶律倍와는 갈
등과 대립의 형국이 되었다. 이에 태종은 동란국 우차상 耶律羽之의
건의를 받아들여 동란국 내 발해인들을 요양으로 옮겼다.[72] 928년 발
해 유민들이 이주됨으로써 동란국도 사실상 西遷되는 결과를 가져와
과거 발해의 중심지에는 거란의 통치력이 강하게 미치지 못하였다. 따
라서 발해 유민들은 일단 발해 부흥운동을 전개할 수 있는 나름의 조
건을 지니게 되었다.

한편 발해의 멸망 원인에 대해서는 다양한 견해가 있다.[73] 해동성국
발해가 거란의 공격에 그렇게 단시일 내에 멸망되었는가에 많은 관심

---

71) 『遼史』 卷2, 太祖本紀 天顯 元年 3, 5, 6, 8月條 ; 卷75, 耶律鐸臻 弟 突呂不傳.
72) 『遼史』 卷3, 太宗本紀 上 天顯 3年 12月 甲寅條 ; 卷38, 地理志2 東京道 ; 卷
    75, 耶律覿烈 弟 羽之傳.
73) 발해 멸망의 원인에 대한 연구 현황에 관해서는 다음 글 참조. 金恩國, 「渤海
    滅亡에 관한 재검토-거란 침공과 그 대응을 중심으로」 『白山學報』 40, 1992
    ; 金恩國, 「渤海 滅亡의 原因」 및 李孝珩, 「발해 멸망의 원인에 대한 토론 요
    지」 『고구려연구』 6(발해건국 1300주년), 학연문화사, 1999.

을 기울이면서 심지어 기후 변화나 백두산 화산폭발까지 거론하고 있
는 실정이다.[74] 중요한 것은 야율우지의 上表에 등장하는 "先帝因彼離
心 乘釁而動 故不戰而克"[75] 발언과 같은 몇 가지 사실에 근거하여 지
금까지 받아들여져 왔던 내분설이 커다란 원인인가 하는 문제다. 앞으
로 내분의 문제는 더 심층적으로 연구가 되어야 하겠지만 발해가 일단
내부적인 문제를 안고 있는 상황에서 거란의 침략에 저항할 수 있는
힘을 가지지 못한 것이 멸망의 원인이 되었다는 것은 부정할 수 없다.
이는 동아시아 전체가 분열기로 나아가 발해 세력이 팽창할 수 있는
좋은 시점이었음에도 불구하고, 중원이나 후삼국으로의 대외적 진출
사실이 없었다는 점에서 보아도 그러하다.

예컨대 고려 태조 원년 왕건이 여러 신하들에게 이르기를, "평양 옛
도읍이 황폐된 지가 비록 오래되나 터는 여전히 남아 있다."고 하였
다.[76] 통일신라와 발해 즉, 남북국의 경계는 대체로 대동강과 원산만을
잇는 선이었다. 물론 시기에 따라 국경선의 변동이 있겠지만 평양 일
대는 발해의 영토였다. 그런데 발해가 망하기 8년 전인 918년에도 여
전히 평양 일대가 황폐화된 지가 오래되었다는 것은 발해의 지방 통치
에 문제가 있음을 암시하는 동시에 평양이 신라에 대응할 만한 중요한
요충지로서 활용되지 않고 있음을 의미한다.

그리고 한반도 북부나 흑룡강 일대에서 발해의 지배를 받던 寶露國,
黑水, 達姑 등의 무리가 9세기 말부터 점차 이탈해 가는 현상이 나타
나고,[77] 발해 멸망 전에 벌써 발해인들이 고려에 내투하며, 더욱이 본

---

74) 吉野正敏,「氣候變動と渤海の盛衰」및 町田 洋,「火山噴火と渤海の衰亡」『迷
   の王國·渤海』(中西進·安田喜憲 編), 角川書店, 1992.
75) 『遼史』卷75, 耶律覿烈 弟 耶律羽之傳.
76) 『高麗史』卷1, 太祖 元年 9月 丙申條.
77) 『三國史記』卷11, 憲康王 12年 春 ;『高麗史』卷1, 太祖 4年 壬申條.

격적인 거란의 침략에 대해 발해가 크게 대응하는 면이라고는 老相의 3만 군대를 제외하고는 찾을 수 없다는 사실도 이를 뒷받침한다고 하겠다.

발해의 멸망 원인은 한 가지만이 아닌 여러 요소가 결합되어 있었을 것이다. 따라서 발해 멸망기의 정치, 사회 등 내부적인 문제가 있겠지만 무엇보다 큰 요인은 거란의 對渤海 전술에서 찾을 필요가 있다고 생각된다. 즉, 거란이 요동을 차지하기 위해 20여 년 동안 공을 들였지만, 정작 본격적으로 발해를 침공하는 상황에서는 북부의 부여부를 거쳐 곧바로 상경성으로 진격하였다는 점이다. 발해는 부여부에 항상 최정예부대를 배치시켜 거란군을 방어하였다.[78] 그럼에도 방어선이 쉽게 무너져 버렸고 老相軍을 제외하고는 상경성 인근에서조차 큰 전투의 흔적을 찾을 수 없다. 여기에 발해 멸망의 비밀이 숨어 있다고 여겨진다. 다시 말해 부족의 통일 과정, 중국 북방과 요동으로의 계속적인 진출에서 보듯이 騎兵[79]을 앞세워 전쟁의 경험이 훨씬 많은 거란의 전술이 발해보다는 우위에 있었기 때문에 발해가 거란의 침략에 적절히 대응하지 못하고 멸망하였다고 판단된다.

2. 東丹國 지배하 발해 유민의 양상

발해의 멸망은 그 자체로 중요한 사건이지만 동아시아 전체의 국제관계에도 커다란 영향을 미치는 동시에 동란국이라는 새로운 국가가 등장하는 계기가 되었다. 926년 '東契丹'의 의미로 세워진 동란국은 수십여 년 지속하다가 소멸되었으며, 그 뒤 옛 발해 지역은 거란이 직접

---

78) 『新唐書』 卷219, 渤海傳.
79) 『契丹國志』 卷23, 兵馬制度.

<그림 2> 東丹王 耶律倍(李贊華)의 射騎圖

통치하였다. 이러한 동아시아의 상황 하에서 발해 유민도 다양한 입장
을 가지고 다양하게 처신하고 있다.

동란국은 발해의 멸망 과정을 설명하면서 자연히 언급되는 부분이
다. 그렇지만 지금까지는 중국 학자들이 많은 관심을 가지고 연구를
진행하였다. 일본이나 한국에도 약간의 연구가 있으나 중국에 비할 바
는 못된다. 북한과 러시아에서는 전론의 연구가 없다.[80]

중국이나 일본의 연구 가운데는 동란국의 정치나 대외관계보다는
동란국의 왕인 耶律倍(人皇王)라는 하나의 인물에 큰 관심을 가진 글
들이 있다. 이는 야율배가 거란의 다른 군주들과는 달리 어려서부터
好學의 文化人이었으므로 그를 조망할 수 있는 여러 요소가 있었다는
점이 크게 작용한 데 그 원인이 있다고 생각된다. 예컨대 야율배(後唐
에 망명한 이후의 이름은 李贊華)는 그림에 남다른 재능이 있었다.[81]

---

80) 李孝珩,「渤海의 멸망과 遺民의 諸樣相－東丹國 관련 渤海遺民을 중심으로」
『白山學報』 72, 2005, 165～168쪽.
81) 田村實造,「遼代の畵人とその作品」『慶陵の壁畵－繪畵・彫飾・陶磁』, 同朋

그리하여 그의 畵風에 대한 기록과 함께 실제 그가 그린 「射騎圖」[82] 등 다수의 그림이 현전하면서 문화적 방면에서 동란왕 야율배를 주목하기도 하였다.

앞으로는 동란국의 존속 기간이 짧았다고 하더라도 고고측면에 대해서도 더 많은 관심을 가질 필요가 있다. 특히 동란왕의 顯陵이 醫巫閭山에 남아있고,[83] 동란국의 고위 관리로서 중요한 역할을 담당했던 耶律羽之의 墓誌銘이 1992년 內蒙古 赤峰市에서 발굴됨으로써,[84] 고고연구의 핵심적 근거는 존재하는 상황이다.

여기서는 동란국의 건국·소멸, 국가 성격을 고찰하고 이어서 동란국과 관련된 발해 유민의 제 양상에 대해 논의하고자 한다. 그렇게 함으로써 10세기 초 발해에서 발해 유민사로 나아가는 동아시아사의 정확한 이해에 일조하기를 기대한다.

1) 東丹國의 건립과 국가성격

발해가 멸망하고 난 뒤 그 지역에는 발해를 대신하여 동란국이 건립되고 수도 上京城(忽汗城)은 天福城으로 이름이 바뀌었다. 天福은 『左傳』에서 유래한 말로써 하늘에서 내려준 복이라는 의미지만,[85] 발해인

舍, 1977, 145~149쪽 ; 羅春政, 『遼代繪畵與壁畵』, 遼寧畵報出版社, 2002, 1~10쪽.

82) 田村實造, 『慶陵の壁畵-繪畵·彫飾·陶磁』, 同朋舍, 1977, 147쪽.

83) 『遼史』卷38, 地理志2 東京道, "顯州 奉先軍上節度 本渤海顯德府地 世宗置以奉顯陵 顯陵者東丹人皇王墓也 人皇王性好讀書 不喜射獵 購書數萬卷 置醫巫閭山絶頂 築堂曰望海 山南去海一百三十里 大同元年 世宗親護人皇王靈駕歸自汴京".

84) 盖之庸, 「耶律羽之墓誌銘考證」『北方文物』2001-1.

85) 孟廣耀, 「渤海與契丹關係中的若干問題考述－遼對原渤海地區的經略」『北部邊疆民族史研究』(上冊), 黑龍江敎育出版社, 2002, 56쪽.

에게는 결코 복이 될 수 없었다. 926년 2월 거란 태조는 후당에 사신을 보내 발해 평정 사실을 알리고 황태자 야율배를 인황왕으로 삼아 동란국을 통치하도록 하였다. 태조 동생 迭剌을 中臺省 左大相으로 삼고, 渤海老相을 右大相으로 삼았으며 渤海司徒 大素賢을 左次相으로, 耶律羽之를 右次相으로 삼았다. 그리고 국내 殊死 이외의 죄인들을 사면해주었다.[86] 동란국은 연호를 甘露로 정하였으며 左右大次上 및 百官을 두고 '一用漢法'하였다. 매년 거란에 布 15萬端, 馬 千匹의 공물을 바치도록 하였다. 태조는 거란으로 떠나면서 동란왕에게, "네가 東土를 다스리게 되었으니 내가 또 무슨 걱정이 있겠는가."[87]라고 신임하였다.

그런데 발해 유민들의 저항이 지속되는 상황 하에, 926년 7월 扶餘府에서 耶律阿保機가 갑작스럽게 세상을 떠나자 거란의 황위 계승 문제가 발생하였다. 결국 太祖 崩御後 1년이 지난 927년 11월 述律皇后(淳欽皇后)에 의해 次子인 耶律德光(태종)이 황제를 이어받음으로써 태자인 동란왕 야율배와는 갈등과 대립의 형국이 되었다. 기록상으로는 동란왕이 독자적인 권력을 가지고 동란국을 통치한 것으로 보이지 않는다. 926년 건립부터 930년 후당으로 망명하기까지 동란왕이 천복성에 머문 기간은 초창기 수개월에 불과하다. 특히나 동란국이 928년 요양으로 옮겨지면서 과거 발해 지역에 대한 통치는 유명무실하였다. 따라서 이 짧은 시간에 太宗과 述律皇后의 심한 견제를 받으면서 동란왕이 분명한 통치목표를 가지고 東丹民을 통치하는 것은 불가능했을 것이다.[88]

---

86) 『遼史』 卷2, 太祖本紀 下 天顯 元年 2月條.
87) 『遼史』 卷72, 列傳 宗室 義宗倍傳.
88) 그럼에도 東丹國이 중국과 일본에 사신을 파견하고 있다는 사실로 미뤄(『南唐書』 卷15, 契丹傳 昇元 二年條 ; 『日本紀略』 後篇1, 延長七年 十二月二十四

실제로 東丹都를 天福城에서 東平(遼陽)으로 옮기게 된 것도 동란왕의 의지와는 무관한 것이었다. 실은 天顯 3年(928)[89] 12월에 태종이 동란국 右次上 야율우지의 건의를 받아들여 시행한 것이며, 동란국 내의 발해인들을 요양으로 옮기는 중요한 사안도 태종이 동란왕을 거치지 않고 야율우지에게 조서를 내려 바로 시행하였다.[90] 여기서 우리는 동란국의 성격을 파악할 수 있으며, 동란왕의 지위도 자주권이 없이 거란 황제에 종속되어 있었다는 것을 어느 정도 확인할 수 있다.

어쨌든 928년 발해 유민들이 이주됨으로써 동란국도 사실상 西遷되는 결과를 가져와 과거 발해의 중심지에는 거란의 통치력이 강하게 미치지 못하였다.[91] 따라서 발해 유민들은 일단 對契丹 발해 부흥운동을 전개할 수 있는 나름의 조건을 지니게 되었다. 동시에 옛 발해 변방지역에서는 독자적인 세력이 형성되어 활동하고 있었으며 나중에 여진족이 금나라를 세우는 것도 같은 맥락에서 이해할 수 있다.

동란국의 통치범위는 처음 건립 시기부터 과거 발해의 영역에는 미치지 못했을 것이다. 예컨대 한반도 북부나 흑룡강 일대에서 발해의 지배를 받던 寶露國, 黑水, 達姑 등의 무리가 9세기 말부터 점차 이탈해 가는 현상이 나타나고 있었기 때문이다.[92] 그리고 동란국의 전체

日條 ; 『扶桑略記』第24, 延長八年 四月朔日條) 대외적으로는 契丹과 별개의 국가로서 취급되고 있었다.

89) 耶律羽之의 묘지명에 근거하면 929년이다. 劉桓, 「關于契丹遷東丹國民的緣起」 『北方文物』 1998-1, 82쪽 ; 盖之庸, 「耶律羽之墓誌銘考證」 『北方文物』 2001-1, 45쪽.

90) 『遼史』 卷3, 太宗本紀 上 天顯 3年 12月 甲寅條 ; 卷38, 地理志2 東京道 ; 卷75, 耶律覩烈 附 羽之傳.

91) 東丹國의 西遷과 渤海遺民의 徙居 배경에 대해서는 다음 참조. 李龍範, 「遼代 東京道의 渤海遺民」 『中世滿洲 · 蒙古史의 研究』, 同和出版公社, 1988, 71～76쪽 ; 韓圭哲, 「渤海復興國 '後渤海' 研究」 『國史館論叢』 第62輯, 1995, 304～305쪽.

존속 기간 동안(926~982) 국왕이 재위한 것은 耶律倍(926~930), 安端
(947~948) 두 왕의 5년밖에 되지 않는다. 이는 동란국의 지배체제가
매우 허약하였다는 것을 반증한다. 특히 928년 동란국의 중심지를 천
복성에서 동경의 요양으로 옮긴 이후의 동란국 영역은 요양 일대를 크
게 벗어나지 않았을 것이다. 한편으로 발해 멸망 직후부터 옛 발해 지
역에서는 발해 유민들이 이른바 後渤海와 定安國 등 부흥국가를 세워
활동하고 있었다. 이러한 면을 고려할 경우 동란국의 영역은 이전의
발해가 5경 15부 62주의 체제를 가지고 해동성국을 다스리던 것과는
비교할 수 없다.

　　동란국의 주민은 渤海系人, 漢人, 契丹人, 其他 民族으로 구성되었
을 것이다. 물론 발해계인이 대다수를 차지했을 것이지만 통치자들은
대다수가 契丹人이었다. 그런데 발해계인은 나라를 빼앗긴 입장이므로
거란의 통치방식에 따라 여러 차례에 걸쳐 거란 내지로 옮겨지는 등
가장 큰 억압을 받았다. 이것은 동란국이나 거란의 지배 하에서 지속
적으로 발해계인들이 反契丹 저항활동을 전개하는 데서도 입증된다.

　　926년 야율아보기는 그의 장자 야율배를 인황왕으로 삼아 동란국을
통치하도록 하였다는 것은 앞에서 설명한 대로다. 그런데 928년 거란
太宗(耶律德光)은 동란국 우차상 야율우지의 건의를 받아들여 東丹都
와 東丹民을 천복성으로부터 동평으로 옮기고 東平郡을 승격하여 南
京으로 삼았다. 그리고 宮門 남쪽에 「大東丹國新建南京碑銘」을 세웠
다. 938년에는 남경을 동경으로 개칭하고 府를 遼陽이라 하였다.[93) 동
란국의 중심지와 民을 대대적으로 옮긴 것은 야율우지가 태종에 올린
표문에 나타나 있는 것처럼 여러 가지가 고려되었다.[94) 즉 동란국의

---

92) 『三國史記』 卷11, 憲康王 12年 春 ; 『高麗史』 卷1, 太祖 4年 壬申條.
93) 『遼史』 卷2, 太祖本紀 下 天顯 3年 12月條 ; 卷38, 地理志 2 東京道.
94) 『遼史』 卷75, 耶律觀烈 附 耶律羽之傳.

중심지를 거란의 上京 가까이 두면서 발해인에 대한 통제를 용이하게 하려는 측면도 있고, 요양의 여러 유익한 자원을 활용하려는 의도도 있으며, 나아가 하나의 천하를 만들려는 발판의 계기로 삼고자 하였다. 그리고 표문에는 나타나지 않지만 거란 태종과 동란국 人皇王과의 형제간의 미묘한 권력관계도 작용했을 것으로 짐작된다.

그런데 요양으로의 遷徙로 동란국이 완전히 소멸한 것은 아니다. 예컨대 930년대에 들어서도 동란국의 사신이 여전히 일본에 파견되는 사례가 있기 때문이다.[95] 東丹國史에서 하나의 중요한 사건은 930년 야율배가 후당으로 망명을 하였다는 사실이다. 동란국왕, 즉 인황왕은 자기의 뜻에 따라 동란국을 통치하지 못하였고 거란 태종의 심한 견제와 감시를 받았다. 이런 상황이 계속되는 가운데 후당 明宗이 동란국에 사신을 보내 동란왕을 후당으로 오도록 하였다. 동란왕은 후당의 요구에 응해 후당으로 떠나면서 "내가 천하를 主上에게 양보하였는데도 이제 와서 도리어 의심을 사고 있으니, 다른 나라에 가서 吳太伯의 이름을 얻는 것만 못하다."고 당시 그의 심경을 나타내고 있다. 가는 도중에 詩를 새겨 남기는데 그 시에는 "小山壓大山 大山全無力 羞見故鄕人 從此投外國"이라 되어 있다.[96] 즉, 소산(태종)이 대산(人皇王)을 압박해도 힘이 없어 후당으로 投歸한다는 내용이다.

동란왕이 후당에 도착하자 후당에서는 천자의 儀仗으로 맞이하였으며, 후당 莊宗(明宗의 형)의 미망인 夏氏를 妻로 삼게 하였다. 처음에는 東丹慕華라는 성명을 내렸다가 다시 姓을 李氏, 名을 贊華라 하였다. 이처럼 후당에서는 동란왕에게 많은 배려를 해주면서 고위 관직까지 내렸으나, 후당 명종이 동란왕을 후당으로 오게 한 것은 정치적 목

---

95) 『日本紀略』 後篇1 延長七年 十二月二十四日條 · 『扶桑略記』 第24 延長八年 四月朔日條.
96) 『遼史』 卷72, 列傳 宗室 義宗倍傳.

적이 숨어 있었다. 즉, 후당과 거란과의 관계에서 동란왕을 적절히 이
용하려는 의도였으며,[97] 이러한 면은 동란왕이 죽음에 이르는 과정에
서 잘 나타나고 있다. 인황왕은 후당 明宗의 養子 李從珂가 왕을 죽이
는 등 후당의 어지러운 정국 속에 거란이 침공하자 936년 李從珂가 보
낸 壯士 李彦紳에게 죽임을 당하였던 것이다.[98]

930년 동란왕이 후당으로 投歸하면서 동란왕과 거란 태종 사이의
긴장 관계는 사라지게 되었으나 동란국 자체도 유명무실해졌다. 그렇
다고 동란국이 완전히 소멸한 것은 아니었다. 930년 동란왕이 후당으
로 간 이후 동란국은 상당한 기간 동안 왕이 없는 상태였다. 이때의 동
란국의 통치자는 인황왕비 蕭氏였던 것 같다. 그런데 거란 태종이 947
년 세상을 떠나자 거란의 제위를 계승한 사람이 바로 동란왕의 장자였
다. 즉 世宗이다. 세종이 제위에 오르자 동란왕이었던 인황왕을 讓國皇
帝로 追諡하고 安端을 새로이 동란왕으로 삼아 明王으로 封하였다.[99]
하지만 安端은 948년 세상을 떠나고 말았다. 그 뒤 새로운 동란국왕이
임명되었다는 기록은 등장하지 않는다.

동란국사에서 하나의 의문은 동란국이 언제 소멸했는가 하는 점이
다. 김육불의 견해에 따르면 동란국은 모두 57년간 존재하였다.[100] 926
년 건립되었다가 982년 遼가 동경의 중대성을 철폐함에 따라, 명목상
으로 남아있던 동란국은 이름마저 사라지게 되었다는 것이다. 그러나
그 뒤에도 동란국이 존재했다는 견해가 있어,[101] 동란국의 존속 기간

---

97) 『舊五代史』 卷48, 唐書 末帝紀 淸泰 3年 9月條 ; 何俊哲, 「耶律倍與東丹國諸
  事考」 『北方文物』 1993-3 ; 최태길 역, 『渤海史硏究』 6, 1995, 327쪽.
98) 『遼史』 卷72, 列傳 宗室 義宗倍傳.
99) 『遼史』 卷5, 世宗本紀 天祿 元年條.
100) 金毓黻, 『渤海國志長編』 卷4, 後紀, "五十七年 冬十二月 庚辰 遼罷東京中臺
  省 東丹國除".
101) 金渭顯, 「東丹國考」 『宋遼金元史硏究』 4, 2000 ; 『契丹社會文化史論』, 景仁文

에 대해서는 앞으로 더 깊은 연구가 필요하다.

　다음은 동란국의 국가성격에 대해서이다. 동란국은 태조의 동생 迭剌을 中臺省 左大相으로 삼고, 渤海老相을 右大相으로 삼았으며 渤海司徒 大素賢을 左次相으로, 耶律羽之를 右次相으로 삼았다.[102] 여기서 먼저 주의할 점은 발해의 최고 행정기구는 정당성이었는데 동란국에서는 중대성에 최고의 실권자들을 포진시켰다는 사실이다. 물론 동란국 내에 정당성의 존재 여부가 문제이긴 하지만,[103] 이것은 발해에서 동란국으로 전환되는 과정에서 나타난 정치권력상의 변화를 의미하는 것이다.

　다음으로 주목되는 것은 거란인이 大相이면 次上은 발해인이고, 大相이 발해인이면 次上은 거란인이라는 점이다. 이것은 아마도 거란인과 발해인을 서로간에 견제 및 보임하도록 했음을 보여주는 것이라 하겠다. 그러나 迭剌이 곧 세상을 떠나고 나면 그 뒤에 실질적인 권력을 행사한 인물은 야율우지였다. 그것은 928년 동란국을 요양 지역으로 옮기는 중요한 일을 야율우지의 건의에 의해 추진된다는 점에서 알 수 있다. 그러므로 우차상에 불과한 야율우지보다 위계가 높았던 발해계 인물들은 실권을 크게 행사하지 못한 채 동란국의 정치권력에서 점차 배제되어 나갔다고 생각된다.

　동란국의 고위 관리직에 이처럼 발해인들이 참여하고 있으나 동란국은 발해를 직접적으로 계승한 국가는 아니다. 처음에 동란국은 발해의 통치 영역과 民을 물려받았다. 그리고 정치제도 등을 비롯해 많은

化社, 2004, 247쪽.

102) 『遼史』卷2, 太祖本紀 下 天顯 元年 2月條.

103) 盖之庸은 耶律羽之墓誌銘을 통해 『遼史』의 太祖本紀와 百官志의 東丹國 官制는 誤記이며 政堂省, 宣詔省, 中臺省이 같이 있었다고 하였다(「耶律羽之墓誌銘考證」『北方文物』2001-1, 44쪽).

측면에서 발해의 것을 차용했을 가능성은 높다. 그렇지만 동란국의 최
고 통치자가 발해 계승국가임을 선포한 경우는 없었다.

이는 직접적으로 발해의 왕성인 대씨와는 전혀 다른 이민족 출신의
야율씨가 최고 통치자가 되었다는 점에서 쉽게 드러나고 있다. 그리고
발해를 멸망시킨 후 발해의 마지막 왕 대인선을 거란의 황도 서쪽에
옮겨 감시와 통제를 가했던 사실 이외에, 많은 발해인들을 다른 곳으
로 이주시켰다는 사실도 이를 반증한다. 비록 발해인에게 "田疇를 지
급하고 賦稅를 감면하였으며, 關市를 왕래하면서 무역을 해도 징세하
지 않았다."[104] 하더라도 이것은 발해인에 대한 회유정책이지 동족적
차원의 우대는 아니었다. 간접적으로는 발해인들이 멸망 직후부터 安
邊, 鄭頡, 定理 등지에서 거란과 동란국의 지배에 강력하게 반발하는
집단행동을 보이고 있다는 점에서[105] 알 수 있다.

이와 같이 동란국사의 흐름을 통해 파악하면 동란국은 엄연히 거란
의 괴뢰국에 불과하였다. 즉 거란이 발해를 멸망시킨 후 옛 발해지역
을 용이하게 통치하기 위한 수단에서 건립된 임시국가였으며, 사실상
모든 주권은 거란이 지니고 있었다. 그러므로 결코 발해 유민의 국가
는 아니다.

동란국의 성격에 대해 김육불은 거란이 발해를 멸망시키고 동란국
을 건립한 것은 거란이 중원을 얻어서 石敬瑭을 晉帝로 삼아 다스린
것과 金이 中原을 얻어 劉豫를 齊帝로 삼아 다스린 것과 같은 차원에
서 이해하였다.[106] 손진태는 거란의 支國이라는 표현을 사용하였으

---

104) 『松漠紀聞』 卷上, "契丹阿保機滅其王大諲譔 徙其名帳千餘戶燕 給以田疇 損
　　其賦入 往來貿易關市皆不征 有戰則用爲前驅".
105) 『遼史』 卷2, 太祖本紀 天顯 元年 3月 · 5月 · 6月 · 8月條 ; 『遼史』 卷75, 耶律
　　鐸臻 弟 突呂不傳.
106) 金毓黻, 『東北通史』, 洪氏出版社, 1976年版, 480쪽.

며,[107] 朴時亨 역시 거란의 支部로서 渤海人民들을 거란의 통치 하에
두고 착취하기 위한 하나의 형식으로 이용된 것이며, 어떠한 독립국도
아니라고 하였다.[108] 반면에 金渭顯은 동란국의 용도가 시간이 경과하
면서 차이가 있지만 처음 건립기는 거란의 藩國으로 삼는 동시에 발해
유민을 참여시키는 연합 정부를 만들어 발해인을 무마시키려는 의도
가 있었다고 하였다. 이어 거란 성종 즉위년에 폐하였는데 이때는 이
미 거란이 전성기에 접어들었으므로 발해인에 대한 고려나 별다른 회
유가 필요치 않았고, 게다가 동란국과 東京道가 겹쳐지는 관계로 운영
상 문제점도 있었으며, 이미 충분한 목적을 달성하였으므로 용도 폐기
하였다는 입장이다.[109]

그런데 서병국은 동란국에 대해 직접적인 표현을 사용하여 '第二渤
海國'이라고 칭하였다.[110] 과연 그렇게 규정할 수 있을지는 의문이다.
도리어 동란국은 渤海·渤海遺民의 국가와는 거리가 먼 '第二契丹國'
이라고 표현하는 것이 바람직하다고 본다. 이는 동란국의 왕이 耶律倍,
安端 등 거란 왕족이었지 발해 왕족이 아닌 동시에, 발해 계승을 전혀
표방하지 않았기 때문이다. 만약 기록상의 내용을 빌어 표기한다면,[111]
동란국과 거란 관계는 '兄弟國家'로 하는 것이 옳을 것이다.

이처럼 각국 학자들의 동란국에 대한 인식은 조금씩 차이가 있지만
발해 계승국가가 아님은 분명하다. 동란국은 거란이 발해를 멸망시킨

---

107) 孫晉泰, 『韓國民族史槪論』, 乙酉文化社, 1948, 234쪽.
108) 박시형 지음·송기호 해제, 『발해사』, 이론과 실천, 1989, 294쪽.
109) 金渭顯, 『契丹社會文化史論』, 景仁文化社, 2004, 247쪽.
110) 徐炳國, 『渤海 渤海人』, 一念, 1990, 135쪽.
111) 중국 5대 10국 당시의 한 국가였던 南唐(937~975)의 역사를 기록한 『南唐書』
　　 에는 동란국과 거란을 직접적으로 '兄弟國家'라는 용어를 사용하지는 않았지
　　 만, 이에 준하는 표현으로 서술하고 있다(『南唐書』 卷18, 契丹傳, "南唐烈祖
　　 昇元二年 契丹王耶律德光及弟東丹王 各遣使以良馬入貢……").

후 옛 발해의 광대한 영토를 통치하는 데 어려움을 해소하기 위해 일
시적으로 만든 기형의 통치체제였다고 생각된다. 이리하여 10세기 거
란의 통치 방식은 형식적으로는 두 개의 국가를 지닌 동시에 거란 내
부의 남면과 북면이라는 이원적인 통치 형태까지 고려하면 상당히 복
잡한 양상을 띠고 있었다.

2) 발해 유민의 제 양상

발해가 망한 후 건립된 동란국 시기(926~982)의 발해 유민들의 움
직임은 여러 측면으로 나타나고 있다. 이제 이러한 발해 유민들의 갖
가지 양상에 대해 구체적으로 살펴보고자 한다.[112] 물론 동란국과 직
접적으로 관련된 발해 유민을 위주로 한 서술이다.

(1) 동란국 참여 발해 유민
① 高位官職 遺民

동란국이 세워진 뒤 인황왕(야율배)은 태조의 동생 迭剌을 좌대상으
로 삼고, 渤海老相을 우대상으로 삼았으며 渤海司徒 大素賢을 좌차상
으로, 耶律羽之를 우차상으로 삼았다는 것은 이미 앞에서 거론하였다.
그런데 주목되는 사실은 渤海老相과 渤海司徒 大素賢은 원래 발해인
이었다는 점이다.

먼저 渤海老相에 대해서다. 926년 1월, 거란이 발해를 공격하자 3만
군을 이끌고 대항한 인물도 발해의 老相이었다.[113] 그러므로 발해 멸

---

112) 이는 필자의 글(「渤海國的滅亡及其遺民加入東丹國」『渤海史硏究』第10輯,
　　延邊大出版社, 2005 ;「渤海의 멸망과 遺民의 諸樣相-東丹國 관련 渤海遺民
　　을 중심으로」『白山學報』72, 2005)을 정리, 보완한 것이다.
113)『遼史』卷2, 太祖本紀 下 ; 卷73, 蕭敵魯 弟 阿古只.

망 직후인 2월에 세워진 동란국의 渤海老相과 서로 동일 인물일 가능성도 있고 서로 다른 인물일 경우도 있다. 아마도 전자일 가능성이 높은 것으로 여겨지는데, 동일 인물이라면 渤海老相의 발빠른 처신에서 발해 유민의 독특한 행보를 발견할 수 있다. 그리고 渤海老相은 姓이 渤海이고 名이 老相인지, 아니면 渤海의 元老 長官이라는 의미인지 불명확하나 후자의 뜻으로 해석된다. 아무튼 성과 이름을 정확히 알 수 없으나 그의 직위가 우대상이었다는 점에서 대씨일 가능성이 매우 높다.

다음은 大素賢에 대해 살펴보고자 한다. 926년 동란국이 건국되면서 인황왕은 渤海司徒 大素賢을 좌차상으로 임명하였다. 大素賢은 928년 동란국이 東平으로 옮겨지자 같이 따라갔으며, 좌차상에서 좌상으로 올랐다가 거란의 동경유수 야율우지에 의해 면직되었다.[114] 이는 동란국 내의 거란인과 발해계인과의 갈등을 암시하는 것이라 생각된다.

그런데 大素賢은 원래 발해에서도 높은 지위를 차지하고 있었던 것 같다. 예컨대 高麗의 司徒는 太尉, 司空과 더불어 3公을 이루고 있었다. 渤海司徒 대소현이라는 직함으로 보아 발해에도 3公을 두었음이 입증된다. 고려시대 三公의 주된 직능은 三師와 함께 왕의 顧問을 담당하는 국가 최고의 명예직이었다. 더불어 대소현은 대씨다. 발해의 대씨는 왕족이거나 대귀족이었다. 따라서 발해 시기에 대소현의 지위도 매우 높았다고 생각된다. 이리하여 동란국은 사회적 지위가 높은 대소현을 통해 발해의 대다수 피지배층을 통치하도록 고위관직에 임명하였을 것이다.

高模翰도 동란국에서 고위직에 오른 인물이다. 고모한은 원래 발해인이었다가 나라가 망하자 고려로 몸을 피하였다. 고려왕이 자기 女로

---

114) 金毓黻, 『渤海國志長編』卷13, 遺裔列傳 大素賢.

아내로 삼게 하였으나 죄를 짓고 거란으로 달아났다. 거란에서 살인에 연루되었지만 거란 태조가 그의 재주를 알고 풀어주었다. 그 뒤 太宗 아래에서 큰 공을 세웠으며 應曆 初에는 東京 中臺省의 右相이 되었다. 이에 그의 고향인 동경에 이르자 鄕里人들이 영광으로 여기고 있다. 959년 정월에 左相으로 세상을 떠났다.[115] 그는 발해→고려→거란→동란국이라는 4개국을 거친 특이한 인물이다.

이들 외에도 발해계 인물들이 동란국의 고위관직에 올라 국정에 참여했을 것으로 추정된다.[116] 동란국의 건립이 거란의 발해인에 대한 회유 목적이 크다는 점에서 충분히 예상할 수 있다. 그리고 하위직에도 발해 유민들이 참여하였을 것으로 추정되나 자세한 기록이 없어 구체적으로 아는 데는 한계가 있다.

② 對日本 使臣 遺民

여기에 해당하는 대표적인 인물은 裵璆이다. 배구는 본래 발해인으로 2회에 걸쳐 일본에 사신으로 파견된 적이 있었다. 그 때는 아직 발해가 멸망하기 전으로 대인선 시기의 908년과 919년의 일이다.[117] 그리고 925년에는 중국 후당에 사신으로 파견되었다.[118] 역시 발해가 망하기 전이다. 이렇게 발해 존속기에 일본과 중국에 사신으로 갔던 배구는 발해가 망한 후 4년이 지난 930년에도 여전히 일본에 사신으로

---

115) 『遼史』 卷76, 高模翰傳.
116) 耶律羽之가 太宗에게 글을 올리면서, "左次上 渤海蘇가 욕심이 많고 마음이 검어서 불법의 일을 저지르고 있다"고 하였는데(『遼史』 卷75, 耶律觀烈 附 羽之傳), 관직으로 보면 渤海蘇와 大素賢이 같은 인물로 짐작되나 다른 인물일 가능성도 있다.
117) 『扶桑略記』 第23, 延喜八年 ; 『日本紀略』 後篇1, 延喜八年條 ; 『扶桑略記』 第24, 延喜十九年 ; 『日本紀略』 後篇1, 延喜十九年條.
118) 『五代會要』 卷30, 渤海, 後唐 同光三年 二月條 ; 『冊府元龜』 卷971, 朝貢, 後唐 莊宗 同光三年 二月條.

파견되었다.[119] 그러나 이제는 발해가 아니라 동란국의 사신이었다.

배구가 930년에 동란국의 사신으로서 일본에 가게 된 구체적인 이유는 알 수 없다. 동란국이 건립된 지 4년이 지났기 때문에 건국을 알리기 위해서도 아니다. 다만 그가 사신의 대표로 임명된 것은 옛 발해 사신으로 일본에 다녀온 경험이 있었기 때문이었던 것 같다.

그런데 여기서 중요한 것은 일본에서는 동란국의 실체를 파악하고 외교관계를 더 이상 맺지 않으려 했다는 점이다. 이것은 발해가 일본에 30여 차례 사신을 파견하자 일본에서 후하게 대우한 것과는 대비된다. 배구도 怠狀에서 "진실을 등지고 거짓을 향했으며 선을 다투고 악을 따라 先主(渤海王 大諲譔)를 도탄에서 구하지 못하고 新王(人皇王)에게 아첨하였다."고 토로하였다.[120] 발해의 국익을 위해 일본과 중국에 사신으로 파견되었던 한 외교관이 이제 나라가 망하자 동란국의 지배를 받으면서 살아가야 하는 비애를 느낄 수 있다.

③ 對中國 使臣 遺民

동란국이 비록 거란의 강력한 통제를 받는 국가였지만 거란과 별개의 국제외교를 전개하기도 하였다. 중국이나 일본에는 東丹國使가 파견되었다. 심지어 契丹使와 東丹國使가 동시에 南唐에 입공한 경우도 있다.[121] 그런데 昇元 2년(938) 남당에 파견된 東丹使가 高徒煥이라는 사실은 주목된다. 고씨는 발해계 사람이다. 그러므로 발해 유민이 東丹使로서 중국에 파견된 좋은 사례가 된다. 결국 고도환은 발해 유민이

---

119) 『日本紀略』後篇1, 延長七年 十二月二十四日條 ;『扶桑略記』第24, 延長八年四月朔日條.
120) 『本朝文粹』卷12, 怠狀 東丹國入朝使裴璆等解申進過狀事 謬奉臣下使入朝上國怠狀.
121) 『南唐書』, 契丹傳 昇元 2年條.

지만 동란국의 외교에 참여한 인물이다.

한편 발해가 멸망한 후에도 여러 사서에는 계속해서 渤海使가 중국에 파견되고 있음을 전하는 기록을 발견할 수 있다.[122] 기록에는 분명히 渤海使라 표기하였고 사신의 대표자로 대, 고씨 등이 포함돼 있어 사신들이 발해계라는 것은 부인하기 힘들다. 문제는 渤海使의 실체다. 金毓黻은 大昭佐, 高正詞, 文成角 등 渤海使 인물들이 동란국에서 파견된 것으로 이해하였다.[123] 반면에 日野開三郎은 渤海使를 後渤海國의 사신으로 규정하였다.[124]

현재의 남아있는 기록으로는 이들이 과연 동란국 지배하의 발해 유민으로 활동했는지 단정하기 어려운 면이 있다. 즉 동란국의 지배에 반발하여 발해 유민들이 세운 소위 후발해의 존속 기간과 동란국의 존속 기간이 서로 비슷하므로, 동란국의 사신이 아니라 후발해의 사신으로 상정할 수 있기 때문이다. 그리고 사신단을 계속해서 渤海使라고 표현하였던 점도 의문이다. 반면에 후발해의 실체 역시 명확하지 않으므로 발해 멸망 후 중국에 파견된 渤海使에 대해서는 더 깊은 연구가 필요한 상황이다.

④ 동란국 왕비 大氏·高氏

발해의 우성으로는 대씨, 고씨 등 다수가 있는데 동란국 인황왕의 비 가운데도 발해계인이 있었다. 인황왕은 다섯 명의 아들이 있었다. 장자는 거란의 3대왕 世宗이다. 그런데 넷째 隆先의 어머니는 대씨이고 다섯째 道隱의 어머니는 고씨이다.[125] 인황왕이 후당으로 갈 때도

---

122) 日野開三郎, 『日野開三郎東洋史學論集』16, 三一書房, 1990, 22쪽, [渤海人入貢表].
123) 金毓黻, 『渤海國志長編』 卷13, 遺裔列傳.
124) 日野開三郎, 앞의 책, 三一書房, 1990, 22쪽.

高美人을 데리고 갔다. 인황왕이 대씨나 고씨 등 발해의 왕성이나 귀
족성을 왕비로 맞아들인 것은 통치 차원에서 발해인에 대한 포섭의 의
미도 있을 것이다. 그리고 인황왕이 학문을 좋아하는 문화인이었으므
로 거란보다는 지적 수준이 높은 발해의 여인을 취했는지도 모른다.
이는 후당으로 가는 배에는 高美人 외에 많은 서적을 싣고 갔다는 점
에서,[126] 간접적으로 알 수 있으며 요·금대에 발해계 왕비가 다수 배
출되는 것과도 일정한 관련이 있는 듯하다.

⑤ 기타 발해 유민

위에서 언급한 것처럼 발해가 멸망하고 동란국이 들어선 후 동란국
의 지배체제에 참여하는 유형은 다양하다. 그런데 다수의 발해인들은
어쩔 수 없이 동란국의 지배를 수용하면서 살아갔을 것이다. 예를 들
어 928년 東丹民들을 요동으로 대규모 遷徙시키자, "困乏하여 옮길 수
없는 자는 거란의 富民들이 물품을 도와주어서 예속시키도록 허락하
였다."[127]는 말에서 일부 사실을 확인할 수 있다. 이들은 거란의 다른
지역으로 강제 이주된 자도 아니며 그렇다고 고려나 중국 등으로 投歸
해 가는 유형도 아니다. 이들은 처음에는 발해인의 의식을 지니고 있
다가 점차 거란인화 되었을 수 있다. 그러나 후에 사정에 따라 발해 부
흥운동에 참여할 수도 있다. 한규철의 지적처럼 기록상에 여진으로 불
리는 다수의 사람들도 이 유형에 포함된다.[128]

---

125) 『遼史』 卷72, 宗室列傳 義宗倍.

126) 『遼史』 卷72, 宗室列傳 義宗倍.

127) 『遼史』 卷3, 太宗本紀 上 天顯 3年 十二月 甲寅條, "因詔 困乏不能遷者 許上
    國富民給瞻而隷屬之".

128) 韓圭哲, 『渤海의 對外關係史』, 新書苑, 1994, 237쪽.

(2) 反東丹國 발해 유민

① 저항 활동 발해 유민

926년 1월 14일 발해의 마지막 왕 대인선은 거란의 침략에 굴복하여 정식으로 항복하였으나, 국가의 멸망을 받아들이는 것은 큰 고통이었다. 그리하여 거란에 반발하면서 城을 거점으로 삼아 다시 일전을 벌였지만 결국 진압되고 말았다.[129] 이때는 동란국이 건립되기 직전이다. 2월에 동란국이 들어서자 3월부터 발해인들은 安邊, 鄭頡, 定理 등지에서 거란의 지배에 강력하게 반발하는 집단 행동을 보이고 있다.[130]

위와 같이 발해 유민의 동란국에 대한 저항은 그 뒤에도 지속적으로 전개되어 갔다. 동란국이 소멸한 후에는 비록 소국이지만 興遼國, 大渤海처럼 나라를 세워 정치세력화하기도 하였다. 이러한 현상은 거란이 멸망될 때까지 계속되었는데, 金이 건국되자 발해 유민들의 反金 활동이 사라졌다는 점에서 큰 차이가 있다.

② 上京, 中京, 東京으로의 遷徙遺民

928년 태종 耶律德光은 조를 내려 耶律羽之로 하여금 동란국의 백성들을 옮겨 東平(遼陽)을 채우도록 하였다. 동평은 이전부터 관심을 가지고 발해인을 이주시킨 곳이다.[131] 따라서 東丹民(渤海人)을 요동반도의 동평으로 이주시킨 것은 일시적인 것이 아니라 장기적인 정책에서 추진된 것이다. 어쨌든 다수의 발해인들은 요동지역으로 옮겨지게 되었으며 여기에 반발하여 일부는 신라, 여진으로 도망가기도 하였다.[132]

---

129) 『遼史』卷2, 太祖本紀 天顯 元年 1月條.
130) 『遼史』卷2, 太祖本紀 天顯 元年 3月・5月・6月・8月條 ; 『遼史』卷75, 耶律鐸臻 弟 突呂不傳.
131) 『遼史』卷2, 太祖本紀 下 神冊 4年 3月 丙寅條.

이렇게 많은 수의 동란국 발해인들이 거란의 동경으로 강제 이주되었지만 동경 이외에 남경, 중경 등지로도 집단적인 徙置가 이루어졌다. 이는『요사』(지리지 상경도·중경도)에서 그 사정을 엿볼 수 있으며, 기존의 연구에서도 확인할 수 있다.[133] 이렇게 거란 각지에 이주된 발해 유민들은 통치체제에 순종하지는 않았다. 거란 내의 사정이나 동아시아 정세에 따라 수시로 反契丹 활동을 전개하였다. 뒤의 일이지만 大延琳이나 高永昌이 동경 요양을 중심으로 興遼國이나 大渤海를 세워 발해 부흥운동을 주도한 것은 동란국 당시 강제 이주된 발해 유민들과 밀접한 관련이 있을 것으로 짐작된다.

③ 高麗來投 渤海遺民

거란이 발해를 본격적으로 공격한 것은 925년 12월이었고 발해의 멸망은 926년 1월 중순이었다. 그런데『고려사』에 의하면 발해인들이 고려로 내투하는 것은 925년 9월부터이다. 이것은 멸망되기 4개월 전이므로 926년 1월에 건립된 동란국과는 직접적인 관련이 없다. 925년 12월에도 朴漁를 비롯한 많은 수의 발해인들이 고려로 내투하는데 이들은 거란의 발해 침공을 피해 고려로 내투한 자들이다. 특이하게도 발해 멸망 직후에 해당하는 926년에는 내투 사례가 없다는 것은 쉽게 이해하기 어렵다. 927년부터 다시 내투 사례가 나타나면서 1116년 12월의 내투 사례를 끝으로 내투 기록은 더 이상 나오지 않는다.

925년부터 1116년까지 수십회에 걸쳐 수만의 발해인 내투가 있었으

---

132)『遼史』卷3, 太宗本紀 上 天顯 3年 十二月 甲寅條.

133) 李龍範,「遼代 東京道의 渤海遺民」·「遼代 上京·中京道의 渤海遺民」『中世 滿洲·蒙古史의 研究』, 同和出版公社, 1988 ; 장국종,「발해국멸망후 그 고토의 주민구성과 반거란투쟁」『발해사연구』1(성립과 주민), 사회과학출판사, 1998 ; 王成國,「論遼代渤海人」『博物館研究』1987-2.

나 동란국인을 자처하면서 내투한 사례는 나타나지 않는다. 그러나 발해인으로 기록된 내투자 가운데는 원래는 발해인이었지만 동란국인도 있었을 것이다. 여기에 해당하는 가능성이 높은 것이 927년 3월에 내투한 渤海工部卿 吳興 등 50인과 승 載雄 등 60인이 내투한 경우다. 927년은 동란국이 건국된 지 1년이 지난 시기로, 이제 이들의 국적은 발해에서 동란국으로 바뀐 상태다. 그러므로 『고려사』에 발해인으로 기록되어 있어도 국적은 동란국일 것이며 동란국의 지배를 벗어나기 위해 고려로 내투했을 것으로 추정된다. 이와 유사한 경우는 928년 3, 7, 9월에 내투한 金神, 大儒範, 隱繼宗 등으로 대표되는 내투자 집단도 원래는 발해인이었다가 동란국인이 된 후 다시 고려로 내투한 것으로 보인다.

문제는 927~928년의 내투자들이 동란국에서 내투한 것이 아니라 발해 유민들이 세운 소위 후발해, 정안국에서 내투한 경우를 상정할 수 있다는 점이다. 그것은 929년 이후 고려에 내투한 여러 사례도 마찬가지다. 이렇게 고려에 내투한 발해인 가운데는 어느 국가에서 내투했는지를 아주 명확하게 규정하기 어려움이 있는 경우가 있다. 이 부분에 대해서는 한규철의 연구가 중요한 가치를 지닌다.[134] 물론 앞으로 더 세밀한 연구가 필요하다.

④ 新羅, 女眞으로의 投歸

928년 태종 耶律德光이 조를 내려 야율우지로 하여금 동란국의 백성들을 옮겨 東平(遼陽)을 채우도록 하였다는 것은 앞에서 살펴보았다. 그런데 다수의 발해인들을 요동지역으로 옮기자 이에 반발하여 일부는 신라, 여진으로 도망가기도 하였다.[135] 여기서 동란국·거란의 압박

---

134) 韓圭哲, 「渤海遺民의 高麗投化」 『釜山史學』 33, 1997.
135) 『遼史』 卷3, 太宗本紀 上 天顯 3年 十二月 甲寅條, "次杏堝 唐使至 遂班師 時

과 구속을 피해 여진으로 투귀하였다는 것은 그 가능성이 매우 높고 실제로 그러했을 것으로 보인다.

문제는 신라로 투귀했다고 하는데 과연 사실인지 의문이 든다. 우선 『삼국사기』에 신라투귀와 관련된 기록이 전혀 없다는 점이다.『고려사』에는 927년, 928년대에 고려 내투 기록이 있다. 그리고 후삼국시대에 신라는 현재의 경상도 지역만 관할하는 정도의 영역을 통치하고 있었다. 928년 당시 신라의 북방은 고려의 영역이었다. 그렇다면 이전처럼 발해에서 신라로 가는 新羅道와 경주에서 동해안을 따라 강릉을 거쳐 안변에 이르는 통로인 北海通136)의 이용에는 많은 한계가 있었을 것이다.

따라서 新羅道와 北海通의 한반도 동해안 횡단 육로가 아닌 해로를 이용해 신라로 투귀했다는 것인데, 그러한 가능성이 별로 없어 보인다. 『요사』가 25史 가운데 대표적인 두찬서라는 점을 고려하면 '新羅' 대신 '高麗'라는 표기가 옳다고 본다. 설령 신라로 투귀했다고 하더라도 그 수는 극히 적었을 것으로 짐작된다.

⑤ 中國으로의 投歸

많은 발해 유민들이 동란국의 지배를 벗어나기 위해 국외로 탈출하였는데 그 가운데는 중국으로 귀화했을 가능성도 있다. 물론 고려에 수만인이 내투한 것에는 비교할 바가 못되지만 약간의 사례가 있다. 954년 7월 발해국의 崔烏斯 등 30인이 후주에 귀화하였다고 하였

人皇王在皇都 詔遣耶律羽之遷東丹民以實東平 其民或亡入新羅女直 因詔困乏 不能遷者 許上國富民給贍而隷屬之 升東平郡爲南京".
136) 발해의 新羅道와 신라의 北海通 연계에 대해서는 다음 참조. 井上秀雄,「新羅 王畿の構成」『新羅史基礎研究』, 東出版, 1974 ; 徐榮一,「新羅 五通考」『白山 學報』52, 1999 ; 한정훈,「신라통일기 육상교통망과 五通」『釜大史學』27, 2003.

다.137) 그리고 『속자치통감장편』에는 979년 6월 渤海酋帥 大鸞河가 많은 무리를 이끌고 송에 내항하자 그를 발해도지휘사로 삼았다는 내용이 있다.138) 여기에 등장하는 발해는 소위 후발해일 가능성이 없지 않다. 후발해 내부의 알력으로 중국으로의 귀화 가능성도 있기 때문이다. 그런데 동란국의 지배체제에 반발하면서 중국으로 귀화한 발해계인을 발해라 표기했을 가능성도 배제할 수는 없다. 시기상으로도 동란국 존속기에 포함되기 때문이다. 단 투귀자의 관직이나 후당에서의 관직제수 등에서 나타나는 몇 가지 점에 미루어 동란국보다는 후발해에서 투귀했을 가능성이 높은 것은 사실이다.

⑥ 日本으로의 投歸

발해와 일본은 수십 차례에 이르는 사신의 왕래에서 보듯이 큰 문제 없이 친선외교를 전개하였다. 때문에 발해가 멸망하면서 발해인들이 일본에 투귀할 가능성이 높았다. 그리하여 孫晉泰는 발해와 일본 사이의 친선관계를 고려했는지 "더러는 일본으로 망명하였다."고 하였다.139)

그러나 이를 입증할 만한 명확한 자료가 있는 것은 아니다. 비록 앞에서 언급했던 對日本 使臣 裵璆 등이 동란국의 국적을 가지고 일본에 파견된 것은 사실이다.140) 하지만 그들의 일행 가운데 일본에 그대로 남아 망명한 사례는 나타나지 않는다.

---

137) 『五代會要』 卷30, 渤海.
138) 『續資治通鑑長編』 卷20, 宋 太平興國 4年 6月條.
139) 孫晉泰, 『韓國民族史槪論』, 乙酉文化社, 1948, 234쪽 ; 『國史大要』(孫晉泰先生全集 第1冊), 1981, 106쪽.
140) 孫玉良 編, 『渤海史料全編』, 吉林文史出版社, 1992, 374~376쪽.

3. 마지막 왕 大諲譔에 대한 재인식

발해는 지금까지의 연구 결과 15명의 왕이 재위한 것으로 알려져 있
다. 그렇지만 특정한 하나의 왕 내지 왕위의 계승, 각 왕의 평가에 대
해서는 관련 사료의 부족으로 연구가 미진하다. 그러한 가운데서도 발
해의 왕위계승 전반에 대한 내용을 정리하면서 계승방법을 탐구한 글
은 이 방면의 이해에 일정한 도움을 주고 있다.[141] 발해의 여러 왕에
대한 개별적 연구가 부족한 상황에서도 고왕 대조영과 문왕 대흠무에
관한 연구는 어느 정도 나와 있다. 대조영과 대흠무를 제외한 다른 왕
에 대한 글들은 정치적인 문제보다는 어느 시기의 대외관계를 이해하
는 과정에서 당시의 왕이 등장하는 경우가 대부분이다. 마지막 왕 대
인선도 예외가 아니다.

이처럼 기록의 문제 때문에 대인선에 대한 다양한 역사적 사실을 밝
혀낸다는 것은 매우 어렵다. "諲譔世次入卒 史失其紀"[142]란 말에서 보
듯이 그의 가계와 즉위 과정, 최고 통치자로서의 역할을 만족할 만한
수준까지 파악한다는 것은 쉽지 않다. 중국과 한국, 일본의 각종 사서
나 문집, 기타 여러 자료를 확인해 봐도 관련된 기록은 극히 미미하다.
대인선과 세자였던 대광현의 墓誌가 아직 발견되지 않은 상황에서 이
들에 대한 여러 사실을 복원한다는 것은 많은 무리가 따르리라 본다.
그렇지만 지금까지 남아있는 자료를 최대한 활용해 발해의 마지막 왕
대인선에 대한 몇 가지 문제를 검토함으로써 발해사의 마지막 부분을
새롭게 이해하고자 한다.

---

141) 酒寄雅志, 「渤海王權の一考察－東宮制を中心として」 『朝鮮歷史論集』(上卷,
　　旗田巍先生古稀記念會 編), 龍溪書舍, 1979 ; 임상선, 『발해의 지배세력연구』,
　　신서원, 1999, 제2장 발해의 왕위계승과 왕실세력.
142) 『新五代史』 卷74, 四夷附錄3 渤海.

1) 대인선의 즉위와 가계 복원

제1대에서 15대까지 이르는 발해의 왕위 계승관계는 『구당서』(발해말갈전)와 『신당서』(발해전)를 통해 일단 13대까지는 밝혀낼 수 있다. 그럼에도 발해사 연구의 기본 사서라 할 수 있는 이 두 사서는 발해의 건국과정에 대해서는 상세하게 나오는 편이나 발해의 마지막 두 왕 14대 大瑋瑎와 15대 大諲譔에 대한 기록은 전혀 등장하지 않는다. 15대 왕 대인선은 『요사』를 비롯한 여러 사서에 중간중간 나타나므로 그의 존재를 아는 데는 어려움이 없다. 대신 발해의 14대왕 대위해의 존재가 밝혀진 것은 그리 오래되지 않는다.

대위해는 대현석을 이어서 왕위에 올랐다. 물론 대위해가 왕위에 오른 정확한 기록은 나타나지 않는다. 대신 "乾寧(唐 昭宗) 2년 10월에 발해왕 大瑋瑎에게 칙서를 내렸다"[143]는 기록에 근거하면 대위해가 왕위에 오른 것은 분명한 사실이다. 이는 김육불이 그의 저서 『발해국지장편』(권19, 총고)에서 밝힌 것인데 이것도 사실은 본인이 직접 찾아낸 것은 아니고 '吳向之先生檢示此條'라는 말에서 보듯이 다른 사람의 교시를 입은 것 같다. 대현석과 대위해의 혈연관계는 기록에 나타나지 않는다. 이러한 현상은 대위해와 마지막 왕 대인선과의 관계도 마찬가지다.

이처럼 발해 마지막 왕 대인선이 왕위에 오르는 과정은 정확히 파악하기 어렵다. 반면에 그의 아들 즉, 왕자는 기록에 이름이 나오고 있으며 조카의 이름까지 거론되고 있다. 『冊府元龜』에는 王子 大昭順, 大光贊, 大禹謨라는 이름이 등장하고 있고 조카 (大)元讓, 大元謙이라는 이름이 등장한다.[144]

---

143) 『唐會要』卷57, 翰林院, "乾寧二年十月 賜渤海王大瑋瑎勅書 翰林稱可官 合是 中書撰書意. 諮報中書".
144) 『冊府元龜』卷972, 外臣部 朝貢5, "(梁 太祖 開平 元年) 五月 渤海王子大昭順

　　대소순과 대광찬은 907년과 912년 중국 후량에 사신으로 파견되었으며, 대우모와 조카인 대원양은 924년 1월과 5월 후당에 사신으로 파견된 경우다. 그런데 『오대회요』에도 거의 비슷한 내용이 수록돼 있지만,[145] 대인선과 大元讓의 혈연 관계가 두 사서는 다르게 되어 있다. 『冊府元龜』에서는 大元讓을 대인선의 조카라 하였다. 물론 원문에는 姪 대신 侄이라 하였으나 侄은 姪의 俗字이므로 뜻에는 변함이 없다. 그런데 『오대회요』에는 조카라 하지 않고 대원양을 대인선의 왕자라 명시하였다. 어느 것이 맞는지 현재로서는 명확히 가려낼 수 없는 입장이다.

　　아무튼 위의 두 사서의 기록을 정리하면 大昭順, 大光贊, 大禹謨는 대인선의 아들이고 大元謙은 조카이며 大元讓은 아들인지 조카인지 분명하지 않다. 다시 말해 대인선은 3명 이상의 아들이 있었고 여러 명의 조카가 있었던 것이다. 여기에서 더 나아가 조카 大元謙이라는 말을 통해 유추하면 대인선은 일단 남자 형제가 있었다는 의미가 도출된다.

　　대인선의 아우가 존재했음을 알려주는 기록은 『冊府元龜』,[146] 『五代

　　　貢海東物産　契丹首領袍笏課哥梅老等來朝　契丹久不通中華聞威聲乃率所部來
　　　貢　三數年間頻獻名馬方物", "(梁 太祖 乾化 二年) 五月 渤海王大諲譔差王子
　　　大光贊景帝表幷進方物", "(唐 莊宗 同光 二年) 正月 新羅王金朴英幷本國泉州
　　　節度使王逢規遣使朝貢 渤海王子大禹謨來朝貢", "(同光 二年) 五月 渤海國王
　　　大諲譔遣使侄元讓貢方物"・『冊府元龜』卷976, 外臣部 褒裏3, "(同光 二年) 八
　　　月渤海朝貢使王侄學堂親衛大元謙可試國子監丞"

145) 『五代會要』卷30, 渤海, "(梁 開平 元年) 五月 其王大諲譔遣王子大昭順來貢方
　　　物". "(梁 乾化 二年) 五月 又遣王子大光贊來朝 貢方物 太祖厚有錫賜", "(唐
　　　同光 二年) 正月 遣王子大禹謨來朝", "(唐 同光 二年) 五月 又遣王子大元讓來
　　　朝 莊宗賜金彩以遣之", "(唐 同光 二年) 八月 又遣侄學堂親衛大元謙試國子監
　　　丞試國子監丞".

146) 『冊府元龜』卷995, 外臣部 交侵, "明宗天成元年十一月 青州霍彦威奏 得登州
　　　狀申 契丹先發諸部 攻逼渤海國 自阿保機身死 雖已抽退 尚留兵馬在渤海扶餘

會要』,[147] 『宋史』[148]에 있다. 『송사』에는 부여성을 공격한 사람이 발해
왕이었다고 하나, 다른 두 기록에는 왕의 동생이란 말이 분명하게 표
기되고 있으므로 동생이 부여성 공격에 참여하였다는 것은 틀림이 없
다고 생각된다. 그러나 발해왕의 아우(王弟) 이름이 무엇인지는 드러나
지 않고 있다.[149] 그리고 마지막 왕 대인선과 그 아우가 전왕인 대위해
의 아들인지도 분명하지 않다. 대인선이 대위해의 아들임을 알려주는
기록이 아직 발견되지 않았기 때문이다. 王弟를 발해 유민의 부흥국가
가운데 하나인 소위 후발해를 건국한 사람으로 간주하는 견해가 있기
도 하다.[150] 하지만 이를 입증할 만한 사료가 미약하여 이를 그대로 수
용하기에는 어려움이 있다.

　요컨대 대인선은 독자는 아니었으며 형 또는 아우가 있었다. 적어도
3명 이상의 아들이 있었던 동시에 약간의 조카가 있었다는 것이 확인
되었다. 그러면 왕자 가운데 왕위를 이을 세자는 누구인가? 발해의 왕
위계승 원칙은 장자상속제라고 하는 것이 일반적이다. 왕자 가운데서
도 장자는 다른 왕자와 달리 副王이라는 칭호가 붙여졌다.[151]

　그런데 위에서 언급했던 대인선의 여러 왕자 가운데 副王이나 왕위

城 今渤海王弟部領兵士 攻圍扶餘城契丹".
147)『五代會要』卷30, 渤海, "(天成元年) 是歲 率諸番部落 攻渤海國扶餘城下之 改
　　扶餘城爲東丹府 命其子突欲留兵鎭之 未幾 阿保機死 渤海王命其弟率兵攻扶
　　餘城 不能克 保衆而退".
148)『宋史』卷491, 列傳250 外國7 渤海, "後唐天成初 契丹阿 保攻機攻扶餘城下之
　　改扶餘爲東平府 命其子突欲留兵鎭之 阿保機死 渤海王復攻扶餘 不能克".
149)『陜溪太氏族譜』(卷1, 列祖系統圖)에는 왕의 동생 이름을 大權이라고 하나 이
　　는 丁若鏞의 글(『與猶堂全書』第6輯, 疆域考 卷4, 渤海續考)에 등장하는 "案
　　此云世子 未必是諲譔之子 或是諲譔之弟 權立爲王" 중 權을 이름으로 보고
　　성 大氏를 붙여 大權이라 했을 가능성이 있다.
150) 日野開三郎,「後渤海の建國」『日野開三郎東洋史學論集』16, 三一書房, 1990.
151)『新唐書』卷219, 渤海傳.

88

계승권자임을 암시할 만한 인물은 없었다. 대신『고려사』와『고려사절
요』등 한국측 기록에는 '발해국 세자 대광현'이라는 단어가 선명하게
기록되어 있다.152) '발해국 세자 대광현'이라는 기록이 정확하고 이를
그대로 수용한다면 대광현이 대인선의 여러 왕자 가운데 왕위계승자
임에는 틀림없다. 게다가 위에서 언급했던 왕자 大光贊과의 이름의 유
사성에서 접근한다면 대광현과 대광찬은 형제일 가능성이 높다.153) 만
약 둘이 형제라면 대광현은 당연히 왕 대인선의 세자이다. 이리하여
세자는 대광현임이 밝혀졌고 왕자의 수 역시 한 명이 더 늘어났다.

이상 대인선과 관련된 기록을 정리하면 대인선에게는 잠정적으로
동생 1명, 아들 4~5명, 조카 1~2명이 있었음을 알 수 있다. 이 숫자는
매우 유동적이다. 필자가 미처 찾아내지 못했거나 금석문 등 새로운
자료가 발견될 가능성도 있기 때문이다. 아래는 대인선의 가계도를 정
리한 것이다.

<표 2> 대인선 가계도

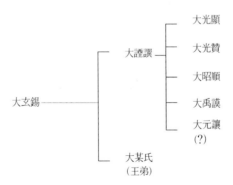

* 대인선 조카 : 大元謙, 大元讓(?)

---

152)『高麗史』卷2, 太祖世家 17年 7月條 ;『高麗史』卷86, 年表 ;『高麗史』卷93,
　　列傳 崔承老 ;『高麗史節要』卷1, 太祖 8年 12月條.
153) 日野開三郎,『日野開三郎東洋史學論集』16, 三一書房, 1990, 32쪽.

참고로 『陜溪太氏族譜』(列祖系統圖)·『永順太氏族譜』(渤海王 世系
圖)에는 위와 다르게 되어 있다.[154] 족보라는 특성상 그 世系가 분명하
게 제시되어 있는데 과연 이를 믿을 수 있을지는 의문이다. 두 족보는
세계만 보더라도 실제의 역사기록에 없는 사실도 있고 상이한 것도 많
이 있다. 예를 들어『협계태씨족보』에는 14대 대위해가 누락되어 있고,
대조영 동생 大野勃을 大野渤로 표기하였다. 그리고 대야발에서 대인
수 사이에 大野渤-大元機-大匡德-大仁秀로 가계가 이어진다고 하
는데, 이는 어느 사서에서도 파악할 수 없는 내용이다. 이어 대인선의
아들로는 大光顯, 大和鈞, 大元鈞이 있다고 하였지만 대광현을 제외한
두 인물은 발해가 망하면서 고려에 내투한 實名의 인물이라 하더라도
대인선의 아들로서 위치지울 만한 근거는 어디에도 없다.

한편『협계태씨족보』(先祖世系)에는 대건황→ 대현석→ 대인선의 관
계를 父子로 단정지었으나 대현석과 대인선 사이에 대위해를 누락시
킨 것은 차치하고, 각종 사서의 기록을 종합하더라도 여전히 불명확한
혈연관계를 이렇게 쉽게 규정한 것은 억지로 꿰맞춘 듯한 인상을 지울
수 없다. 이러한 몇 가지 사실에서 보면『협계태씨족보』는 발해사 연
구의 하나의 단순한 비교대상이 될지언정 연구의 보완자료가 되기에

---

154) 두 족보 사이에도 차이가 있어 『永順太氏族譜』에는 景王(13대) 大玄錫→ 哀
王(14대) 大諲譔→ 世子 大光顯으로 이어지는 渤海王 世系를 제시하고 있으
며, 『陜溪太氏族譜』는 다음과 같이 되어 있다.

<표 3>『陜溪太氏族譜』渤海王 世系

는 심각한 문제가 있다. 요컨대 대인선의 아들 이름이 믿을 만한 사서에는 대광현 외에 대광찬, 대소순, 대우모 등이 분명히 있었음에도 이를 확인하지 못하고 전혀 엉뚱한 이름을 올려놓은 것에서 여실히 입증되고 있다.

2) 대인선에 대한 재인식

어느 나라든 마지막 왕은 무능하고 부패하며 내부적인 권력투쟁으로 말미암아 국가는 외부의 침입을 막아내지 못해 쉽게 멸망했다는 인식이 강하다. 발해의 대인선 역시 예외가 아니어서 발해 사회의 내분으로 거란의 침략에 적절히 대응하지 못한 채 멸망을 초래한 왕이었다는 것이 일반적인 견해였다.

그러나 발해 사회 내부에 어떤 특정한 권력 투쟁이 실제로 있었다는 기록은 없다. 다만 간접적으로 내부적인 문제, 혹은 내분이 있어 이를 극복하지 못하고 멸망의 길로 나아간 것이 아닌가 보고 있다. 늘 내분의 근거로 인용되는 것은 거란 태종이 즉위한 뒤에 야율우지가 올린 글 가운데 나오는 것인데, "선제(태조)께서는 저들(발해)의 離心한 틈을 타서 군사를 동원하니 싸우지 않고도 이겼다"는 내용이다.[155] 여기서 離心이 과연 구체적으로 무엇을 의미하는가는 여전히 의문이다.

다음의 근거는 발해가 망하기 전에 여러 고위 관리들이 많은 백성들을 거느리고 고려로 내투(망명)했다는 사실이다. 그리고 10세기 초 동아시아 전체가 분열기로 나아가는 상황에서 발해의 대외적인 팽창 움직임이 전혀 드러나지 않는 것은 내분으로 인해 무왕이나 선왕대처럼 대외적인 영토확장 문제에 신경을 쓸 여유가 없었던 이유가 될 수 있다. 그 외의 근거는 발해가 부여부를 중시하여 강한 군대를 주둔시키

---

155)『遼史』卷75, 列傳 耶律覿烈 附 耶律羽之.

며 거란을 방비하였는데 포위된 지 3일 만에 함락되었다거나, 상경성의 공격시에도 老相軍 3만을 제외하고는 특별히 다른 전투의 흔적이 나타나지 않는다는 점이다. 9세기 이래 발해의 지배를 받던 변방 부족들이 점점 이탈해 가는 것도 마찬가지 이유로 간주할 수 있다.

발해 멸망기에 내분이 없었다고 할 수는 없다. 일부 이를 뒷받침할 수 있는 사실도 수용할 필요가 있기 때문이다. 그렇다면 대인선은 내분을 수습하지 못한 채 나라를 저버린 무능한 군주일까? 10세기 초 거란은 발해를 멸망시키기 전에 발해의 요동을 정벌해 이를 차지하는 데 무려 20년이 걸렸다.[156] 이 시기의 발해왕이 바로 대인선이었다. 20년 동안 계속된 거란의 요동 공격에 잘 대처하며 막아냈다는 것은 발해의 군사력이 강력했고 어느 정도의 정치적 안정과 사회체제도 나름대로 자리잡혀 있었음을 의미한다. 이것은 대인선 재위 20년 전체를 멸망기로 설정하는 시대구분에 반대하면서 대인선대를 더 세분화시키려는 견해와도[157] 일맥 상통하는 것인데, 필자 역시 대인선대는 거란의 침략이 본격화되는 마지막 2~3년을 제외하고는 그렇게 부정적인 시각에서 바라볼 필요가 없다고 생각한다.

그리고 발해는 대인선 시기에도 여전히 동아시아의 여러 나라와 대외관계를 적극적으로 펼치고 있었다. 남쪽의 후삼국, 중국의 5대, 일본은 물론이고 심지어 거란과도 직접 교섭을 맺으며, 친선과 적대의 외교관계를 전개시키고 있다. 특히 대인선은 거란 세력이 점점 발해에게로 다가오자 신라 등 주변국과 결원을 맺어 이에 대응하려는 전략을 세우기도 하였다.[158] 결원 시기가 정확히 언제이며 대상이 신라 외에

---

156) 『遼史』 卷28, 天祚本紀 天慶6年 正月條 · 『契丹國志』 卷10 · 『遼東行部志』

157) 金恩國, 「渤海 末王 大諲譔時期 對外關係 研究」 『國史館論叢』 82, 1998, 183쪽.

158) 『契丹國志』 卷1, 太祖 天顯 元年 春正月條.

어느 나라가 포함되는가 하는 논의가 있지만 바로 대인선이 재위하던 910~920년대의 어느 시기인 것은 분명하다.

게다가 대인선이 거란에 정식 항복을 하고도 다시 저항을 한 것이나 멸망 직후부터 발해인들이 계속해서 거란과 치열하게 싸움을 하고 있는 것은 당시 발해의 왕 대인선에 대한 백성들의 신뢰와 믿음이 여전히 존재했음을 보여주는 의미로 해석할 수 있다. 왕을 비롯한 정치권에 대한 불신이 심각했다면 반거란 항쟁이 그처럼 강하지 않았을 것이다. 그리고 유민들의 부흥운동이 200년간 계속된 사실 역시 이러한 믿음이 이어진 결과일 것이다.

대인선의 재위 기간은 20년(906~926)이다. 기간으로 보면 발해 15대 왕 가운데 다섯 번째인데 결코 짧지 않은 시간이었다. 발해사를 많이 알고 있는 사람이라도 대인선에 대한 이미지는 그렇게 밝지 않다. 하지만 대인선이라는 하나의 인간과 그가 이루고자 했던 왕으로서의 역할을 함부로 말할 수는 없다. 알고 있듯이 발해사에 대한 연구 자료는 절대적으로 부족하다. 남아있는 기록 역시 발해인이나 유민의 입장이 아닌 인근 국가의 시각이다. 대인선에 대한 것도 예외가 아니다. 발해가 멸망하는 과정과 대인선의 역할도 사실은 『요사』를 비롯하여 대부분 중국측에서 바라본 기록이다. 대인선의 생몰과 성장과정, 행적을 헤아리는 데 결정적인 이른바 大諲譔墓誌銘과 같은 자료가 아직 발견되지 않았다. 이 상황에서 극히 일부의 사실을 근거로 그에 대해 부정적 시각에서만 서술한다는 것은 자칫 그의 본래 모습을 왜곡할 가능성이 매우 높은 것이다.

요컨대 대인선은 발해의 마지막 왕으로서 일순간에 무너지는 가운데 항복을 청한 왕이었기 때문에 자연히 그에 대한 평가는 부정적인 시각이 우세하였다. 발해를 침공하는 거란의 세력이 아무리 강대하다고 해도 이를 막아내지 못한 책임이 당시의 왕 대인선에게 가장 크고 또 이를 면할 수도 없으며 결코 부정할 수도 없다. 그러나 대인선대 20년 동안 모두를 멸망기로 설정하고 失政의 결과 멸망을 자초했다는 식의 평가는 어울리지 않는다. 한 나라의 전개과정을 몇 단계로 나눠 설명하듯이 특정 인물이나 왕대도 단계별로 나눠 이해하는 자세가 매우 중요하다. 앞에서 언급한 대로 대인선의 치세가 문제가 없는 것은 아니나 긍정적으로 해석할 여지가 있는 것도 사실이다. 이를 어떻게 해석하느냐 하는 것은 역사가의 몫이지만 대인선을 두고 대내외 정세를 파악치 못한 무능의 군주, 그리고 거란에 잡혀가 비참하게 생을 마감한 비운의 왕으로만 자리매김하는 것은 올바른 해석이 아니라고 생각한다.

제2장 발해 멸망 전후의 발해와 고려

발해의 멸망은 고려의 대외 관계에 커다란 영향을 미쳤고 수많은 발해 유민들은 시차를 두고 고려에 내투하기도 하였다. 그러므로 926년 발해의 멸망을 전후하여 발해·발해 유민과 고려 사이에는 이외에 또 어떠한 관계가 있었는지를 밝혀보는 것은 큰 의미가 있을 것이다.

1. 발해·발해 유민과 고려의 혼인

발해와 고려의 관계에 대해서는 여러 측면에서 그 고찰이 가능하나 여기서는 그 한 부분으로서 혼인관계에 주목하여 깊이 있게 검토해 보려고 한다. 혼인관계는 한국사상에서 보아도 단순히 개인 대 개인, 가문 대 가문의 족적인 연결만을 가져오는 것이 아니다. 한 나라의 대외 관계나 국가통치 차원에서 크게 이용되는 경우도 볼 수 있고, 문벌귀족이나 양반이 왕실과의 혼인을 통해 권력을 확대하다 끝내 사회의 커다란 혼란을 가져오는 사건도 있었다.

따라서 발해·발해 유민과 고려 사이의 혼인관계는 단순한 하나의 역사적 사실이 아니라고 생각된다. 만약 혼인이 성립되었다고 한다면 발해 멸망기 이후의 발해와 고려 관계 즉, 수많은 발해 유민의 고려 내투, 고려 초기의 對渤海 인식, 발해를 멸망시킨 거란과 고려를 둘러싼

동아시아의 외교관계도 새로운 시각에서 究明되어어야 할 것이다. 또 혼
인이 성립되었다면 고려의 발해에 대한 동족의식도 한층 강했을 것으
로 여겨지기 때문에 혼인의 성립 여부를 밝혀보는 것은 매우 중요한
과제이다.

1) 발해와 고려의 혼인

발해와 고려 사이에 혼인관계의 가능성을 어느 정도 엿볼 수 있는
기록은 다음의『자치통감』기사이다. 원문을 소개할 가치가 있어 이를
제시하였다.

(冬十月) 初高麗王建用兵吞滅隣國 頗彊大 因胡僧襪囉言於高祖曰 勃
海我婚姻也 其王爲契丹所虜 請與朝廷共擊取之 高祖不報 及帝與契丹
爲仇襪囉復言之 帝欲使高麗擾契丹東邊以分其兵勢 會建卒 子武自稱
權知國事 上表告喪 十一月戊戌 以武爲大義軍使 高麗王遣通事舍人郭
仁遇使其國 諭指使擊契丹(畏契丹知之 不形諸詔命 以詔指諭之而已) 仁
遇至其國 見其兵極弱 曩者襪囉之言 特建爲誇誕耳 實不敢與契丹爲敵
(宋白曰 晉天福中 有西域僧襪囉來朝 善火卜 俄辭高祖請遊高麗 王建
甚禮之 時契丹幷渤海之地有年矣 建因從容謂襪囉曰 勃海本吾親戚之
國 其王爲契丹虜 吾欲爲朝廷攻而取之 且欲平其舊怨 師廻爲言于天子
當定期兩襲之 襪囉還 具奏 高祖不報 出帝與契丹交兵 襪囉復奏之 帝
遣郭仁遇飛詔諭建 深攻其地以牽脅之 會建已卒 武知國事 與其父之大
臣不叶 自相魚肉 內難稍平 兵威未振 且夷人怯懦 襪囉之言 皆建虛誕
耳) 仁遇還 武更以他故爲解.[1] (『資治通鑑』卷285, 後晉紀 齊王 開運 2

---

[1] 본문 내의 ( ) 안의 글은 細註인데 특히 "宋白曰……" 부분은 宋의 宋白이 지
은『續通鑑』을 인용한 宋末~元初人 胡三省의 註로서 본문과 비교해 볼만한
중요한 가치가 있다. 그리고 '발해'의 漢字 표기는 '渤海'인데 開運 2年條의
本文과 細註에는 '勃海'로 되어 있다. 그런데 이 글에서『資治通鑑』의 사료를

年 10月·11月)

이 글의 전체적인 내용은 고구려의 옛 영토를 회복하려는 것을 건국의 기본이념으로 삼았던 고려 태조 왕건이 거란에 잡힌 발해왕을 구하려고 후진의 고조에게 협공을 제의하는 것이 요점이다. 그런데 위의 글은 혼인관계에 관한 가장 중요한 기록이므로 보다 구체적으로 살펴볼 필요가 있다.

먼저 "처음에 고려 태조 왕건이 군사를 써서 이웃 나라들을 呑滅함으로써 자못 강대해졌다"고 하는데 이는 936년 고려에 의한 후삼국의 통일을 의미하는 것 같다. 그리고 왕건은 胡僧 襪囉를 통하여 후진(936~946) 고조(石敬塘 : 936~942)에게 이르기를 "발해는 나와 (혹은 우리와) 혼인한 사이인데 발해왕(마지막 왕 大諲譔 : 906~926)이 거란에 잡혔으니, 청컨대 후진 조정과 함께 거란을 공격하여 발해왕을 구하고자 합니다"라고 하였으나 후진 고조는 응답하지 않은 것으로 되어 있다. 여기서 胡僧 襪囉가 과연 누구인가는 다른 사서에 동일한 인물명이 나오지 않아 그의 활동 사항을 제대로 알 수 없다. 하지만 급박한 5대의 교체기에 정식 외교관계를 제대로 펼칠 만한 여유가 없던 후진의 상황에서, 사신들의 역할만큼이나 고려와 후진 간의 외교관계에 중요한 역할을 담당할 수 있을 만한 충분한 지위를 갖추고 있었을 것으로 짐작된다.

다음으로 곽인우가 고려에 이르러 보니 고려의 군사는 매우 약하여 지난번 말라의 말은 왕건이 과장·거짓말했다고 하는 부분이다. 여기서 문제가 되는 것은 왕건이 과장·거짓말했다고 하는 것이 고려의 군사력만을 말하는 것인지, 아니면 발해와 고려의 혼인 사실까지도 포함

설명하는 가운데서는 편의상 '渤海'로 하고 있음을 일러둔다.

하는가 하는 점이다. 위의 기사에 보면 곽인우가 고려에 온 것은 후삼국 통일을 완성한 왕건의 시기가 아니라, 왕건 사후 왕위계승 문제로 허약한 상황에 놓여있던 定宗代의 정치·군사적 상황이다. 그러므로 왕건시기와는 정치·군사적인 측면에서 현격한 차이가 있었을 것이다. 왕건이 거란을 협공하고자 한 것은 왕건대의 군사력이 거란에도 대응할 만큼의 힘을 가지고 있었기 때문에 나왔을 확신의 표현으로 본다면 결코 과장이거나 거짓말은 아니었을 것이다.

따라서 곽인우의 말은 왕건 사후 정종대까지의 혼란한 정치 상황을 목격한 것에서 비롯된 정치, 군사상의 차이에 대한 과장·거짓말을 의미하는 것이지, 이전에 있었던 발해와 고려 간의 혼인 관계까지 포함하는 의미는 아니라고 봐야 한다.[2]

그러나 기록 가운데 무엇보다 중요한 것은 왕건이 거란에 잡힌 발해의 왕을 구하기 위해 후진 고조에게 '渤海我婚姻也'라고 이르고 있다는 점이다. 따라서 이러한 태조 왕건의 표현이 과연 어디에 근거하여 나오게 되었는가가 문제시된다.

이는 다음의 몇 가지 측면에서 생각해 볼 수 있다. 첫째, 왕건이 과거 고구려의 부흥과 계승을 표방하고 고토를 점유하고자 하는 북진정책의 명분을 찾기 위해서 만들어 낸 표현에 불과한 경우이다. 둘째, 발해 세자 대광현이 무리 수만 인을 거느리고 내투하자 성명을 王繼라 내리고 宗籍에 附籍한 사실을[3] 달리 표현한 것으로 볼 수도 있다. 셋째, 왕건의 선조 내지 왕건 자신이 발해 또는 발해 지역과 밀접한 관련이 있었다는 간접적 표현일지도 모른다. 넷째, 실제로 왕건과 발해인 누군가와의 혼인을 말하는 것으로 볼 수도 있다.

---

2) 宋基豪,「발해 멸망기의 대외관계-거란·후삼국과의 관계를 중심으로」『韓國史論』 17, 1987, 60쪽.
3) 『高麗史』 卷2, 太祖 17年 7月條.

위의 기록에서 보는 것처럼 본문과 細註는 그 내용에 있어 커다란 차이는 없다. 다만 본문에는 '渤海我婚姻也'라 되어 있고 주에는 '渤海本吾親戚之國'이라 한 점은 주목할 필요가 있다. 혼인과 친척은 항상 혈연관계를 수반한다고 하는 점은 사실이지만 의미상 차이가 있는 것도 확실하다. 여기서 태조 왕건이 襪囉에게 '渤海我婚姻也'라고 했다면 발해와 왕건 사이에 어떠한 형태이든 혼인관계가 있었다는 것을 나타내 주는 것이다. 그런데 註에서처럼 왕건이 '渤海本吾親戚之國'이라고 말했다면 사료상의 친척은 무엇을 의미하며 또 친척의 범위가 어디까지인가가 불분명하므로 문제는 더욱 복잡하게 된다. 이에 대하여 박시형은 "왕건이 만일 襪囉에게 '渤海我婚姻也'라고 말했다면 그것은 왕건 시기에 발해 왕실과 혼인관계를 맺었던 것으로 내용이 한정되지만, 그렇지 않고 '渤海本吾親戚之國'으로 말했다면 그것은 단지 당시의 혼인관계만을 지칭하는 것이 아니라 양국간에 존재하는 역사적 동족관계를 범칭하는 것도 수반하는 것이 된다"[4]고 하였다. 이러한 점을 염두에 두고 일단 본고에서는 포괄적 의미의 친척지국 관계보다 혼인관계에 더 많은 초점을 맞춰 고찰하려고 한다.

'혼인관계'냐 '친척지국 관계'냐에 따라 발해와 고려의 관계에 있어 그 성격이 일정하게 변하게 되므로 이를 살피는 것도 중요한 문제이다. 그런데 당시의 시대적 상황을 기록할 수 있는 다른 사서에는 이러한 역사적 사실을 보완해 줄 만한 기록이 보이지 않아 사실 규명에 많은 어려움이 있다.[5] 다만 李齊賢의 『櫟翁稗說』에 남아 있는 글이 참고

---

4) 박시형, 「발해사 연구를 위하여」 『력사과학』 1962-1.
5) 조선 후기 정약용의 『我邦疆域考』 「渤海考」 마지막 부분의 소위 만부교 사건을 설명하는 註에 『資治通鑑』의 혼인 기사를 언급하고 있으나 이 기사가 『五代史』에 나오는 것으로 잘못 기록하고 있다. 한편 유득공의 『渤海考』에서는 『資治通鑑』의 혼인 기사는 보이지 않고 「臣考」 高模翰傳에서 高模翰이 高麗 太祖 王建의 女와 혼인했음을 『遼史』 高模翰傳의 내용을 일부분만 인용해

된다. 이는 『자치통감』이 완성된 지 260년 가까운 시간이 흐른 다음의
기록이긴 해도 혼인관계를 이해하는 데는 아주 중요한 기록이므로 일
단 짚고 넘어가야 할 필요가 있다.

　通鑑載 我太祖因胡僧襪羅 言於晉高祖曰 渤海我婚姻也 其王爲契丹
所虜 請與朝廷攻擊取之 高祖不報 及少帝與契丹爲仇 襪羅後言之 少帝
欲使我 擾契丹東邊 以分其兵勢 遣郭仁遇使我 見其兵甚弱 向者襪羅之
言 特誇誕耳 其言如是 後唐淸泰三年 契丹立石敬塘爲帝 是爲晉高祖
與契丹約爲父子 歲輸金帛三十萬疋兩 是年百濟王甄萱逃奔歸我 請討
逆子神劍 太祖親征擒滅之 而新羅王金傅 亦納土入朝 三韓旣一 乃偃兵
息民聿修文敎 渤海將軍申德禮禮部卿太和鈞 工部卿太德譽 數千萬人
前後冒化來投 若其與渤海結婚姻 則國史未之見也 以我太祖 深謨遠略
不務功名 豈不知五季之世 中原板蕩 不足餘有位乎 豈不知石郎之餘帝
疤 其交不可以間乎 又豈遣 一使而因異域之僧 越海而謀 於新造未集
之晉 欲爲渤海 報仇於方强之契丹乎 且郭仁遇之來也 果能盡見我兵之
虛實强弱乎 晉之君臣 前惑襪羅之言 後信仁遇之語 遂謂我太祖 爲誇誕
豈不謬哉. (『櫟翁稗說』前集1)

위에서 보는 것처럼 이제현은 다음의 여러 가지 이유로 해서 『자치
통감』의 혼인 기사에 강한 의문을 제기하고 있다. 글 내용의 순서대로
정리하면 다음과 같다.

　가) 후진 고조는 거란이 세운 왕으로서 거란의 왕과 父子의 맹약을 맺
　　　었다.
　나) 이때는 후삼국이 통일되었으므로 싸움을 그치고 백성을 편히 쉬게
　　　하여 文敎를 닦고 있었다.

———————————

그대로 적고 있을 따름이다.

다) 발해 유민 수천 수만인이 전후 내투했으나 발해와 혼인을 맺었다
는 기사는 國史에 없다.

라) 태조 왕건이 심원한 지략으로 공명을 힘쓰지 않았는데, 어찌 온통
어지러운 중원세력과 손을 잡겠는가?

마) 石郎(후진)과 帝虺(거란)의 교분을 이간할 수 없었다는 것을 어찌
몰랐겠는가?

바) 한 사람의 사신도 보내지 않고 이역의 승려를 통하여 초창기의 미
비한 후진과 꾀해 발해를 위하여 한창 강성한 거란에게 원수를 갚
겠다고 했겠는가?

사) 곽인우가 고려에 와서 고려 군대의 강·약을 과연 다 알 수 있었겠
는가?

아) 후진의 군신이 전에는 말라의 말에 迷惑되고 뒤에는 곽인우의 말
을 믿어 마침내 고려 태조가 과장·거짓말 했다고 한 것은 잘못이
다.

물론 이러한 면에서 보면 그의 예리한 역사인식의 한 단면을 엿볼
수 있기도 하다. 그러나 이제현의 전체적인 역사의식이 높기는 하지만,
고려와 발해간의 혼인의 구체적인 실상을 파헤치는 면보다 자신의 태
조에 대한 평가 부분에 무게가 실려 있는 듯한 감을 지울 수 없다. 그
러므로 이제현의 글도 혼인관계의 사실 파악에 한계성이 있음을 알 수
있다.6) 그렇지만『자치통감』의 사료 그 자체는 신빙성이 있는 것으로
생각된다.

지금까지『자치통감』의 기사를 근거로 발해와 고려간의 혼인문제에
관해 조금이라도 언급한 논고는 다수가 있다.7) 이 가운데는 혼인문제

6) 宋基豪, 앞의 글, 1987, 201~202쪽.
7) 李孝珩,「渤海와 高麗 사이의 婚姻關係에 대한 檢討」『釜山史學』31, 1996, 10
쪽.

를 전론으로 다룬 것도 있고,[8] 발해 멸망기의 대외관계를 논하면서 비중있게 다룬 경우도 있다.[9] 그렇지만 대부분의 논문은 혼인문제 자체를 다루지 않고 대외관계나 발해 유민 문제를 논하면서 아주 간단히 처리하고 있는 실정이다. 이용범은『자치통감』의 혼인기사에 등장하는 胡僧 襪囉의 고려 왕복을 통해 극동 정세의 한 측면을 밝히려 하였다.[10] 그런데 김육불의『발해국지장편』에 제시된 이에 관한 내용은 눈여겨 볼 만하다.

김육불은 대인선 재위 15년 즉, 921년 연간에 대인선이 마침내 고려와 修好하고 아울러 혼인을 맺었다고 하였다.[11] 대체로『자치통감』의 기사를 토대로 서술하고 있으나 이러한 김육불의 글 속에는『자치통감』의 기록을 가지고서는 알 수 없는 새로운 사실들이 보이고 있다. 즉, 발해 마지막 왕 대인선 시절에 고려 왕건과 혼인관계를 맺었다는 것, 그 혼인 시기는 마지막 왕 15년인 921년 연간이라는 것, 이 혼인관계로 인해 발해 세자 대광현이 고려로 내투하자 고려에서 발해의 宗祀를 존속시키도록 하였던 것, 그리고 거란이 낙타를 고려에 보내자 무도하다 하여 만부교 아래에서 굶어 죽게 만들었다는 것이다.

한편, 박시형은 발해 멸망 이전에 이미 발해 왕실과 고려 태조 왕건

---

8) 李孝珩, 앞의 글, 1996 ; 吳煥一,「高麗와 渤海의 婚姻關係에 대하여」『歷史와 鄕村社會 硏究』, 景仁文化社, 2000.

9) 宋基豪, 앞의 글, 1987 ; 앞의 책, 1995 ; 林相先,「高麗와 渤海의 關係－高麗 太祖의 渤海認識을 중심으로」『素軒南都泳博士古稀紀念歷史學論叢』, 1993 ; 『발해의 지배세력 연구』, 신서원, 1999.

10) 李龍範,「胡僧 襪囉의 高麗往復」『歷史學報』75・76合, 1977.

11)『渤海國志長編』卷3 世紀, "(末王大諲譔) 十五年 春二月 屬部達姑衆攻新羅 爲高麗兵邀擊敗還 未幾王遂與高麗修好 竝通昏媾" ; 卷19 叢考, "渤海末王之世 會與高麗王王建 結有昏姻之好 故王建書因胡僧言於後晉高祖曰 渤海我昏姻也 其後國亡 世子大光顯奔於高麗 高麗爲存其宗祀 契丹以槖駝遣高麗 而高麗以爲無道 繫於萬夫橋下餓斃之 此皆以昏姻之故也".

사이에 직접 혼인관계를 맺고 있었다고 하는데,[12] 실제로 발해 왕실과의 혼인이었는지 또 혼인 시기가 멸망 전인지 확실한 근거를 제시하고 있지는 않다. 그 외에도 다수의 글은 발해와 고려 사이에 혼인이 있었던 것으로 보고 있다. 반면에 金光錫은 두 나라 사이의 혼인을 부정하고 있으며,[13] 石井正敏은 왕건이 발해를 '婚姻의 나라'로 칭했던 것은 대광현을 宗籍에 올리고 王繼라 이름을 하사한 데서 비롯된 것이라 하였다.[14] 이렇게 보면 발해와 고려 사이의 혼인이 있었다는 견해와 부정적으로 보는 두 가지의 견해가 있음을 알 수 있다. 아래에서는 이러한 연구를 바탕으로 위의『자치통감』혼인 기사의 실체가 무엇인지를 밝혀 보고자 한다.

먼저,『자치통감』의 글 가운데 '渤海我婚姻也' 중 '我'라는 말을 좀 더 깊이 있게 음미해 볼 필요가 있다.

첫째, '我'가 의미하는 것이 '나' 즉, 왕건을 지칭하는 경우이다. 이렇게 되면 고려 태조 왕건과 발해의 왕실이나 대귀족 그 외 발해인과 혼인을 했다는 의미가 된다. 또 왕건의 왕자나 王女 가운데서 발해의 왕족·귀족과 혼인관계를 맺었다는 얘기도 되지 않나 싶다. 발해 측을 중심으로 한 사료가 없으므로 고려 측을 중심으로 볼 때, 고려 태조 왕

---

12) 박시형,「발해사 연구를 위하여」『력사과학』1962-1 ;『북한의 우리고대사 인식(1)』(김정배 편), 대륙연구소 출판부, 1991, 294~295쪽.

13) 金光錫,「高麗太祖의 歷史認識(Ⅰ)-그의 渤海觀을 中心으로-」『白山學報』27, 1983.

14) 石井正敏,「朝鮮における渤海觀の變遷-新羅~李朝-」『朝鮮史研究會論文集』15, 1978 ;「한국에 있어서의 渤海觀의 변천-신라~조선」『渤海史의 理解』(임상선 편역), 신서원, 1990, 27쪽. 한편 宋基豪는 처음에는 혼인관계를 잠정적으로 인정했으나(앞의 글, 1987, 63쪽), 나중에는 대광현의 대우를 염두에 둔 것으로 판단하였다(앞의 책, 1995, 203쪽). 이에 반해 임상선은 대광현을 주목한 것은 이들과 동일하나 大光顯家와 王建家의 혼인을 상정하고 있는 점에서 차이가 있다(앞의 책, 1999, 144쪽).

건의 后妃가 29명에 이르고 있음은『고려사』后妃列傳을 통해 알 수 있다. 여기서 이 글과 관련하여 후비들의 출신을 검토할 필요가 있다. 29명에 달하는 后妃 중 발해 왕성인 대씨성을 가지고 있는 后妃는 보이지 않을 뿐만 아니라 지금까지의 연구를 토대로 해보더라도,[15] 왕건 자신은 발해 왕실이나 그 외 귀족·고관들과는 혼인관계를 맺지 않았음을 보게 된다. 그런데 29명의 后妃 가운데 西殿院夫人은『고려사』 후비열전에 "西殿院夫人 史失其氏族"이라 적혀 있어 성씨, 출신지, 父名, 父의 직위를 파악할 수 없는 상태이다. 그러나 어느 기록에도 나오지 않는 상황에서 서전원부인을 발해와 연결시키는 것은 무리가 따를 것 같다.

다음은 왕건의 아들 혹은 공주와 발해 왕족 내지 귀족과의 혼인을 생각해 볼 수 있다. 고려 태조 왕건이 29명의 왕비와의 사이에 25명의 왕자와 9명의 王女를 두고 있음은『고려사』의 종실·공주전을 통해 확인할 수 있다. 그런데 이들의 혼인관계를 전부 밝혀 낸다는 것은 사료가 유실된 것이 많으므로 불가능하리라 본다. 즉 25명의 왕자 가운데 왕위에 오른 혜종·정종·광종과 그 외 종실열전을 통해 찾을 수 있는 몇몇을 제외하고는 그 혼인관계를 제대로 파악할 수 없기 때문이다. 공주의 경우는 9명 가운데 혼인관계를 알 수 있는 공주가 8명이고, 貞穆夫人 王氏所生의 順安王大妃는 그 혼인관계를 알 수 없다.

그러나 고려 왕실의 공주가 異姓貴族과 혼인한 예는 매우 드물고, 거의 대부분은 종실과 혼인하였고, 그것도 지극히 근친혼이었으며 태조 공주의 경우는 金傳를 제외하면 모조리 이복남매끼리 혼인이 성립되었다고 하므로,[16] 順安王大妃와 발해 간의 혼인은 일단 의문이 간

15) 河炫綱,「高麗前期의 王室婚姻에 대하여」『梨大史苑』 7, 1968 ; 鄭容淑,『高麗王室族內婚研究』, 새문社, 1988 ;『고려시대의 后妃』, 민음사, 1992.
16) 河炫綱,『韓國中世史研究』, 일조각, 1988, 133쪽.

다.

둘째, '我'가 의미하는 것이 우리나라(高麗)라는 의미로도 볼 수 있다. 이것은 '渤海我婚姻也'의 '我'와 '渤海本吾親戚之國'의 '吾'의 의미가 다 알다시피 '우리'로 해석되는 경우가 많기 때문이다. 이렇게 되면 고려 태조 왕건과는 상관없이 발해와 고려 사이에 누군가 혼인했다는 것도 가능하다. 그런데 고려 태조가 후진 고조에게 거란을 쳐서 발해 왕을 구하기를 청하는 매우 중요한 정치·군사·외교문제에 양국 왕실을 벗어난 일반인 사이에서 혼인이 있었던 사실을 거론한다는 것은 거란 협공의 배경으로서는 너무나 미약하다고 하겠다.

셋째, '我'라고 하더라도 반드시 왕건 자신과 관련된 后妃나 王子·王女가 아니라 자기의 윗대 조상과 관련된 사항이 '婚姻' 또는 '親戚之國'이란 표현으로 나타나 있는 경우도 상정해 볼 수 있다.

고려 태조의 윗대 조상에 관한 것은 정확하게는 파악하기 힘든 상황이다. 『고려사』世系의 내용이 문제가 있다는 것은 주지하는 바이다. 하지만 김철준이나 박한설 등은 說話나 虛構·附會로 생각되는 부분을 제외한 世系의 기원에 관한 부분은 신빙성이 있는 것이라 하였고,[17] 이용범의 경우는 『編年通錄』의 윤색 부분에 대해 "예성강과 강화 일대에서 해상무역을 통해 축적한 상업자본의 힘으로 정치 권력에 파고 들어가는 과정을 粉飾한 것"[18]이라고 하였다. 필자도 이것은 무엇인가의 역사적 사실에 근거하여 이루어진 것이라 보기 때문에 왕건의 선대와 발해와의 관련성을 규명하는데 그 일부를 이용하고자 한다.

『고려사』世系 내 『편년통록』에서는 "有名虎景者 自號聖骨將軍 自

---

17) 金哲埈, 「後三國時代의 支配勢力의 性格」『韓國古代社會研究』, 지식산업사, 1975, 261~262쪽 ; 朴漢卨, 「高麗王室의 起源」『史叢』21·22合, 1977, 98쪽.
18) 李龍範, 「處容說話의 一考察」『震檀學報』32, 1969 ; 『韓滿交流史研究』, 同和出版公社, 1989, 30쪽.

106

白頭山遊歷 至扶蘇山左谷 娶妻家焉 富而無子……"라 하여 고려 태조
의 첫 조상이 虎景으로서 그는 백두산으로부터 遊歷하여 扶蘇山 左谷
즉 지금의 개성 지역에 이르러 장가를 들었는데 집은 부유하였으나 자
식이 없다고 하였다. 위의 내용 중 왕건의 선대와 발해와의 관계를 찾
는데 있어 중요한 것은 백두산이라고 하는 지명이다. 발해 존속 당시
백두산은 발해의 영토였으므로 호경은 바로 발해인이었다는 것이 성
립된다. 다시 말하면 왕건의 첫 조상은 호경으로 그는 발해인이며 왕
건은 발해인의 후손이라는 것이다. 더욱이 호경이 고구려인 후예로서
의 발해인이었다고 한다면,[19] 왕건의 고려 내투자에 대한 예우나 거란
에 대한 적대의식도 자기 선조에 대한 인식 아래 나왔다고도 볼 수 있
다.

다음으로 왕건의 조부인 작제건에 관한 기사를 주목할 필요가 있다.
『고려사』世系 내의 『편년통록』에 작제건을 '高麗人'으로 지칭하고 있
는 부분이 있다.[20] 여기서 '高麗人'으로 쓴 이유가 단지 『편년통록』의
저자인 金寬毅가 고려 의종대의 사람으로서 왕건의 선대를 찾는 입장
이기 때문에 '高麗人'으로 한 것일까? 아니면 고구려 또는 후고구려를
말하는 것일까? 왕건의 조부에 관한 기록이므로 시간의 전후 관계를
따져 볼 때 901년에 세워진 후고구려나 918년에 건국된 고려가 아니라
여기서 '高麗人'이라고 하는 것은 고구려인으로 보는 것이 타당하다.
그러므로 작제건은 고구려인 후예라는 말이 된다.

따라서 호경과 작제건의 기사를 종합하면, 고려 태조 왕건의 선대는

---

19) 사실 『高麗圖經』(卷2, 世次 王氏條)에도 "王氏之先 蓋高麗大族也 當高氏正衰
    國人以建共爲建賢 遂共立爲君長"이라 되어 있어 이를 뒷받침하고 있다.
20) 『高麗史』世系內『編年通錄』, "於是欲覲父 寄商船 行至海中 雲霧晦暝 舟不
    行三日 舟中人卜曰 宜去高麗人 作帝建執弓矢 自投海 下有巖石 立其上 雲開
    風利 船去如飛……".

고구려의 후예로서 발해의 영역에 살다가 송악 지방에 세력의 기반을 쌓았으며 왕건대에 드디어 궁예를 축출하고 고려의 태조로 즉위하였음을 알 수 있다. 그러면 과연 태조 왕건은 이러한 선대에 대한 여러 사실을 잘 알고 있었고, 거란에 잡힌 발해 왕을 구하기 위해『자치통감』에서처럼 '渤海我婚姻也', '渤海本吾親戚之國'이란 표현을 빌어 거란을 치는 명분으로 삼았던 것일까? 설사 왕건이 고구려인 후예로서의 발해인 계통이었다 하더라도 후진과 더불어 거란을 쳐야 하는 매우 중요한 국제 외교상에서 볼 때 '祖上의 나라' 혹은 '先祖의 나라', '同族의 나라'로 직접 표현하는 것이 오히려 '渤海我婚姻也'나 '渤海本吾親戚之國'보다 설득력이 더 강했을지도 모른다.[21] 그러므로 고려 태조가 발해에 대해 동족의식을 가지고 있었다 해도 자기 윗대 조상과 관련된 상황이『자치통감』식의 '婚姻' 또는 '親戚之國'으로 달리 표현했다고는 생각되지 않는다.

이상에서 발해·고려 간의 혼인문제를『자치통감』의 기사를 토대로 하여 살펴보았으나 발해사 연구를 어렵게 만드는 사료의 부족으로 혼인관계의 완전한 해결을 보기 어려웠다. 그러나『자치통감』의 혼인 기사 가운데 넓은 의미를 담고 있는 '親戚之國' 표현 대신 '渤海我婚姻也'에 비중을 두어 볼 때 양국 간에 고려 태조 왕건과 관련된 혼인이 있었을 가능성은 크다고 생각된다. 몇 가지 이유를 들면 다음과 같다.

첫째, 비록 왕건 자신이나 왕자·왕녀 혹은 왕건의 선대가『고려사』에는 발해왕실 또는 귀족과 혼인하였다는 직접적 사료가 없다고 해도『자치통감』에는 '婚姻'이라고 하는 구체적 표현을 제시하고 있기 때문

---

21) 朴漢卨은 고려 태조대의 선대는 어떠한 형태이든 발해와 혈연적인 관계에 있었던 것이며『資治通鑑』의 '婚姻'이나 '親戚之國'은 '父母의 나라', '同族의 나라'로 해석할 수 있는 것이라 하였다(「高麗王室의 起源」『史叢』21·22合, 1977, 101쪽).

이다. 발해인 고모한과 왕건의 어느 女가 혼인했다는 중요한 기록이 고려시대나 조선시대 전기의 기록에 전혀 나오지 않는데도『요사』에는 분명히 나오고 있다.[22]

따라서 왕건과 발해 왕실 내지 그에 상응하는 혼인이 있었다는 기록이 없지만『자치통감』에 왕건이 발해의 누군가와 혼인했다는 표현은 확실한 혼인을 나타내 주는 것이다. 그리고 본문의 '渤海我婚姻也'가 細註에는 '渤海本吾親戚之國'으로 되어있는 차이점을 비교할 때, 발해와 고려 사이에 혼인은 존재했으나 宋白은 혼인 대상을 정확히 알 수 없자, 넓은 뜻을 담고 있는 '渤海本吾親戚之國'으로 표현한 것을 胡三省이 이를 인용한 것은 아닌가 짐작된다. 아울러 '渤海本吾親戚之國'의 의미가 '발해는 본래 우리 친척의 나라'라는 넓은 의미를 담고있는 것이 아니라, 발해와 왕건에게만 해당되는 '발해는 본래 나의(또는 나하고) 친척의 나라'로 한정하여 해석하는 것이 정확하다면 혼인 가능성은 더욱더 커진다.

둘째, 왕건이 거란에 잡힌 발해왕을 구하기 위해 후진 조정과 함께 거란을 쳐서 발해왕을 구하려고 하는 점이다. 고구려를 다같이 계승했다고 하는 발해와 고려 간에는 고려 초기만 해도 동족의식이 광범위하게 존재하였다. 다만 관념상의 동족의식만으로 강력한 힘으로 성장하는 거란을 협공하기 위해 구체적으로 발해왕을 지목하면서 그를 구하려고 했을까?『자치통감』의 글대로 '발해는 나와 혼인한 사이다'→ '발해가 멸망하면서 발해왕이 거란에 잡혀갔다'→ '후진 조정과 더불어 거란을 협공해 발해왕을 구하자'라는 논리로 볼 때, 발해의 마지막 왕과 고려 태조 왕건 사이에는 어떠한 형태의 중요한 관계가 이루어져 있었던 것으로 짐작된다. 그 가운데서도 혼인과 같은 것이 매개된 역

---

22)『遼史』卷76, 高模翰傳.

사적 사실의 바탕 위에서 나온 표현이라고 생각된다.

셋째, 발해 세자 대광현을 비롯한 수많은 발해 유민들의 내투와 이들에 대한 고려 측의 처우, 그리고 소위 만부교 사건의 배경에 혼인관계가 놓여 있었을 가능성이 많다는 점이다.

발해가 멸망하면서 발해 세자 대광현이 수만 인을 거느리고 고려에 내투하자 고려에서는 王繼라 賜하고 宗籍에 올리면서 제사를 받들게 하였다. 만부교 사건에서는 거란이 발해와 일찍이 連和하다가 거란이 갑자기 발해를 멸망시키자 고려는 ·사신을 海島에 유배시키고 낙타를 만부교 아래에 아사시켰다. 발해와 직접 관련이 있는 이들 사실이 막연한 동족의식 내지 북진정책의 걸림돌에서 나타난 국가간의 현실적 이해관계만으로 과연 이러한 일들이 일어날 수 있겠느냐 하는 점이다. 이것은 고려 왕건과 발해왕 내지 귀족과 관련된 혼인이라는 연결 고리 위에서 비롯된 고려 초기 역사 전개과정으로 생각해 볼 수 있다.

넷째, 태조 왕건의 혼인 형태와 관련시켜 봐도 혼인 가능성은 충분하다. 왕건은 신라왕 김부에게 장녀 낙랑공주를 출가시키고 신라왕의 큰아버지 金億廉의 딸을 왕비로 맞이하였다. 또 후백제 견훤의 사위인 朴英規의 딸을 왕비로 맞이함으로써 호족세력의 포섭과 고려 왕실의 권위를 높이려고 한 점은 다 아는 사실이다. 그리고 발해가 망하면서 고려에 내투한 高模翰에게 어느 王女를 주었다는 기록이 『요사』에 나오고 있다. 그렇다면 발해 멸망 전에 발해와 고려 간에 왕실 내지 이에 상응하는 지위를 가진 혼인의 가능성도 충분히 고려해 볼 수 있는 것이다.

다섯째, 『자치통감』 내 혼인 기사와 관련하여 혼인 가능성을 엿볼 수 있는 것으로 다음의 기록이 이를 뒷받침할 수 있다는 점이다.

春正月 太祖攻渤海 拔其夫餘城 更命曰東丹國 命長子突欲鎭之 號人

皇王 (중략) 先是 渤海國王大諲譔 本與奚契丹爲脣齒國 太祖初興 倂呑
八部 繼而用師 倂呑奚國 大諲譔深憚之 陰與新羅諸國結援 太祖知之集
議未決 (하략). (『契丹國志』卷1, 太祖 天顯 元年)

위의 기록에 대한 여러 문제에 대해서는 이미 앞에서 거론되었다.
그런데 여기서 중요한 것은 만약 거란의 동방 진출에 대해 발해가 위
협을 느껴 고려와도 결원했다고 한다면 『자치통감』 가운데 나오는 왕
건의 '渤海我婚姻也' 발언과 어떻게 서로 연결되는 것은 아닌가 하는
점이다. 즉, 발해와 고려가 거란에 대한 대응 방법으로 나타나는 결원
속에 발해와 고려 사이의 혼인이 포함되었을 가능성이 높다고 생각된
다.23)

2) 발해 유민과 고려의 혼인

위에서 『자치통감』의 혼인 기사를 근거로 발해와 고려의 혼인 가능
성을 확인하였다. 이제 다음의 『요사』高模翰傳과 관련지어 혼인 문제
의 해결에 접근하고자 한다.

『요사』는 중국의 25史 가운데 가장 결함이 많은 杜撰書로 元의 脫
脫 등에 의해 쓰어졌다고 알려져 있다. 그렇지만 발해와 고려 사이의
혼인 사실까지도 잘못 쓰어졌다고 생각되지 않기 때문에 혼인 사실 규
명에 적극 이용해 보고자 한다. 발해·발해 유민과 고려의 혼인과 관
련하여 『요사』에 다음과 같은 기사가 나오고 있어 주목된다.

[高模翰 一名松渤海人 有膂力善騎射 好談兵 初太祖平渤海 模翰避地

---

23) 『조선전사』6(41쪽)에도 보면 923년에 거란 세력을 견제할 목적으로 발해의
요구에 따라 동맹을 체결하였고 발해와 동맹을 강화하기 위하여 두 왕실 사
이에 혼인을 맺었다고 하였다.

高麗 王妻以女 因罪亡歸 坐使酒殺人下獄 太祖知其才貰之] 天顯十一
年七月 唐遣張敬達楊光遠帥師五十萬攻太原 勢銳甚 石敬塘遣人求救
太宗許之……會同元年 冊禮告成 宴百官及諸國使于二儀展 帝指模翰
曰 此國之勇將 朕統一天下斯人之力也 君臣階稱萬歲……天祿二年可
開府儀同三司 賜對衣鞍勒名馬 應歷初 召爲中臺省右相 至東京 父老歡
迎曰 公起戎行致身當貴 爲鄕里榮 相如買臣輩不足過也 九年正月 遷左
相卒. (『遼史』 卷76, 高模翰傳)24)

위의 글 가운데 고모한이 고려에서 죄를 짓고 거란으로 달아났다가
거란 태조 耶律阿保機에 발탁된 뒤 거란 태종 아래에서 명장으로 활약
하다 959년 거란 穆宗대에 中臺省 左相의 직위로 죽을 때까지의 활동
과정을 적어놓은 천현 11년 7월 이후의 기록보다는 혼인 문제와 관련
된 [ ] 부분에 매우 중요한 역사적 사실이 담겨져 있다. 혼인관계와 관
련하여 중요한 몇 가지를 다음과 같이 정리해 볼 수 있다.

　가) 고모한은 본래 발해인이지만 나라가 망해 고려에 몸을 피하였으므
　　　로 엄밀하게 말하면 발해 유민이다.
　나) 고모한이 고려로 넘어오자 고려왕이 자기의 女로 아내를 삼게 하
　　　였다.
　다) 고모한이 고려에서 죄를 짓고 거란으로 달아났으나 다시 거란에서
　　　사람을 죽이는 일에 연루되어 하옥되었을 때, 거란 태조가 그의 재
　　　주를 알아 석방시켜 주었다.

---

24) 고모한에 관한 기사는 우리나라 기록에 전혀 나오지 않는다. 중국 사서에도
　　『遼史』를 제외한 他書에는 보이지 않는다. 다만 『宋史』(卷264, 列傳 第23 宋
　　琪)에 "又有渤海首領大舍利高模翰 步騎萬餘人 竝髮左衽 竊爲契丹之餙……"
　　이라는 글이 나온다. 그리고 『金史』(卷84, 高楨傳)에 "高楨遼陽渤海人 五世祖
　　牟翰仕遼官至太師 楨少好學……"이라는 글 가운데 나오는 牟翰이 곧 高模翰
　　일 것으로 짐작된다.

이러한 사실을 바탕으로『자치통감』과『요사』의 기사를 상호 비교
하면서 보다 구체적으로 살펴보고자 한다.

『자치통감』에는 고려 태조 왕건이 후진 고조에게 본문에서는 '渤海
我婚姻也', 註에서는 '渤海本吾親戚之國'이라 말했다고 상이하게 서술
은 되어 있지만 정작 양국 혼인관계의 실질적 대상은 적어 놓지 않았
다. 이에 반해『요사』에는 기록으로 남겨져 있어 대조적이다.『요사』에
서 말하는 고려의 왕이 누구인가 하는 문제에 있어, 발해가 거란에 평
정된 후 고모한이 고려에 왔으므로 당시의 고려왕은 918년 고려를 건
국하여 943년까지 재위했던 왕건임에 틀림없다. 그러므로 발해인 고모
한이 왕건의 女와 혼인했다는 얘기가 된다. 왕건의 공주 가운데 누구
와 혼인하였는가는 다음의 몇 가지 측면에서 그 설명이 가능하다.

먼저 9명의 태조 공주 가운데 그 배우자를 알 수 없는 順安王大妃를
들 수 있다.『고려사』공주열전엔 단지 "順安王大妃貞穆夫人王氏所
生"으로만 적고 있어 사실을 제대로 파악할 수 없지만『요사』고모한
전에 "模翰避地高麗王妻以女"라고 분명히 기사화하고 있기 때문에 가
능성이 없는 것도 아니다.[25]

다음은『고려사』공주열전에 나오는 김부와 결혼했다고 하는 失名
의 공주를 들 수 있다. 김부는『삼국사기』(권12, 경순왕조)에서나『삼국
유사』(권12, 김부대왕조),『고려사』(권2, 태조세가 18년조)를 보면 樂浪
公主(安貞淑儀公主)와의 혼인 사실만 나와 있을 뿐『고려사』공주열전
처럼 聖茂夫人 朴氏所生의 失名의 공주가 김부에게 출가했다는 말은

25) 鄭容淑은 貞穆夫人王氏所生 順安王大妃의 경우는 그 혼인 대상이 밝혀져 있
   지 않음에도 同姓 近親婚을 하였을 가능성이 크다고 하였다. 그 이유는 王大
   妃의 칭호는 王室 尊長에게 주는 追尊號이기 때문이라 하였다. 鄭容淑,「公
   主의 婚姻關係를 통해 본 高麗王室婚의 一斷面」『高麗史의 諸問題』(변태섭
   편), 삼영사, 1986, 93쪽.

나오지 않는다. 이러한 점에서 『고려사』의 공주열전은 많은 의문점을 가지고 있는 것이며, 김부와 결혼했다고 하는 失名의 공주와 고모한과의 혼인 사실은 일부 그 가능성을 추측해 볼 수 있다.

그리고 고모한과 혼인한 태조의 王女가 宮妾所生의 庶女일 경우도 상정할 수 있다. 정용숙은 『고려사』에 나오는 몇 가지 사료를 근거로 하여 "왕실의 공주와 왕의 庶女의 혼인체계는 서로 달랐으며 왕실에 있어서도 적서의 차별은 엄격하였고 생모의 신분에 의해 자녀의 위계가 결정되었던 것"이라 하였다. 또 "왕실의 순수혈통을 이은 正妃出生 公主는 왕실의 종친에게, 그렇지 못한 庶女는 귀족에게 출가하였던 것"이라 하였으며, "宮妾所生의 庶女인 경우 공주전에 기록하지 않는 것이 원칙인 듯하다"고 하였다.26) 그리고 『고려사』의 종실·공주열전을 보면 고려 태조의 왕자는 25명이고 王女는 9명으로 약 1/3에 불과한데 이것은 史籍의 인멸에 의한 것도 있겠지만 오히려 宮妾所生의 혼인 문제와 관련된 데서 더 큰 이유가 있을지도 모른다.

이러한 식의 혼인 형태가 고려 태조 당시에도 적용되었다고 한다면, 고려 태조 宮妾所生의 어느 王女가 異姓인 고모한과 혼인한 사실은 충분히 있을 수 있는 것이다. 이에 고모한과 태조의 女가 혼인했다고 하는 『요사』의 기록은 한층 더 신빙성이 높은 것이라 하겠다.

한편, 다음과 같은 면도 간과해서는 안될 것이다. 『고려사』의 전체적인 기록이 현종 이전에 관한 것은 거란의 침입으로 인해 史籍이 인멸됨으로 해서 고려 초기에 관한 여러 사실이 제대로 기록되지 못하였다는 점이다. 그리고 『고려사』는 조선시대 15세기 사가들에 의해 일정한 목적의식을 가지고 서술되었기 때문에 기왕의 사료 선별과정이나 새로운 역사서술에 있어 무엇인가의 이해관계가 분명히 내재했을 것

---

26) 鄭容淑, 앞의 책, 1988, 141쪽.

이다. 그러므로 고려 왕실과 고모한과의 중요한 혼인 기사도 빠졌을
가능성이 충분하다. 즉, 발해 멸망 직후 고려로 피한 고모한과 고려 태
조 왕건의 어느 女가 혼인을 했으나 고모한이 나중에 죄를 짓고 도망
함으로써(因罪亡歸), 그것도 발해를 멸망시킨 거란으로 가서 많은 공을
세우고 높은 지위에까지 오르게 되므로 혼인 기사를 고의로 빼 버렸다
고 볼 수도 있다.

이러한 점은『요사』에는 고모한전을 만들어 그의 인물과 활동에 대
해서 자세히 설명하고 있으나,『고려사』에는 발해 유민의 고려 내투에
대해서는 많이 기록하고 있는데도 태조의 女와 혼인하여 발해·고려
간의 역사적 사실에 중대한 의미를 지니고 있는 혼인의 당사자 고모한
에 대해서는 그 기사는 물론 이름조차 보이지 않는 것에서도 반증된
다.

이상의 몇 가지 측면에서 발해인 고모한과의 혼인 대상이 고려 태조
王女 가운데 누구인가 하는 점을 살펴보았다. 그러나『자치통감』,『요
사』의 기사 외에 이와 관련된 사료가 없으므로 그 대상이 과연 누구인
가는 정확히 밝힐 수 없는 입장이다. 이 가운데 어느 한 가지 아니면
몇 가지의 요소가 서로 결합되어 있어 혼인 대상 파악을 어렵게 만든
다고 본다. 그런데『고려사』의 기록이 直書主義 원칙에 충실한 점을
인정하고 사료 인멸이 없었다고 가정한다면, 고모한과 혼인한 왕건의
女는 宮妾所生의 庶女일 가능성이 가장 크다고 생각된다.

이제 혼인의 당사자 고모한에 관한 문제를 살펴보도록 하겠다. 위의
『요사』고모한전에 보면 고모한은 발해인으로 되어 있다. 그런데 발해
에서의 高氏는 渤海 右姓의 하나였다.[27] 그리고 위의『요사』고모한전
에 나오는 내용으로 봐도 고모한의 사회적 지위는 상당히 높았다. 이

---

27) 洪皓,『松漠紀聞』卷上 渤海.

는 고려 태조 왕건의 女와 발해인 고모한과의 결혼관계가 이루어질 수
있는 충분한 배경이 되리라 본다. 그리고 高氏라 하면 대개 고구려 후
예일 것이므로 고모한도 고구려 계통의 발해인이었을 것이다. 이 점은
『금사』(권83, 張浩傳)의 "張浩字浩然 遼陽渤海人 本姓高 東明王之後"
란 말에서 장호가 요양 발해인으로 본성은 고씨인데 동명왕의 후손
즉, 고구려의 후손이라는 데서 일부 증명된다. 그리고 김육불은『발해
국지장편』에서 발해의 諸臣 및 후예 가운데 뛰어난 자로 고씨가 50여
인에 달하며 다른 성에 비하여 번창하였는데 이것 또한 世族이 고구려
에서 나왔다는 것을 증명하는 것이라 하였다.[28] 그러므로 고구려 후예
의 발해인 고모한이 고려 태조 왕건 女와의 혼인을 맺었다는 것이 된
다.

　따라서 고모한과 고려 태조 왕건 女와의 혼인관계는 단순한 발해인
고모한과 왕건 女와의 혼인관계가 아니라, 고구려의 계승이라는 고려
의 건국이념에도 합치되는 일면인 동시에 고구려-발해-고려로 이어
지는 역사의 발전과 그 궤를 같이하면서 고려 초기에는 발해·고려 사
이에 보다 긴밀한 유대감이 존재했다는 것을 보여주는 것이다. 아울러
고려 태조 왕건의 혼인정책은 국내의 호족뿐만 아니라 발해에서 내투
한 유민에게도 적용되었다는 점을 알 수 있다.

　이상에서『요사』고모한전의 혼인 관련 기사에 대해 고찰해 보았다.
그 결과『자치통감』에 나오는 '渤海我婚姻也'의 혼인과『요사』고모한
전에 나오는 '模翰避地高麗王妻以女'의 혼인이 과연 일치하는가 하는
중요한 문제가 대두된다. 두 기록의 공통점은 다같이 고려 태조와 관
련됐는데, 전자는 '발해는 나(또는 우리)와 혼인한 사이'라 했고, 후자
는 '왕건의 공주와 발해인 고모한이 혼인했다'는 내용이다.

---

28) 金毓黻,『渤海國志長編』卷10, 諸臣列傳.

첫째, 두 기사의 혼인이 서로 다른 혼인을 지칭하는 경우이다. 두 기사의 혼인이 서로 다른 것이고 『자치통감』의 혼인 기사는 고모한과는 별개의 혼인으로 볼 수 있는 근거는 무엇인가? 먼저 양국 왕실 간의 혼인이 아닌 태조의 공주와 발해인 고모한과의 혼인을 가지고 왕건이 과연 후진 조정에 건의하여 거란을 협공하는 것에 대한 배경이 될 수 있을까 하는 의문이 생긴다. 즉, 중국의 5대 10국, 한반도의 후삼국시대라는 격동기에 발해가 이민족인 거란에 의해 멸망하여 발해왕이 잡힌 시점에서 같은 고구려의 계승자임을 표방한 고려라 해도 발해왕을 구하기 위해 발해와 고려의 양국 왕실간의 혼인 또는 발해 귀족과의 혼인이 아닐 경우에도 가능한가 하는 점이다.

여기서 고모한과 혼인했다고 하는 왕건의 공주가 宮妾所生의 庶女일 가능성이 크다면 그 명분은 더욱더 약하게 된다. 또 태조 왕건의 공주와 혼인했다고 하는 고모한은 고려 측의 기록에 전혀 나오지 않고 그는 고려에서 혼인을 한 후 짧은 기간 동안 고려에 있다가 죄를 짓고 거란으로 도망을 가게 된다. 고려에서 죄를 짓고 도망간 고모한과의 혼인을 두고 왕건이 거란을 칠 명분으로 삼았을 가능성도 희박하다. 동시에 고모한에 대한 기사가 『요사』에 자세히 나오는데, 『고려사』나 『고려사절요』에는 그의 이름이나 관련 기사가 전혀 나오지 않는 것이 고려 사회에서 가졌던 그의 역할이 아주 미미했기 때문이라 이해한다면 더더욱 동일한 혼인을 지칭하는 것이 아님을 알 수 있다. 이외에도 발해 멸망 후 나타나는 거란과 고려 관계의 악화, 발해 세자 대광현을 비롯한 발해 유민의 고려 내투에 대한 고려 처우의 배경으로 혼인을 거론할 경우에도 고모한과 왕건 공주와의 혼인만으로는 그 근거가 너무 미약하다고 볼 수 있다.

둘째, 두 기사의 혼인이 서로 같은 혼인을 지칭할 경우이다. 먼저 고려가 건국했던 918년부터 발해가 멸망한 926년까지 양국 사이에 혼인이 있었다는 기록은 어디에도 남아있지 않다. 비록 거란의 침략으로 고려 초기에 관한 사료 인멸이 많고 조선 초기 사가의 고의에 의한 누락으로 본다고 해도 왕실 간의 혼인이 있었다면 다른 사서나 개인의 글에도 남아 있을 법한데 현전하지 않는 것이다. 그리고 발해와 고려의 양 왕조가 동시에 유지된 기간은 왕건이 즉위한 918년 6월부터 발해가 멸망하는 926년 1월까지의 약 7년 7개월 간이다. 이 당시의 발해는 대인선(906~926)의 시기로서 내부적으로는 왕조 멸망의 여러 현상이 나타나고, 외부적으로는 동쪽으로 밀려오는 신흥의 강력한 거란에 대처해야 하는 급박한 상황이었다. 이러한 상황에서 고려와 혼인할 경황이 있었는지는 의문이다.

따라서 양국간의 혼인이 있었다는 명확한 기록이 없는 상황에서 고모한과 왕건 공주와의 혼인 사실이 발해를 멸망시킨 '무도한 나라' 거란을 치기 위한 후진에의 협공 제의로 나타날 수도 있는 것이다. 여기에다가 발해가 거란에 멸망된 후 고려의 거란에 대한 적대감이 격화된 상황에서 고려의 북진정책과 맞물려 고려 태조의 혼인 정책상 발해 유민 고모한과 태조 공주와의 정략적인 혼인이 이루어지게 되었다는 측면도 고려하면 그 가능성은 높아진다. 그리고 고모한이 고려로 와서 태조의 공주와 혼인한 후 고려에서 죄를 짓고 거란으로 달아났다는 구체적인 사실보다 어떠한 혼인이든 혼인이 있었다는 그 자체가 국제 외교상에 자국의 실리를 위해서 우선시 또는 중요시 될 수 있다는 점을 생각하면, 『자치통감』, 『요사』의 혼인 기사가 동일한 혼인을 지칭한다고 생각해 볼 수도 있다.

위의 두 가지 측면에서 혼인 기사를 검토했으나 동일한 혼인인지 아닌지를 가릴 만한 결정적인 사료가 없지만 서로 다른 혼인을 지칭한다고 보는 것이 옳다. 이렇게 보는 근거는 고모한과 혼인했다고 하는 왕건의 공주가 누구인지 고려 측의 기록에 나오지 않는 동시에 『고려사』

118

공주열전에 실리지 않는 이유가 宮妾所生의 庶女에서 비롯되었을 가
능성이 많다는 점이다. 또한 고려에서 죄를 짓고 거란으로 도망한 고
모한과의 혼인을 떠올린다면 거란 협공 제의의 배경으로는 그 역사적
사실의 의미가 너무나 미약하기 때문이다.

3) 혼인의 성립과 그 영향

혼인 시기부터 알아보고자 한다. 혼인이 언제 이루어졌는가 하는 점
은 고려와 발해를 멸망시킨 거란 사이의 외교관계나 그 뒤의 고려 사
회의 흐름에 혼인관계가 얼마나 큰 영향을 끼치면서 어떠한 작용을 했
는지에 대한 규명의 출발점이 되기 때문에 중요하다. 물론 이때의 영
향이라고 하는 것은 혼인관계의 직접적인 영향을 의미하는 것은 아니
고 그 영향에 하나의 배경이 된다고 하는 의미이다.

먼저 『자치통감』의 혼인 기사에 관련된 혼인 시기를 살펴보자. 혼인
시기를 정확히 파악할 수 있는 사료가 없는 관계로 혼인 시기에 대한
견해가 일치하지 않고 있다.[29] 『자치통감』의 기사를 통해 볼 때 왕건
이 즉위하는 918년에서 발해가 멸망하는 926년 1월 사이의 어느 시기
에 혼인이 이루어진 것으로 볼 수 있는데, 고려 건국 직후의 복잡한 시
기나 발해가 거란의 공격을 받는 925년 12월 중순경 이후를 제외하면
920년 경에서 925년 전반기 사이에 혼인이 이루어졌던 것으로 짐작된

---

29) 金毓黻은 921년에, 박시형은 921년 양국 왕실 간에 혼인을 맺었다고 보았다.
한편 『조선전사』(5)에서는 혼인 시기를 921년으로 보았으나, 『조선전사』(6)에
는 발해와 고려왕실 사이에 923년 혼인관계를 맺었다고 하여 『조선전사』의
내용상에 전·후 모순을 보여주고 있다. 金毓黻, 『渤海國志長編』 卷3, 世紀
大諲譔 15年 春2月條 ; 『조선전사』 5, 과학백과사전출판사, 1979, 102쪽 ; 『조
선전사』 6, 과학백과사전출판사, 1979, 41쪽 ; 박시형 지음·송기호 해제, 『발
해사』, 이론과 실천, 1989, 103쪽.

다. 그 시기 가운데서도 앞에서 거론한『거란국지』의 발해와 고려의
결원 시기를 923년 내지 924년 무렵으로 본다면, 발해와 고려 사이의
혼인도 대략 이와 비슷한 시기일 것으로 추정된다.

　다음으로 발해인(발해 유민) 고모한과 왕건 女와의 혼인 시기이다.
여기에 대해서는『요사』고모한전의 내용 가운데 "初太祖平渤海 模翰
避地高麗 王妻以女 因罪亡歸 坐使酒殺人下獄 太祖知其才貰之"라는
점이 주목된다. 여기서 혼인 시기를 파악할 수 있는 근거는 거란 태조
가 발해를 평정하자 고모한이 고려로 와서 왕건의 女와 혼인을 하게
되었다는 것이다. 발해의 멸망이 사서마다 각기 다르게 기록되어 있어
어느 기록이 옳은지 정확히 알 수는 없다. 그러나 발해의 멸망 과정을
구체적으로 기록하고 있는『요사』에 보면 천찬 4년(925) 윤12월 29일에
발해의 부여부를 포위하고 천현 원년(926) 정월 辛未(14일)에 마지막
왕 大諲譔이 나와서 항복한다고 하므로,[30] 설사 거란이 발해를 공격하
는 12월 말에 고모한이 고려로 避地한다 해도 도착하는 시간과 혼인에
필요한 기일이 있게 된다.

　따라서 고모한과 왕건 女와의 혼인 시기는 일단 926년 1월 아니면
그 이후에나 이루어졌을 가능성이 높다. 또 위의『요사』고모한전에
의하면 고모한이 거란에서 살인에 연루되어 하옥되었을 때 그의 재주
를 알아 풀어 준 인물은 바로 거란 태조 耶律阿保機였다.『요사』(태조
본기)에 따르면 거란 태조의 재위는 천현 원년 즉, 926년 7월까지이다.
그러므로 고모한이 고려 태조의 女와 혼인한 시기는 926년 1월에서
926년 7월 사이에 있었던 것으로 생각된다.

　결국『요사』의 태조본기와 고모한전을 토대로 볼 때, 고모한과 고려
태조 왕건 女와의 혼인 시기는 발해가 거란에 의해 평정되어 고모한이

---

30)『遼史』卷2, 太祖本紀 天贊 4年 ; 天顯 元年條.

고려로 넘어오는 926년 1월에서 야율아보기가 죽게 되는 926년 7월 사이의 어느 시점에 이루어졌음을 알 수 있다.[31]

그러면 두 가지 사례의 발해·발해 유민과 고려의 혼인관계는 그 이후 고려사의 전개 과정에 어떠한 작용을 하는지를 살펴보자.

첫째, 고려 초기에 고려와 발해를 멸망시킨 거란과의 대외관계에 많은 변화를 초래하였다는 점이다. 918년 6월에 왕건이 고려의 왕으로 즉위한 이후 고려·거란 양국 간의 첫 교류는 고려 태조 5년(922) 2월로, 거란이 먼저 사신을 보내고 있다.[32] 925년 10월에는 고려가 거란에 來貢하고 있어 신흥의 거란에 대한 고려의 배려가 있었던 것이며,[33] 遼 태조 천현 원년(926) 2월에 다시 고려가 거란에 來貢하고 있다.[34] 천현 원년 2월은 발해가 멸망하는 926년 1월의 한 달 후인데 이때까지만 하여도 양국 간에는 발해 멸망에 따른 외교적 마찰은 보이지 않고 있으나, 김재만의 지적처럼 강대국으로 성장하고 있는 거란의 조정에 사람을 보내 축하를 빙자해서 실정을 검토해 보는 게 아니었던가 생각된다.[35] 이후 거란에서는 천현 12년 9월(937) 辛未,[36] 회동 2년(939) 정월 乙巳에도 고려에 사신을 보내고 있지만,[37] 고려에서 거란에 사신을 파견했다는 기록은 고려 태조 25년(942) 10월에 '遂絶交聘'했다는 기

---

31) 이때 왕건(877~943)의 나이는 한국 나이로 50세여서 그의 女가 결혼하게 되는 연령에는 별 문제가 되지 않는다. 그리고 『遼史』(高模翰傳)에 보면 고모한의 출생 연도는 나와 있지 않고 죽은 해만 959년으로 되어 있다. 만약 926년에 혼인이 성립되었다면 고모한의 혼인 당시 나이를 20세로 잡아 볼 때 그는 53세에 세상을 떠난 것이 된다.

32) 『高麗史』卷1, 太祖 5年 2月條.

33) 『遼史』卷1, 太祖本紀 天贊 4年 10月條.

34) 『遼史』卷2, 太祖本紀 天顯 元年 2月 丁未條.

35) 金在滿, 「契丹·高麗 國交前史」『人文科學』15, 成均館大, 1986, 108쪽.

36) 『遼史』卷2, 太祖本紀 天顯 12年 9月 辛未條.

37) 『遼史』卷4, 太宗本紀 會同 2年 正月 乙巳條.

록38)이 나오기까지는 전혀 보이지 않는다.

반면에 고려 태조 연간 중국과의 교섭관계를 『고려사』나 중국 측의 여러 기록을 종합하면, 후량·후당·후진에 모두 15회 가까이 사신을 파견하고 있는데, 발해가 멸망하는 926년 1월 이후 고려·거란 간의 사신 파견이 단 몇 차례에 그친 것과 비교하면 커다란 차이를 보이고 있다. 특히 고려 태조 16년(933) 3월의 辛巳에는 후당의 사신인 王瓊·楊昭業 등이 와서 고려왕을 책봉하자 건국 이후 사용하던 고려의 독자적 연호인 天授를 후당 연호로 바꾸었다.39) 뒤이어 후당이 망하고 후진이 건국한 뒤에는 후진의 연호를 사용하고 있다.40) 또 태조 21년(938) 3월 후진에서 내조한 西天竺僧 喹哩嚩日羅(襪囉)를 통하여 고려 태조는 후진 조정과 더불어 거란을 쳐서 발해왕을 구하려고까지 했다는 것은 앞서 살펴본 바와 같다.

물론 고려와 후진 사이의 거란 협공계획은 후진 고조 石敬瑭이 거란의 도움으로 나라를 세웠다는 것과 왕건의 사망으로 끝내 실현되지는 못하였지만 이러한 고려·거란·중국과의 교섭사상에 나타나는 여러 면을 보더라도 고려 태조대와 거란과의 관계는 그다지 좋은 상황은 아니었던 것 같다. 그러다가 마침내 고려 태조 25년(942) 10월 이른바 '만부교 사건'에 의해 고려·거란 간에 국교가 단절되는 상황으로 나아가고 있다.41) 여기서 주의해야 할 것은 이 사건의 발단 배경이 거란과 발해가 화목하게 지내오다가 별안간 의심을 내어 맹약을 어기고 발해를 멸망시켰다는 점이다. 이에 고려에서는 거란을 매우 무도한 나라로 취급하였던 것이고, 이웃을 삼을 것이 되지 못한다 하여 드디어 교빙을

---

38) 『高麗史』 卷2, 太祖 25年 10月條.
39) 『高麗史』 卷2, 太祖 16年 3月條.
40) 『高麗史』 卷2, 太祖 21年 7月條.
41) 『高麗史』 卷2, 太祖 25年 10月條.

거절하여 그 使者 30인을 海島에 유배하고 낙타를 만부교 아래에 매어
놓아 굶어 죽게 하였다. 이러한 태조 25년(942)의 단교는 遺訓으로 남
겨져 그 자손대에까지 거란과 더불어 교류하지 못하도록 하고 있다.

태조의 훈요 10조 가운데 제4조에 "契丹是禽獸之國 風俗不同 言語
亦異 衣冠制度 愼勿效焉"이라 함과 제9조에 "又以强惡之國爲隣 安不
可忘危"라 한 데서 태조의 거란에 대한 강력한 심경을 엿볼 수 있다.
이러한 것들이 전적으로 발해의 멸망에 의해 나온 것이었다고 단정할
수는 없지만,[42] 발해를 멸망시킨 거란과의 국교단절 이후 6개월 만인
태조 26년(943) 4월에 내전에 거동하여 대광 박술희를 불러 친히 훈요
로 주어 말하는 것이므로 만부교 사건과 훈요 10조 내의 거란에 관련
된 내용은 그 연관 관계를 생각해 볼 수 있다.

이와 같이 고려와 거란 관계는 926년 1월의 거란에 의한 발해 멸망
으로 942년에 국교단절의 상황으로 나아갔던 것이며 훈요 10조에서도
'禽獸之國', '强惡之國'으로까지 일컬어지게 되었던 것이다. 그러나 이
것은 단순하게 고려의 고구려 옛 땅 회복에 거란의 신흥과 거란에 의
한 발해 멸망이 커다란 걸림돌로 작용하는 데서 나타나는 현상만은 아
닐 것이다. 여기에는 왕건의 발해에 대한 동족의식과 발해·고려 간의
혼인문제도 분명히 내재된 상태에서 표출된 고려의 對契丹 외교의 일
면일 것이다. 이는 『자치통감』(권285)의 혼인 기사에서 고려·거란 간
국교단절과 비슷한 시기인 天福 연간(936~943)에 고려 태조 왕건이
고조에게 거란을 협공하자는 명분으로 '渤海我婚姻之也', '渤海本吾親

---

42) 한규철도 발해 멸망 전의 고려와 거란 간에는 적어도 적대적이지는 않았으며
서로의 이익을 위해 친선을 원하고 있었던 것이지만 발해 멸망 후에는 상황
이 바뀌어서 두 나라는 긴장이 고조되어 냉전기를 갖게 되는가 하면 드디어
는 고려가 거란의 성의를 무시하고 만부교 사건을 단행함으로써 적대 관계가
표면화된 것이라 하였다. 韓圭哲, 「後三國時代 高麗와 契丹關係」『富山史叢』
1, 1985, 2쪽.

戚之國'를 내세우고 있는 데서도 여실히 증명된다.

둘째, 발해 멸망 직전부터 나타나는 발해 유민의 고려 내투와 발해 세자 대광현에 대한 고려의 처우도 혼인과의 관련성에서 살펴볼 필요가 있다.

『고려사』세가를 중심으로 보면, 고려에 내투한 발해인은 태조 8년 (925) 9월 丙辛에 발해 장군 申德 등 500인을 처음으로 하여 예종 12년 (1117) 춘 정월에 이르는 거의 200년에 걸쳐 단속적이기는 하나 수만에 달하는 유민이 내투하고 있다. 고려에 내투한 발해 유민의 신분은 왕족·고관·승려 등을 비롯한 지배층과 民으로 나타나는 다수의 피지배층 등 다양하지만, 특히 발해 세자 대광현에 대한 고려 측의 포용책은 발해·고려 간의 혼인관계와 무관하지 않은 것 같다. 고려는 대광현이 내투하자 최고의 대우를 하면서 수용하였다. 무리 수만을 거느리고 내투하므로 성명을 王繼라 賜하고 宗籍에 附籍하며 특별히 元甫를 除授하고 白州(白川)를 지키게 하면서 멸망한 발해국의 宗廟 제사를 받들게 했다는 것은[43] 의미있는 역사적 사실임에 틀림없다.

이것은 "옷을 나누고 밥을 덜어서 忽汗人(渤海人)을 구제하였다"는 『고려사』의 기록처럼[44] 수만 인의 고려 내투와 대광현에 대한 예우는 고구려–발해–고려로 이어지는 역사 발전과정에 있어 발해 유민에 대한 고려의 동족적 의식에서 나온 배려일 것이다. 그리고 거기에는 분명 발해 멸망 직후 926년 연간의 발해인 고모한과 고려 태조 왕건 女와의 혼인관계도 일정한 영향을 끼치고 있었을 것이고, 이것이 다시

---

43) 『高麗史』卷2, 太祖 17年 7月條.
44) 『高麗史』卷2, 太祖 16年, "春三月 辛巳 唐遣王瓊楊昭業 來冊王 詔曰……而 又誡堅事大 志在恤隣 抹馬利兵 挫甄萱之黨 分衣減食 濟忽汗之人". 이 글은 933년 3월 後唐 明宗이 王瓊·楊昭業을 고려에 보낸 詔書 가운데 나오는 말이다. 즉, 5대 10국 혼란기의 중국에서도 忽汗人(渤海人)을 구제하였다는 역사적 사실을 알고 있었음을 보여 주는 것이다.

고려의 대외관계에도 많은 변화를 초래케 했다고 보여진다.

셋째, 발해계의 大延琳이 세운 興遼國과 고려와의 관계에도 혼인이라는 중요한 사실이 작용했을 것으로 여겨진다. 홍료국의 부흥운동은 거란제국의 황금기라 할 수 있는 聖宗 9년(1029)에 東京 遼陽府 大將軍 대연림에 의해 주도된 것이다. 대연림은 1029년 興遼國을 세운 후 5회에 걸쳐 고려에 구원을 요청하였다.[45] 이것이 고려 태조대의 발해·고려 사이의 '婚姻', '親戚之國' 간이나 발해 세자 대광현을 비롯한 수많은 발해 유민의 고려 내투를 의식한 데서 나왔는지는 직접적 사료가 없으므로 단정하기 어렵다. 그러나 대연림은 발해 왕실의 후예이다.[46] 그가 발해 멸망기 이후 발해와 고려 사이의 여러 관계를 잘 알고 있었다고 볼 수도 있기 때문에, 혼인관계가 고려에의 구원 요청에도 어느 정도 영향을 주면서 그 배경이 되었다고 판단된다.

그리고 홍료국에서 무려 5회에 걸쳐 고려에 구원을 요청했다고 하는 것은 단순하게 넘길 사실이 아니다. 한 번도 아니고 지속적으로 구원을 요청하는 것은 두 나라를 연결시킬 수 있는 무엇인가의 끈이 있었던 것으로 보인다. 그 끈이라는 것은 역사를 공유할 수 있을 정도의 의식이 아닌가 한다. 그러므로 홍료국의 부흥운동 실패와 더불어 여기에 가담했던 발해 유민들이 고려로 다수 내투하자 고려에서는 이들을 적극 수용하고 있는 것이며,[47] 이는 고려가 발해 유민에 대해 취할 수 있었던 마지막 배려인 것이었다. 이러한 점은 바로 고구려를 이은 발

45) 『高麗史』 卷5, 顯宗 20·21年條 ; 『高麗史』 卷94, 郭元·崔士威·柳昭傳 ; 『高麗史節要』 卷3, 顯宗 20·21年條.
46) 『高麗史』 卷5, 顯宗 20年, "九月戊午 契丹東京將軍大延琳 遣大府丞高吉德告建國 兼求援 延琳渤海始祖大祚榮七代孫 叛契丹 國號興遼 建元天興".
47) 『高麗史』 世家에 보면 顯宗 21년(1030)부터 德宗 2년(1033)에 이르는 시기에 발해 유민의 고려 내투가 갑자기 많아지게 되는데, 이는 홍료국의 부흥운동 실패에 따른 고려로의 망명에 의한 것으로 보여진다.

해와 고려 간에는 아직도 유대를 공고히 할 수 있는 무엇인가가 남아 있음을 보여 주는 증거라 하겠다.

결국 『자치통감』의 기사를 통해 본 발해와 고려 사이의 혼인과 『요사』를 근거로 한 발해 유민 고모한과 고려 태조 왕건 女와의 혼인관계는 고려와 거란과의 대외관계를 크게 변화시켰다. 뿐만 아니라 발해 멸망 후 대광현을 비롯한 수많은 발해 유민의 고려 내투에 적극적으로 그들을 수용하고 있는 것에도 영향을 주었던 것이다. 그리고 흥료국이 고려에 5회에 걸쳐 구원을 요청한 배경에도 혼인관계가 어느 정도 영향을 주고 있음을 알 수 있다.

2. 발해 세자 大光顯의 고려 내투와 수용책

발해가 망하자 발해 유민들은 다양한 형태의 삶을 영위해 갔다. 거란 정권에 협력하는 자도 있었고, 거란의 東京, 上京, 中京 등으로 강제 徙居되기도 하였으며, 동아시아의 국제환경에 따라 부흥운동을 전개하기도 하였다. 그리고 다수는 거란의 압제를 피해 인근 국가로 망명하기도 하였다. 망명자 가운데 일부는 사정에 따라 후주, 북송, 여진, 신라 등으로 망명한 경우도 있지만, 거의 대다수는 남방의 고려로 내투하였다. 내투자 가운데 가장 대표적인 인물이 세자 대광현이었다. 이제 대광현에 대한 몇 가지 문제를 살펴보고자 한다.

1) 대광현의 고려 내투

『고려사』의 발해 유민 내투에 관한 가장 이른 기록은 925년 3월의 아래 기사이다. 발해가 망하기 거의 1년 전이라는 것도 이상하지만, 주

로 정치와 국제관계에 대한 내용을 수록한 世家에서가 아니라 志에 올
라있는 점도 특이하다.

> (癸丑) 두꺼비가 宮城 東魚堤에서 나왔는데 많아서 가히 막지 못하였
> 다. 丙辰에 지렁이가 궁성에 나왔는데 길이가 70척에 이르러 그때 사
> 람들이 말하기를 발해국이 내투할 징조라고 하였다. (『高麗史』卷55,
> 五行志3 太祖 8年 3月)[48]

이 기사가 발해사나 발해 유민사를 구체적으로 파악할 수 있는 내용
을 제시한 것은 아니나 두 가지 면에서 주의해서 음미할 필요가 있다.
먼저 하나는 당시 고려 사회의 五行思想에 발해국을 관련시켜 거론하
고 있다는 점이다. 천지간에 끊임없이 순환하는 五行의 다섯 가지 원
소가 온갖 사물을 이루고 또 변화시킨다고 보는 것이 오행사상이다.
여기에 자연적인 일반의 형태와 너무나 기이하게 생긴 생물체를 현재
고려 북방에 존속하고 있는 발해와 연결시키고 있는 것이다. 그 깊은
내면의 뜻을 잘 이해할 수는 없지만 그렇게 긍정적이고 희망적인 뜻을
담고 있지는 않는 듯하다.

나머지 하나는 생물체가 궁성에서 나왔으며 이에 사람들은 발해국
이 내투할 징조라고 하였다는 점이다. 궁성은 궁궐을 둘러싼 성벽이므
로 기이한 형상의 생물체의 등장은 궁궐 즉, 왕이 거처하는 왕궁에서
일어났다는 것이 된다. 그렇다면 왕궁 내의 각 구성원들은 신분과 지
위의 높고 낮음을 떠나 고려 북방에 있는 발해라는 나라의 실체를 나
름대로 파악하고 있었을 가능성이 높다. 그럼에도 『고려사』에는 고려
가 건국되는 918년부터 위의 기사가 등장하는 925년 3월까지 어떠한

---

48)『高麗史』卷55, 五行志3 太祖 8年 3月, "(癸丑) 蟾出宮城東魚堤 多不可限 丙
辰 出宮城 長七十尺 時謂渤海國 來投之應".

내용의 발해 관련 기사도 등장하지 않는다. 고려 초에 고려인들은 발
해의 존재를 알고 있었다. 심지어 '우리(고려) 국경에 인접해 있다'(隣
于我境)고 하였다.[49] 10세기라는 역사적 전환기에 7년여의 시간이라는
것은 숱한 史實들을 낳을 수 있는 시간이다. 그럼에도 하나의 사실조
차 등장하지 않는 것은 의문이 아닐 수 없다.

발해 유민의 내투는 925년부터 시작되어 동아시아의 사정에 따라
약 200년 동안 단속적으로 행해지다가 1117년의 사례를 마지막으로 사
라지고 있다. 이러한 장기간에 걸친 발해 유민의 고려 내투는 만주와
연해주의 대부분을 차지했던 한국사 속의 한 국가가 이제 거란이라는
외부 침략세력에 의해 나라가 멸망하여 한반도 내의 고려로 수만의 주
민이 합류하는 모습을 보여주는 대표적인 예가 된다는 점에서 커다란
의의가 있다.

많은 발해 유민의 내투 사실 가운데 가장 주목되고 중요하게 다뤄야
하는 것이 발해 세자 대광현의 내투 사례이다. 기록상에 차이가 있어
15세기에 편찬된 주요 사서의 내용을 인용하여 비교해 보고자 한다.

丙申에 발해 장군 申德 등 오백 인이 내투하였다. 庚子에 발해의 禮
部卿 大和鈞, 均老, 司政 大元鈞, 工部卿 大福謨, 左右衛將軍 大審理
등이 民 일백 호를 거느리고 내부하였다. 발해는 본래 粟末靺鞨이
다.……거란과는 대대로 원수였다. 이에 이르러 契丹主가 좌우의 군신
들에게 이르기를, "대대의 원수를 갚지 못하였으니 어찌 평안히 살 수
있으랴"라 하고, 大擧하여 발해의 大諲譔을 攻伐하여 忽汗城을 포위하
였다. 대인선이 싸움에 패하여 항복을 청하니 드디어 발해를 멸하였다.
이리하여 그 나라 사람들이 망명하여 오는 자가 잇따라 있었다. (『高麗
史』卷1, 태조 8년 9월)

---

49) 『高麗史』卷1, 太祖 8年 9月 丙申條.

발해국 세자 대광현이 무리 수만을 이끌고 내투하니, 그에게 王繼라
는 성명을 내려주고 종적에 싣게 하였다. 특별히 元甫라는 관직을 내
리고 白州를 지키게 하였으며, 발해 왕실의 제사를 받들게 하였다. 그
를 따라온 사람에게는 벼슬을 내리고 군사에게는 토지와 집을 내려주
는 데 차등있게 하였다. (『高麗史』卷2, 太祖 17年 7月)

을유(후당 동광 3년, 거란 천찬 4년, 천수 8년) 거란이 발해국을 멸하
자 세자 대광현이 내부하였다. (『高麗史』卷86, 표1 연표1)

거란이 발해를 멸하였다.……거란 왕이 군사를 크게 일으켜 발해를
공격하여 그 수도 忽汗城을 포위하여 발해를 멸망시키고 東丹國으로
고쳤다. 그 세자 대광현 및 將軍 申德, 禮部卿 大和鈞, 均老, 司政 大元
鈞, 工部卿 大福謨, 左右衛將軍 大審理, 小將 冒豆干, 檢校開國男 朴
漁, 工部卿 吳興 등이 餘衆을 거느리고 전후 來奔한 자가 수만 호에
이르렀다. 왕이 이들을 대하는데 매우 후하게 하였다. 광현에게는 성명
을 王繼라 내리고 종적에 싣게하고 제사를 받들게 하였다. 僚佐에게는
모두 작을 내렸다. (『高麗史節要』卷1, 태조 8年 12月)

(봄) 거란이 발해를 멸망시켰다.……이에 발해왕의 세자 대광현 및
將軍 申德, 禮部卿 大和鈞, 均老, 司政 大元鈞, 工部卿 大福謨, 左右衛將
軍 大審理, 小將 冒豆干, 檢校開國男 朴漁, 工部卿 吳興 등 餘衆을 거느
리고 전후 來奔한 자가 수만 호에 이르렀다. 왕이 이들을 대하는데 매
우 후하게 하였다. 광현에게는 성명을 王繼라 내리고 종적에 붙여 선
대의 제사를 받들게 하였다. 僚佐에게는 모두 벼슬을 내렸다. (『東國通
鑑』卷12, 신라기 경애왕 병술년)

위 기록들은 내용의 진위 여부를 떠나 발해와 관련된 시간이 각각
일치하지 않는 데에 큰 문제를 지니고 있다. 특히 『고려사절요』와 『동

국통감』은『고려사』세가에 年과 月이 각각 다르게 기록된 5가지 기사
를 한꺼번에 모아 설명하고 있어 더욱더 이해하는데 어려움을 주고 있
다.

　기록상에 가장 큰 차이는 발해 세자 대광현의 내투 시기가 서로 다
르다는 점이다.『고려사』의 세가는 934년 가을 7월, 연표는 925년으로
하여 같은 사서 내에서도 다르게 되어 있다.『고려사절요』는 925년 12
월,『동국통감』은 926년 봄이라 하였다.

<표 4> 각 사서의 大光顯 내투 시기 비교

주제 \ 사서	고려사		고려사절요	동국통감
	세가	연표		
발해 멸망 시기	925년 9월	925년	925년 12월	926년 봄
대광현 내투 시기	934년 7월	925년	925년 12월	926년 봄
대광현에 대한 처우	각 사서 내용 동일			

　대광현의 내투 시기 문제는 단순히 그와 그를 따라온 민의 내투 시
기를 파악하는 데만 그치지 않는다. 발해의 멸망 과정, 유민의 내투 과
정, 발해 유민의 활동인 이른바 후발해와 정안국과의 관련성, 고려 내
투 제 왕족에 대한 처우 변화, 고려의 대내외 정책 등과 깊이 연결돼
있다고 생각된다. 즉, 10세기 한국사를 이해하는 데 많은 변수로 작용
할 수 있는 문제인 것이다. 그러한 측면을 고려할 때 시기 문제는 결코
소홀히 할 수 없는 과제이다. 지금까지 고려 초의 대외관계와 발해 유
민의 고려 내투를 다루면서 대광현의 내투 시기가 언제인가 하는 점에
대해 언급한 글들은 다수 있다. 그렇지만 여전히 의견의 일치를 못 보
고 있다.50)

---

50) 대광현 내투 시기에 대한 여러 견해에 대해서는 임상선,『발해의 지배세력 연
　　구』, 신서원, 1999, 123~128쪽 참조.

130

발해가 거란에 의해 멸망되는 것은 926년 1월 중순이었다. 925년 12
월 중순 발해 정벌이 시작되어, 이듬해 926년 1월 辛未(14일)에 발해의
마지막 왕 대인선이 나와서 항복하였다.[51] 그러므로 멸망시기를 925년
으로 기록한『고려사』연표와『고려사절요』의 기록은 엄밀하게 보면
맞지 않는다. 다만 공격 기점으로 보면 크게 틀린 것은 아니다.『동국
통감』은 약간 달리하여 926년 봄이라 하였다. 이는 발해가 완전히 멸
망한 1월을 근거하여 표현을 조금 바꾼 것으로 보인다. 통상 사료상에
1월은 春에 해당하므로 틀린 표기는 아니다. 그런데 발해의 멸망 과정
에 대해『동국통감』은 925년 겨울 발해 공격→ 서변의 여러 부 공격→
부여성 포위→ 발해 멸망이라 하였다. 이는『요사』에 나오는 거란의
발해 침공 과정과 비교하면 서로 일치하는 부분이다. 따라서 발해의
멸망 시기와 대광현의 내투 시기는『동국통감』의 기록이 옳다고 여겨
진다.[52]

그러면『고려사』세가의 934년 7월 내투 기사는 무엇을 의미하는가?
『고려사』세가를 제외하고 연표와 다른 사서는 대광현의 내투를 925년
발해의 멸망에 뒤이어 바로 이뤄진 것으로 보고 있다.[53] 세가의 발해
유민 내투 기사는『고려사절요』나『동국통감』이 925~927년의 기사를
한군데 모아 설명한 것과 달리 시차를 두고 세분화시켜 놓았다. 그리
고 대광현 기사도 934년 7월에 따로 떼어내 놓았다. 그러므로 세가의
934년 기록도 일정한 의의와 가치를 지니고 있다고 하겠다.[54]

51)『遼史』卷2, 太祖本紀 天顯 2年 正月條.
52) 金毓黻도『渤海國志長編』(卷19, 叢考)에서『東國通鑑』이 정확하며 世家의 기
    록은 일시의 疏略이라고 하였다.
53) 崔承老도(『高麗史』卷93, 列傳 崔承老) 발해가 멸망하자 대광현이 바로 내투
    한 것으로 보았다.『帝王韻紀』(卷下)에는 925년에 발해가 망하여 많은 사람들
    이 망명하였다고 하였다.
54) 金毓黻은 世家나 年表 가운데 어느 하나가 반드시 오류가 있다고 하는데(『渤

여기서는 두 가지 측면으로 나눠 해석할 필요가 있다. 하나는 여러 기록을 종합해 볼 때 대광현 내투는 발해의 멸망과 더불어 바로 이뤄졌으나, 그가 고려로부터의 각종 우대 조치가 취해진 것은 934년으로 보는 경우이다.[55] 이는 대광현이 멸망한 후 8년이나 지나도록 수만의 민과 더불어 어디에 숨어있다 고려에 내투할 수 없다는 점이 근거가 된다. 이에 덧붙여 신라의 金傳도 고려에 입조한 이후 몇 년이 지나 새로운 처우를 받는 사실과[56] 연계하면 가능성이 없는 것도 아니다.

또 하나는 대광현은 대조영이 세운 발해의 마지막 왕 대인선의 세자가 아니라 발해 멸망 후 발해 유민이 세운 어느 국가의 세자일 가능성이다. 이러한 견해는 일찍이 조선 후기에 다산 정약용이 지적하였지만 그 이유를 구체적으로 설명하지는 않았다.[57] 대광현이 대인선의 세자가 아니라는 데 의문을 가질 수 있는 근거는 일단 934년은 발해 멸망 시기와 시간적으로 너무 많은 차이가 있다는 점과 발해의 세자에게 4품에 해당하는 元甫라는 직위를 내렸다는 점에서 찾을 수 있을 것이다. 발해가 멸망한 후 그 유민들이 중국에 계속 사신을 보내면서 공물을 바친 사례는 몇 차례 있다.[58] 그러나 유민의 활동 가운데 세자 대광현이라는 이름은 어디에도 나오지 않으며, 수만의 民을 데리고 고려에 내투할 만큼 대규모 유민 활동이 존재했는지 현재로서는 의심스럽다.

결국『고려사』세가에 나오는 934년 대광현의 고려 내투 기사는 기

海國志長編』卷19, 叢考) 두 기사 모두 의미가 있다고 보고 해석하는 것이 옳다.

55) 金光錫, 앞의 글, 1983, 163쪽.

56)『高麗史』卷2, 太祖 18年 ; 景宗 即位年條.

57) 丁若鏞,『我邦疆域考』, 渤海續考, "此云世子 未必是諲譔之子 或是諲譔之弟 權立爲王 至是 又敗而其世子來奔也 今不可詳".

58) 日野開三郎,『日野開三郎東洋史學論集』16, 三一書房, 1990, 22쪽, [渤海人入貢表].

록상의 오류도 아니며, 그렇다고 발해 멸망 후 만주지역에서 활동하던 유민들이 세운 나라가 어떠한 문제로 인해 그 세자가 내투한 경우도 아니다. 대광현의 처우가 내려진 934년 7월 기사에 그 이전의 내투 사실까지 묶어 서술하는 과정에서의 혼선이 아닌가 싶다.

2) 고려의 북방정책과 대광현의 역할

고려 전기의 대외정책 가운데 고려와 거란과의 관계 변화는 거란에 의한 발해의 멸망이 크게 작용하였다. 이는 소위 만부교 사건을 통하여 분명하게 알 수 있다.[59] 그리고 10세기 동아시아 대외관계를 논한 글에서도 확인되고 있다.[60] 이렇게 고려의 북방정책에 발해의 존재가 자리잡고 있는 가운데 발해 세자 대광현의 역할도 주목된다. 그리고 발해의 멸망에 뒤이어 이뤄지는 세자 대광현에 대한 고려의 우대정책이 후삼국 통일과정 상에 커다란 의미를 지니고 있음도 간과할 수 없다. 다음은 고려가 건국된 918년과 926년 발해가 멸망되기 전 양국의 변경 문제나 교섭을 상정할 수 있는 대표적인 기록들이다.

① 丙申에 왕이 여러 신하들에게 이르기를, "평양 옛 도읍이 황폐된 지가 비록 오래되나 터는 여전히 남아있다. 그런데 가시넝쿨이 무성하여 蕃人들이 거기서 수렵을 하고 있으며 또 수렵을 계기로 변방 고을들을 침략하여 피해가 크다. 마땅히 백성들을 옮겨 거기서 살게 함으로써 변방을 공고히 하여 百世의 이익이 되도록 하여야 할 것이다." 하였다. 마침내 평양을 대도호부로 하고 堂弟인 式廉과 廣評侍郎 列評을 보내 평양을 지키게 하였다. (『高麗史』 卷1, 태조 원

---

59) 『高麗史』 卷2, 太祖 25年 10月條 ; 卷93, 列傳 崔承老.

60) 韓圭哲, 「後三國時代 高麗와 契丹關係」 『富山史叢』 1, 1985 ; 宋基豪, 앞의 글, 1987.

년 9월)

② 평양에 성을 쌓았다. (『高麗史』卷1. 태조 2년 10월)

③ 북쪽 경계의 鶻巖鎭이 자주 북적의 침입을 받으므로 여러 장수를
   모아 가로되, 지금 南凶이 멸하지 아니한데 北狄이 근심이 되어 짐
   이 자나 깨나 근심하고 두려우니 庾黔弼로 하여금 가서 지키도록
   하는 것이 어떠한가 하였다. 모두 可하다 하니 드디어 黔弼에게 명
   하여 開定軍 3천을 이끌고 대성을 쌓고 그 곳을 지키게 하니 이로
   부터 북방이 편안해 졌다. (『高麗史節要』卷1, 태조 3년 3월)

④ 이 해에 北界를 순행하였다. (『高麗史』卷1, 태조 3년)

⑤ 壬申에 達姑狄 171인이 신라를 침공하였는데 길이 登州를 통과하
   게 되었으므로 장군 堅權이 공격하여 대패시키니 말 한 필도 돌아
   가지 못하였다. 공이 있는 자에게 곡식 50석을 주도록 명하였다. 신
   라의 왕이 기뻐하여 사신을 보내어 감사해 하였다.[61] (9월) 己亥에
   郞中 撰行을 보내어 邊郡을 순시하고 백성을 存撫하게 하였다. (10
   월) 壬申에 서경에 행차하였다. (『高麗史』卷1, 태조 4년 2월)

⑥ 이 해에 大丞 質榮과 行波 등의 父兄子弟 및 여러 군현의 良家의
   자제를 옮겨 서경을 채웠다. 서경에 행차하여 새로 관부와 員吏를
   두고 비로소 在城을 쌓았다. (『高麗史』卷1, 태조 5년)

⑦ 우리 태조는 왕위에 오른 뒤에 아직 金傅가 來服하지 않았고 甄萱
   이 사로잡히기 전이었지만 가끔 西都에 거동하여 친히 북방 변경을

---

61) 이 글은 『三國史記』(卷12, 新羅本紀 景明王 5年 2月條)에도 같은 내용이 있다.
   다만 達姑狄을 靺鞨別部達姑衆으로 표기하였다는 점은 주목된다.

순찰하였다. 그 뜻은 역시 고구려 동명왕의 옛 강토를 吾家의 靑氈 (우리나라의 귀중한 유산)으로 확신하고 반드시 이를 席捲하여 가지려고 한 것이었다. 이 어찌 鷄林을 취하고 鴨綠을 빼앗는 데만 그치겠는가. (『高麗史』 卷2, 태조 26년 이제현의 찬)

위의 기록 가운데 ①의 태조 원년 기록은 918년 6월에 왕건이 정식으로 왕위에 올라, 국호를 고려라 하고 연호를 天授라 고친 후 3개월만에 나온 북방정책의 첫번째 조치이다. 이 조치가 고려 국내의 정치적 동향과도 밀접한 관련을 가지고 있을 것으로 보이지만,[62] 그만큼 태조의 북방에 대한 염원을 아울러 보여주는 것이라 하겠다. 동시에 이것은 ⑤와 ⑥ 기사에 나오는 태조 4년과 5년의 서경 행차와 더불어 발해와 고려가 국가로서 같이 존속하던 시기의 양국 관계를 이해할 수 있는 약간의 실마리를 제공하고 있다.

발해와 신라의 국경선은 시기별로 차이가 있고 말갈이나 기타 종족의 존재까지 감안한다면 매우 유동적이다. 그렇지만 통상 대동강에서 원산만으로 경계선을 그을 수 있다. 그러므로 태조가 지적하는 평양은 918년 당시 발해 영토였다.[63] 태조 4년과 5년 즉, 921년과 922년의 서

---

62) 河炫綱, 「高麗西京考」 『歷史學報』 35·36合, 1967 ; 『韓國中世史研究』, 일조각, 1988 ; 蔣尙勳, 「高麗太祖의 西京政策」 『高麗 太祖의 國家經營』, 서울대학교출판부, 1996, 156~157쪽.

63) 평양 지역이 고구려의 수도였고 고려시대에도 西京을 설치하여 정치, 군사적 측면에서 커다란 비중을 차지했던 지역이었음에도 발해 시기에는 특별한 거점으로서의 역할을 하였다는 기록이 없는 것은 의문이다. 발해 5京에도 포함되지 않고 있다. 이는 여러 가지 방향으로 추정할 수 있다. 발해의 중심지가 주로 上京城인데 따른 국가 전체의 균형 차원, 對新羅 관계가 대립보다 우호적이었다는 면, 발해와 신라 그 뒤 고려와의 접경이기는 하나 혹시 이 일대가 말갈과 같은 세력에 의해 통제할 수 있는 여건이 조성되지 않았던 것이 아닌가 하는 점 등이다.

경 순행 때도 역시 발해 영역이었다. 그렇다면 고려 태조 왕건은 발해
가 멸망하기 전에 이미 발해 영역에 발을 들여놓았다는 것이 된다. 비
록 발해의 지배권이 900년대 들어 이제 평양 일대에까지 미치지 못하
는 상황이라 하더라도 그 의미는 남다르다. 태조는 국초에 평양을 중
시하여 지키게 하고, 서경으로 고쳐 순행하면서 이곳이 고구려의 옛
땅이라는 점을 알고 있었다. 나아가 668년 고구려가 멸망되고 난 이후
부터 태조가 처음으로 순행한 921년까지의 250년 동안 서경 지역이 어
느 나라의 영역이었는지와, 현재의 상태에 이르기까지의 상황을 정확
히 파악하고 있었을 것이다.

따라서 그는 고구려의 땅에 건립한 발해의 南境에 서경을 설치하여
통치 차원에서 여러 가지 목적으로 활용하려 했던 것이다. 그런데 918
년 무렵의 발해 영토 평양은 가시넝쿨이 무성하고 번인이 사냥하는 터
로 변했다고 하였다. 이는 거란의 발흥과 발해의 쇠퇴에 따라 발해의
통치력이 남방 변경지대까지 미치지 못하면서 나타난 현상으로 보인
다. 그리고 한반도 내 후삼국 분열기의 상호경쟁이 북방에 대한 관심
을 약화시킨 결과일 것이다.

어쨌든 태조의 서경 중시와 북방정책에는 고려 내의 정치적인 문제
가 개입되었고 신흥하는 거란에 대한 견제의 의미도 있다. 그리고 고
구려의 옛 땅을 수복하려는 의지 외에 발해, 발해 유민 문제와도 연결
되어 있을 것이다. 즉, 발해 영토의 흡수와 발해 유민에 대한 정책 등
이 내재되었다는 사실도 결코 빠뜨릴 수 없다고 본다.

덧붙여 고려의 후삼국 통일에 발해의 존재가 작용하고 있다는 점도
무시할 수 없다. 물론 확연히 드러나는 군사·외교적 지원을 의미하는
것은 아니다. 고려가 건국된 918년부터 발해가 멸망되는 시기는 한반
도 내에서는 후삼국의 분열기로서 치열한 공방전이 벌어지는 시기였
다. 이 시기에 고려가 강력한 거란의 남하와 군사적 위협에 크게 신경

136

쓰지 않고 후백제와의 경쟁에 전념할 수 있었던 요인은 다름아닌 발해
였다. 북방의 거란과 남방의 고려 사이에 발해의 영토가 자리잡아 완
충 역할을 하였던 것이고, 발해도 고려에 위협을 가하지 않고 있었던
것이다. 이 점은 고려 왕조의 발전, 더 나아가 한국사 전체의 발전 과
정에서 보아도 상당히 의미있는 것으로 생각된다.

고려 초 북방정책에 대한 의지는 고려라는 국호의 사용과 소위 만부
교 사건, 그리고 훈요 10조를 통해 나타나고 있다. 구체적인 내용은 거
란에 대한 강경책이 주류를 이루고 있다. 이러한 고려의 주류적 흐름
에 발해 유민의 내투가 큰 자리를 차지하고 있으며, 30여 회에 이르는
내투 가운데서도 대광현의 역할이 무엇보다 중요하다.

고려 내투 발해 유민에 대한 기록이 다 그러하듯이 대광현도 내투한
이후의 행적에 대해서는 자세히 알 길이 없다.[64] 그 가운데 가장 눈에
띄는 것은 白州를 지키게 하였다는 점이다. 고려에 입조한 후백제의
견훤에게도 특정 지역을 맡겨 어떤 임무를 부여하지는 않았다. 입조
후 1년만에 세상을 떠났기 때문인지 모른다. 김부는 경주의 사심관에
임명되어 고려시대 향직을 통괄한 지방관의 역할을 맡았다. 이는 신라

---

64) 大光顯과 그의 집단 행적에 대해 자세히 알 수 없는 상황에서 고고학적인 발
굴 결과와 연결시켜 해석하려는 북한의 이채로운 견해가 있다(리창진, 「고려
푸른자기는 발해푸른자기의 계승발전」『조선고고연구』 2001년 1호, 38~39
쪽). 즉, 대광현에게 지키도록 한 백주(황해도 배천)와 최근 황해남도에서 발
굴된 고려 초기의 자기 가마터의 위치인 배천군 원산리와 밀접한 관련이 있
다는 것이다. 그리하여 대광현을 따라온 수만의 발해 유민들이 대부분 배천
일대에서 생활하였는데, 그 중에 발해 왕실에 복무하던 요업 기술자가 여전
히 고려 왕실에 소요되는 자기 생산에 종사하면서 중국이 아닌 발해의 우수
한 도자기 제작 기술이 고려에 전수되었다고 하였다. 일단 주목되는 견해로
여겨지지만 아직은 쉽게 수용하기는 힘들다. 가마터에서 나온 자기의 정확한
시기, 발해와 고려 자기의 명확한 비교가 선행돼야 한다. 그리고 배천이라는
지역의 공통점만을 통한 추정도 문제며 고려자기에 발해의 기술만이 전수되
었다는 주장은 더 큰 오류이다.

의 왕이었다는 점에서 경주 일대의 민심을 안정시키는 데 적절하다고
판단되었기 때문에 나온 것이라 보여진다. 이러한 측면에서 발해 세자
대광현으로 하여금 백주를 지키게 한 것도 고려의 통치 차원에서 이뤄
진 것으로 이해된다.

백주(황해도 배천)는 예성강을 사이에 두고 수도인 개성 바로 건너
편에 위치해 있는 곳으로 군사상의 요충지이며 해상 무역의 거점이었
다. 이 중요한 곳을 고려에 내투한 발해 세자 대광현에게 지키게 한 점
은 대광현과 그를 따라온 유민들이 고려가 요구하는 어떤 목적에 적합
한 인물로 인정을 받았기 때문일 것이다. 그것은 바로 조선술과 항해
술을 바탕으로 하는 해전 능력일 수도 있다.[65] 특히 고려 태조 15년
(932) 후백제군이 백주와 인근을 침공해 100척의 배를 불살라 버리고
牧馬 300필을 취해 돌아간 사실과[66] 연계시킨다면 가히 잘못된 추정은
아닐 것이다.

대외무역의 측면에서 보더라도 백주 인근의 예성강 어귀에는 고려
시대 대표적인 무역항이었던 벽란도가 있었다. 벽란도는 고려 중기에
는 송나라와 일본뿐만 아니라 서역 상인들과 활발한 교역을 하던, 국
제무역이 이루어지던 곳이다. 이러한 백주를 고려의 최고 통치자가 대
광현에게 지키게 했다는 것은 남다른 목적이 있었을 것으로 보인다.

여러 방향으로 그 가능성을 엿볼 수 있겠지만 무엇보다도 고려의 북
방정책과 깊은 관련이 있는 것이 아닌가 한다. 고려는 태조 즉위 이래
계속해서 북방에 대해 많은 관심을 가지고 평양에 서경을 설치하는 등
적극적인 북진정책을 펼쳐, 태조 재임시에 국경이 청천강에까지 다다
랐다. 그리고 '혼인·친척지국'으로 여겼던 발해를 멸망시킨 거란에 대

---

65) 朴玉杰, 『高麗時代의 歸化人 硏究』, 국학자료원, 1996, 109∼110쪽에서도 이
   러한 추정을 하고 있다.
66) 『三國遺事』 卷2, 紀異 2 後百濟甄萱 ; 『高麗史』 卷2, 太祖 15年 9月條.

해서는 강력한 대항 의지를 표출하였으며, 훈요 10조의 유훈을 통해 태조의 對거란 정책은 계속해서 계승되었다. 고려의 거란에 대한 강경책의 출발은 바로 발해에서 비롯되었다. 소위 만부교 사건도 거란의 발해 멸망에서 기인된 것이고, '혼인 · 친척지국' 발언도 발해의 멸망으로 발해왕이 거란에 잡히자 왕건이 後晉 조정과 더불어 거란을 공격하자는 제의에서 나온 것이다. 대광현 역시 거란의 발해 침공으로 수만의 백성을 데리고 고려로 내투한 세자의 신분이다. 이러한 사실을 감안한다면 대광현은 고려의 對契丹 정책에 적절하게 도움을 줄 수 있는 충분한 지위와 조건을 가지고 있었던 것이다.

따라서 고려 측에서 대광현에게 백주를 지키게 한 것은 고려의 거란에 대한 정책과 밀접한 관련을 가지고 있음을 알 수 있다. 이는 대광현을 따라온 군사에게 토지와 집을 내려주었다는 점, 발해 유민 후예 가운데서도 고려의 對契丹 · 蒙古戰에 큰 활약을 펼치는 여러 사례가 있었다는 점,[67] 그리고 고려에 내투한 발해 유민 또는 후예 가운데 이름은 나오지 않지만 다수의 사람들이 거란전에 참전했다가 거란에 포로가 되었다는 사실[68] 등이 이를 뒷받침한다. 따라서 고려는 내투 발해 유민들을 개성 이북에 살게 하면서 북방정책에 적절히 이용했던 것으로 보인다.[69]

---

67) 李孝珩, 「고려시대 渤海遺民 後裔의 사회적 지위－大氏系 인물을 중심으로」 『白山學報』 55, 2000.

68) 『遼史』 卷38, 地理2 東京道 寧州 · 歸州.

69) 최규성은 "태조 왕건이 중국 동북지역의 정세 변화와 여진을 포함한 발해 유민의 대거란 투쟁을 잘 이용하여 청천강의 자연적 경계선까지 영토를 북상시킬 수 있었을 뿐만 아니라, 여진의 기병과 내투한 고구려계 발해 유민의 고급 인력을 이용하여 자신의 세력 기반을 강화하는 한편 후백제와의 투쟁을 유리하게 이끌고 나가 후삼국을 통일할 수 있었다"는 견해까지 피력하였는데 이에 대한 구체적 근거를 제시한 것은 아니다. 崔圭成, 「고려의 북진정책」 『한국사』 15, 국사편찬위원회, 1995, 261쪽.

결국 고려가 대광현에게 백주를 지키게 한 이유는 발해 유민들 가운데 차지하는 그의 위치와 발해 유민의 거란에 대한 감정을 고려하여 발해 유민들을 주로 북쪽지역에 거주시키면서 북방정책에 이용하려는 고려 측의 깊은 의도에서 나온 것으로 판단된다. 또한 이것은 고려에 내투한 발해 유민의 대표자가 북방정책뿐만 아니라 후삼국 통일과정 중에 고려 사회에서 어떻게 활동하며 살아가는가를 보여준다는 데서도 의미있는 사실이라 하겠다.

3) 大光顯과 甄萱, 金傅의 처우 비교

발해의 멸망과 더불어 고려에 내투한 세자 대광현에 대해 고려는 과연 어떠한 처우를 했는가 하는 점을 밝히는 것도 중요한 하나의 과제이다. 처우를 통해 그 당시 고려의 발해 인식의 일단을 파악할 수 있을 것으로 보여지기 때문이다. 다만 구체적인 처우를 보여주는 기록이 없으므로 간단하게 남아있는 현전 기록의 분석과 아울러 같은 왕족의 신분으로 입조한 견훤, 김부의 처우와 서로 비교함으로써 그에 대한 처우의 수준을 가늠해 보고자 한다.

① 발해국 세자 대광현이 무리 수만을 이끌고 내투하니 그에게 王繼라는 성명을 내려주고 종적에 싣게 하였다. 특별히 元甫라는 관직을 내리고 白州를 지키게 하였으며 발해 왕실의 제사를 받들게 하였다. 그를 따라온 사람에게는 벼슬을 내리고 군사에게는 토지와 집을 내려주는 데 차등있게 하였다. (『高麗史』卷2, 태조 17년 7월)

② 발해가 이미 거란병에게 무너져 그 세자 대광현 등이 우리나라가 義를 들어 일어났으므로 그 나머지 무리 수만 호를 거느리고 밤낮으로 倍道하여 來犇하였습니다. 태조가 깊이 민망하게 생각하여 매

우 후하게 영접하고 성명을 하사하고 또 종적에 붙여서 그 本國 祖
先의 제사를 받들게 하고 그 문무 참좌 이하도 또한 모두 넉넉하게
작명을 내림에 이르렀습니다. 그 멸망한 자를 보존해 주며 끊어진
제사를 잇게 함으로써 능히 먼 곳에 있는 사람이 와서 복종케 한
것이 또한 이와 같았나이다. (『高麗史』 卷93, 열전 최승로)

　세가보다 최승로전의 내용이 약간은 더 자세하다. 그러나 그나마 자
세하다는 이 기록을 가지고도 대광현이 언제 태어났는지, 또 언제 생
을 마감했는지조차 알 수 없다. 김부와 견훤의 죽은 해가 정확하게 나
와 있는 점과는 대비된다. 세자라는 높은 지위의 신분을 가지고 있으
므로 당시 고려의 왕이었던 왕건이 친히 맞이하여 위로했을 것으로는
짐작이 되는데 직접적인 문구가 들어있지는 않더라도 후하게 영접하
였다는 표현이 이를 가리키는 것으로 여겨진다.

　대광현에게 王繼라는 성명을 내리고 있는 점은 주목된다. 여기서 유
의할 것은 '王繼라는 성명을 내리고 종적에 붙였다(附之宗籍)'고 하는
데, 발해의 종적인지 고려의 종적인지가 분명하지 않다는 점이다. 발해
의 종적에 붙여넣게 했다면 발해의 왕위계승권자의 지위를 고려에서
도 인정해 준 셈이 되지만, 역으로 발해의 왕성인 大氏와는 異姓인 王
氏를 종적에 넣는 결과가 된다. 반면에 고려의 종적에 붙여 넣도록 했
다면, 이는 더 큰 의미를 지닐 수 있다. 발해 왕실을 고려 왕실에 편입
시키는 결과가 되기 때문이다. 이것은 고려 왕실이 신라 金傅家와의
여러 혼인을 통해 왕실과 국가의 통합을 시도하려는 것과 일맥 상통하
는 것이다.

　그런데 대광현에게 王繼라는 새로운 이름을 하사하면서 종적에 싣
게 하였다는 점을 중시한다면 대광현을 고려의 종적에 넣었다고 해석
하는 것이 옳다고 본다. 이리하여 고려에서는 발해의 실체는 대광현에

게 제사를 받들어 잇게 하는 동시에, 한편으로는 대광현에게 왕계라는 새로운 이름을 하사하면서 왕실 후손을 고려화시켜 나가는 통합 의식을 보여주고 있다.

여기에서 더 음미해 볼 수 있는 것은 대광현에게 내린 '왕계'라는 성명의 의미이다. 성명을 '왕계'라 한 것은 나름의 깊은 뜻이 담겨져 있다고 보이기 때문이다. 고려 왕조의 왕성인 왕씨를 비록 하사받았지만 발해의 왕통을 계속 이어 나가라는 의미 같기도 하고 왕성인 왕씨를 이어가라는 의미 같기도 하다. 어떠한 의미이든 '왕계'에는 고려의 왕성 왕씨와 발해의 왕통, 여기에다 이어가다의 의미가 결합된 표현이라 생각된다.

어쨌든 왕계를 통해 태조대에 시행된 사성정책이 국가의 멸망으로 내투한 발해 왕족에게도 적용되었다는 것을 확인할 수 있다. 그런데 고려로부터 왕씨 성을 하사받았다고 하지만 고려시대에 왕씨 성을 가진 인물 가운데 왕계 즉, 대광현의 아들이나 후손이라고 자처하는 인물은 어디에도 나오지 않는다. 『開城王氏世譜』에도 등장하지 않는다. 조선 후기의 유득공의 『발해고』에는 고려와 거란 간의 1·2차 전쟁에서 크게 활약했던 大道秀라는 인물이 대광현의 아들이고, 몽고를 정벌하는데 공을 세워 永順君에 봉해짐으로써 영순 태씨의 시조가 된 大金就가 그 후손이라고 하였다.[70] 그러나 『永順太氏族譜』를 참고한 듯한 『발해고』 기록의 신뢰성 문제와 함께 『고려사』를 비롯한 역사서에는 이러한 글귀가 없으므로 위의 내용들을 그대로 수용하는 데는 많은 문제가 있다.[71]

---

70) 柳得恭, 『渤海考』 臣考 大光顯.

71) 발해 왕족인 대씨는 고려시대 들어 중기 이래 일부 태씨로 불리어지다가 조선시대에 들면 완전히 태씨로 바뀌게 된다. 오늘날 태씨의 대표적인 본관으로는 永順과 陜溪, 南原이 있으며 1985년 인구조사에 따르면 남한에 7406명

　대광현에게 종적에 붙여 본국 즉, 발해 祖先의 제사를 받들게 했다
는 것은 가장 의미있는 조처라고 판단된다. 이는 고려의 대광현 처우
에 나타나는 가장 상징적인 모습이며, 고려에 내투·입조한 어느 누구
에게도 취해지지 않은 특별한 배려였다. 대광현을 종적에 붙이게 했다
는 것은 비록 나라는 망했다 하더라도 발해와 발해 세자의 실체를 그
대로 인정한 것이라 해석된다. 대광현에 대한 이와 같은 조처는 국망
에 따른 결과로 나온 것이기는 하겠지만 이를 통해 고려는 발해에 대
해 같은 고구려 계승자라는 의식을 지니고 매우 깊은 친연성을 통해
소위 동족의식을 느꼈을 가능성이 높다. 고려가 발해의 계승자라는 직
접적인 표현은 삼가고 있지만, 고려 초 북방정책의 핵심에 해당하는
對거란 정책의 출발이 거란에 의한 발해 멸망에서 비롯되고 있음을 상
기한다면 그 가능성이 없는 것도 아니다.

　한편 대광현을 따라온 문무 관리에게는 모두 넉넉한 벼슬을 주고 토
지와 집을 주었다고 하였다. 이것은 그를 동행한 인물들의 구성이 다
양했다는 것을 암시하고 있다. 동시에 고려 측의 처우도 매우 좋았다
는 것을 보여주는 것이다. 하사한 토지가 어떠한 것인지에 대해서는
고려의 토지제도와 연계해서 파악할 필요가 있는데 投化田[72]과도 일
정한 관계가 있을 것이다.[73]

　대광현의 처우와 관련하여 마지막으로 살펴볼 필요가 있는 것은 고

　이 살고 있다. 그런데『永順太氏族譜』내의 <渤海王 世系圖>를 보면 마지막
　왕 대인선 다음에 대광현→ 대도수→ 대인점→ 대금취로 世系가 설정되어 있
　다. 그러나『永順太氏族譜』뿐만 아니라『陝溪太氏族譜』역시 사료로서의 활
　용에는 신중을 기할 필요가 있기 때문에 이를 그대로 따를 수는 없다.

72)『高麗史』卷78, 食貨1 田制, "投化田 向國之人 食之終身 身歿則還公 受官職
　　有口分田者不許".

73) 姜晉哲,『高麗土地制度史硏究』, 高麗大學校 出版部, 1981, 161~162쪽 ; 李炳
　　熙,「식읍 및 기타의 사전」『한국사』14, 국사편찬위원회, 1993, 274쪽.

려 왕실과 대광현가와의 혼인 가능성이다. 고려 왕실과의 혼인도 숨은 목적이야 어떠하든 하나의 우대 정책에 포함될 수 있기 때문이다.『고려사』를 비롯한 한국 측의 대광현 관련 기록에 혼인과 연계될 수 있는 언급은 없다. 그런데 중국 측의『자치통감』(권285, 후진기 제왕 개운 2년)에는 왕건이 胡僧 襪囉를 통해 후진 고조에게 거란에 대한 협공을 제의하면서 '勃(渤)海我婚姻也'(細註에는 勃海本親戚之國)라는 표현을 사용하고 있다. 혼인의 여부, 혼인 대상, 시기를 두고 여전히 논란이 계속되고 있는데 왕건이 언급한 혼인을 왕건가와 대광현가와의 혼인으로 보는 시각도 있다.[74]『요사』(권76, 열전 고모한)에는 발해인 고모한이 발해가 망하면서 고려로 갔다가 王女와 혼인한 후 죄를 지어 거란으로 되돌아 와서 높은 지위에 오른 기록이 있다. 발해의 성으로 보면 대씨는 왕성이고 고씨는 우성 즉, 귀족성이다. 그러므로 고려 태조 왕건의 女와 발해의 귀족 고모한 사이에 혼인이 이뤄진 것이다.

고려 태조가 다른 왕실과의 혼인을 통해 국왕의 혈통을 높이고 그들과의 유대를 강화하려 했다는 사실은 익히 아는 바이다. 따라서『자치통감』과『요사』의 혼인 기사, 왕건의 혼인정책을 고려한다면 북방의 대국가였던 발해의 세자와 고려 왕실과의 혼인을 충분히 상정할 수는 있다. 그러나 문제는 왕실과의 혼인은 매우 중요한 사실인데『고려사』를 비롯한 각종 대광현 관련 기록에는 혼인에 대한 아무런 언급이 없다는 점이다. 혼인보다 무게가 떨어지는 사실도 기록되어 있다. 혼인이 있었다면『고려사』에서 굳이 빠뜨릴 이유는 없었을 것이다. 따라서 대광현가와 왕건가와의 혼인을 상정하기에는 많은 무리가 있다.

이제 대광현에 대한 고려 측의 처우를 견훤, 김부에 대한 처우와 상호 비교해 보고자 한다. 3인이 고려에 내투·입조하게 된 시기와 경위

---

74) 임상선, 앞의 책, 1999, 144쪽.

144

그리고 지위는 각자 다르다. 대광현은 망국의 세자이고(926년 내투, 934년 7월 처우), 견훤은 아들에게 폐위된 前王이며(935년 6월), 김부는 망국의 納土國王(935년 11월)이다. 그렇지만 시기가 거의 비슷하고 국가의 멸망과 관련된 최고위층의 인물들이라는 점에서 처우 비교도 나름대로 의미를 찾을 수 있다. 비교를 통해 대광현의 처우 정도를 어느 정도 파악할 수 있다고 판단되기 때문이다. 견훤과 김부에 대한 처우는『삼국사기』(권12, 신라본기 경순왕 ; 권50, 열전10 견훤),『삼국유사』(권2, 기이2 김부대왕 ; 후백제 견훤)에도 약간의 내용을 달리하면서 수록되어 있다.『고려사』도 이들의 기록을 참조해 수록한 듯하나 여기서는『고려사』의 기록을 인용해 서로 비교해 보고자 한다. 대광현에 대한 처우 기록이『고려사』에 있어 형평성을 맞춰보기 위해서이다.

먼저 견훤에 대한 처우에 대해 살펴보겠다. 935년 6월에 견훤이 막내 아들 能乂, 딸 哀福, 애첩 姑比 등을 데리고 나주로 달려 와서 고려 정부로 입조하기를 청하자 고려는 장군 유금필 등을 시켜 군함 40여 척을 가지고 바닷길로 가서 견훤을 맞게 하였다. 견훤이 들어오자 왕은 그를 尙父라고 불렀으며 南宮을 사관으로 지정해 주었다. 그리고 견훤의 품계는 백관의 위에 있게 하고 楊州를 식읍으로 주는 동시에 금과 비단은 물론 노와 비 각각 40명과 말 10필을 주었으며 그보다 먼저 항복하여 온 信康을 그의 衙官으로 삼았다.75) 그 뒤 936년 9월 神劍이 良劍, 龍劍과 문무 관료들을 데리고 와서 항복하자 이에 견훤은 근심과 번민으로 동창이 나서 수일 만에 황산 절간에서 죽었다.76)

상세하지는 않지만 견훤의 처우를 파악하는데 큰 문제는 없다. 일단 대광현의 내투와 달리 입조의 표현을 사용하고 있는 점이 다르다. 이는 대광현이 망국의 세자이고, 견훤은 후백제의 왕이었던 점에서 나온

75)『高麗史』卷2, 太祖 18年 6月條.
76)『高麗史』卷2, 太祖 19年 9月條.

표현의 차이인 듯하다. 군선 40여 척을 보내어 해로로 그를 맞이하도
록 하고 있는 것도 대광현과는 차이가 나는 부분이다. 수십 척의 군선
까지 보낸 것은 견훤이 금산사에 유폐되었다가 탈출하여 나주를 거쳐
개성으로 와야 하는 교통문제 때문으로 보인다. 尙父라 부르고 품계를
백관의 위에 있게 한다든지, 양주를 식읍으로 주고 수십 명의 노비를
하사한 것은 견훤에 대한 처우가 각별하다는 것을 보여준다.

  기록상 대광현에 비해서는 그 처우 수준이 높다. 여기에는 견훤이라
는 전왕에 대한 예우의 차원에다 후삼국 통일의 막바지에 견훤이 미칠
수 있는 영향까지 크게 고려되어 나온 결과일 것이다. 즉, 926년 발해
멸망 이후 벌써 10년이 지난 상황에서 고려 사회에 발해 세자 대광현
의 처우가 미칠 수 있는 파급 효과보다, 935년대의 후삼국 분열기라는
극히 어려운 국내외 상황에서 마지막 경쟁국의 전왕 견훤에 대한 처우
가 높을 수밖에 없는 것이라 하겠다. 그런데 견훤에 대한 고려의 처우
는 견훤보다 조금 늦게 입조한 김부에는 미치지 못하고 있다. 이는 신
라와 후백제가 가지고 있는 국가적 전통, 견훤과 김부의 사회적 지위,
후삼국 통일 과정에서의 양국 관계 등 여러 요소가 작용한 결과일 것
이다. 이를 단적으로 보여주는 것이 고려 왕건가와 견훤가는 직접적인
혼인관계가 없다는 점이다. 견훤이 입조한 후 1년만에 세상을 떠나고
그의 아들과 가족들이 많이 죽고 없어진 탓도 있겠지만 왕실 혼인은
이뤄지지 않았다. 비록 견훤의 壻 朴英規의 女와의 혼인이 있기는 하
나 신라 왕실과의 혼인과는 격이 떨어진다.[77]

  다음은 김부에 대한 처우를 살펴보기로 하자. 935년 10월(임술)에 신

---

77) 鄭容淑은 고려와 후백제 왕실 간의 혼인이 이뤄지지 않은 이유를 후백제 병
  합이 신라와 다르게 이뤄진 점, 후백제 왕실의 신분문제에서 찾고 있다. 대신
  박영규와의 혼인이 이뤄진 것은 박영규가 신라 왕실의 혈통과 깊은 연관을
  맺고 있는 것으로 보았다(앞의 책, 1988, 73~75쪽).

라왕 김부가 고려 정부로 들어 오기를 청하자 고려왕은 신라에 사람을 파견하여 신라왕의 요청에 동의하는 뜻을 알렸다. 11월(갑오)에 신라왕이 백관을 거느리고 왕도를 출발하자 고려에서는 사절을 파견하여 그 일행을 위로하였다. 계묘일에 신라왕이 개경으로 들어오자 고려왕이 의장병을 갖추고 교외로 나가서 그를 영접하였으며 태자에게 명령하여 여러 대신들과 함께 그들을 호위하여 柳花宮으로 들어 와 사관을 정하게 하였다. 계축일에 왕이 정전에 나와서 백관을 모아 놓고 의례를 갖추어 왕의 맏딸 낙랑공주를 신라왕의 아내로 삼았다. 이에 김부를 정승으로 임명하여 품위가 태자 이상으로 되게 하고 1년 녹봉을 천 석씩 주었다. 神鸞宮을 지어 주고 그 시종자들을 전부 등록하여 토지와 녹봉을 넉넉히 주었으며 신라국은 폐지하여 경주로 고치고 그 지역을 김부에게 주어 식읍으로 삼게 하였다.[78]

975년(경종 즉위년) 10월에는 政承 金傳의 관작을 높이어 尙父로 하고 그에 관한 조서를 내려 觀光順化衛國功臣上柱國樂浪王政丞食邑八千戶金傳에게 "尙父都省令의 칭호를 첨가하며 推忠順義崇德守節功臣 칭호를 주고 훈봉은 그대로 두고 식읍은 종래의 것과 합하여 1만 호로 할 것이다."라 하였다.[79] 그 뒤 978년 4월 김부가 죽자 그에게 경순이라는 시호를 주었다.[80]

김부에 대한 처우는 대광현과 견훤에 비해 그 내용이 매우 자세하게 나와 있다. 견훤과는 또 다른 예우를 하고 있다는 것을 쉽게 알 수 있는데, 이는 천년 국가 신라 마지막 왕이 국가를 들어 고려에 바치는 입장에서 고려에서 갖출 수 있는 최대한의 예우로 이해된다. 때문에 대광현, 견훤의 처우와 비교한다는 것은 사실 무리가 따르는 부분이다.

---

78) 『高麗史』卷2, 太祖 18年 10月・11月條.
79) 『高麗史』卷2, 景宗 卽位年 10月條.
80) 『高麗史』卷2, 景宗 3年 4月條.

태조 왕건이 의장병을 갖추고 교외로 나가서 그를 영접하는 모습에서
벌써 대광현과는 격이 다르다는 것을 느낄 수 있다. 김부를 정승으로
임명하여 품위가 태자 이상으로 되게 하고 1년 녹봉을 천 석씩 주었으
며 경주지역을 김부에게 주어 식읍으로 삼게 하였다는 것 역시 최상의
예우이다. 특히 왕건이 정전에 나와서 백관을 모아 놓고 의례를 갖추
어 장녀 낙랑공주를 신라왕의 아내로 삼게 하였다는 것은 納土來降者
김부에게 할 수 있는 厚禮의 상징이 아닌가 여겨진다.

　여기서 눈에 띄는 것은 경종대에 와서 다시 김부에 대한 처우가 높
아지고 있다는 점이다. 아마도 태조 왕건의 손자인 경종이 김부의 딸
을 맞아 왕비로 삼은 데서 비롯되었을 것으로 보인다.[81] '觀光順化衛
國功臣上柱國樂浪王政丞食邑八千戶金傅'에서 보듯이 金傅 앞에 붙어
있는 엄청난 수식어를 통해, 그는 고려에 입조한 인물 가운데 최고의
대우를 받았다는 것을 한 눈에 알 수 있다.

　이와 같이 김부에 대한 처우는 발해 세자 대광현의 처우와 비교하면
월등히 높다. 그렇지만 여기에는 그 차이만큼이나 시기의 중요성이 참
작되어야 한다. 즉, 고려의 후삼국 통일 과정의 말미에 고려가 김부에
게 행할 수 있는 최대한의 예우를 통해 신검의 후백제군에게 마지막
승리를 거둘 수 있는 유리한 조건을 갖추고자 하는 면이 있었을 것이
다. 동시에 고려 태조의 민심수습과 통합정책에 신라 왕 김부를 최상
으로 예우함으로써 가장 좋은 효과를 거둘 수 있는 측면이 알게 모르
게 작용하고 있었다고 짐작된다. 따라서 이러한 고려의 의도 하에 고
려 왕실은 신라 왕실과 중첩된 혼인을 맺기도 하였다. 예컨대 김부와
왕건 장녀 낙랑공주와의 혼인, 왕건과 김부의 伯父 김억렴 女와의 혼
인 등이 이를 뒷받침하며, 왕건의 손자 佃(景宗)와 김부 女와의 혼인

---

81)『三國遺事』卷2, 紀異2 金傅大王.

예도 있다. 이러한 왕실 간의 족적 결합의 의미가 호족 출신인 왕건가의 신분 상승을 위한 것이든 국가통합 차원이든 정치적 의도에서 비롯되었다는 것은 분명하다.

이상 현전하는 사료를 바탕으로 3인의 처우를 비교하였다. 고려는 남방의 신라와 후백제, 북방에 있는 발해의 국가적 전통과 왕실의 권위를 통해 명실상부한 국가를 만들기 위해 대표자 3인에 대해 다같이 후하게 대접한 것은 사실이다. 물론 세 나라에 대한 고려의 기본적인 입장은 달랐다. 이는 태조가 "견훤이 부자간에 해치자 토벌하였고, 김부는 군신이 와서 의탁하자 예를 갖추어 그들을 대우하였다. 강한 거란이 동맹국을 침략해 멸망시키자 국교를 단절하였고, 약한 발해가 나라를 잃고 돌아갈 데가 없자 이를 위무하여 받아들였다"[82]는 史臣의 말에서 여실히 드러난다. 일단 개인적인 처우면에서는 김부가 가장 높았으며 그 다음이 견훤이었다. 발해의 세자인 대광현은 이들에 비해 상대적으로 낮았다.

그러나 외관상 김부, 견훤에 비해 대광현에 대한 처우가 낮았다고 하더라도 명분상으로는 최대한의 배려를 했다는 점을 주목해야 한다. 즉, 그에게 왕계라는 성명을 내려주고 종적에 싣게 하였으며 왕실의 제사를 받게 하였던 것이다. 그 외에도 여러 측면이 고려되어야 한다. 먼저 국망의 세자라는 신분은 기본적으로 견훤과 김부에 비해 그 처우면에서 뒤떨어질 수밖에 없었다는 점이다. 그리고 대광현에게 처우가 내려진 934년은 발해가 망한 지 10년의 시간이 다가오는 시점이라는 점도 감안되어야 할 것이다. 즉, 발해의 멸망으로 인한 고려의 충격이 시간의 흐름 속에서 서서히 사라져 가는 시기라는 점이다. 다음은 고려의 입장에서 볼 때 3인의 인물과 그들이 거느린 집단의 활용가

---

82) 『高麗史節要』卷1, 太祖神聖大王 26年條.

치면에서 대광현이 뒤떨어진다고 볼 수 있다. 왕건대에 대광현과 발해 유민을 통한 對거란·북방정책이 매우 중요한 것은 틀림없지만 3인의 처우가 내려진 934~935년대의 최대의 관심은 한반도의 북방보다는 남방에서 어느 나라가 후삼국을 마지막으로 통일하는가 하는 문제였다. 이에 따라 현안과는 멀어진 대광현에 대한 처우는 상대적으로 낮게 나타나는 면이 있었다고 생각된다.

<표 5> 고려 초 入朝王族 비교

주제 \ 국가	발해 : 대광현	신라 : 김부	후 백 제	
			견훤	신검(참조)
입조 연도	태조 8년(年表) 태조 17년 9월(世家)	태조 18년 11월	태조 18년 6월	태조 19년 9월
이름 표기 방식	渤海國世子大光顯	新羅王金傅	後百濟甄萱	逆子神劍
입조 방식	세가	來投	入朝	入朝	來降
	연표	來附	來降納土	來投	(王親討甄萱逆子神劍後百濟亡)
전 거	『고려사』 권2 태조세가·권86 표1 연표	左同	左同	左同

마지막으로 제기할 수 있는 의문은 대광현에 대한 기록이 너무나 소략하다는 점이다. 특히 그가 언제 세상을 떠났는지조차 나와 있지 않다. 고려 태조가 대광현에게 특별한 관심을 가지고 여러 가지 면에서 중요한 거점인 백주를 지키게 했던 사실까지만 나오고 그 뒤의 행적은 전혀 알 길이 없다. 고려 태조대에 그가 지닐 수 있는 사회적 지위와 역할로서 충분히『고려사』열전에도 입전될 수 있었을 것으로 보여지는데 그렇지 않은 점 역시 하나의 의문으로 남는다. 이러한 현상은『고려사』뿐만 아니라, 920~930년대의 중요한 역사적 사실들을 수록할 수

있는 『삼국사기』나 『삼국유사』에서도 마찬가지 현상이다.

제3장 발해 유민의 부흥운동과 고려

대조영이 세웠던 발해는 거란의 침략으로 926년 1월 중순 역사 속으로 사라졌다. 하지만 발해 유민들은 나라가 망한 후 거의 200년에 이르는 동안 復興運動을 지속적으로 전개하였다. 동아시아 정세에 따라 행해지는 발해 유민들의 부흥운동과 한반도 내의 고려는 과연 어떠한 관계를 맺었을까? 이 점을 살펴보는 것도 중요한 의미가 있을 것이다.

발해 유민들의 활동은 다른 어느 나라보다도 길다. 무려 200년이나 된다는 점에서 큰 특징이 있다. 이는 발해 유민들의 끈질긴 저항정신을 엿볼 수 있는 것이지만 활동 시기와 주체가 다르고, 근거지도 다른 경우가 있어 그 각각의 활동은 성격을 달리하고 있다. 특히 兀惹(烏舍國)의 경우는 상당한 세력을 가진 발해 유민의 활동으로 생각되지만 고려와의 관계를 찾을 수 없어 이 글에서는 일단 논지 전개에서 제외하였다.

여기서 부흥운동의 개념을 정리해 둘 필요가 있다. 중국 25史에도 復興이라는 말이 자주 등장하지만 그 뜻을 잘 정리하고 일관되게 사용하는 것은 아닌 듯하다. 다만 『後漢書』(祭遵列傳)에 나오는 "廢而復興 節而復續者也"라는 표현은 좋은 참고가 된다. 復興의 사전적 의미는 "쇠퇴하였던 것이 다시 일어남, 또는 그렇게 되게 함"이다. 남한 학계에서는 발해가 멸망한 뒤 거란의 지배에 대항하여 일어난 발해 유민들

의 여러 저항활동을 일반적으로 부흥운동이라 부르고 있다. 북한의 발
해사 연구를 대표하는 박시형은 부흥운동 대신 국가회복 또는 국토회
복이라는 용어를 사용하였다.[1]

중국에서는 부흥운동이라는 용어를 글의 제목으로 사용하기도 하지
만,[2] 反遼鬪爭,[3] 復國鬪爭・抗遼復國鬪爭[4]이라는 용어가 등장하기도
한다. 적절한 용어의 선택에 대해서는 앞으로 더 많은 검토가 있어야
할 것이다. 가령 부흥운동 대신 운동의 가장 적극적인 부분을 지칭하
는 復興戰爭으로, '다시 일으킨다'의 復興보다는 '되찾는다'는 의미의
興復을 사용할 수도 있기 때문이다.[5] 우리나라 학계에서는 일찍이 이
용범이 光復運動・光復政權이라는 표현을 사용하기도 하였으나,[6] 부
흥운동이라는 말이 일반화돼 있으므로 여기서는 이를 따른다.

문제는 발해 멸망 직후에 있었던 유민의 여러 활동이나 遼・金 시기
유민의 다양한 활동을 국가의 실체가 분명한 定安國, 興遼國, 大渤海
부흥운동과 같은 범주에서 다룰 수 있는가 하는 점이다. 이에 대해서
는 쉽게 단정하기 어려운 측면이 있다. 뚜렷한 목표가 없이 개별적으
로 활동하거나 비국가적일 때 이를 부흥운동으로 간주하기는 어렵기
때문이다. 물론 이들 모두가 유민사라는 큰 틀에 포함되는 것은 틀림
이 없다.

1) 박시형 지음・송기호 해제, 『발해사』, 이론과 실천, 1989, 후편 목차.
2) 趙振績, 「論渤海國遺族의 復興運動」 『中華文化復興月刊』 3-7, 1970.
3) 朱國忱・魏國忠, 『渤海史稿』, 黑龍江省文物出版編輯室, 1984, 目次 ; 魏國忠
   外 共著, 『渤海國史』, 中國社會科學出版社, 2006, 578쪽.
4) 王成國, 「論遼代渤海人」 『博物館硏究』 1987-2, 40쪽 ; 王世蓮, 「渤海遺民與
   金之勃興」 『求是學刊』 1983-4 ;『高句麗 渤海硏究集成』 4, 哈爾濱出版社,
   1994, 288~293쪽.
5) 노중국, 『백제 부흥운동사』, 일조각, 2003, 21쪽.
6) 李龍範, 『中世滿洲・蒙古史의 硏究』, 同和出版公社, 1988, 85쪽・102쪽.

1. 後渤海·定安國

발해 멸망 후 상경용천부 지역 즉, 홀한성에서는 거란에 의해 새로
이 東丹國이 세워졌다. 그런데 유의할 것은 東丹國 건국 직후에 長嶺
府, 安邊府, 鄚頡府, 定理府, 南海府, 鐵州 등지에서 발해 유민들이 거
란에 강력하게 저항하는 사례가 수차례 있었다는 점과,7) 발해 멸망 이
후에도 상당한 기간 동안 동아시아사에서 渤海라는 이름이 계속 등장
하고 있다는 사실이다. 그리하여 학자들은 이전의 渤海와 구분하여 새
로이 이른바 '後渤海'라는 칭호를 사용하고 있다.8) 다만 대조영이 세
운 발해를 후발해와 구별하기 위하여 '大渤海'라고 칭하는 경우가 있
는데 1116년 발해 유민 高永昌이 세운 부흥국가 이름 역시 '大渤海'였
다는 점에 주의할 필요가 있다.

後渤海와 함께 논의되어야 할 나라로서 定安國이 있다. 압록강 일대
에서 상당한 힘을 가지고 수십 년간 이 일대를 차지하였던 것으로 추
정되는 정안국 역시 10세기 동아시아 정세 변화의 한복판에 있었다.
발해 유민이 세운 이 나라를 정확히 이해하는 것도 중요하다.

후발해와 정안국에 대한 연구는 중국이나 남북한에서도 일부의 글
이 나오기는 했으나 주로 일본 학자들에 의해 이루어졌다. 그 가운데
서도 日野開三郎, 和田淸이 대표적이다.9) 그러나 발해사에 늘 따라다

---

7)『遼史』卷2, 太祖本紀 天顯 2年 2月~8月條.

8) 和田淸이 정안국에 대한 글 내에 후발해와의 관계를 언급하면서 사용한 이래
(「定安國について」『東洋學報』6, 說林, 1916 ;『東亞史研究』(滿洲篇), 東洋文
庫, 1955), 日野開三郎에 의해 굳어졌다가(「後渤海の建國」『帝國學士院紀事』
2-3, 1943 ;『日野開三郎東洋史學論集』16, 三一書房, 1990) 지금은 거의 일반
화돼 있다.

9) 후발해와 정안국에 대한 대표적인 글을 소개하면 다음과 같다. 三上次男,「高
麗と定安國」『東方學報』11-1, 1940 ;『高句麗と渤海』, 吉川弘文館, 1990 ; 日
野開三郎,「後渤海の建國」『帝國學士院紀事』2-3, 1943 ;「定安國考(一·二·

154

니는 사료의 한계성은 여기서도 예외가 아니어서 건국 시기, 멸망 시점, 중심지, 건국자, 통치 세력 등 어느 하나의 문제도 쉽게 해결되지 않고 있다.[10] 고고학적 발굴과 연구성과도 거의 없어 문헌기록을 보완해 주지 못하는 실정이다.

여기서 문제를 더욱더 어렵게 만드는 것은 後渤海와 비슷한 시기에 있었던 定安國과 兀惹와의 관계를 어떻게 설정하느냐 하는 것이다. 즉, 후발해와 정안국을 연속선상에서 볼 것인가, 아니면 서로 다른 나라로 보고 이해해야 하는가 하는 점도 중요하지만 후발해와 올야의 경우도 구별할 것인가 아니면 같은 선상에서 다룰 것인가 하는 문제가 있다.[11] 이러한 여러 문제에 대해서는 잘 정리된 글이 있어 참고가 되며,[12] 동시에 후발해 연구에 대한 방향을 잡아주는 역할을 할 것으로 판단된다.

여기서는 관련 사료의 부족에 동반된 지금까지의 다양한 견해를 바

三)」『東洋史學』1・2・3, 1950~1951 ; 앞의 책, 1990 ; 和田清, 「定安國について」『東洋學報』6, 1916 ; 앞의 책, 1955.

10) 李美子, 「<후발해국>의 존재여부에 대하여-사료 검토를 중심으로」『白山學報』67, 2003, <표 1>・<표 2> 참조.

11) 和田清은 압록강 유역에서 후발해에 이어 정안국이 정권 교체에 의해 들어섰으며 後渤海와 兀惹를 구별하고 있다. 대신 이 분야에 대단한 연구성과를 낸 日野開三郞은 後渤海와 兀惹는 중심지가 같고 兀惹史는 後渤海史의 일부라고 하였으며 정안국은 후발해로부터 분리 독립하여 새로이 세워졌다고 하였다. 한편 金渭顯의 아래 글에도 後渤海와 兀惹 관계에 대한 내용이 있어 참고할 만하다. 日野開三郞, 「後渤海の建國」『帝國學士院紀事』2-3, 1943 ; 「定安國考」(一・二・三)『東洋史學』1・2・3, 1950~1951 ; 「兀惹部の發展」(一・二・三・四)『史淵』29~33, 1943~1945 ; 和田清, 「定安國について」『東洋學報』6, 1916 ; 「兀惹考」『東洋學報』38-1, 1955 ; 金渭顯, 「渤海 遺民과 後渤海 및 大渤海國」『高句麗研究』6, 高句麗研究會, 1999.

12) 韓圭哲, 「渤海復興國'後渤海'研究 - 연구동향과 형성과정을 중심으로」『國史館論叢』62, 1995.

탕으로 후발해·정안국과 고려의 관계는 존재했는가? 존재했다면 과
연 어떠하였는가에 초점을 두고 살펴보려고 한다.

1) 후발해의 등장과 소멸

발해의 멸망은 926년 1월 중순이었으며 다음 달 2월에는 東丹國이
세워졌다. 그럼에도 멸망 이후 '渤海使'가 중국에 방물을 바치는 사례
가 다음의 <표 6>(발해 멸망 이후의 對中國 渤海入貢表)에서처럼 여
러 중국 측 기록에 등장하고 있다. 그러므로 발해 멸망 후에도 이전의
발해 이름을 그대로 사용하면서 어느 정도의 국가체제를 구성한 조직
체가 나름대로 활동을 하고 있었던 것으로 볼 수 있다. 다시 말하자면
발해의 상경성이 거란의 침공으로 불타버리고 발해 왕족들이 거란으
로 잡혀갔다고 해도 그 유민들은 발해라는 이름을 그대로 사용하면서
국가의 형태를 가지고 중국과의 외교관계를 유지하고 있었던 것으로
보인다. 다음의 <표 6>은 발해가 멸망한 이후에 발해라는 이름을 가
지고 중국에 조공을 했던 사례를 정리한 것이다.

여기서 먼저 문제가 되는 것은 발해 멸망 몇 개월 후에 등장하는
926년 4월과 7월 기사가 발해 마지막 왕 대인선 시기의 渤海使인지,
아니면 후발해와 관련된 것인가 하는 점이다. 다행히 4월의 大陳林 기
사는 발해 대인선이 보낸 것으로 되어 있어 후발해와는 관련이 없다는
것이 분명하게 드러나고 있다. 문제는 7월 기사이다. 만약 7월의 大昭
佐가 공물을 바친 것이 후발해의 첫 번째 사신이라면 후발해의 등장
시기를 결정할 수 있는 실마리를 제공하므로 이 기사는 세심하게 다룰
필요가 있기 때문이다.

<표 6> 발해 멸망 이후의 對中國 渤海入貢表

연호 중국	연호 거란	연도	월일	내용	출전
천성 원년	천현 원년	926	4월 乙卯	渤海國王大諲譔遣使大陳林等 一百十六人朝貢 進兒口女口各 三人 人蔘昆布白附子及虎皮等	『冊府元龜』972 外臣部 朝貢, 『五代會要』30 渤海, 『五代史記』 6 唐本紀, 『舊五代史』36 明宗紀
천성 원년	천현 원년	926	7월 庚申	渤海使人大昭佐等六人朝貢	『冊府元龜』972, 『五代史記』6, 『舊五代史』36
천성 4년	천현 4년	929	5월	渤海遣使高正詞入朝貢方物	『冊府元龜』972, 『五代會要』30
			7월 乙酉	以渤海國前入朝使高正詞爲太 子洗馬	『冊府元龜』976 外臣部 褒異, 『五代會要』30
장흥 2년	천현 6年	931	12월 辛未	渤海使文成角來朝	『冊府元龜』972, 『五代史記』6, 『五代會要』30
장흥 3년	천현 7년	932	정월 己酉	渤海回鶻吐藩各遣使朝貢	『冊府元龜』 972・976, 『五代會 要』30, 『五代史記』6, 『舊五代 史』43 明宗紀
청태 2년	천현 10년	935	9월 乙卯	渤海遣使臣來	『五代史記』7
청태 2년	천현 10년	935	11월	渤海遣使列周義入朝貢方物	『冊府元龜』972, 『舊五代史』47 末帝紀
청태 2년	천현 10년	935	12월	遣使列周道等入朝貢方物	『五代會要』30

* 日野開三郎, 앞의 책, 1990, 22쪽, 「渤海人入貢表」

발해는 926년 1월 중순에 멸망하였다. 그런데 발해사가 후당에 도착한 것이 7월이다. 그러므로 7월에 사행이 도착하기 위해서는 발해의 수도인 상경에서 수개월 전에 출발해야만 한다. 언제 출발했다는 정확한 기록이 없는 상황에서 보면, 대인선 시기의 어느 시점에 발해에서 사신을 보냈으나 중도에 거란의 발해 침공에 따른 여파로 사행이 순조롭지 못하자 예정보다 상당히 늦게 조공을 바쳤을 가능성도 있다. 아니면 후발해에서 보낸 사신으로도 상정할 수 있다. 기록상 4월조와 달리 대인선이 보낸 사신이라는 사실이 명확히 밝혀져 있지 않고, 후발해의 근거지가 옛 발해의 수도인 상경성 일대가 아니라 중국에 훨씬

가까운 압록강 일대라고 본다면 후자일 가능성도 없지 않다.[13]

다음은 앞의 <표 6> 入貢表 내의 사실 외에 후발해와 관련있는 기록으로 추정되는 것을 연대순으로 정리하면서 설명하고자 한다.

① 후당 청태 3년(936) 2월, 以入朝使南海府都督列周道爲檢校工部尙書 政堂省工部卿烏濟顯試光錄卿. (『五代會要』 卷30, 발해)

② 후주 현덕 원년(954) 7월, 渤海國崔烏斯等三十人歸化. (『五代會要』 卷30, 발해)

③ 송 태평흥국 4년(979) 6월, 庚午 渤海酋帥大鸞河率小校李勳等十六人 部族三百騎與范陽軍民二百餘人皆來降 召見賜錢帛以大鸞河爲 渤海都指揮使. (『續資治通鑑長編』 卷20)

④ 송 태평흥국 6년(981) 7월, 丙申朔 上將大擧伐契丹 遣使賜渤海王詔書 令發兵以應王師. (『續資治通鑑長編』 卷22)

위의 네 가지 사례를 살펴보면 후당에 온 발해의 사신 列周道, 烏濟顯에게 관직을 내렸다는 사실을 알 수 있고, 발해의 崔烏斯, 大鸞河, 李勳 그 외 많은 사람들이 후주나 송에 歸化 또는 來降했다는 내용도 있다. 그리고 송이 거란을 정벌하려고 하니 발해는 이에 응하라는 조서를 내린다는 내용도 있다. 그런데 이들보다 상세한 내용을 담고 있는 것은 다음의 기록이다.

⑤ 송 태평흥국 6년(981)·9년(984), 渤海本高麗之別種 唐高宗平高麗

---

13) 日野開三郎 역시 발해 말왕 대인선이 잡힌 후 출발한 것인지, 아니면 그 이전에 출발했다가 도중의 사정에 의해 몇 개월 후에 도착한 것인지 결론을 내리지 못했으나 후발해에 대한 첫 조공 기사는 천성 4년 高正詞의 기록으로 보고 있다. 日野開三郎, 「後渤海の建國」 『帝國學士院紀事』 2-3, 1943 ; 앞의 책, 1990, 21쪽.

158

徙其人居中國 則天萬歲通天中 契丹攻陷營府 高麗別種大祚榮走保
遼東 睿宗以爲忽汗州都督 封渤海郡王 因自稱渤海國 倂有扶餘 肅
愼等十餘國 歷唐梁後唐朝貢不絶 後唐天成初 爲契丹阿保機攻扶餘
城下之 改扶餘爲東丹府 命其子突欲留兵鎭之 阿保機死 渤海王復攻
扶餘 不能克 歷長興淸泰 遣使朝貢 周顯德初 其酋豪崔烏斯等三十
人來歸 其後隔絶不能通中國 太平興國四年 太宗平晉陽 移兵幽州
其酋帥大鸞河率小校李勛等十六人 部族三百騎來降 以鸞河爲渤海
都指揮使 六年 賜烏舍城浮渝府渤海琰府王詔曰 朕纂紹丕構 奄有四
海 普天之下 罔不率俾 矧太原封域 國之保障 頃因竊據 遂相承襲
倚遼爲援 歷世逋誅 朕前歲親提銳旅 盡護諸將 拔幷門之孤壘 斷匈
奴之右臂 眷言弔伐 以蘇黔黎 蠢玆北戎 非理搆怨 輒肆荐食 犯我封
略 一昨出師逆擊 斬獲甚衆 今欲鼓行深入 席捲長驅 焚其龍庭 大殲
醜類 素聞爾國密邇寇讐 迫於呑幷 力不能制 因而服屬 困於率割 當
靈旗破敵之際 是隣邦雪憤之日 所宜盡出族帳 佐予兵鋒 俟其翦滅
沛然封賞 幽薊土宇 復歸中原 朔漠之外 悉以相與 勗乃協力 朕不食
言 時將大擧征契丹 故降是詔諭旨 九年春 宴大明殿 因召大鸞河慰
撫久之 上謂殿前校劉延翰曰 鸞河渤海豪帥 束身歸我 嘉其忠順 夫
夷落之俗 以馳騁爲樂 候高秋戒候 當與駿馬數十四 令出郊遊獵 以
遂其性 因以緡錢十萬幷酒賜之. (『宋史』卷491, 열전250 외국7 발해)

渤海傳이라고 하지만 실제로는 대조영이 세운 발해에 대한 내용은
앞부분에 조금만 서술돼 있고 대부분의 내용은 발해 멸망 이후의 중
국, 특히 송과의 교섭에 대한 것이다. 그리고 위의 ②~④에 대한 내용
도 포함되어 있는 동시에 새로운 사실도 첨가되어 있다. 그러므로『송
사』발해전이라기보다 後渤海傳이라 해도 과언이 아니다. 그런데 중요
한 것은 高麗別種 大祚榮의 발해 건국→ 발해의 멸망→ 崔烏斯, 大鸞
河의 중국 망명→ 烏舍城浮渝府渤海琰府王에 詔書를 내린 사실이 계
기적으로 설명되어 있다는 점이다. 즉, 멸망 이후에 등장하는 발해 관

련 내용은 멸망 전의 발해와 깊은 관계를 맺고 있음을 암시하고 있다.
따라서 후발해의 존재 가능성을 높여주고 있는 셈이다.

그 외에도 아래처럼 후발해와 관련되는 것으로 보이는 몇 가지 기사
가 더 있으나 내용이 定安國, 兀惹 기타 여러 부족과 섞여 나오고 있어
후발해의 것으로 판단하기에는 어려운 것들도 있다. 특히 ⑩과 ⑪ 기
사는 후발해와 관계가 없는 것으로 보이지만 학자들 중에는 관계있는
것으로 보는 학자도 있어 일단 제시하였다.

⑥ (송 태종) 淳化 2년(991) 12월, 時定安國王子大元因女眞使上表後不
復至 上又以渤海不通朝貢 詔女眞發兵攻之 凡斬一級賜絹五疋爲賞.
(『續資治通鑑長編』 卷32)

⑦ 순화 2년(991), 以渤海國不通朝貢 詔女眞發兵攻之 凡斬一級賜絹五
疋爲賞. (『宋會要』 卷293)

⑧ 통화 13년(995) 7월, 乙巳朔 女眞遣使來貢 丁巳 兀惹烏昭度渤海燕
頗等侵鐵驪. (『遼史』 卷13, 성종본기)

⑨ 통화 21년(1003) 4월, 戊辰 兀惹渤海奧里米越里吉等五部遣使來貢.
(『遼史』 卷14, 성종본기)

⑩ 통화 22년(1004) 7월, 丁亥 兀惹蒲奴里剖阿里越里篤奧里米等部來
貢 · 9月, 丙午 女眞遣使獻所獲烏昭慶妻子. (『遼史』 卷27, 성종본기)

⑪ 천경 4년(1114) 12월, 咸賓祥三州及鐵驪兀惹皆叛入女眞 乙薛往援賓
州 南軍諸將實婁特烈等往援咸州 並爲女直所敗. (『遼史』 卷27, 천조
황제본기)

이상이 이른바 후발해와 직·간접적으로 관련된 기록들이지만 이를
통해 건국·멸망 시기, 왕위계승 관계, 중심지, 정치·군사제도, 영역
에 대한 것을 뚜렷하게 파악할 수는 없다. 그렇지만 對中國 관계, 渤海
使 이름·관직, 姓氏, 중국에서 하사한 벼슬, 외교관계 등은 어느 정도

160

파악할 수 있다.

　여기서 우선 하나의 의문은 후발해가 국가 조직체를 가지고 있었는가 하는 점이다. ⑤의 글 가운데 송나라에서 후발해를 지칭하여 '爾國'이라는 표현을 사용하고 있고, 여러 차례에 걸쳐 계속 중국에 사신을 보내는 동시에 入朝한 사신들이 南海府都督 등의 직책을 가지고 있었으며, 중국에서 발해 사신들에게 여러 벼슬을 주었다는 점에서 보아 국가체제가 형성되어 있었다고 여겨진다. 하지만 중국이나 한국 사서 어디에도 후발해를 지칭하는 정확한 국명을 찾을 수 없는 점에서는 여전히 의문으로 남는다.[14]

　후발해의 건국 시기도 중요한데 東丹國의 遼陽 遷徙(928년)와 對中國 조공사신의 기록 분석을 통해 929년 5월 이전 어느 시기로 보는 것이 옳을 듯하다. 그리고 멸망 시기는, 和田淸은 후발해에 이어 정안국이 들어서면서 후발해는 10여 년 존속했던 것으로 보았고,[15] 日野開三郎은 후발해의 주도세력이었던 兀惹의 성쇠가 후발해의 성쇠와 같다고 보고 올야가 거란에 의해 격파되는 1007년 전후를 멸망시기로 잡았다.[16] 박시형은 ⑪ 기록에 근거하여 1114년으로 보았다.[17]

---

14) 중국의 여러 사서에 등장하는 기록상의 '渤海'(이른바 후발해)가 가지고 있는 의미와 『고려사』 등에 등장하는 발해 유민의 고려 내투자 앞에 항상 붙어 나오는 말인 '渤海'의 의미를 같은 뜻으로 해석할 수 있는가 하는 의문이 있다. 만약 같다고 한다면 후발해의 성립 시기는 멸망 직후가 아니라 멸망 전인 925년이며, 멸망 시기는 1117년이 된다. 그러나 한국 측에 나오는 '渤海'의 의미는 후발해라는 국명을 지칭하는 것이 아니라 '발해계통의 사람' 정도로 해석하는 것이 옳다고 생각된다.

15) 和田淸, 「定安國について」『東洋學報』6, 說林, 1916 ; 앞의 책, 1955.

16) 日野開三郎은 후발해 건국 시기는 대체로 929년 전반경이고, 멸망 시기는 통화 25년 1007년 전후까지로 보아 무릇 70~80년 지속되었다고 추측하고 있다. 日野開三郎, 「定安國考(一)」『東洋史學』1, 1950 ; 앞의 책, 1990, 232쪽.

17) 박시형 지음·송기호 해제, 『발해사』, 이론과실천, 1989, 289쪽.

日野開三郎은 후발해의 중심지에 대해 옛 상경용천부와 압록강 일
대의 두 군데였던 바, 전자의 지역에 대인선의 아우(王弟)가 있었고 후
자 지역에 대인선의 세자 대광현 세력이 있었는데, 상경용천부가 중심
지라 하였다.18) 반면 和田清은 압록강 유역에서 大氏의 후발해와 列
(烈)氏의 정안국이 계속 있었다고 하였다.19) 한규철은 발해의 옛 수도
홀한성으로, 박시형은 부여부 인근으로 보았다.20) 김위현은 후발해의
칭왕시기는 926년 8월이고 중심지는 압록부이며 소멸 시기는 발해 세
자 대광현이 고려로 내투한 934년으로 보고 있다.21)

이렇듯 후발해의 여러 문제에 대해서는 다양한 견해가 제기되었
다.22) 결국 단정하기는 어렵지만 건국 시기는 929년 5월 직전, 중심지
는 압록강 일대, 건국 세력은 처음에는 어느 大氏였다가 차츰 바뀌어
갔던 것으로 보이며, 소멸 시기는 발해라는 이름이 마지막으로 등장하
는 1003년경으로 생각된다.

2) 정안국의 건국과 멸망

앞에서 살펴보았듯이 후발해는 독립된 국가로서의 실체 파악에 상
당한 어려움이 있다. 그러나 정안국의 경우는 아래 기록처럼 『송사』(권
491, 정안국전)에 입전돼 있어 국명, 국가의 성격, 왕명, 정치세력의 변
화, 송과의 관계에서 일부 분명하게 알 수 있는 내용이 있다. 정안국에

18) 日野開三郎, 「後渤海の建國」『帝國學士院紀事』 2-3, 1943 ; 앞의 책, 1990.
19) 和田清, 「定安國について」『東洋學報』 6, 說林, 1916 ; 앞의 책, 1955.
20) 한규철, 「발해 유민의 부흥운동」『한국사』 10, 국사편찬위원회, 1996, 87쪽 ;
    박시형 지음·송기호 해제, 앞의 책, 1989, 286쪽.
21) 金渭顯, 앞의 글, 1998.
22) 韓圭哲, 「渤海復興國 '後渤海'硏究 - 연구동향과 형성과정을 중심으로」『國史
    館論叢』 62, 1995 ; 李美子, 「<후발해국>의 존재여부에 대하여 - 사료 검토를
    중심으로」『白山學報』 67, 2003.

대한 가장 대표적인 기록은 다음과 같다.

① 宋 개보 3년~순화 2년(970~991), 定安國本馬韓之種 爲契丹所攻破 其酋帥糾合餘衆 保于西鄙 建國改元 自稱定安國 開寶三年 其國王 烈萬華因女眞遺使入貢 乃附表貢獻方物 太平興國中 太宗方經營遠 略 討擊契丹 因降詔其國 令張掎角之勢 其國亦怨寇讐侵侮不已 聞 中國用兵北討 欲依王師攄宿憤 得詔大喜 六年冬 會女眞遺使來貢 路由本國 乃托其使附表來上云 定安國王臣烏玄明言 伏遇聖主洽天 地之恩 撫夷貊之俗 臣玄明誠喜誠抃 頓首頓首 臣本以高麗舊壤 渤 海遺黎 保據方隅 涉歷星紀 仰覆露鴻鈞之德 被浸漬無外之澤 各得 其所 以遂本性 而頃歲契丹 恃其强暴 入寇境土 攻破城砦 俘略人民 臣祖考守節不降 與衆避地 僅存生聚 以迄于今 而又扶餘府昨背契丹 並歸本國 災禍將至 無大於此 所宜受天朝之密畫 率勝兵而助討 必 欲報敵 不敢違命 臣玄明誠懇誠願 頓首頓首 其末題云 元興六年十 月日 定安國王臣玄明表上聖皇帝前 上答以詔書曰 勑定安國王烏玄 明 女眞使至 得所上表 以眹嘗賜手詔諭旨 且陳感激 卿遠國豪帥 名 王茂緒 奄有馬韓之地 介于鯨海之表 彊敵倂吞 失其故土 沈冤未報 積憤奚伸 矧彼獯戎 尚搖蠆毒 出師以薄伐 乘夫天災之流行 敗衂相 尋 滅亡可待 今國家已于邊郡廣屯重兵 只俟嚴冬 卽申天討 卿若能 追念累世之恥 宿戒擧國之師 當予伐罪之秋 展爾復仇之志 朔漠底定 爵賞有加 宜思永圖 無失良便 而沆渤海願歸於朝化 扶餘已背於賊庭 勵乃宿心 糾其協力 克期同舉 必集大勳 尚阻重溟 未遑遣使 倚注之 切 鑒寐寧忘 以詔付女眞使 令齎以賜之 端拱二年 其王子因女眞使 附獻馬雕羽鳴鏑 淳化二年 其王子太元因女眞使上表 其後不復至. (『宋 史』卷491, 열전250 외국7 정안국)

대부분의 내용이 정안국과 중국의 교섭에 대한 것이어서 정안국을 체계적으로 파악하는 데는 어려움이 있다. 그러나 몇 가지 주목할 만한 사실도 담겨져 있다. 먼저 '정안국이 본래 馬韓의 종족'(定安國本馬韓之種)이라는 말은 어디에서 연유한 것인지는 몰라도 적절한 표현은 아니다.[23] 종족, 지역적인 면에서 정안국이 삼한 가운데 마한을 지칭할 수 있는 근거는 없기 때문이다. 다만 "정안국이 발해국의 遺裔가 건국한 것이기에 고구려에 馬韓族이라는 雅名을 썼을 뿐이며, 三韓의 馬韓을 지칭한 것은 아니다"[24]라는 해석을 받아들인다면 어느 정도 이해가 가능하다.

정안국의 왕이 처음에는 烈萬華였다가 나중에는 烏玄明(또는 烏元明)[25]으로 바뀌어 등장하고 있는 점도 주목된다. 어느 시기에 烈氏에서 烏氏로의 정권교체가 이루어졌다는 의미가 되기 때문이다.[26] 그런데 991년 정안국 왕자의 이름이 太元(大元)[27]으로 되어 있는 것은 정권이 다시 대씨로 바뀌어졌다는 의미로 해석할 수 있다. 정안국 내에서 정치세력의 변화를 읽을 수 있는 부분이다.

그러나 여기서 무엇보다 중요한 사실은 왕 烏玄明이 송에 글을 올리면서 "臣은 본래 고구려 옛 땅인 渤海의 遺黎로서, 한구석에 웅거하여 세월을 보냈다"고 밝히고 있는 점이다. 이것은 정안국의 성격을 그대

---

23) '馬韓이 곧 高句麗'라는 말은 『三國史記』(卷46, 崔致遠傳)의 「上太師侍中狀」에도 등장하고 있다. "故其文集有上太使侍中狀云 伏聞東海之外有三國 其名馬韓弁韓辰韓 馬韓則高(句)麗 弁韓則百濟 辰韓則新羅也".

24) 和田淸, 「定安國について」『東亞史硏究』(滿洲篇), 東洋文庫, 1955, 163쪽 ; 國史編纂委員會 編, 『中國正史朝鮮傳 譯註 三』, 1989, 209쪽.

25) 『文獻通考』(卷327, 四裔考4 定安國)에도 『宋史』와 거의 똑같은 분량의 내용이 실려있으나 정안국의 왕명이 烏玄明 대신 烏元明이라 되어 있다.

26) 洪皓의 『松漠紀聞』(卷上, 渤海)에 의하면 烏씨는 발해 사회에서 지배층에 해당하는 右姓이었고 烈씨는 庶姓이었다.

27) 『文獻通考』(卷327, 四裔考4 定安國)나 『續資治通鑑長編』(卷32)에는 大元이라되어 있다. 어느 기록의 오류없이 같이 사용했다면 大氏가 太氏로 처음 나타나는 시기가 고려였으나 고려 외에 발해 유민이 세운 정안국에서는 이보다앞서 太氏가 같이 사용됐다는 의미가 된다.

로 나타내는 것이다. 바로 발해 유민이 세운 부흥운동 국가의 하나였음을 입증한다고 하겠다. 다시 말해 고구려－발해－정안국이라는 계승의식을 분명하게 보여주는 셈이다. 그러한 측면에서 볼 때 정안국은 비록 소국이지만 발해 유민사, 더 나아가 한국사 전체의 흐름에서도 그 위치를 확실히 차지할 수 있다.

그리고 정안국이 元興이라는 독자의 연호를 사용하고 있는 것도 중요한 사실이다. 발해는 거의 전 기간에 걸쳐 독자적인 연호를 사용했던 국가이다. 발해 유민들이 세운 정안국도 연호를 사용하고 있는 것은 옛 발해의 전통을 따랐을 가능성이 없지 않다.[28] 정안국은 발해 유민이 세웠다고 국왕이 표명했으므로 유민들은 멸망 전 발해의 다양한 전통을 알고 있던 상황에서 새로운 부흥 국가가 세워지자 연호 사용의 전통을 계승했던 것으로 보여진다.

한편 10세기라는 동아시아의 복잡한 국제정세하에서 정안국이 송과 지속적으로 외교관계를 맺으면서 거란에 공동으로 대처하려 했던 점도 소홀히 할 수 없는 부분이다.

정안국에 대해서는 아래와 같은 기록도 있다. 대개는 ①의 定安國傳 내용과 중복되고 자세하지도 않지만 참고로 이를 제시해 본다.

② 宋 개보 3년(970) 9월, 丙辰 女眞國遣使齎定安國王列萬華表 獻方物. (『宋史』 卷2, 태조본기)

송 개보 3년(970) 9월, 丙辰 登州言 女眞國遣使入朝 定安國王烈萬華附表貢方物 定安 國本馬韓之種 爲契丹所攻破 其首帥紏合餘衆 保於西鄙 自稱定安國公. (『續資治通鑑長編』 卷11, 태조)

③ 송 태평흥국 6년(981) 2월 甲辰, 先是 上將討擊契丹 乃以詔書賜定安國王 令張掎角之勢 其王烏元明亦怨契丹侵侮不已……元興六年

---

28) 和田淸, 앞의 글, 1955, 162~163쪽.

十月 上復優詔答之 仍付女眞使者令齎以賜焉. (『續資治通鑑長編』
卷32)

④ 송 태종 순화 2년(991) 12월, 時定安國王子大元因女眞使上表後不復
至 上又以渤海不通朝貢 詔女眞發兵攻之 凡斬一級賜絹五疋爲賞. (『續
資治通鑑長編』卷32)

⑤ 고려 현종 9년(1018) 정월, 丙申 定安國人骨須來犇. (『高麗史』卷4)

이상 ①~⑤의 기록을 종합하면 건국 시기는 970년 이전으로 설정
할 수 있다. 즉, 개보 3년(970)에 처음으로 정안국의 왕인 烈萬華가 여
진 사신을 통해 송에 표와 방물을 바치고 있는 데서 추론하면 그러하
다. 970년 이전이라 하더라도 발해 멸망 후 오래지 않아 성립되었다는
견해와,[29] 3000여 호를 거느리고 고려에 내투한 朴昇의 기사에 주목하
여 938년으로 보려는 견해가 있다.[30]

멸망 시기는 985년 거란 성종의 여진 정벌 무렵에 정안국도 같이 멸
망되었을 것으로 보는 것이 일반적이다.[31] 그렇지만 ①의 『송사』 정안
국전 말미에 왕자 태원이 여진사에 부탁해 마지막으로 表를 올린 것이
991년이고, ⑤의 『고려사』의 정안국인 骨須가 고려에 내투한 것은
1018년이다. 어느 기록을 따르는가에 따라 길게는 30년이 넘는 시차가
발생하지만, 아마도 991년이 옳은 것 같다.

정안국의 중심지 역시 중요한 문제이지만 견해가 일치하지 않고 있
다.[32] 그런데 고구려 옛 땅의 西鄙를 차지하였다는 점, 당시 거란 세력

---

29) 박시형 지음·송기호 해제, 『발해사』, 이론과실천, 1989, 281쪽.

30) 日野開三郎, 「定安國考」(一·二·三) 『東洋史學』 1·2·3, 1950~1951 ; 앞의
책, 1990, 268쪽.

31) 日野開三郎, 「統和初期に於ける契丹聖宗の東方經略と九年の鴨綠江口築城」 『朝鮮
學報』 20·21合, 1961 ; 앞의 책, 1990.

32) 日野開三郎은 서경압록부 즉, 오늘날의 臨江縣이라 하였으며, 박시형은 오늘
날의 하얼빈 부근 지역이라 하였다. 日野開三郎, 「定安國考」(一·二·三) 『東

의 위치, 정안국을 지나는 여진 사신편에 방물을 바친다는 점에 미뤄 압록강 일대일 가능성이 높다. 압록강 일대라 하더라도 발해의 멸망으로 요동반도는 거란이 차지하고 있고, 거란의 사신이 태조 이래 계속해서 한반도로 내왕하고 있는 점, 고려 서북방에는 여진세력이 상당한 힘을 가지고 할거하고 있는 상황에서 보면 비록 고고학적인 근거가 약하다고 해도 압록강 중·상류지역으로 비정된다.

3) 후발해·정안국과 고려의 관계

발해 유민이 세운 이 두 나라와 한반도 내의 고려는 과연 어떤 관계를 맺고 있었을까? 이 점을 밝히는 것도 의미가 있을 것이다. 후발해와 정안국이 중국의 오대 시기나 송나라 시기에 국제관계를 긴밀하게 맺고 거란에 공동으로 대처했다는 것은 위의 여러 사료를 통해 분명하게 알 수 있다. 그런데 이 두 나라와 고려가 특정한 관계를 맺었다는 것이 분명하게 드러나는 사례는 1018년 정안국인 骨須가 고려에 내투했다는 사실 하나뿐이다.[33]

그러나 앞에서 제시한 여러 설을 종합할 때, 후발해와 정안국의 건국과 소멸 시기를 설정하면 고려와의 관계를 맺을 수 있는 시간 범위가 대략 80년가량 되고 있다. 영역을 서로 맞대고 있는 상황에서 100년 가까운 시간 동안 단 한 차례의 관계, 그것도 한 사람의 망명 기사만이 존재한다는 것은 쉽게 이해할 수 없다. 물론 두 나라가 고려와 적극적인 관계를 맺지 않았을 가능성도 있겠으나 『고려사』의 현종 이전 기록이 매우 소략한 데서 가장 큰 원인을 찾을 수 있다고 본다. 때문에 직

洋史學』 1·2·3, 1950~1951 ; 앞의 책, 1990, 272쪽 ; 박시형 지음·송기호 해제, 『발해사』, 이론과실천, 1989, 281쪽.
33) 『高麗史』 卷4, 顯宗 9年 正月, "丙申 定安國人骨須來犇".

접적이지는 않지만 『고려사』에 남아있는 몇 가지 사실을 통해 그 관계
의 실마리를 조금이나마 풀 수 있을 것으로 기대된다.

<표 7> 발해 유민의 고려 내투(920년대~1018년)

번호	年月	중심 내용	분류
1	태조8년, 925년 9월	丙申에 발해 장군 申德 등 오백 인이 내투하다	발해 멸망 전후 발해인·발해 유민의 고려 내투
2	태조8년, 925년 9월	庚子에 발해의 大和鈞 등이 내투하다. 발해 일반에 대한 설명	
3	태조8년, 925년 12월	발해의 左首衛小將 冒豆干, 檢校 開國男 朴漁 등이 내투하다	
4	태조10년, 927년 3월	발해 工部卿 吳興과, 僧 載雄 등이 내투하다	
5	태조11년, 928년 3월	발해인 金神 등이 내투하다	
6	태조11년, 928년 7월	발해인 大儒範 등이 내투하다	
7	태조11년, 928년 9월	발해인 隱繼宗 등이 내부하다	
8	태조12년, 929년 6월	발해인 洪見 등이 배 이십 척으로 人物을 싣고 내부하다	
9	태조12년, 929년 9월	발해의 正近 등이 내투하다	
10	태조17년, 934년 7월	발해 세자 大光顯이 수만을 이끌고 내투하다	
11	태조17년, 934년12월	발해의 陳林 등 160인이 내부하다	
12	태조21년, 938년	발해인 朴昇 등이 내투하다	
13	경종4년, 979년	이 해에 발해인 數萬이 내투하다	후발해
14	현종9년, 1018년 1월	定安國人 骨須가 來奔하다	정안국

*『고려사』 세가에 근거

먼저 고려할 수 있는 것은 위의 <표 7>에서 나오는 것처럼 920년대
에서 11세기 초반까지 발해 유민의 고려 내투 사례와의 관련성이다.
발해가 멸망하기 전의 925년대의 내투 사례는 문제가 되지 않는다. 멸
망 전에 후발해와 정안국이 세워졌을 가능성은 희박하기 때문이다.
927년 이후부터의 사례가 해당이 되는데 문제는 사례별로 후발해, 정
안국과 관련지을 수 있는가 하는 점이다. 만약 후발해가 10여 년 정도
있다가 정안국으로 전환되었다면 930년대 후반 이후의 사례는 정안국
과 관련되었을 가능성이 높다. 하지만 후발해는 홀한성에서, 정안국은

압록강 일대에서 서로 비슷한 시기에 세워져 1000년대를 전후하여 비슷한 시기에 소멸했다면 骨須의 내투 사례를 제외하고는 후발해와 정안국을 분리해 고려와 연결시킨다는 것은 사실상 불가능하다.

먼저 주의를 끄는 것은 발해인 洪見 등이 배 이십 척으로 人物을 싣고 내부했다는 기사이다. 배 한 척에 20명의 사람이 탔다고 해도 400명에 이른다. 배의 건조와 전체 숫자를 생각한다면 단정하기는 어려워도 후발해와 정안국의 정치적 동향과 서로 연계된 것이 아닌가 여겨진다. 이보다 더 주의 깊게 살펴볼 필요가 있는 것은 <표 7>내의 10~14 사례이다. 먼저 발해 세자 대광현이 수만의 무리를 이끌고 고려로 내투하자 王繼라 하사하고 附之宗籍했다는 사례이다. 그런데 이미 앞에서 살펴보았듯이 사서마다 대광현의 내투 시기가 다르다. 만약 『고려사』 연표나 『고려사절요』, 『동국통감』 등의 기록을 따르면 대광현은 발해의 마지막 왕 대인선의 세자가 분명한 동시에 나라가 멸망하는 그 무렵에 내투한 것이 된다. 반면에 『고려사』 세가의 기록을 따르면 그는 나라가 망한 후 8년을 지나 내투하기 때문에 그 세자의 의미가 대인선의 세자를 의미할 수 있으나 후발해나 정안국의 세자일 가능성도 배제할 수 없다.[34] 그리고 934년 12월의 陳林은 앞의 <표 6>에서 발해왕 대인선이 926년 중국에 사신으로 보낸 大陳林과 동일 인물일 가능성도 있다.[35] 동일인이라면 그가 8년 뒤에 고려로 내투하고 있는 것은 이채롭다.

---

34) 정약용은 『我邦疆域考』(卷5 渤海續考)에서 대광현을 혹 발해 유민이 세운 나라의 세자일 가능성을 제기하였다.

35) 여기의 陳林이 大陳林과 동일인이라면 그가 926년에서 934년 사이 8년 동안 어디에서 무엇을 했는지가 궁금하다. 日野開三郎은 중국에 入使中 나라의 멸망을 만나 後渤海와 다른 집단인 鴨淥府의 大光顯 집단에서 벼슬을 하다가 세자가 고려로 망명하자 그도 從行한 것으로 보았다. 日野開三郎, 앞의 책, 1990, 252쪽.

938년 박승이 3000여 인을 이끌고 고려로 넘어온 사실, 979년 경종 대에 발해인 수만이 내투했다는 사실도 중요하다.[36] 특히 경종대 즉, 979년은 동아시아사 전체에서 볼 때 수만의 인구가 고려로 내투할 만 한 사건이 없었다. 때문에 이러한 것은 고려 북방의 후발해·정안국 내부의 세력 교체나 내분에 밀려난 세력의 대규모 이동으로 해석하는 것도 큰 문제가 없을 것이다.[37]

한편 후발해, 정안국과 고려의 관계는 고려 초 이뤄지는 築城과도 서로 연결시켜 이해할 필요가 있다. 고려는 태조 이래 西北境에 많은 성을 축조하였다. 고려는 건국 후 980년대까지 대동강 이북 지대에 50 개의 성을 새로 쌓았거나 증축, 보수하였다. 같은 시기에 동북부 지방 과 개경 이남에 쌓은 것이 불과 15개였다는 사실은, 당시 고려가 서북 지방을 장악하는 데 얼마나 큰 의의를 부여하고 있었는가를 그대로 보 여 주는 것이다.[38] 이러한 성의 축조는 기본적으로 북방에서 강력하게 성장하고 있는 거란을 크게 의식한 데서 나온 것이었다.

하지만 거란과 고려 사이에 존재하는 여진 부족과 상당한 세력을 확 보하고 있는 후발해, 정안국까지 의식하여 나온 결과일 수도 있다. 특 히 이때 축조된 城鎭 중에는 정안국이 있던 압록강 상·중류지역에 이 르는 교통로상, 군사상의 요충지에 설치된 것도 상당수 있는데, 이는 정안국과 고려가 친선이든 적대적이든 양국 사이에 깊은 관계가 있었

---

36) 938년부터 979년 사이의 40년 간 발해 유민의 내투 사례가 없던 점에 비춰 압 록강 일대의 후발해나 정안국이 정치적으로 안정을 찾고 있었을 가능성이 있 다. 李龍範, 「高麗와 渤海」 『韓國史』 4, 국사편찬위원회, 1974.

37) 발해 유민들의 고려 내투에서 정안국을 제외하고 발해, 후발해, 대발해 관련 기록들이 모두 발해로만 명기되어 있으므로 발해와 후발해의 사실을 분리해 낸다는 것은 매우 어렵다. 이런 측면에서 고려 초 발해 유민의 고려 내투에 대해 후발해, 정안국에서 내투했을 것으로 추정되는 사례를 세밀히 분석한 韓圭哲의 글은(「渤海遺民의 高麗投化」 『釜山史學』 33, 1997) 매우 주목된다.

38) 사회과학원 력사연구소, 『조선전사』 6, 1979, 34~37쪽.

170

음을 말해주는 것이다.39) 한편 고려 북방에 있던 후발해와 정안국 세력으로 인해 고려의 북진정책이 방해가 되었을 가능성을 상정할 수 있으나,40) 『고려사』 등에는 그러한 사실을 전하는 어떠한 기록도 남아있지 않다.

고려의 10세기는 태조에서 성종에 이르는 시기로서 거란이 본격적으로 침략하기 전의 北境은 청천강이었다. 이 시기에 발해의 옛 서경 압록부 지역에 세워진 정안국과 고구려를 계승했다는 고려가 수십 년 동안 骨須의 내투 외에 다른 관계를 맺지 않았다는 것은 의문스러운 일이다. 특히 바다 멀리 중국 송에까지 사신을 보내 국제관계를 형성했던 정안국이 바로 남쪽의 고려와 교섭을 갖지 않았다는 것은 이해할 수 없다. 그러므로 사료에 나오지 않는 것보다는 훨씬 더 많은 관계를 가지고 있었다고 생각된다.41)

다음에 후발해와 정안국의 존재는 고려 초기의 對거란 정책에도 영향을 주었던 것으로 짐작된다. 고려와 거란과의 관계에 대해서는 거란의 세 차례에 걸친 침략과 이에 대한 고려의 항쟁에 초점이 맞춰져 있다. 그러나 양국 간의 교섭은 태조대부터 진행되어 처음에는 비교적 우호적인 관계에서 출발하였다. 그러나 926년 거란에 의한 발해의 멸망은 양국 관계에 심각한 변화의 계기가 되었으며,42) 942년 이른바 만

39) 三上次男, 「高麗と定安國」 『東方學報』 11-1, 1940 ; 앞의 책, 1990, 260쪽. 특히 三上次男은 경종 4년(979)의 城淸塞鎭의 설치가 같은 해에 있었던 발해인 數萬人의 고려 내투와 직접적으로 관련있는 것으로까지 해석하고 있다.

40) 日野開三郎, 「定安國考」(一・二・三) 『東洋史學』 1・2・3, 1950~1951 ; 앞의 책, 1990, 292쪽.

41) 정안국인 骨須가 고려에 망명한 것은 정안국의 對契丹 항쟁에서 고려와 일정한 관계를 가지려는 의도에서 비롯됐다는 추측도 있다. 박시형 지음・송기호 해제, 앞의 책, 1989, 285쪽.

42) 韓圭哲, 『渤海의 對外關係史』, 신서원, 1994, 222쪽 ; 서성호, 「고려 태조대 대(對)거란 정책의 추이와 성격」 『역사와 현실』 34, 1999, 27쪽.

부교 사건으로 적대적인 관계를 취하게 되면서 그 이후 커다란 전쟁을 치르는 상황으로까지 나아갔다. 그런데 고려와 거란 관계를 다루면서 결코 소홀히 할 수 없는 부분이 있다. 즉, 두 나라 사이에 산재하였던 여진뿐만 아니라, 발해 멸망 후 압록강 일대에 있었던 발해 유민의 정안국과 특정 지역을 거론하기는 힘들지만 후발해의 존재도 양국 관계를 설명하는 데는 결코 간과해서는 안 된다는 점이다.

이들 후발해·정안국과 고려는 거란의 침입에 대응해야 하는 공통의 과제를 안고 있었고, 양 세력 모두 여진족을 비롯한 제 종족에 대해 일정한 영향력을 가지고 있었다. 그러나 10세기 말에서 11세기 초 정안국을 비롯한 발해 유민의 국가가 멸망한 이후 압록강에서 두만강에 걸친 지역은 힘의 공백 상태에 놓이게 되고 비슷한 시기에 고려와 거란은 세 차례에 걸친 큰 전쟁을 벌이게 된다.[43] 결국 발해 유민 세력의 붕괴는 고려와 거란의 전쟁에도 일정한 영향 미쳤을 것으로 짐작된다.

이어서 후발해와 정안국의 존재가 고려의 군사·외교·무역에는 어떻게 작용했을까 하는 점이다. 다음과 같은 측면에서 해석이 가능하다. 먼저 후발해와 정안국의 존재는 고려에게 있어 거란의 남하를 중간에서 차단해 줄 수 있는 위치에 있었다.[44] 동시에 발해 유민들의 세력이 상당한 힘을 가지고 존재하고 있었기 때문에 고려는 만부교 사건과 같은 극단적인 對거란 강경책을 취할 수 있는 자신감을 가지게 되었다.[45] 다음으로 고려는 후발해나 정안국인들로 추정되는 많은 발해 유

---

43) 추명엽, 「고려전기 '蕃' 인식과 '동·서번'의 형성」『역사와 현실』43, 2002, 34쪽.
44) 한편 고려 북방에 있던 후발해와 정안국 세력으로 인해 고려의 북진정책이 방해가 되었을 가능성을 제기할 수 있으나(日野開三郎, 앞의 책, 1990, 292쪽) 『高麗史』등에는 그러한 사실을 전하는 어떠한 기록도 없다.
45) 김소영, 「고려 태조대 대거란정책의 전개와 그 성격」『白山學報』58, 2001, 103쪽.

민들을 아무 문제없이 모두 수용하고 있었다. 이는 고려가 이들 나라들과 대립적인 외교를 펼치지 않았다는 것을 말해준다. 대립적 관계를 형성하고 있었다면 수만 명에 이르는 이들 유민들을 쉽게 수용하지는 않았을 것이다.

결국 후발해와 정안국의 부흥운동은 발해 멸망 이후에도 유민들이 여전히 만주를 무대로 하여 상당한 활동을 전개했음을 보여주는 것이다. 나아가 후발해와 정안국은 남쪽의 고려와도 긴밀한 관계를 맺고 있었으며, 대립보다는 친선관계를 통해 공존을 모색하였다고 할 수 있다.

2. 大延琳의 興遼國

발해 유민들은 11세기 초 요동을 중심으로 흥료국(1029~1030)이라는 이름 아래 부흥운동을 전개하였다. 『요사』나 『고려사』에는 다른 부흥운동 기사보다 흥료국에 관한 기사가 상대적으로 많은 편인데, 흥료국을 중심으로 발해 유민과 고려의 관계를 살펴보는 것도 중요한 역사적 사실을 발견할 수 있을 것으로 생각되어 이를 살펴보고자 한다.

그렇게 함으로써 발해 유민들이 세운 흥료국은 군사적 구원 요청을 왜 고려에 하게 되었는가 하는 점과, 여기에 대응하는 당시 고려 외교 정책의 일면이 밝혀지리라 본다. 그리고 11세기의 동아시아 국제 질서 속에서 차지하는 흥료국의 국제적 위상을 파악할 수 있을 것으로 기대된다. 이러한 가운데 발해사를 이은 발해 유민사가 전체 한국사에 어떻게 자리잡게 되는지 자연스럽게 드러나게 될 것이다.

1) 흥료국의 성립

　발해 유민들이 중심이 된 흥료국은 거란제국의 황금기라 할 수 있는
遼 聖宗 9년(1029)에 東京遼陽府 대장군 大延琳에 의해 건국되었다.
　『요사』에 의하면 1029년 8월 己丑에 東京舍利軍詳穩 대연림이 거란
의 동경유수 부마도위 蕭孝先 및 南陽公主를 가두고 호부사 韓紹勳,
호부부사 王嘉, 사첩군도지휘사 蕭頗得 등을 살해한 다음 마침내 僭位
하고 국호를 興遼, 연호를 天慶으로 삼았다고 하였다.[46]
　『요사』의 기록으로는 부흥운동 주도자 대연림이 어떠한 인물인지,
흥료국이 발해와 어떠한 관계를 지닌 국가인지를 파악할 수 없다. 그
런데 『高麗史』에는 1029년 9월 무오에 거란의 동경장군 대연림이 대부
승 高吉得을 보내어 건국을 알리고 아울러 구원을 요청하였으며, 대연
림은 발해 시조 대조영의 7대손으로 거란에 叛하여 국호를 흥료라 하
고 연호는 천흥이라 하였다는 기록이 있다.[47]
　두 사서의 기록을 비교할 때 먼저 눈에 띄는 부분은 대연림이 가지
고 있는 직책의 차이다. '東京舍利軍詳穩 大延琳'과 '契丹東京將軍 大
延琳'이라 되어 있는 부분의 차이로서, 전자는 거란식 표현으로 보이
며 후자는 고려식 표현이라 생각된다. 여하튼 대연림이 거란의 동경과
관련되어 있는 점은 확실하며 상당한 지위를 가지고 있었던 것도 분명
하다. 그리고 『요사』에는 8월 己丑에, 『고려사』에는 9월 戊午에 흥료
국이 건국되었다고 하여 한달 가량의 시차를 보이고 있으나 이는 고길
득이 고려로 오는데 걸리는 시간적인 문제와 관련이 있을 것이다.
　여기서 중요한 것은 『고려사』의 기록을 따른다면 대연림이 발해 왕
실의 후손이라는 점이다. 고려 측에서 이러한 사실을 어떻게 알게 되
었는가는 분명하지 않으나 아마도 흥료국에서 고려에 구원을 요청하
러 온 사신들을 통해 알게 되었을 것으로 생각된다. 대연림이 대조영

46)『遼史』卷17, 聖宗本紀 9年 8月 己丑.
47)『高麗史』卷5, 顯宗世家 20年 9月 戊午.

174

의 7대손이라면 홍료국은 비록 발해 멸망 후 103년이 지났다 하더라도
과거 발해 왕조의 부흥을 꾀했던 것으로 볼 수 있다. 이 점은 고려에
구원 요청을 하러 온 고길득을 통해 보더라도 간접적으로 알 수 있다.
즉, 高氏는 고구려 왕족이었으며 발해에 들어와서도 발해 사회에서 지
배계층을 이루던 右姓이었다.

따라서 부흥운동의 주도자는 발해 왕실의 후예인 대씨이고, 중요한
역할을 맡으면서 고려에 온 사신은 고구려 왕족의 후예인 고씨였다는
점으로 미루어 보아 홍료국이 어떤 성격을 지닌 국가인가는 대충 알
수 있다. 이는 나중에 홍료국이 거란에 의해 완전히 진압될 무렵 '발해
가 평정되었다'[48]고 표현한 『요사』의 기록으로도 파악이 가능하다. 동
시에 '발해가 평정되었다'고 하는 말을 통해 그 당시 홍료국은 내부적
으로 발해라는 국호도 같이 사용했던 것으로 짐작된다. 그러나 거란
지배하에 일어난 부흥운동이었으므로 대외적으로는 홍료국을 칭했을
가능성이 크다. 즉, 국호에 遼라는 이름을 넣어 遼에 대한 적대감을 완
화시키면서 발해 부흥운동이라는 의미를 감추고자 하는 의도가 있었
다고 본다. 이러한 면은 발해가 일본과의 교섭에서는 고구려 계승국이
란 점을 분명히 표방하였으나 당나라와의 교섭에서는 외교적 실리상
그러한 면을 나타내지 않은 점에서 이해가 될 수 있다.[49]

어쨌든 『요사』의 '발해가 평정되었다'는 표현을 통해, 거란은 홍료
국을 이전의 발해와 관련된 국가 내지 발해 부흥국으로 인식하고 있었
음을 알 수 있다. 또한 이것은 홍료국 스스로도 발해 부흥국을 자처하
고 있었으며, 여기에 참여한 발해 유민들도 앞의 왕조인 발해와 홍료

48) 『遼史』卷17, 聖宗本紀 10年, "八月丙午 東京賊將楊詳世密送款 夜開南門納遼
軍 擒延琳 渤海平".
49) 盧泰敦,「渤海國의 住民構成과 渤海人의 族源」『韓國古代의 國家와 社會』,
一潮閣, 1987, 287쪽.

국과의 관계에 대해 정확히 인식하고 있었음을 함축하고 있는 文句라
고 생각된다.

다만 대조영 시기(698~719)와 홍료국 발흥 당시(1029~1030)를 비교
해 볼 때 7대손이라는 것은 시간적으로 문제가 있다. 가령 일대를 30년
으로 잡아 대조영 이후 7대를 계산하면 929년밖에 되지를 않는다. 마
지막 왕 대인선(大諲譔 : 906~926) 이후 7대면 1136년이 되므로『고려
사』편찬자가 무엇인가 착오를 일으킨 것이 아닌가 의심된다.[50]

또『고려사』에는 홍료국의 연호를 天興이라 하고 있는데,『요사』에
는 天慶으로 기록하고 있으므로 서로 맞지 않는다. 현재로서는 어느
것이 옳은지 정확히 알 수 없다. 그런데 거란은 天祚帝(1101~1125) 당
시 天慶이라는 연호를 사용하였다. 거란의 입장에서 보면 과거 자기들
에게 반란을 일으켰던 홍료국이 사용했던 연호를 다시 사용하지는 않
았을 것이라는 견해를 따른다면,[51]『고려사』의 내용대로 천홍이 옳을
듯하다. 하지만 반드시 어느 기록이 옳다고 보기는 어렵다. 천홍이든
천경이든 어느 것이 옳은가 하는 문제보다 연호를 사용했다는 사실 그
자체가 중요한 의의를 가진다.

한국 역사상 고구려, 신라, 태봉, 고려, 조선에서도 독자의 연호를 사
용했지만 일시적인 것에 불과하였다. 반면에 발해는 거의 전 기간에

---

50)『新唐書』에 보면 10대 宣王 大仁秀(818~830)의 4대조는 대조영의 아우 大野
　勃이라는 정확한 기록이 있다(『新唐書』卷219, 北狄 渤海傳, "從夫仁秀立 改年
　建興 其四世祖野勃 祚榮弟也"). 이를 통해 간접적으로 비교해 보아도 7대손이
　라는 것은 옳지 않다. 박시형은 1대를 30년으로 치고 양자간의 변수를 따지
　면 7대는 너무 짧고 약 11대쯤 되었을 것인데 후세에 한자 十一이 七로 잘못
　변한 것으로 보인다고 하였다. 박시형 지음·송기호 해제, 앞의 책, 295~296
　쪽.
51) 金在滿,「契丹聖宗의 高麗侵略과 東北亞細亞 國際情勢의 變趨(下)」『大東文
　化硏究』28, 1993, 112쪽.

걸쳐 독자적인 연호를 사용하였다. 따라서 흥료국의 연호 사용도 옛 발해 왕조가 당나라와 대등한 위상을 내세우면서 사용했던 연호의 전통을 계승한 것이 아닌가 생각된다.

이상이 흥료국에 관한 『요사』, 『고려사』의 일부 기록이다. 그러면 이제부터 흥료국에 관한 몇 가지 문제에 대해 보다 더 구체적으로 검토해 보고자 한다.

먼저 왜 국호를 興遼라 했으며 하필이면 요동 지방에서 일어났을까 하는 점이다. 이 문제는 서로 연결되어 있으므로 함께 살펴볼 필요가 있다. 언뜻 보기에 興遼라 하면 遼나라를 부흥시킨다는 말처럼 느껴지기도 한다. 그러나 흥료국은 遼에 叛한 발해 부흥국이었고 이 시기에는 遼가 존속하고 있었다. 또한 주도자 대연림은 발해 시조 대조영의 후손이었다. 이런 점을 염두에 두면 遼의 부흥과는 아무런 관계가 없다.

그리고 흥료국은 '興遼縣'이라는 지명에서 따온 이름 같기도 하다.[52] 興遼縣의 위치가 遼河 일대 즉 요동에 있었으므로 흥료국의 부흥운동 세력권과 대략 일치하기 때문이다. 그렇지만 戶 一千의 작은 縣의 이름을 과연 국호로 하였을까 하는 의문을 제기할 때, 국호 興遼에서 遼는 요나라와 직접적으로 관련된 무엇을 의미하는 것이 아니라 요동을 의미하는 것으로 생각된다.[53] 요동은 한국사 상 발해 이전 왕

---

52) 『遼史』 卷38, 志 第8 地理志2 東京道, "興遼縣 本漢平郭縣地 渤海改爲長寧縣 唐元和中 渤海王大仁秀南定新羅 北略諸部 開置郡邑 遂定今名 戶一千".

53) 이는 당나라에서 발해를 일컬어 '海東盛國'이라 했으나, 『遼史』에는 '遼東盛國'이라 기록되어 있는 점(『遼史』 卷38, 志 第8 地理志2 東京道), 908년과 920년 일본의 大綱朝江이 발해 사신 裵璆에게 지어준 글에서 발해 사신을 '遼水의 客' 또는 '遼河의 손님'으로, 발해로 돌아가는 裵璆를 '遼陽 땅을 향한다'고 표현하였다는 점에 미루어 9세기 이후 요동은 바로 발해를 의미한다고 이해한다면 그 가능성은 충분하다. 宋基豪, 앞의 책, 1995, 附錄 3, 主要事件年

조였던 고조선·고구려가 차지한 영토로서 삼국시대 이래 남북국시대
에도 중국 세력과 한반도 세력이 만나는 요충지였다. 고구려가 멸망하
자 고구려 유민들이 이곳에 집단적으로 거주하게 된다. 이리하여 요동
은 나중에 발해 건국의 출발지가 되며 발해에 들어와서도 당나라와의
세력 다툼은 계속되었다. 그러다가 발해가 어느 시기에 요동을 차지한
후, 10세기 초 거란 세력이 진출해오기 이전까지 요동은 발해의 소유
였다.54)

그리고 이 지역은 발해 멸망 후 수많은 발해 유민이 강제 徙居된 곳
이며, 928년에는 東丹國의 수도가 동경요양부로 옮겨지기도 하였다.
원래 거란은 928년 요양에 남경을 설치하였으나 938년 연운 16주 획득
을 계기로 동경으로 고쳤다. 동경은 당초 이 지역에 이주된 발해인 통
치의 거점으로 설치되었으나 동방의 여진·고려로의 원정을 계기로
고려와의 관계가 깊어지자 군사상의 기지로서뿐만 아니라 점차 平和
的·恒常的 교섭에서도 일정한 역할을 하게 된다.55)

이곳에 徙居된 발해 유민들은 과거 고구려인들의 우수한 철 생산기
술을 전수하였으며,56) 집단적인 생활을 영위하면서 자신들의 현재적
지위에 대한 자각과 철생산 기술을 통한 사회·경제적 지위의 향상이
부흥운동의 밑바탕이 되었을 것이다.57) 그리고 1116년에 있었던 高永

表(246쪽) ; 上田雄 저·최봉렬 역, 『발해의 수수께끼』, 교보문고, 1994, 138
쪽·142쪽.
54) 발해가 遼東을 소유했다는 직접적인 사료에 관한 연구는 다음 참조. 宋基豪,
앞의 책, 1995, 219~220쪽.
55) 河上洋, 「遼五京の外交的機能」『東洋史硏究』52-2, 1993, 66쪽.
56) 李龍範, 「高句麗의 成長과 鐵」『白山學報』1, 1960 ; 「遼代 東京道의 渤海遺
民」『白山學報』15, 1973 ; 「大陸關係史·古代篇(下)」『白山學報』19, 1975 ;
강승남, 「유적, 유물을 통하여 본 발해제철, 제강기술에 대하여」『조선고고연
구』, 1994-2 ; 徐吉洙, 「발해 수공업 연구-철기제품을 중심으로」『고구려연구』
6, 1999.

昌의 大渤海(大元)도 요동에서 일어나 처음에는 상당한 세력을 가지고
부흥운동을 전개하였다. 이렇게 본다면 요동 지역은 발해 유민들이 부
흥운동을 일으킬 만한 다양한 조건들을 가지고 있었던 것이다. 그러므
로 위에서 설명한 여러 배경 위에서 동경 요양 지방을 근거로 하여 흥
료국의 부흥운동이 전개되었으리라 짐작된다. 결국 발해 유민들은 예
부터 중요하게 여기던 이 요동 지역을 다시 찾고 나라를 부흥시킨다는
생각에서 국호를 興遼로 했던 것이다.

　　다음은 흥료국의 부흥운동이 일어나게 된 직접적인 원인은 어디에
있었던가 하는 점을 살펴보도록 하겠다. 이것은 아래 기록으로 그 사
정의 일부를 알 수 있다.

　　(己丑) 初 東遼之地 自神冊來附 未有権酤鹽麴之法 關市之征亦甚寬
弛 馮延休韓紹勳相繼以燕地平山之法繩之 民不堪命 燕又仍歲大饑 戶
部副使王嘉復獻計造船 使其民諳海事者 漕粟以振燕民 水路艱險 多至
覆沒 雖言不信 鞭楚搒掠 民怨思亂 故延琳乘之 遂殺紹勳嘉 以快其衆.
(『遼史』卷17, 성종본기 9년 8월)

　　先是 遼東新附地不権酤而鹽麴之禁亦弛 馮延休韓紹勳相繼商利 欲與
燕地平山例加繩約 其民病之 遂起大延琳之亂 連年詔復其租 民始安靖
南京歲納三司鹽鐵錢折絹 大同歲納三司稅錢折粟 開遠軍故事 民歲輸
稅 斗粟折五錢 耶律抹只守郡 表請折六錢 亦皆利民善政也. (『遼史』卷
59, 지28 식화지(上))

위의 기록은 흥료국이 흥기하기 직전 요동 지방의 民의 사회・경제

---

57) 李龍範, 앞의 글, 1974, 92쪽 ; 리종훈 저・김영국 역, 「료나라 발해 유민의 사
　　회적 지위 및 그 영향에 대하여」『발해사 연구』3, 연변대학출판사・서울대
　　학교출판부, 1993.

적 생활 상태를 적어 놓은 것이다. 즉, 요동은 거란의 耶律阿保機 시대에 來附하였는데 처음에는 다른 지역과 달리 權酤鹽麴之法(소금과 술의 국가전매제)이 없었다. 그리고 關市之征(각종 세금)도 매우 느슨하여 엄하지 않았다. 그런데 馮延休, 韓紹勳 등이 燕 지역(河北 지방)이나 平山 지방(幽薊 일대)에서 하는 것처럼 요동 지역에서도 이를 매우 심하게 하여 백성들이 감당하기 어려웠다. 이것은 아마도 거란의 잦은 대외 원정으로 생긴 재정상의 문제를 해결해 보려는 그들의 의도에서 비롯된 것으로 생각된다. 또 燕 지역에서 마침 큰 기근이 발생하였을 때 이를 구제하기 위하여 王嘉의 의견에 따라 배를 만들어 요동의 곡식을 燕 지역으로 운반하다 많은 배가 뒤집혀 가라앉기도 하였다. 이는 요동에서 하북 지방으로 가는 해로 즉, 渤海의 뱃길이 매우 험했다는 애기인 것 같다. 그리고 많은 배들이 바다에 뒤집혀 가라앉자 다시 요동의 民들에게 곡식을 거두어 들이도록 하였는데 여기에 채찍과 매질이 동반되었다.

이와 같이 민에 대한 가혹행위가 행해지자 이들의 원성이 대단히 높은 상태에서 발해 유민 대연림이 한소훈과 왕가를 죽임으로써 발해 유민의 무리를 기쁘게 하였다는 것이다. 따라서 거란의 발해 유민에 대한 가혹한 경제적 수탈이 이러한 부흥운동으로까지 나아가게 했던 직접적인 원인이 되었던 것이다.

다음은 홍료국의 부흥운동 전개 과정에 대해서 간단히 살펴보고자 한다.[58] 1029년 8월 국호를 興遼, 연호를 天興(또는 天慶)이라 했던 대연림은 副留守 王道平과 더불어 일을 추진했으나, 왕도평이 밤에 집을 버리고 성을 넘어 도주하여 黃龍府(오늘날의 농안)에 있던 黃翩과 같

---

58) 홍료국의 부흥운동 전개 과정에 대해서는 『遼史』(卷17, 聖宗本紀 9年·10年 條)를 토대로 정리하여 작성한 것으로 하나하나의 사실마다 註를 붙이지는 않았다.

이 거란에게 이 사실을 알리게 된다. 이에 거란 성종은 각 도의 군사를 징발하도록 하고, 國舅詳穩 蕭匹敵이 대연림 가까이 있었으므로 本管兵 및 家兵을 이끌고 要害處를 방어하여 대연림의 '西渡의 計'를 막도록 하였다.

이때 발해인 太保 夏行美는 保州를 지키고 있었는데, 대연림이 몰래 밀서를 그에게 보내니 하행미는 오히려 이러한 사실을 거란의 統帥 耶律蒲古에게 알리자 포고는 발해병 800인을 죽이고 그 동로를 차단하였다. 대연림은 黃龍, 保州가 다 부속하지 않음을 알고 마침내 서쪽으로 瀋州(오늘날의 심양)를 취하려 하니, 거란의 절도부사 張傑이 항복을 하고자 하였다. 그러나 공격을 늦추고 있는 사이 거란군은 그 시간에 방어할 준비를 갖추고 있었다. 이에 대연림이 속은 줄 알고 다시 공격을 했으나 심주를 취하지 못하고 요양으로 돌아오게 된다. 이러한 가운데 거란의 道兵들이 차례로 다 도착하므로 할 수 없이 성을 둘러치고 굳게 지킬 수밖에 없었다. 1029년 10월이 되자 거란은 남경유수 燕王 蕭孝穆이 都統이 되고, 蕭遜寧의 아들인 國舅詳穩 蕭匹敵이 副統, 奚六部大王 蕭蒲奴가 都監이 되어 동경 요양성을 토벌하기로 하였다. 이때 성을 지키고 있던 발해군은 垓字를 깊게 파서 지키고 있었는데 거란군이 내·외를 서로 통하지 못하도록 막고 있었으므로 성 안의 집을 철거하여 불때어 밥을 짓는 등 매우 어려운 상황에 놓여 있었다.

1030년 3월에는 소필적이 요동으로부터 이르러, 도통 소효목이 요양성에서 5리 정도 떨어져 4면에 성보를 쌓고서 성을 포위하고 있다고 하는 것으로 봐서는 지난 10월 이후 아직 큰 싸움은 없었던 듯 하지만 駙馬延寧이 누이동생과 더불어 땅굴을 파서 도망하고 오직 공주 崔八만이 뒤에 남아 있다가 수비자에게 발각되어 체포되었다는 기록으로 본다면, 여전히 대연림의 세력은 상당했다고 짐작된다. 그러나 8월에 장군 楊詳世가 몰래 款을 보내어 밤에 남문을 열어 거란의 군대를 끌어들임으로써 부흥운동의 주도자 대연림은 체포되고 결국 요양성은 함락되어 만 1년 동안의 부흥운동은 실패로 돌아가고 말았다. 그 뒤 거란은 발해 구족 중 공훈이 있는 자나 材力이 있는 자는 敍用하여 거란의 통치책에 따르는 자는 회유하기도 하나, 그 외의 다수 유민들은 來, 隰, 遷, 潤州 등으로 강제로 옮겨지고 있다. 이는 동경요양부와 주변의 발해 유민을 분산시켜 對契丹 저항을 봉쇄하려는 의도에서 나왔을 것이다.

한편 고려 현종대인 1030년 이후 갑자기 발해 유민의 고려 내투 숫자가 늘어나는 것은 흥료국의 부흥운동 실패에 따른 결과에서 비롯된 것이며, 거란의 이주정책에 반대하여 고려로 넘어온 발해 유민도 상당수 있었을 것으로 생각된다.

2) 흥료국의 對高麗 구원 요청

흥료국의 고려에 대한 구원 요청 문제는 흥료국 부흥운동의 지지기반은 어떠한 세력이었는가 하는 점과 깊이 관련되어 있으므로 먼저 이를 살펴보고자 한다. 흥료국의 지지기반은 거란 지배하의 발해 유민, 漢人, 奚人, 女眞人 그리고 거란과 국경을 맞대고 있는 고려와 송나라 등을 고려해 볼 수 있다. 사료상에 송나라나 해인들의 도움은 나타나지 않는다. 그리고 한인들의 경우는 대연림이 도움을 받기 위해 노력했으나 그들은 도리어 부흥운동의 방해 세력으로 변하였다. 여진족의 경우에는 다수가 참가했다 해도 활약한 인물이 전혀 보이지 않으므로 단순한 동조세력에 불과한 것으로 보인다. 따라서 동경요양부를 중심으로 한 주변 주·현의 발해 유민이 시종 주체세력이 되었다.[59]

그런데 여기서 간과할 수 없는 것은 발해 유민이라 하더라도 夏行美

---

59) 李孝珩, 「興遼國의 성립과 對高麗 구원 요청」 『釜大史學』 22, 1998, 13~17쪽.

와 楊詳世의 행위이다. 渤海太保 하행미는 太平 9년(1029)에 대연림이 일어났을 때 보주에서 발해군을 거느리고 있었다. 대연림이 그에게 사람을 보내 함께 참여하자고 했으나 막상 거사 후에는 거란의 耶律蒲古에게 이 사실을 알림으로써 발해병 800인을 죽게 만든 인물이다. 그 뒤 그는 거란의 고위 관직에도 오를 뿐만 아니라 『요사』에는 '國寶의 臣'으로까지 불려지고 있다.[60] 대연림의 부하 장군 양상세도 발해인이다. 발해 右姓 가운데 하나인 楊姓의 후예로, 『遼史』에는 '東京賊將'으로 표현하고 있다.[61] 그러나 그는 대연림이 요양성에서 버티고 끝까지 항전할 당시 남문을 열고서 거란군을 끌어들여, 대연림은 체포되고 부흥운동을 실패로 돌아가게 한 결정적 계기를 만든 사람이란 것은 앞서 살펴본 바와 같다.

이 두 사람의 행위를 통해 볼 때 발해 멸망 후 103년이 지난 흥료국의 부흥운동에 모든 발해 유민들이 발해 왕조를 부흥하겠다는 한결같은 생각으로 참가하지는 않았음을 확인할 수 있다. 즉, 거란 지배하의 발해 유민들은 처신에 따라 여러 가지 양상을 띠면서 살아가는 방법이 달랐던 것이다. 아무튼 발해 유민사의 입장에서 볼 경우 이 두 사람의 행위는 1029년 흥료국 부흥운동의 역사적 의의를 약화시키는 동시에 부흥운동의 한계성을 보여주는 증거라 하겠다.

이제 마지막으로, 앞에서 서술한 사실보다 더 중요하다고 볼 수 있는 흥료국의 對高麗 구원 요청과 관련된 문제에 대해 살펴보고자 한다. 대연림은 거사 후에 가장 믿었던 지원 세력을 고려로 생각하고 있었던 것 같다. 대연림은 흥료국을 세운 후 무려 5회에 걸쳐 고려에 구원을 요청하였다. 흥료국이 5회에 걸쳐 고려 조정에 구원을 요청한 기사를 시간순으로 정리해 보면 다음과 같다.

---

60) 『遼史』卷87, 夏行美傳.
61) 『遼史』卷17, 聖宗本紀 10年 8月 丙午條.

① 九月 戊午 契丹東京將軍大延琳 遣大府丞高吉得 告建國 兼救援 延
琳渤海始祖大祚榮七代孫 叛契丹 國號興遼 建元天興. (『高麗史』卷
5, 현종 20년)
② 十二月 庚寅 興遼國大師大延定 引東北女眞 與契丹相攻 遣使乞援
王不許 自此路梗與契丹不通 壬辰 命西北面判兵馬事柳韶 赴鎭 以
備興遼. (『高麗史』卷5, 현종 20년)
③ 正月 丙寅 興遼國又遣水部員外郎高吉得 上表乞師. (『高麗史』卷5,
현종 21년)
④ 七月 乙丑 興遼國行營都部署劉忠正 遣寧州刺史大慶翰 賚表來乞
援. (『高麗史』卷5, 현종 21년)
⑤ 九月 丙辰 興遼國郢州刺史李匡錄 來告急 尋聞國亡 遂留不歸 甲戌
遣金哿 如契丹 賀收復東京. (『高麗史』卷5, 현종 21년)

위에서와 같이 최초의 구원 요청은 거사 한 달 뒤인 현종 20년(1029)
9월 무오에 동경장군 대연림이 大府丞 高吉得을 보내와 건국을 알리
고 아울러 구원을 요청한 일이다. 그렇지만 고려에서는 즉각적인 반응
을 보이지 않다가 2개월 뒤인 11월에 가서야 그 대응책이 나타나고 있
다. 이때 고려 조정에서는 의견이 서로 달라 參知政事 郭元은 "압록강
동반은 거란이 保障하고 있으니 이제 가히 기회를 타서 이를 취할 것
입니다"라고 현종에게 몰래 아뢰지만 崔士威, 徐訥, 金猛 등은 글을 올
려 불가하다고 하였다. 이에 곽원이 고집하여 군사를 보내어 치다가
이기지 못하였으므로 부끄럽고 분하게 여겨 등창이 나서 죽었다.[62] 그
런데 곽원이 출병한 곳은 바로 압록강 동반으로 이곳은 흥료국의 부흥
운동 당시 발해 후예 하행미가 지키고 있던 곳이기도 하고 야율포고에
의해 800명의 발해병이 죽게 되는 보주(의주)일 가능성이 높다. 이렇게
되면 고려 정부의 공식적인 입장은 아니라고 하더라도 고려의 군대가

62) 『高麗史』 卷94, 列傳 郭元.

184

발해의 부흥국가인 흥료국의 구원에 일부나마 응한 것이 된다.

그러면 고려 측에서 곽원의 출병과 최사위, 서눌, 김맹 등의 출병이 불가하다는 의견 차이는 왜 생겼을까? 『고려사』의 기록처럼 곽원의 성품이 자중하지 못하여 신중한 생각없이 출병하였던 것일까? 이에 관해서는 자료가 불충분하여 그 이유를 정확히 파악할 수 없는 입장이다. 하지만 곽원의 출병을 단순히 그의 성품에서만 비롯된 것으로 볼 수는 없다. 한 나라의 대외정책 또는 군사적 출병이 한 개인의 성품에서 비롯될 수는 없기 때문이다. 곽원의 출병은 거란의 對高麗 3차 침입 후 10년 만의 일로서 아직도 전쟁 후유증이 많이 남아 있어 거란에 대한 강경론자의 입장보다는 신중론자의 입장이 우세한 가운데 나온 곽원 독단의 행위가 아니었던가 싶다.[63]

두 번째 구원 요청은 현종 20년 12월에 興遼國 大師 大延定이 사신을 보내 구원을 요청한 일이다. 사신의 이름은 나오지 않지만 사신을 보낸 인물이 발해 왕족의 성인 대씨성을 가지고 있는 점이 이채롭다. 대연정이 동북여진을 이끌고 거란과 싸움을 하면서 사신을 보내 구원을 요청하고 있는 점은, 흥료국 부흥운동에서 그의 역할의 중요성을 보여주는 부분이다. 동시에 대연림과도 친족 관계인 발해 유민이었던 것으로 생각된다. 당시 대연림은 요양성에서 매우 어려운 상황 하에 城을 고수하고 있던 시기였다. 구원을 청하자 고려에서는 왕이 여러 대신에게 논의하니 崔士威와 蔡忠順이 말하기를, "전쟁은 위태한 일이오니 신중히 하지 않을 수 없습니다. 저들이 서로 공격하는 것은 우리의 이익이 아니될 줄 어찌 알겠습니까. 다만 성지를 수리하고 烽燧를

63) 신채호는 "渤海의 中興을 補助하여 거란을 쳐서 恢復하자는 郭元이 있는 반면에, 本土를 謹守하여 生民을 保하자는 崔士威 등이 있다"고 하였다. 申采浩, 「朝鮮歷史上 一千年來第一大事件」『改正 丹齋申采浩全集』(中), 1995, 107쪽.

삼가하여 사태를 관망할 뿐입니다"라고 하니 왕이 그들의 말을 따라 구원에 응하지 않게 된다. 이러한 가운데 고려와 거란과의 관계도 길이 막혀 통하지 않게 되고 고려는 서북면판병마사 柳韶를 起復시켜 鎭에 나아가게 하여 홍료국과 거란의 싸움에 대비케 하였다.[64] 이와 같이 12월의 구원 요청에도 고려 측에서는 일언지하에 거절하는 것은 아니다. 현종이 자기 대신들에게 의논하게 하는 신중한 면을 보여주고 있으며, 그 결과 최사위와 채충순의 말을 따르게 된다. 따라서 12월의 구원 요청에 대한 고려의 입장은 동북아시아의 국제정세와 고려의 국내 사정이 맞물리면서 나타난 상황하에서 설명되어야 할 것이다.

세 번째 구원 요청은 현종 21년(1030) 정월 병인에 홍료국에서 고길득을 재차 보내어 구원을 요청한 것이다. 고길득은 이전의 大府丞이라는 직함에서 이제 水部員外郞이라는 직함을 가지고 온 점이 주목되지만,[65] 이때 고려의 태도가 어떠했는지에 대해서는 더 이상의 글이 나오지 않아 확인할 수 없다.

네 번째 구원 요청은 현종 21년 7월에 劉忠正이 寧州刺史 大慶翰을 보내어 표문을 가지고 와서 구원을 얻고자 했던 것을 말한다. 이때는 홍료국 멸망 한 달 전이므로 급박한 상황에서 왔지만 고려 측의 태도가 묘사되어 있지 않은 점으로 미루어 기존의 입장을 그대로 유지하고 있었던 것으로 보인다.

마지막 구원 요청은 현종 21년(1030) 9월의 일로서 홍료국의 郢州刺史 李匡祿[66]이 와서 급함을 알리더니 조금 후에 나라가 망했다는 소식

---

64) 『高麗史節要』卷3, 顯宗 20年 12月條.

65) 『新唐書』(卷219, 列傳 第144 北狄 渤海)에 근거하면 水部는 발해 시대의 관직명이었다. 따라서 홍료국의 관직에는 옛 발해 시대의 관제가 많이 사용되고 있었던 것으로 짐작되는데, 이러한 면도 발해와 홍료국의 관계를 이해하는데 도움이 된다.

66) 이광록이 郢州刺史라는 직함을 가지고 있다. 여기서의 영주가 『新唐書』(卷

을 듣고는 마침내 고려에 머물러 돌아가지 않게 된다. 이것은 8월 말경
에 흥료국이 거란에 의해 평정되는데 이광록이 흥료국에서 출발할 때
는 아직 멸망 전이었으나 고려에 도착해 얼마되지 않아 망했다는 소식
을 접하고는 고려에 머물렀음을 일컫는 말이다. 그런데 고려에서는 9
월 갑술에 거란에 의한 흥료국의 동경 수복을 축하하고 있으니,[67] 이
는 고려가 지금까지 발해 또는 발해 유민을 대했던 여러 모습들과는
서로 맞지 않는 행위이다. 그리고 9월 을해에는 거란이 千牛將軍 羅漢
奴를 보내었는데 詔에 이르기를 "요사이 使人들이 왕래하지 않음은 응
당 길이 막힌 까닭이니라. 이제는 발해의 偽主가 다 圍閉를 당하여 이
미 귀항하였으니 마땅히 陪臣을 보내어 속히 赴國케 하면 반드시 염려
는 없으리라"[68]라 하였다. 이러한 움직임은 지리적으로 거란·고려의
중간 지역인 요동에서 흥료국의 부흥운동이 일어나 그 동안 두 나라
사이의 관계가 소원했다가 흥료국이 평정되면서 관계 개선을 도모하
려고 하는 말인 것 같다.

위에서와 같이 현종 21년 9월조의 기사를 통해 볼 때, 고려가 구원
요청에 응하지 못하고 오히려 흥료국이 거란에 의해 평정된 것을 축하
하는 현상은 고려 초 이래 발해·발해 유민에 대해 지니고 있던 의식
과는 많은 차이가 있다. 이는 11세기 초라는 복잡한 국제적 현실 속에
서 이해되어야 할 것으로 생각된다.

그런데 여기서 중요하게 제기될 수 있는 의문은 흥료국이 왜 고려에

219, 渤海傳)에 나오는 獨奏州 가운데 하나였던 영주(地有五京十五府六十二
州……又郢銅涑三州爲獨奏州)를 말하는가는 정확히 알 수 없다. 만약 발해
시대의 영주와 흥료국 시대의 영주가 같은 지역이라면 지금까지 명확하지 않
았던 영주의 위치는 흥료국 경내의 어느 지역으로 비정할 수 있을 것이나 좀
더 연구가 필요하다.

67) 『高麗史』 卷5, 顯宗 21年 9月 甲戌條.

68) 『高麗史』 卷5, 顯宗 21年 9月 乙亥條.

구원을 요청하게 되었는가 하는 점이다. 고려에의 구원 요청이 고려 태조대에 있었던 혼인관계 내지 親戚之國 사이나 발해의 마지막 왕 대인선이 거란에 붙잡히자 왕건이 後晉 조정과 더불어 거란을 쳐서 발해왕을 구하려고 한 것이나, 수많은 발해 유민의 고려 내투를 인식한 바탕 위에서 나왔는지는 직접적 사료가 없으므로 바로 단정하기는 어렵다.

그러나 홍료국의 부흥운동을 주도했던 대연림은 발해 시조 대조영의 후손이었기 때문에 고구려-발해·발해 유민의 활동-고려로 전개되는 역사의 흐름을 파악하고 있었다고 볼 수 있다. 적어도 그 정도의 역사인식이 바탕이 되었기 때문에 거란과 싸우면서 부흥운동을 주도할 수 있었을 것이다. 여기에 다시 고려 현종 20년대 이전까지 수차례에 이르는 거란의 고려 침입으로 고려가 거란에 대해 적대감정을 품고 있는 것을 알고 고려가 구원에 응할 것으로 판단하여 고구려의 계승국인 고려에 지원을 요청했던 것으로 생각할 수도 있다. 그러므로 홍료국의 중심지가 요동 지역이었으므로 지리적 위치상 가장 가까운 고려에 구원을 요청했을 것이라는 생각은 단순한 논리에 불과하다.

이상에서 대조영의 7대손이라고 하는 대연림이 거란의 동경 지방에서 홍료국을 세운 이래 5회에 걸쳐 고려에 구원을 요청한 사실에 대해 살펴보았다. 다섯 차례에 걸친 홍료국의 구원 요청에 대해 고려 측에서는 곽원의 출병을 제외하고는 여타의 움직임도 보이지 않았다. 이에 따라 홍료국은 1년여 만에 강력한 정복 왕조 거란에 의해 평정되고 말았다.

3) 고려의 대응 양상

위에서 살펴본 대로 다섯 차례의 구원 요청에 고려가 끝내 적극적으

188

로 지원하지 못한 것과 관련하여 중요한 문제가 등장한다. 즉, 926년 초 발해가 거란에 멸망당했을 때 고려는 거란을 '무도의 나라'로 규정 하면서 곧이어 942년 국교를 단절하였다. 그리고 발해 멸망기 무렵에 발해와 고려 사이에 왕실 간의 혼인관계가 있었으며, 926년 연간에는 고려 태조의 女와 발해인 高模翰이 혼인관계를 맺고 있었다. 또 발해 멸망 이후 태조대에서 예종대(1117)에 이르기까지 발해 세자 대광현을 비롯하여 무려 수만에 달하는 고려 내투자에 대하여 동족으로 수용하 였다. 이러한 고려가 발해 부흥국인 흥료국의 구원 요청에 대해서는 끝내 응하지 못한 원인은 어디에 있었는가 하는 점이 궁금하다. 이것 은 다음의 몇 가지 측면에서 해석이 가능하리라 본다.

첫째, 고려 현종대 권력층 내부의 세력 갈등의 영향에 의한 것이 아 닌가 하는 점이다. 흥료국에서 최초로 구원을 요청했을 때(1029년 9월) 고려 조정의 의견은, 곽원은 압록강 동반 곧 보주에 거란이 保障하고 있으니 이 기회를 타서 이를 취하자고 했던 반면에 최사위, 김맹, 그리 고 서희의 아들 서눌은 반대 의사를 표명하였다. 두 번째 요청에서도 최사위와 채충순은 전쟁은 위태한 일이오니 신중하게 해야 하며 사태 를 관망하자고 해 왕은 그 말을 따르게 됨은 앞에서 살펴 본 바와 같 다. 그런데 여기서 곽원은 당시의 王可道나 유소와 더불어 對契丹 강 경론자에 해당되며, 그 외 최사위를 비롯한 다른 인물은 신중론자를 대표하는 인물로 생각된다.[69] 물론 『고려사』나 『고려사절요』는 현종대

<hr>

69) 이들을 對契丹 강경론자와 신중론자로 일률적으로 선을 그을 수는 없다. 거 란에 대한 그들의 대응책이 순간순간 바뀌는 경우도 있기 때문이다. 예컨대 徐訥의 경우만 해도 현종대 鴨綠江城橋의 철회 문제에 대해서는 거란이 철회 를 들어주지 않으면 거란과의 관계를 끊어버리자는 강경한 입장이었지만, 威遠城과 定戎鎭 설치 문제에 대해서는 반대하는 소극적 입장이었기 때문이 다(『高麗史』 卷94, 王可道傳). 이들의 世系와 출신지, 혼인관계, 정치 권력관계 에 대해 아래의 글들이 참고된다. 金容坤, 「高麗顯宗代의 文廟從祀에 대하여」

의 권력층 내부간의 갈등을 구체적으로 묘사하고 있지는 않다.

그렇지만 『고려사』 현종세가나 열전을 통해 이들의 인물을 분석해 보면, 현종 20년을 전후하여 중앙의 정치권력 판도상 현종의 권력강화에 노력했던 인물들이 신중론자의 세력에 속해 있음을 알 수 있고, 현종도 이들 세력과 같은 보조를 취했던 것 같다. 그밖에 1차 구원 요청시 곽원이 출병했던 보주 지역의 거란군 상황은 상당히 많은 문제점을 지니고 있었다. 蕭韓家奴의 상소를 통해 보면 압록강 이동의 국경 경비는 매우 허술하였다.[70] 따라서 보주를 취할 가능성이 많았음에도 불구하고 고려 정부는 공식적 출병을 하지 않았다는 점, 또 흥료국 구원요청시 곽원이 몰래 아뢰자 최사위 등은 상서로서 제지한 것이나, 현종이 계속해서 신중론자의 견해를 따랐다는 점, 그리고 『고려사』 전체의 내용을 보면 현종세가뿐만 아니라 최사위, 유소, 곽원전에서는 발해 유민의 활동에 관한 다른 어떤 내용 서술보다 구원 요청의 문제를 상세하게 다루고 있는 점 등, 이러한 요소들이 고려 권력층 내부의 세력 갈등을 반영하는 것이라 할 적에 당시 고려 조정은 對契丹 강경론자와 신중론자간의 대립이 존재했던 것이 분명하다. 그러므로 고려 측에서 흥료국 부흥운동에 지원을 하지 못한 이유는 바로 신중론자의 세력이 우세한 상태에서 나온 외교적 산물이었을 가능성이 없지 않다.

둘째, 고려 측에서는 부흥운동에 대하여 승산이 없다고 판단했을 경우도 고려해 볼 수 있다. 대연림은 興遼라는 나라 이름을 사용하였고 연호를 천흥(천경)이라 하였다. 그리고 부흥운동 당시 구원 요청을 위해 고려에 왔던 인물들을 보면, 大府丞·大使·水部員外郞·行營都部

『高麗史의 諸問題』, 三英社, 1986 ; 金泰旭, 「高麗顯宗代 宰樞의 사회적 기반」 『李基白先生古稀紀念韓國史學論叢(上)』, 一潮閣, 1994 ; 南仁國, 『고려 중기 정치세력연구』, 신서원, 1999 ; 李樹健, 『韓國中世社會史硏究』, 일조각, 1995.

70) 『遼史』 卷103, 列傳 第33 文學(上) 蕭韓家奴傳.

署·寧州刺史·郢州刺史 등 홍료국의 여러 직함을 사용하고 있는 것
으로 미뤄 완전한 하나의 국가체제를 갖춘 듯하였다. 하지만 부흥운동
영역이 과거 발해국의 중심지였던 상경성 일대가 아니라 오히려 거란
의 중심부에 가까웠으며, 保州, 蒲水, 瀋州, 黃龍, 遼陽, 手山 등 일부
요동 지역에 편중되어 전체 발해 유민들의 힘을 모으지 못하였다. 그
리고 고려나 여진 요충지를 거란이 먼저 점거하여,[71] 홍료국이 다른
나라의 구원을 얻지 못하는 한계성을 지니고 있었으며, 또한 부흥운동
이 일어난 시기는 거란의 최전성기인 聖宗代였다는 점도 불리하게 작
용하였다. 따라서 이러한 여러 요인들이 고려에 크게 작용하여 구원에
응하지 못했다는 추측도 가능하다.

셋째, 고려가 홍료국의 구원 요청에 응하지 못한 원인은 당시의 동
아시아 국제정세와 고려 현종대의 많은 국내 사건들이 결합된 어쩔 수
없는 상황 하에서 나온 것이었다는 점이다. 고려의 현종대는 정치적으
로 중앙집권적 정치체제를 확립함과 동시에 귀족적 정치운영을 모색
하던 시기로 다방면에 걸쳐 괄목할 만한 발전을 가져왔다. 그러나 『고
려사』(현종세가)를 훑어보면 많은 사건과 외침의 연속이기도 했다는
것을 쉽게 알 수 있다. 현종의 즉위 과정, 거란의 2·3차 침입, 이에 따
른 羅城의 축조와 같은 大役事, 국가·국민 경제의 피폐, 여진족의 끊
임없는 침입, 최질·김훈의 난 등이 거란의 급속한 성장과 맞물리게
됨으로써 홍료국의 구원 요청에 고려가 응하지 못했을 수도 있다.

그러면 이러한 몇 가지 측면 가운데 어느 것이 가장 중요한 요인일
까? 어떠한 역사적인 사건이든 거기에는 항상 복합적 요인이 결합되어
나타나게 마련이다. 발해 유민들의 부흥 국가인 홍료국이 다섯 차례에
걸쳐 고려에 구원을 요청했을 때 고려에서 이에 응하지 못한 원인은

71)『遼史』卷87, 蕭蒲奴傳, "太平九年 大延琳據東京叛 蕭蒲奴爲都監……先據高
麗女直要衝 使不得求援".

위에서 제시한 요인들이 결합되었다고 본다. 그러나 보다 더 근본적인 것은 11세기 초 고려·송·거란·여진·흥료국 간에 이뤄지는 미묘한 국제정세였다. 특히 고려와 거란 간에는 귀주대첩 이후 변방 문제로 말미암아 조그만 문제가 있긴 해도, 기본적으로는 힘에 의한 평화적 질서가 유지되고 있었다. 때문에 다시 흥료국 사건으로 커다란 전쟁을 치른다는 것은 현종대의 국내 사정상 엄청난 부담을 지는 것이므로 이러한 점이 고려에 크게 작용한 결과라고 생각된다.

고려는 다른 나라에 구원 요청을 많이 했으며, 반대로 다른 나라도 고려에 많은 구원 요청을 하고 있음을 발견하게 된다.[72] 중요한 것은 고려가 절대적인 힘의 열세에 놓여 있던 원나라의 간섭기를 제외하고는, 대외관계를 형성했던 중국의 後晉이나 송나라, 북방의 거란, 금 등 국가체제를 완전히 갖춘 나라들과는 구원 요청에 응하지 않았으며 合 兵도 이루어지지 않았다는 사실이다. 단지 여진이나 기타 부족들과 합병 사실이 있으나 대외관계 상 커다란 의미를 가진다고 말할 수 없다. 그러므로 고려의 대외정책이라는 것은 국초 이래 기본적으로 중국과는 친송정책을 추진했고 북방민족에 대해서는 북진정책을 추진했다고 하더라도, 실제로는 이중적인 실리외교를 꾸준히 추진하였다.

따라서 위에서의 논의를 종합해 본다면 흥료국이 고려에 구원을 요청했을 때 고려가 그에 대한 지원을 하지 못하게 된 가장 큰 요인은 고려 내부적인 요인도 중요하지만, 11세기라는 동아시아의 복잡한 상황에서 나온 고려의 외교정책 때문이었다. 즉, 명분보다는 실리를 앞세우는 중립적 외교정책의 결과에서 비롯된 것이지 고려 초 이래 가지고 있던 발해·발해 유민 인식이 크게 변화된 데서 나온 것은 아니었다고 여겨진다. 그리고 고려 초 이후 자주적이고 적극적인 북진정책이 11세

---

72) 李孝珩, 앞의 글, 1998, 32~33쪽.

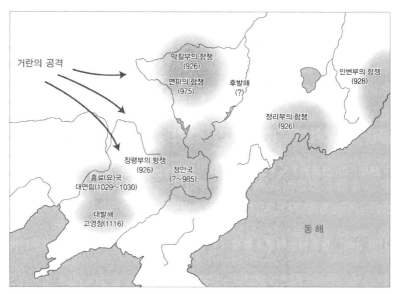

거란의 공격

막힐부의 항쟁
(926)

연파의 항쟁
(975)

후발해
(?)

안변부의 항쟁
(928)

정리부의 항쟁
(926)

장령부의 항쟁
(926)

정안국
(?~985)

흥료(요)국
대연림(1029~1030)

대발해
고영창(1116)

동 해

<그림 3> 발해 유민의 항쟁과 부흥운동

기를 지나 12세기 들어 지배 세력의 교체와 그에 따른 현실 인식과 결부되면서 金에 대해 上表·稱臣의 저자세로 나아가는 고려시대 외교 흐름의 과도기적 현상이 아닌가 보인다.

3. 高永昌의 大渤海

여기서는 대발해의 부흥운동 전개 과정과 그 당시의 동아시아 정세를 살펴보려고 한다. 그 가운데서도 발해 유민사의 한국사 체계화와 그 역사적 의의 문제와 관련하여 대발해와 고려의 관계에 주목하였다. 아울러 대발해의 부흥운동은 거란의 멸망과 금의 등장, 대발해의 건국과 멸망이라는 동아시아 전체의 전환기 속에서 발해 유민사를 바라보

아야 올바른 한국사가 만들어질 것이라는 생각 아래 이러한 면도 고려
하여 동아시아 내의 대발해 부흥운동이 가지는 역사적 의미를 밝혀 보
려고 하였다.

1) 대발해의 건국과 동아시아 정세

916년 거란은 여러 부족을 통일한 후 명실상부한 국가를 건설하는
동시에 926년 1월에는 발해를 멸망시켰다. 발해를 멸망시킨 거란은 10
세기 말에서 11세기의 聖宗(983～1031), 興宗(1031～1055), 道宗(1055～
1101) 시기를 거치면서 전성기를 누렸다. 그러나 12세기 天祚帝(1101～
1125) 시기에 들어 세력이 점차 약해져 쇠망의 길로 나아갔다.

이 무렵 完顔部의 추장 아구다(阿骨打)는 여진 부족을 통일하고 거
란을 대대적으로 공격하였다. 1114년 7월 군사를 일으켜 寧江州를 공
략하고 이어 黃龍府를 정벌하여 遼를 대파하였으며 요하 이동의 땅을
병합하였다. 1115년 1월 자립해 황제라 칭하고 나라를 金이라 하는 동
시에 도읍을 會寧에 정하고 收國이라 건원하였다. 이러한 遼와 金의
교체기에, 1030년 興遼國의 발해 부흥운동 실패 후 100년 가까이, 힘들
지만 이를 견디며 살아오던 발해 유민들도 새로운 움직임을 보이기 시
작하였다. 먼저 1115년 2월 遼의 上京 饒州에서 古欲을 중심으로 발해
유민이 봉기하였다. 고욕은 봉기와 더불어 자칭 대왕이라 하였다. 대왕
을 칭한 것으로 보면 국호도 정했을 것으로 여겨지나 국호가 무엇인지
는 사료에 전하지 않아 알 수가 없다. 그러나 고욕을 중심으로 한 발해
유민들의 봉기는 오래 가지 못하고 5개월 만에 진압되고 말았다. 일부
세력은 다음해 4월까지 활동하다 평정되고 말았다.[73]

---

73) 『遼史』卷28, 天祚皇帝本紀 天慶 五年 2月～6月・天慶 六年 夏4月條 ; 『遼史』
卷69, 部族表 天慶 五年 二月條 ; 『遼史』卷101, 蕭陶蘇斡傳.

거란 지배 아래에서 고욕의 봉기가 실패한 다음 해인 1116년 1월 발해 유민들은 동경 요양지방에서 高永昌을 중심으로 새로운 발해 부흥운동을 전개하였다. 이것이 大渤海다. 이에 대한 대표적인 기록은 다음과 같다.

① 정월 병인 초하루, 동경 밤에 惡少年 10여 인이 술기운에 칼을 들고 담을 넘어 유수부에 들어가 유수 소보선의 소재를 묻고는, "지금 군사적 변이 발생했으니 방비를 하자"고 청하였다. 소보선이 나오자 그를 찔러 죽였다. 호부사 대공정은 난이 일어났다는 것을 듣고 곧 유수의 일을 겸하였으며 부유수 고청명과 함께 奚·漢 군사 천 명을 모아 그 무리들을 모두 체포하여 베었다. 그리하여 백성들을 위로하여 안심시켰다. 동경은 옛 발해 땅으로 태조가 20여 년을 힘써 싸워 이를 차지하였는데 소보선이 엄하고 혹독하게 하여 발해인들은 고통을 겪었다. 그러므로 이 사건이 발생하였다. 그 비장 발해인 고영창은 참람되이 국호를 정하고 연호를 隆基라 하였다. (『遼史』 卷28, 본기 천조황제 천경 6년)

② 정월 초하루 밤에 발해인 고영창이 凶徒 十數人을 거느리고 술기운에 용기를 내어 칼을 들고 담을 넘어 府衙에 들어가 등청하여 유수 소보선의 소재를 물었다. 거짓으로 이르기를, "밖에 군사적인 변란이 일어났으니 방비를 하자"고 청하였다. 소보선이 나오자 곧 그를 죽였다.……고영창은 소보선을 죽인 후 동경을 거점으로 하면서 대발해 황제라 칭하고 연호를 應順이라 하였으며 요동 50여 주를 차지하였다.……(하 5월) 여진은 처음에 발해를 지원했으나 얼마 안가 다시 서로 싸워 발해가 크게 패하였다. 고영창은 바다로 들어가 숨었으며 여진은 兀室訥波 勃堇을 보내 기병 3천으로 추격하여 長松島에서 그를 베었다. (『契丹國志』 卷10, 천조황제 천경 6년)

③ (수국 2년 4월) 고영창은 발해인이다.……이때 동경의 한인은 발해
   인과 원한이 있어 많은 발해인들이 죽었다. 고영창이 이에 여러 발
   해인들을 끌어들이는 동시에 그 수졸을 거느리고 동경으로 치고 들
   어갔다. 10일 만에 遠近에서 다 호응하여 병사가 8천이 되었다. 마
   침내 참람되이 황제라 칭하고 연호를 隆基라 하였다. 遼人들이 이
   를 토벌하였으나 오래도록 능히 이겨내지 못하였다. (『金史』 卷71,
   알로전)

④ 이 해에 여진은 遼渤海軍을 무찔렀다. 이에 앞서 발해인 고영창은
   동경유수 소보선을 죽이고 자칭 대발해 황제라 하였으며 요동 50여
   주를 차지하였다. 遼主는 재상 장림을 보내 이를 토벌하였는데 심
   주에 이르자 여진이 병사를 보내와 발해를 지원하니 장림은 크게
   패하였다.……이미 여진이 발해군을 다 격파하고 고영창을 베니 그
   무리들은 흩어져 도적이 되었으며 이르는 곳마다 약탈을 일삼았다.
   그러나 요나라는 이를 통제할 수가 없었다. (『大金國志』 卷1, 태조
   아골타 15년)

⑤ (임인) 정양직이 요나라 동경으로부터 돌아왔다. 그때에 동경의 발
   해인이 난을 일으켜 유수 소보선을 죽이고 供奉官 고영창을 세워
   황제라 참칭하고 나라 이름을 대원, 연호를 隆基라 하였다. 양직이
   (동경에) 도착하여 관함을 사칭하고 표문을 올려 臣이라 칭하고 국
   가가 동경유수에게 주는 토산물을 고영창에게 증여하고 후한 보수
   를 얻었다. 돌아옴에 이르러 이것을 숨기고 알리지 않았다가 일이
   발각되어 有司가 그를 옥에 가두어 벌줄 것을 청하니 그대로 하였
   다. (『高麗史』 卷14, 예종 11년 3월)

위에서 보듯이 대발해에 대한 기록은 발해·발해 유민사 연구에 늘
따라다니는 문헌 기록의 부족이라는 측면에서 볼 때, 대발해의 역사적

상황을 체계적이면서도 상세하게 담고 있는 사서는 없다고 해도 결코 적은 내용은 아니다.[74] 그런데 이른바 대발해(대원)라 불리는 부흥운동 국가는 아래 <표 8>에서처럼 국호나 연호가 사서마다 차이를 보이고 있다.[75]

<표 8> 大渤海에 대한 각 사서의 국호·연호 비교

	요사	거란국지	금사	대금국지	고려사	고려사절요
국호	*	大渤海	*	大渤海	大元	大元
연호	隆基	應順	隆基	*	隆基	隆基

*는 사서에 국호나 연호가 드러나지 않는 경우임

먼저 국호를 보면 중국 사서에는 大渤海라 되어 있고, 조선 초 사서에는 大元이라 되어 있다. 다같이 앞에 '大'가 들어있는 것은 공통점이다. 비록 짧은 기간이지만 국호의 개정 가능성도 제기할 수 있다. 그러나 그냥 渤海로도 칭한 경우가 있기 때문에,[76] 특정한 어느 하나가 옳다고는 생각되지 않으며 두 가지 경우가 다 비슷한 의미로 같이 사용되었을 것으로 여겨진다.

---

74) 대발해에 대한 직·간접의 관련 내용이 등장하는 곳에 대해서는 다음 참조. 李孝珩, 「발해 유민의 大渤海 건국과 고려와의 관계」 『白山學報』 64, 2002, 230쪽.

75) 각 사서의 전거는 다음과 같다. 『遼史』 卷28, 天祚皇帝本紀 天慶 6年 ; 『契丹國志』 卷10, 天祚皇帝 ; 『金史』 卷71, 斡魯傳 ; 『大金國志』 卷1, 太祖 阿骨打 15年 ; 『高麗史』 卷14, 睿宗 11年 3月 ; 『高麗史節要』 卷8, 睿宗 11年 3月條.

76) 金毓黻은 『滿洲源流考』에 인용된 『宋會要』의 내용, 그리고 『續通鑑』의 기록을 근거로 송나라에서는 고영창의 '大渤海'를 그냥 '渤海'로 칭했다고 하였다 (金毓黻, 『渤海國志長編』 卷19, 叢考 ; 趙鐵寒 敎授 主編, 『渤海國志』, 文海出版社, 1977, 361쪽). 이는 두 가지 의미로 해석할 수 있다. 하나는 宋에서 대발해를 발해 유민들이 중심이 되어 세운 부흥운동 국가로서 대조영이 세운 발해와 같은 계통의 국가로 인식하고 있었다는 의미이다. 나머지 하나는 고영창이 세운 대발해의 국호가 약칭이든 아니든 발해로도 불려졌다는 의미이다.

다음은 연호에 관한 문제이다. 연호의 차이로 미뤄 역시 개정 가능
성을 제기할 수 있다. 改元이라는 말이『거란국지』,『금사』에 명기되어
있기 때문이다. 그러나 위의 인용 사료들은 모두 대발해 건국 당시의
사정을 바로 설명하고 있는 것이므로 개원을 연호 개정의 의미로 해석
하기에는 무리가 따른다. 그러므로 연호의 차이는『거란국지』의 기록
에 그 원인이 있을 가능성이 높다. 국호에서처럼 중국과 한국 측의 기
록 차이가 아니라 15세기 이전에 나온 여러 사서 가운데『거란국지』
만이 유일하게 '應順'이라 되어 있기 때문이다.[77] 그러나『요사』와『금
사』는 사서의 정확성에서 낮게 평가되고 있고,『거란국지』는 송대에
葉隆禮가 조칙을 받아 편찬한 것으로 이들 사서보다는 시기가 앞서 편
찬된 동시에 사료로서의 가치가 높다고 한다면 여전히 연호의 정확성
은 판별하기 어렵다.

　관직에 있어서도『요사』와『금사』에는 고영창이 遼의 裨將이라 하
였는데 반해『고려사』에는 供奉官으로 되어 있어 서로 다르다. 그런데
『고려사』의 供奉官과 어떻게 연결될 수 있는가가 문제다. 가장 가능성
이 큰 것은 고영창이 비장이라는 무관직 외에 문관직을 가지고 있었을
경우를 상정할 수 있다.『고려사』에 나오는 공봉관을 고려할 때 그가
가지고 있을 법한 문관직은 요나라 시기 동경에 있었던 渤海承奉官이
다. 東京 渤海承奉官은 遼 聖宗 開泰 8년(1019년)에 耶律八哥의 건의
에 의해 만들어진 것으로,[78] 윗사람의 뜻을 받들어 섬기는 역할을 했
던 것으로 짐작된다. 供奉官 역시 사전적 의미로 보면 승봉관과 같은
뜻을 지닌 말이므로『요사』의 발해승봉관과『고려사』공봉관은 같은

---

77) 송대에 만들어진『宋會要』의 편린들을 수습한『宋會要輯稿』에도 국호를 大
渤海, 연호를 應順이라 하였다("天慶六年 春 天祚募渤海武勇馬軍高永昌等二
千人 屯白草谷 備女眞……推高永昌爲主 號大渤海國皇帝 改元爲應順").
78)『遼史』卷16, 聖宗本紀 開泰 8年 己卯·卷48, 百官志4 東京渤海承奉官.

198

뜻을 지닌 말의 다른 표현일 가능성이 크다.79) 즉, 요나라 발해승봉관
을 고려식의 공봉관으로 다르게 표현했을 것이다. 다만 고영창이 대발
해 부흥운동 당시 발해승봉관·비장을 겸대하고 있었는지, 아니면 시
차를 두고 따로 거쳐갔는지는 알 수 없다. 관직이야 같은 시기에도 두
가지 이상을 지닐 수 있고 시간의 경과에 따라 여러 가지 다른 것을
가질 수 있으므로 큰 문제가 되지는 않을 수 있다. 그러나 기록상 하나
는 무관직이고 또 하나는 문관직이라는 점에서 약간의 문제를 안고 있
다.

한편 고영창의 성 高氏는 발해 이전의 국가였던 고구려의 왕족이었
으며 발해에서도 지배 계층을 이루던 右姓이었다. 그러므로 발해 유민
을 모아 거란에 저항할 수 있는 사회적 지위는 큰 문제가 되지 않았을
것이다. 고영창과 그의 家系에 대해서는 기록이 없어 구체적으로 알
수가 없다. 아마도 그의 先世는 다수의 발해 유민들처럼 발해가 멸망
하자 요양으로 강제 이주된 이후 그곳에서 계속 살아왔던 것으로 짐작
된다.

다음은 대발해 부흥운동의 전개 과정에 대해 살펴보고자 한다.80) 대
발해의 중심인물인 고영창은 요나라에서 관리로 있었는데 부흥운동
이전 東京留守(東京 遼陽府 留守) 蕭保先의 裨將이 되어 발해의 武勇
馬軍 2~3천 명을 이끌고 白草谷에 주둔하여 여진군의 침공을 막아내
는 일을 맡고 있었다.81) 그런데 얼마 후 발해 유민에 대한 심한 민족

79) 박시형은 供奉官이 요나라 시기에 있던 東京 渤海承奉官을 와전한 것이라 하
였다. 박시형 지음·송기호 해제, 앞의 책, 1989, 313~314쪽.
80) 부흥운동 전개 과정에 대해서는『遼史』卷28, 天祚皇帝本紀 天慶 6年;『契丹
國志』卷10, 天祚皇帝 天慶 6年條;『金史』卷71, 闍母·斡魯;卷83, 張玄
素;卷84, 高楨;卷128, 盧克忠傳 등 여러 기록들을 참조하여 정리하였다.
81)『契丹國志』(卷10, 天祚皇帝)에는 "渤海武勇馬軍 高永昌等二千人 屯白草谷 備
御女眞"이라 하였으나,『金史』(卷71, 斡魯傳)에는 "高永昌渤海人 在遼爲裨將

차별 대우 속에 많은 발해 유민이 살해된 것과 더불어 평소 소보선의
학정이 누적되면서 자기 상관인 소보선을 처단하려고 하였다.

1116년 1월 1일 밤, 고영창의 지휘 하에 용감한 소년 10여 명은 동경
留守府의 담을 넘어 들어갔다. "밖에서 군사적인 반란이 일어났으니
방비를 하자"고 거짓말을 하여 소보선의 소재를 묻고는 마침 밖으로
나오는 유수 소보선을 현장에서 살해하였다. 다음날 발해 출신의 戶部
使 大公鼎은 즉각 유수의 권한을 대신하며 역시 발해 출신의 副留守
高淸明과 함께 힘을 합해 奚族 및 漢族 군사 천여 명을 모아 유수를
죽인 발해인들을 붙잡아 죽였다.

다음 3일에 고영창은 거느리고 있던 발해 출신의 무용마군을 이끌
고 동경성의 首山門에 이르렀다. 대공정이 귀순하라고 설득하였으나
고영창은 이를 거절하였다. 5일 밤 성안의 동조세력이 호응하는 가운
데 성밖의 무용마군이 돌입하자 대공정과 고청명은 패잔병 100여 명을
이끌고 간신히 서문을 통해 도주하였다. 고영창군은 10일 만에 인근
지역이 다 호응하여 8000여 명이나 되었고, 이에 요 동경을 기반으로
하여 皇帝라 칭하고 국호를 大渤海(大元), 연호를 隆基(應順)라 하여
발해 부흥 국가를 건립하였다.

고영창을 중심으로 한 부흥운동군은 거란 동경도 관할 하의 79주 가
운데 50주를 공략하였으며 係遼籍女眞의 일부인 曷蘇館女眞 지역까지
진출하였다. 50주를 공략할 수 있었던 것은 그만큼 발해 유민의 적극
적인 지원이 이루어졌다는 의미로 해석될 수 있다. 공략 과정에서 거
란과 해족에 대한 살해와 약탈이 행해지기도 하여 다수는 요하 이서로
도망하기도 하였으며 일부는 대발해에 동참하기도 하였다.[82] 遼 동경

以兵三千屯東京八甒口"라 하여 군사의 수나 방어 지역이 서로 다르다. 白草
谷과 八甒口는 동일한 지역일 것이다(三上次男, 『金史硏究』1, 中央公論美術
出版, 1972, 89쪽, 註 2)).

200

도의 관할 하에 있는 州 가운데서 고영창의 세력이 가장 미치지 못한
곳은 瀋州(오늘날의 瀋陽)였다. 심주는 대발해와 요 어느 나라든 중요
한 거점이었다. 이리하여 고영창은 심주 일대에서 한족 출신의 거란
관료인 張琳 세력과 수십 차례에 걸쳐 전투를 펼쳤다. 장림은 거란의
실업자와 해족, 한족 등으로 군대를 증원 편성하여 2만 명이나 되었다.
고영창은 이들과의 전투에서 밀려 한때 동경성으로 되돌아왔으나 太
子河 지역에서 장림군을 격퇴시킴으로써 장림군은 많은 사상자를 내
면서 심주로 다시 철수하였다.

　이에 앞서 대발해 황제 고영창은 금 황제 아골타에게 사신 大撻不野
로 하여금 폐물을 가지고 구원을 청하였다. 고영창은 두 나라가 힘을
합해 거란을 공격하자고 하였다. 금나라는 고영창의 제의에 찬동했으
나 금나라에 가까운 요동의 점거와 황제 칭호를 철회하라고 하였다.
그리고 황제 칭호를 버리고 투항한다면 고영창에게 王爵을 주겠다고
하였다.

　그러나 고영창은 금나라의 요구를 거절하고 오히려 거란 지배 하에
있다가 여진군과 싸우면서 항복한 후 금에 억류되어 있는 발해 사람을
송환시키라고 하였다. 금도 4월에 대장 斡魯에게 명하여 대발해를 침
공하도록 하였다. 알로는 여진의 대군을 이끌고 계속 남진하면서 동경
성으로 향하였다. 5월이 되어 알로군은 심주에 이르렀는데 고영창에
대한 반격을 준비중이던 거란의 장림은 오히려 동북방에서 내려오는

82) 당시 대발해의 위력은 대단하여 송나라 조정에서도 북방 수비를 강화하자는
　　논의가 있었다(『宋會要輯稿』 第197冊, 蕃夷4 渤海, "徽宗 政和八年 五月二日
　　臣僚言 登州渤海相望……渤海相近 作過則駝基寨孤立 乞以來島鳴乎島爲界
　　併欽島添置卓望兵 令戍官往來巡邏"). 이 글은 『滿洲源流考』(卷6, 部族6 渤海)
　　에 인용된 『宋會要』의 내용과 똑같다. 한편 金毓黻의 글(金毓黻, 『渤海國志長
　　編』 卷1, 總略上 ; 卷19, 叢考 ; 趙鐵寒 敎授 主編, 『渤海國志』, 文海出版社,
　　1977, 133・361쪽)에도 언급하고 있다.

여진군에 패하여 성을 버리고 도망하였다. 금군은 무력한 요의 군대를 계속해서 쉽게 무너뜨리고 고영창이 있는 동경 요양으로 진격하였다.

고영창은 강력한 여진군이 심주에 입성했다는 소식을 듣고 크게 놀라 家奴 鐸剌를 여진군에 보내 金印 하나, 銀牌 50개를 전하고 帝號를 버리고 稱藩하기를 원한다고 하였다. 알로는 胡沙補 등을 아골타에게 보내 이 사실을 보고하였으나, 때마침 발해계인 高楨이 항복하여 고영창의 항복은 진실로 한 것이 아니라 시간 연장에 불과하다고 폭로함으로써 여진의 알로가 진군하여 공격하였다. 沃里活水에서 싸웠으나 물러나지 않을 수 없었고 여진군이 동경성까지 이르렀다. 고영창이 동경성에 이르렀으나 성은 張玄素 등 여진에 내통한 자에 의해 점거되어 성 안팎에서 협공을 받게 되었고 首山 밑에서 싸웠으나 대패하여 長松島로 피하였다. 이때의 군대는 5천이었다. 그 후 東京 渤海系人 恩勝奴와 仙哥 등이 고영창의 妻子를 생포하고 성문을 열어 금나라에 항복하였다. 바로 뒤에 고영창은 鐸剌와 같이 撻不野와 盧克忠에 의해 잡혀 여진 진영에 보내져 살해되고 말았다.

그 이후 대발해 부흥운동의 중심지였던 동경 발해 유민들의 삶의 형태는 각기 달라 금의 지배정책에 동참하여 고위 관직에 오르는 예도 있었고, 고려로 내투하는 경우도 있었으며, 금의 사민책에 따라 다른 곳으로 옮겨 사는 경우도 있었다.[83] 이러한 건국·부흥운동 전개 과정을 토대로 아래에서는 대발해에 대한 몇 가지 문제를 살펴보고자 한다.

---

83)『金史』卷4, 熙宗本紀 皇統 9年 8月 庚申 ;『金史』卷132, 逆臣 秉德傳 ;『松漠紀聞』卷上, 渤海. 그리고 아래의 글도 참고된다. 李鉉,「金代 戶口移動形態에 대한 研究(其一)-民族別 移徙形態』『慶南大學校 論文集』11, 1984 ;「金代內地徙民에 대하여-金代 戶口移動形態 研究(其二)」『釜大史學』9, 1985 ; 韓圭哲,「高麗 來投·來往 女眞人」『釜山史學』25·26合, 1994, 17쪽.

첫째, 대발해 건국의 직접적인 배경과 원인이 무엇인가 하는 점이다. 여기에 대해서는 아래의 몇 가지 기사를 통해 파악할 수 있다.

① 東京故渤海地 太祖力戰二十餘年乃得之 而蕭保先嚴酷 渤海苦之 故有是變. (『遼史』卷28, 천조황제본기 천경 6년)
② 會東京太師蕭保先(乃奉先堂弟)爲政酷虐 渤海素悍 有犯法者不恕 因以激變. (『契丹國志』卷10, 천조황제 상 천경 6년)
③ 是時 東京漢人與渤海人有怨 而多殺渤海人 永昌乃誘諸渤海 幷其戍卒入据東京. (『金史』卷71, 알로전)
④ 天祚卽位 歷長寧軍節度使 南京副留守 改東京戶部使 時盜殺留守蕭保先 始利其財 因而倡亂 民亦互生猜忌 家自爲鬪. (『遼史』卷105, 대공정전)

위의 글들을 종합하면 遼 동경유수 蕭保先의 嚴酷·酷虐이 직접적인 원인이 되고 있다. 遼 지방관의 발해 유민에 대한 가혹한 폭정이 가장 큰 문제로 작용하고 있는 것이다. 여기서 폭정이라는 것은 기본적으로 과중한 조세의 징수를 통한 가혹한 수탈과 착취를 예상할 수 있으며, 발해 유민 범법자에 대한 심한 악형을 확인할 수 있다.

또한 요동 지역에 섞여 살고 있는 거란족과 한인, 발해 유민 사이의 민족적 갈등과 대립·민족 차별도 상존해 있음을 보여주고 있다. 특히 발해 유민들에 대한 거란족, 한족의 차별 대우가 심각했던 것으로 보이며, 거란족과 한인은 서로 밀착하여 발해 유민을 탄압하였던 것으로 여겨진다.[84] 발해 유민에 대한 차별 대우와 민족적 탄압이 가해졌다는 것은 발해 멸망 후 발해 유민의 對契丹 투쟁이 지속적으로 이뤄지고 있었던 점에서도 충분히 짐작할 수 있다.

---

84) 『金史』卷75, 盧彦倫傳.

한편 여기서 간과할 수 없는 것은 대발해 부흥운동이 주도자 고영창 개인의 입신 출세를 위한 문제에서 출발한 것은 아니라는 점이다. 이는 부흥운동의 성격과도 연결되는 문제이다. 부흥운동 당시 고영창은 비장·발해 무용마군의 대표 인물, 공봉관으로 활동하고 있었다. 그런데 이민족이 건설한 요의 지배 하에 관직생활을 하면서 생겨나는 사회·경제적 지위에 대한 그의 개인적 불만에 의해 대발해의 부흥운동이 비롯되었다는 기록은 어디에도 찾을 수 없다. 즉, 대발해 부흥운동은 단순히 요나라 통치지배 질서 속의 한 발해계 관리의 문제가 아니라 고영창과 발해 유민 전체의 뜻이 결합되어 나타났던 것이다. 이는 발해 유민에 대한 수탈과 착취를 근절하고 차별 대우를 개선하고자 하는 요구의 수준을 훨씬 뛰어넘는 요동 일대 발해 유민 전체의 이른바 민족적 문제였던 것이며, 이러한 문제가 바탕이 되어 결국 발해의 부흥운동으로 발전해 갔음을 보여주는 것이다.

다음으로 대발해 건국의 배경으로서 당시 동아시아 국제관계를 고려하지 않을 수 없다. 요 천조제 천경 4년(1114) 가을 여진의 아골타는 요에 대한 군사행동을 개시하여 寧江州戰을 승리로 이끈 뒤 春州 등 여러 주를 차지하였다. 다음해 1115년 요의 동북방에서 가장 중요한 거점인 黃龍府(현 길림성 농안)를 무너뜨리고, 이어 요 천조제의 親征軍을 護步荅岡(현 길림성 부여) 부근에서 물리침으로써 동북방에서의 대세는 완전히 여진에게 넘어갔다. 신흥의 여진은 무기력한 요를 계속해서 압박하는 가운데 1115년 정월 금을 세우고 연호는 수국이라 하였다. 1116년 태조 아골타는 고영창의 봉기를 기회로 동경(현 요양)을 공략하였고, 다시 요동반도의 曷蘇館女眞 및 그 동쪽의 고주(봉황성)·보주(의주) 방면의 숙여진을 복속시켜 전 여진의 통합이 실현되자 연호를 天輔로 고쳤다.[85] 이러한 일련의 국제정세 하에 요나라 각지에서 반란이 자주 발생하였다. 이런 가운데 요의 발해 유민에 대한 수탈과 억압

204

이 날로 심화되어 감으로써 이 기회에 고영창을 중심으로 한 발해 유민들의 부흥운동이 전개되었을 것이다.

둘째, 대발해(대원)라는 국호를 사용한 점과 연호, 황제 칭호를 사용한 데 대한 것이다. 위에서 보듯이 기록상의 차이로 인해 고영창의 발해 부흥운동에서 내세운 나라 이름이 大渤海인지 大元인지는 정확하지 않다. 시차를 두고 달리 사용했을 가능성도 있고, 혹은 두 개를 동시에 같이 사용했을 경우도 있다. 그런데 중요한 것은 발해가 망하고 나서 발해 유민의 부흥운동 국가 가운데 '渤海'라는 이름이 들어간 것은 대발해뿐이라는 것이다.

그러므로 대발해는 국호에서 알 수 있듯이 발해 계승의식이 명확히 나타나는 명실상부한 발해 부흥국을 지향했다는 점에서 그 역사적 의의가 매우 크다고 하겠다. 발해가 망한 지 200년이 가까웠음에도 불구하고 떳떳하게 대발해라 호칭하였던 것은 거란 내 발해 유민들의 역사의식을 분명하게 보여준 것이라 생각된다.86) 그리고 국호가 大渤海이든 大元이든 '大'나 '元'이 가지고 있는 의미로 볼 때 당시 동아시아의 복잡한 형세 속에서 상당한 자신감이 반영된 표현으로 보인다. 다만 조선시대 15세기 사서에는 大元이라 기록되어 있지만, 大元보다 大渤海라는 칭호가 발해 유민들의 부흥운동 의도가 확연히 드러나고 그들의 정체성을 쉽게 확인할 수 있기 때문에 필자는 大渤海로 사용하는 것이 바람직하다고 본다.

그리고 연호 사용도 큰 의미를 지니고 있다. 발해는 한국사상 어느나라보다도 연호를 많이 사용하면서 초기부터 중국에 예속되지 않은 독자적인 국가체제를 영위하려 하였다. 부흥운동 국가인 정안국, 흥료국도 마찬가지지만 대발해가 황제라 칭하면서 연호까지 사용한 것 역

85) 李龍範,「10~12세기의 國際情勢」『韓國史』 4, 국사편찬위원회, 1974, 243쪽.
86) 韓圭哲,『渤海의 對外關係史－南北國의 形成과 展開』, 新書苑, 1994, 268쪽.

시 발해의 연호 사용 전통을 그대로 이어받았을 것으로 생각된다. 독
자적인 연호의 사용은 대외적으로 자주성과 독립성을 표방하고 내부
적으로 왕권의 절대성을 과시하는 의미를 지니고 있다. 비록 대발해가
이러한 의미를 파악하고 연호를 사용한 것인가는 구체적으로 파악할
수 없지만 그 나름대로의 뜻을 가지고 연호를 사용했다고 본다면, 그
래도 큰 의미를 지니는 것임에 틀림없다.

한편 대발해가 최고통치자를 황제라 칭한 것도 눈여겨 볼 필요가 있
다. 어느 특정 국가의 최고 통치자에 대해 황제로 칭하느냐, 왕으로 칭
하느냐는 그 국가의 대외적 위상과 군주의 성격에 큰 차이가 있다. 대
한제국 이전에 황제국 체제와 의식을 가지고 있었던 나라는 다수 있었
지만 직접적으로 '황제'를 칭한 경우는 없었다.[87] 당시 요나라와 금나
라가 넓은 영토를 바탕으로 황제국적 질서를 취하고 있는 상황에서,
대발해 역시 12세기라는 동아시아의 대전환기에 황제라 칭한 것은 비
록 짧은 시간의 발해 유민 부흥국가라 하더라도 황제국가적 위상을 갖
추려 노력했음을 보여주는 주목할 만한 표현으로 여겨진다.

셋째, 대발해 부흥운동의 실패 원인이 무엇인가 하는 점이다. 먼저
들 수 있는 것은 대발해의 국가 구성의 문제이다. 대발해는 최고 통치
자를 황제라 칭하고 연호도 사용하였다. 그리고 짧은 시간에 요동 일
대 50여 주를 차지하였다. 또한 금나라에 사신까지 보내 요나라를 협
공하려는 국제 외교의 안목을 가지기도 하였다.[88] 그렇게 본다면 요동
일대 거의 전 지역에 해당하는 넓은 영토에 국가체제가 어느 정도 갖

---

87) 고려시대에 황제라 칭한 사례가 있다는 지적에 대해서는 다음 참조. 金昌謙,
　　「太平二年銘磨崖藥師佛坐像銘의 역사적 고찰」『金潤坤敎授定年紀念論叢 韓
　　國中世社會의 諸問題』, 韓國中世史學會, 2001, 957쪽.

88)『金史』卷71, 斡魯傳, "永昌使撻不野杓合 以幣求救於太祖 且曰 願倂力以取
　　遼".

추어진 것으로 여겨질 수 있다. 그러나 비록 짧은 기간의 부흥운동 국가라 해도 국가 구성의 가장 기본적인 요소인 중앙·지방의 정치·군사제도를 파악할 수 있는 내용은 어느 사서에서도 나오지 않는다. 고영창이 이끌고 있는 휘하 장수의 직위나 다른 나라에 파견된 사신의 직위도 찾을 수 없다. 이로 미루어 대발해의 국가체제가 흥료국에도 크게 미치지 못했던 것으로 보인다.[89] 즉, 고영창이 황제라 칭하고 요동 일대의 넓은 지역을 차지했다고 하나 국가 구성이 제대로 이루어지지 않았을 것으로 생각된다. 그러므로 국가체제를 제대로 갖추지 못했던 점은 대발해를 조직적으로 운영하지 못하는 결과를 가져왔을 것이고 이것이 부흥운동의 한계성으로 작용했을 것이다.

다음에 요와 금의 교체기라는 좋은 시기에도 불구하고 실패한 것은 고영창의 역량과 시대를 보는 안목이 부족하였다는 것을 지적할 수 있다. 발해 유민을 이끌고 나라를 세웠다는 그 자체만으로도 고영창의 능력은 무시할 수 없지만 그의 역량에는 문제가 있었던 것으로 짐작된다. 예컨대 발해 유민 흡수 문제이다. 즉, 張浩라는 인물은 원래 동명왕의 후손으로서 본래의 성은 고씨인데 그의 조상은 대대로 요나라 지배 하에서 관직생활을 하면서 누대에 걸쳐 요양에 터를 잡고 살아오던 인물이었다. 그의 증조부가 성을 장씨로 바꾸면서 高浩가 아니라 張浩가 되었는데 그는 분명 동명왕의 후손으로 발해를 거쳐 요·금 교체기에 이르렀으나 고영창의 봉기에 가담하지 않고 오히려 고영창의 대발해 봉기를 진압한 금나라의 아골타 측에 참여하여 중요한 임무를 맡고

---

89) 이는 흥료국의 사신이 對高麗 구원 요청 때 대개 높은 지위일 것으로 보이는 중앙이나 지방의 관직명을 지니고 왔던 것과는 많은 차이가 있다. 흥료국 관직 이름으로는 大府丞 高吉得, 興遼國大師 大延定, 水部員外郎 高吉得, 行營都部署 劉忠正, 寧州刺史 大慶翰, 郢州刺史 李匡錄처럼(『高麗史』 卷5, 顯宗 20年·21年條) 매우 다양하게 나타나고 있다.

있다.[90] 때문에 고영창이 요양의 발해 유민을 대표하는 장호와 협력하
는 모습이 사료에 등장하지 않는다는 것은 그의 역량상의 문제점을 반
증한다고 하겠다.

그리고 금과의 관계 설정에서 나타나는 그의 외교적 안목과 판단도
문제를 안고 있었다. 고영창은 아골타에게 金과 힘을 합쳐 遼를 칠 것
을 제의하였다. 이때 아골타는 제의에 찬성하면서 조건을 제시하였다.
동경지역 점거와 칭제·건원을 철회하라는 것이었다.[91] 이 제의에 대
해 고영창은 신중하면서도 탄력적인 대처를 하지 못해 결국 금에 의해
멸망되는 결과를 초래하고 말았다. 즉 무섭게 성장하는 신흥의 금에
대한 정확한 실체 파악이 무엇보다 중요한 과제였으나 이에 대한 준비
가 제대로 이루어지지 못하였고, 요와 금 사이에 대발해가 나아갈 방
향을 바르게 잡지 못하였던 것이다. 이렇게 보면 대발해 고영창의 외
교는 실리보다 명분을 우선하는 면이 엿보인다. 금과의 관계에서도 칭
제 건원으로 문제를 낳지만, 고려와의 관계에서도 東京을 지나가는 고
려 사신에게 당시 절실했던 군사적 지원 요청 대신 上表, 稱臣만을 강
요하고 있기 때문이다.[92] 이러한 면은 그의 외교력을 넘어 대발해의
존립에 큰 영향을 끼쳤을 것이다. 다만 遼 지배 하에서 관직생활을 하
던 일부의 발해 유민들이 金에 투항하여 금나라 통치질서에 편입되어
개인의 영달을 추구하였던 것과는 달리, 끝까지 부흥운동을 전개하면
서 목숨을 바쳤던 것은 그가 지향하는 분명한 목표가 확실히 자리잡고
있었기 때문이라 생각된다.

한편 요동이라는 복잡한 민족 구성 지역을 고려할 때, 발해 유민 이
외의 奚·漢族, 女眞 등 이민족과의 연합전선 부족을 거론할 필요가

---

90) 『金史』卷83, 張浩傳.
91) 『金史』卷71, 斡魯傳.
92) 『高麗史』卷14, 睿宗 11年 3月條 ; 卷96, 尹瓘傳.

208

있다. 1030년 홍료국 부흥운동 시기에는, 동경요양부를 중심으로 주변
주·현의 발해 유민이 시종 주체세력이 되었지만 대연림은 이민족의
도움을 받기 위해 다방면으로 노력하였다. 실제로 남북 여진 다수가
참여하였으며 고려에도 5회에 걸쳐 사신을 파견하여 구원을 얻고자 노
력하였다. 그런데 대발해 부흥운동기에는 漢人과의 마찰도 매우 심각
한 상태였으며, 거란의 별종인 奚人의 경우도 이들을 포용하지 못한
채 도리어 탄압을 가하였다.93) 고려에 대한 사신 파견과 구원 요청 사
례도 등장하지 않는다. 여진족이 세운 금에게는 처음에 도움을 받기도
하지만 국제적 환경이 변하면서 오히려 이들에게 멸망당하고 말았다.
홍료국의 부흥운동 당시에는 여진족의 적극적인 협력이 있었으나 대
발해 시기에는 이들과 협력 관계가 제대로 마련되지 못한 것은, 많은
여진 부족이 아골타를 중심으로 통합되어 간 탓도 있겠지만 여진족과
협력을 적극적으로 모색하는 사례가 없는 것으로 보아 대발해 부흥운
동의 한계성을 보여주는 것이다. 결국 같은 시기의 금 아골타가 발해
계인을 '女直渤海本同一家'94)라는 구호로 회유하는 등 다른 이민족을
포용하여 급속하게 발전하는 것과는 대조적으로, 요나라의 지배를 공
통으로 받고 있는 요동 지역의 다른 민족과 세력을 규합해 부흥운동을
성공시킬 수 있는 여건을 조성하지 못한 것도 부흥운동 실패의 한 요
인이 될 수 있다.

　그밖에 발해 멸망 후 200년 가까이 흘러가는 상황에서 나타나는 발
해계인 내의 공동체의식의 약화 내지 변화, 요와 금의 교체기는 기회
인 듯하였으나 오히려 두 세력을 상대로 맞서 싸워야 하는 어려움, 대
발해 부흥운동기를 전후하여 동경 인근의 발해 유민들이 古欲의 봉기

---

93) 『契丹國志』卷10, 天祚皇帝 天慶 6年條.
94) 『金史』卷2, 本紀 太祖阿骨打 2年 10月 ; 卷2, 本紀 太祖阿骨打 收國 2年 正月
戊子條.

나 耶律章奴의 반란에 수만 명이 참여함으로써,[95] 유민들의 힘이 분산
되고 결속력이 약화된 점 등을 지적할 수 있다. 이렇게 대발해 부흥운
동은 여러 문제점을 안은 채 얼마 가지 못하고 金에 의해 좌절되고 말
았다.

넷째, 발해 유민의 동향과 관련된 것으로 12세기 초 발해 유민의 다
양한 움직임에 대한 문제이다. 즉, 이민족 거란의 지배 아래에서 발해
유민의 부흥운동이라 하더라도 발해 유민 모두가 뜻을 같이하여 적극
적으로 참여한 것이 아니라 오히려 부흥운동의 반대편에 서 있는 유민
이 있었다는 점이다. 다시 말해 사료상에 발해인으로 등장하는 인물들
이 대발해의 입장보다 금나라 통치자의 입장으로 전환하여 활동하는
인물이 의외로 많은 것을 어떻게 이해할 것인가 하는 문제이다. 이러
한 현상은 거란의 전성기였던 1029~1030년의 흥료국 부흥운동 시기
보다 약 100년의 시간이 더 흐르고 있는 1116년 대발해 당시가 더욱더
심하게 나타나고 있다.

여기에는 시대의 변화 즉, 발해 멸망 이후 이제 200년 가까운 세월
이 흘렀다는 사실과 금의 발해인 통치(회유) 정책이 크게 작용했을 것
이다. 발해 멸망 직후의 발해 유민들은 국가멸망과 거란의 압제라는
문제를 크게 의식하면서 옛 발해 지배층들은 反遼 봉기에 앞장서고 다
수의 피지배층들은 이들의 지도 노선에 적극 따라가고 있었다. 그러나
시간이 가면서 이러한 현상은 많은 변화를 나타내고 있다. 발해 부흥
운동의 전개 과정을 시간적으로 어느 정도 잘 파악할 수 있는 것은 흥
료국이다. 여기서 우리는 일례를 확인할 수 있다. 즉, 대연림을 중심으
로 한 흥료국의 부흥운동이 遼를 상대로 끝까지 버티고 있는 상황에
서, 부흥운동이 실패로 돌아가는 결정적 작용을 한 인물이 다름 아닌

---

95) 『遼史』 卷28, 天祚皇帝本紀 天慶 5年 9月 乙巳條.

210

遼의 발해계 관리 夏行美와 楊詳世였던 것이다.96)

홍료국보다 100년 가까이 지난 대발해 시기가 되면 발해계 인물인 거란의 戶部使 大公鼎과 副留守 高淸明은 오히려 발해 유민 부흥운동 의 반대편에 서서 부흥운동 참여 세력들을 죽이고 있다. 이 가운데 대 공정은 『요사』에 能吏로 그의 이름이 올라있는 걸 보면 거란의 지배체 제에 그가 얼마나 적극적으로 참여했던가를 짐작할 수 있다.97) 발해계 인 恩勝奴와 仙哥도 고영창의 처자를 생포하고 금나라에 항복하였다. 심지어 고영창이 패하자 요나라 발해인들이 다투어 포박해 공을 세우 려 했던 경우도 있었다.98) 그리고 요양의 발해계 인물인 高楨은 고영 창이 金의 斡魯에게 항복할 적에 고영창이 거짓으로 항복했다고 정확 한 사실을 일러줘 양측간에 싸움이 벌어지도록 유도하였는데,99) 고영 창은 결국 斡魯에게 패하고 말았다.

楊朴은 본래 발해의 大族으로서 요동 鐵州 출신이다. 고영창의 뜻에 동참하는 듯했으나 곧 금에 항복하였고 벼슬이 군사 중추기관인 추밀 원 知樞密院事에까지 이르렀다. 아골타에게 성을 王으로, 국호를 大金, 연호를 天輔로 하자고 건의하여 수용케 하는 등 아골타의 신임 속에 금 초기 제도 정비에 큰 공헌을 하였다.100)

張玄素는 앞에서 언급했던 張浩와 증조부가 같은데 그 역시 고영창 이 요양을 점거할 무렵 요양성 안에 있다가 금나라 알로의 군대가 이 르자 성문을 열고 나와 항복한 공으로 특별히 세습 銅州猛安을 받았으 며 그 후 금나라 고위 관직을 두루 거쳤다.101) 王政도 그의 선대가 渤

---

96) 『遼史』 卷17, 聖宗本紀 10年 8月 丙午條 ; 卷87, 夏行美傳.
97) 『遼史』 卷105, 能吏 大公鼎傳.
98) 『金史』 卷128, 王政傳.
99) 『金史』 卷84, 高楨傳.
100) 『契丹國志』 卷10, 天祚皇帝 天慶 8年條.
101) 『金史』 卷82, 張浩傳 ; 卷83, 張玄素傳.

海와 遼를 거치면서 관직에 나아갔던 인물인데, 고영창이 요동을 차지하면서 왕정의 재략을 알고 동참을 권유했으나 왕정은 부흥운동이 성공할 수 없다는 판단 하에 참여하지 않았다. 다만 고영창이 패하면서 발해 유민들이 고영창 체포에 공을 세우려 했던 것과는 달리 조용히 물러나 생활하고 있던 것이 오히려 아골타에게 호감을 사, 금의 여러 관직을 두루 거치는 동시에 『金史』列傳 循吏에 그의 이름이 올라있는 것은 주목되는 부분이다.102) 이외에도 대발해보다는 신흥의 금나라에 의탁해 개인적 출세를 도모하는 인물이 있었으나 더 이상 언급하지 않겠다.

기록상에 알려지지 않은 다수의 피지배층 발해계인은 그 실상을 파악할 수 없지만 거란의 관직에 있던 발해계 인물들은 대개 고영창과는 노선을 달리하고 있다. 이렇게 발해계 인물들의 노선 차이는 전체 발해 유민사에서 대발해 부흥운동이 차지하는 역사적 의의를 약화시키는 측면이 있다.

따라서 발해 멸망 이후의 발해 유민을 단순하게 요와 금에 대한 저항 세력으로만 바라보는 것은 잘못이다. 즉, 12세기 무렵의 발해 유민들은 발해계인으로서의 분명한 의식을 가지고 살아가는 인물도 많았겠지만, 시대적 변화에 따라가면서 지위 향상을 도모하거나 처세에 도움이 되는 방향으로 살아갔던 인물들도 있었던 것이다. 이러한 현상은 遼 지배 하에서 관직을 지니고 있던 인물들에게 두드러지게 나타나고 있다. 이것은 발해 존속 당시 발해인들이 일본과의 외교를 펼치면서 渤海王을 高(句)麗王으로, 渤海使臣을 高(句)麗使臣으로 하여,103) 그 계

---

102) 『金史』 卷128, 循吏 王政傳.

103) 『續日本紀』 卷22, 淳仁天皇 天平寶字 3年條(正月 庚午・2月 戊戌) 등 여러 군데 나타나고 있으며, 일본 平城宮에서 출토된 발해 관계 木簡에서도 "依遣高麗使廻來天平寶字二年十月廿八日進二階敍" 처럼 高麗使라는 말이 등장하고

212

승의식을 뚜렷이 보여주던 모습과는 매우 대조적이다.

다섯째, 고영창을 중심으로 한 대발해의 봉기는 12세기 동아시아사의 판도에 큰 영향을 미쳤음을 지적하지 않을 수 없다. 여진의 아골타는 遼 天祚帝 天慶 4년(1114) 遼의 寧江州를 함락시키는 것을 시작으로 遼의 동북부를 차지하고 1115년 金을 세워 연호를 收國이라 하였다. 그런데 아골타가 1116년 요동반도까지 남하한 후 1117년 여진 전체의 통합을 이루는데 큰 계기가 되었던 사건이 바로 고영창의 대발해 부흥운동과 관련이 있다. 즉, 아골타는 요양에서 일어난 대발해의 봉기를 기회로 대발해를 무너뜨린 다음, 요동반도 끝까지 세력을 확장함으로써 계속되는 遼와 金의 대결구도에서 우위를 점할 수 있는 바탕을 마련했던 것이다. 그 뒤 금나라의 힘은 대발해, 요나라를 넘어 송에 미쳤다. 1125년 금이 북송과 연합하여 요를 멸망시켰으며 1127년에는 북송까지 멸망시켰다. 그 후에도 계속 남송을 공격하여 중국의 北半을 점유하였다. 금의 힘은 한반도 고려에도 엄청난 부담으로 작용하면서 고려는 할 수 없이 사대의 예를 표하게 되었다.

그러므로 遼 동경 요양에서 발생한 발해인 고영창의 발해 부흥운동은 요동 지역의 역사 주인이 거란족의 遼에서 여진족의 金으로 교체되는 결정적인 계기가 되는 사건이었다. 동시에 발해 멸망 후 요 지배 하에서 관직생활을 해오던 발해 유민들이 이제 요를 떠나 금의 건국과 초창기 금의 국가 통치체제를 정립하는 데 큰 역할을 맡게 되는 계기 역시 발해 유민들이 세운 대발해의 등장과 깊이 관련되어 있음을 알 수 있다. 이런 의미에서 대발해는 비록 조그만 부흥국가에 불과했지만 발해 유민의 개인적 삶의 변화뿐만 아니라 동아시아 전체의 민족, 국가, 국제관계에 일대 전환을 가져온 대사건이었다고 생각된다.

있다.

이상 고영창이 중심이 되어 일어난 대발해의 부흥운동에 대해 몇 가지 살펴보았다. 1116년 요나라 지배 하에서 그들의 학정에 반발하여 이뤄진 대발해의 부흥운동은 일단 대발해를 끝으로 발해 유민들의 부흥운동은 더 이상 등장하지 않는 마지막 부흥운동이었다는 데 중요한 의미를 부여할 수 있다. 비록 7월 春州(현 長春)에서 발해 유민 2,000호가 집단적으로 봉기하지만 이는 대발해와 같은 부흥운동의 성격은 아니라고 여겨지기 때문에 역사적 의미는 그리 크지 않다. 그리고 금 건국 이후 금의 왕비들이 다수가 발해계이고, 금나라 치하에서 다수의 발해계 인물들이 관리로서 활동하지만 이들이 발해계인이라는 의식을 가지고 부흥운동을 전개한 예는 한 번도 없었다.

한국사에서 압록강과 두만강 이북을 마지막으로 지배했던 발해사의 역사적 위치가 중요하다면 그들의 유민들이 세운 마지막 부흥운동 국가, 대발해가 차지하는 역사적 위치도 그만큼 중요하리라 생각된다. 우리는 거란에 의한 발해의 멸망이 가지는 가장 중요한 역사적 의미를 고조선, 고구려, 발해로 이어지며 면면히 지니고 있던 이른바 만주에 대한 우리의 역사적 연고권이 마침내 사라지게 된 데서 찾고 있다. 즉, 발해가 거란에 멸망하기 전까지 한반도와 만주(혹은 요동)는 공간적으로 서로 이웃하고 있으면서 종족의 구성이나 문화적 특성, 혹은 역사적 경험의 측면에서 서로 깊은 관련성을 가지고 있었다. 그런데 이민족인 거란과 여진, 몽골, 만주족들이 통치하면서 그들이 전개한 역사의 방향과 성격은 한반도의 것과 완전히 달리 진행되어 갔던 것이다.[104]

그러나 고려 이래 북진정책의 문제를 떠나 만주를 무대로 한 발해 유민사가 10세기 초부터 12세기 초까지 200년 가까이 엄연히 존재했다는 사실을 잊어서는 안될 것이다. 그 가운데서도 만주에 대한 역사적

---

104) 김한규, 『한중관계사 I』, 아르케, 1999, 372쪽.

연고권 문제에 있어 공간적으로 볼 때 마지막은 대조영이 세운 발해 (698~926)가 아니라 발해 멸망 후 200년 가까운 시간이 지나 등장하는 대발해(1116)가 옳다고 본다.[105] 그런 의미에서 대발해가 가지는 역사적 의의를 결코 간과할 수 없다.

2) 대발해와 고려의 관계

대발해와 고려의 관계를 구체적으로 알 수 있는 기록은 없다. 『고려사』의 아래 기록을 통해 간접적으로 엿볼 수 있을 정도다. 이를 시간순으로 정리하면 다음과 같다.

① 庚戌에 비서교서랑 鄭良稷을 보내어 안북도호부의 아전이라 칭하고, 공문을 가지고 遼의 동경에 가서 절일사 尹彦純, 진봉사 徐昉, 하정사 李德允 등이 오래 머무르는 사실을 염탐하여 알아오게 하였다. (2월) 癸酉에 遼의 東京人 高謂가 내투하였다. (『高麗史』卷14, 예종 11년 정월)

② (尹)彦純은 睿宗朝에 시어사로 遼에 가서 天興節을 축하하였다. 이때 금나라 군사가 일어나 길이 막히었고 또 高永昌이 叛하여 東京에 雄據하였는데 언순이 徐昉, 李德允 등과 함께 영창에게 잡혀 협박에 못이겨 표문을 올려 稱賀하라 함에 언순이 능히 절조를 지키지 못하고 다 말하는 대로 하였다. 돌아와서는 사실을 숨기고 자수하지 않았다가 일이 누설되어 有司가 탄핵하여 그 죄를 다스렸다.

---

105) 다만 공간적 연고권이 아닌 만주에 살던 현지 주민의 역사의식적 측면에서 보면, 금나라 때 요동 지역에 살던 발해계 인물 가운데 고구려-발해-발해 유민의 계승의식을 여전히 지니고 있는 예(『金史』卷83, 張浩傳)가 있기 때문에 대발해 부흥운동에 참여한 발해계 인물들을 연고권의 마지막으로 규정하기는 곤란하다.

(『高麗史』卷96, 열전 윤관)

③ 壬寅에 鄭良稷이 遼 동경으로부터 돌아왔다. 그때 동경의 발해인이
난을 일으켜 유수 소보선을 죽이고 供奉官 고영창을 세워 황제라
참칭하고 나라 이름을 대원이라 하고 연호를 융기라 하였다. 양직
이 (동경에) 도착하여 관함을 사칭하고 표문을 올려 臣이라 칭하고
국가가 동경유수에게 주는 토산물을 고영창에게 증여하고 후한 보
답을 받았다. 돌아옴에 이르러 이것을 숨기고 알리지 않았다가 일
이 발각되어 有司가 그를 옥에 가두어 벌줄 것을 청하니 그대로 하
였다. (중략) 戊寅에 遼의 내원, 포주 두 성의 流民이 양과 말 수백
을 몰고 내투하였다. 己卯에 遼의 流民 남녀 20여 인이 내투하여
양 200여 마리를 바쳤다. (『高麗史』卷14, 예종 11년 3월)

④ 이달에 거란 33인, 漢人 52인, 奚人 155인, 숙여진 15인, 발해 44인
이 내투하였다. (『高麗史』卷14, 예종 11년 12월)

⑤ (壬辰) 渤海人 52인, 奚人 89인, 漢人 6인, 契丹人 18인, 熟女眞 8인
이 遼로부터 내투하였다. (『高麗史』卷14, 예종 12년 춘 정월)

⑥ 금나라 군이 遼의 개주를 攻取하고 드디어 來遠城 및 大夫, 乞打,
柳伯의 3營을 습격하여 전함을 모두 불태우고 배를 지키는 인원을
사로잡음에 이르러 통군 상서좌복야 개국백 耶律寧이 내원성자사
검교상서 우복야 常孝孫 등과 더불어 그 관민을 인솔하여 배 140척
에 싣고 江頭에 出泊하여 寧德城에 이첩해 이르기를, "여진이 배반
하고 아울러 東京 渤海가 이어 배반함에 도로가 통하지 아니하여
統軍部內의 田穀을 거두지 못하고 미곡이 등귀하여 빈한한 사람들
이 생기게 되었다. 고려국의 인근에 주거하고 있으므로 이미 일찍
이 곡식을 빌리려 하였지만 미루어져 대차가 행해지지 아니하였다.
(중략) 이 州에 있어서는 地分을 아울러 내어 주고 가노니 수수를

행하되 이후는 조칙에 준하여 시행할 것이다"하며 내원, 포주 2성
을 우리에게 돌리고 드디어 바다에 떠 도망하자 우리 군사가 그 성
에 들어가 병기 및 전화, 보물을 매우 많이 취득하였다. (『高麗史』
卷14, 예종 12년 3월)

위에서 인용한 『고려사』의 대발해에 대한 서술은 중국 사서들과는
달리 부흥운동 전개 과정에 대해 매우 간단하게 서술하고 있다. 주로
遼와 高麗의 관계를 설명하는 가운데 중간중간 언급하고 있다. 인용한
글의 전체적인 내용은 세 가지로 정리할 수 있다. 대발해와 고려 사신
의 관계, 대발해의 봉기에 따른 발해 유민의 고려 내투 문제, 요·금의
전쟁과 대발해 부흥운동에 영향을 받아 나타나는 영토 문제 즉, 保州
문제이다. 보주에 관한 문제는 직접적인 것은 아니며 간접적인 사안이
다.

첫째, 대발해와 고려 사신의 관계를 살펴보도록 하겠다. 일단 기록
상으로는 대발해와 고려 사이에 공식적인 외교관계가 형성된 것은 아
니다. 서로간에 어떠한 목적을 가지고 사신을 파견한 사례가 나타나지
않고 왕래했다는 사신 이름을 찾을 수 없기 때문이다. 반면에 고려 전
기 외교에 遼의 비중은 매우 커, 고려는 한족의 송나라가 아닌 북방의
요나라에 사대관계를 가지면서 금나라의 득세를 간파한 1116년 3월까
지 遼의 연호를 사용하고 있었다. 그러므로 고려 전기 외교사에서 대
발해가 차지하는 위치는 遼에 미칠 바가 못되며 요동을 중심으로 동아
시아 전체가 전란에 처한 12세기 초 상황에서도 고려와 遼 사이에 사
신 왕래는 꾸준히 이뤄지고 있었다. 그런데 위의 인용 기록에서 보듯
이 대발해가 건국되는 1116년 정월 이래 高麗와 遼 사이의 외교관계는
순조롭지 못하다. 그 이유는 물론 1115년 금의 건국과 강력한 남하정
책의 영향이 커겠지만 대발해 부흥운동도 어느 정도 영향을 미치고 있

었다. 여기서는 후자에 대한 검토가 필요하다.

먼저 위의 기록들을 종합하면 다음과 같다. 고려 윤관의 아들 윤언순을 비롯한 여러 사신들은 대발해가 부흥운동을 처음 일으키던 1116년 1월 이전인 1115년 10월 무렵에 요에 사신으로 파견되었다.[106) 그런데 고려에서는 이들이 돌아오지 않자, 1116년 1월 정양직을 遼의 東京에 보내 그 이유를 알아오게 하였다. 이때 대발해의 주도자 고영창에게 잡혀있던 윤언순은 표문을 올려 축하를 하라는 강요에 못이겨 할수 없이 이를 따르고 말았다. 그리고 고려 사신을 염탐하러 갔던 정양직도 동경에 이르러 관함을 사칭하고 표문을 올려 臣이라 칭하고 요의동경유수에게 주어야 할 토산물을 오히려 대발해 고영창에게 증여한후 보답을 받고 1116년 3월에 귀국했으나 일이 발각되어 처벌받았다는내용이다.

고려와 요 사이의 외교에 대발해가 등장하면서 정상적 외교가 행해지지 못하고 파행을 겪고 있는 상황을 말해주고 있다. 비록 강요에 의한 것이더라도 윤언순은 표문을 올려 대발해 건국을 축하하고 있다.특기할 만한 것은 정양직의 경우다. 문구상으로 보아 그는 고영창에잡히지도 않았고 협박을 받은 것도 아니다. 그런데도 표문을 올려 신이라 칭하였다. 한창 진행되던 대발해의 위세에 스스로 눌려 그렇게행동했을지도 모를 일이다. 그리고 요나라에 갔던 사신과 이를 염탐하러 갔던 사람이 원래의 목적 대신 대발해 고영창과의 일 때문에 처벌받았다는 사실은 고려 조정에서 대발해라는 국가의 성격과 그 힘을 정확히 파악할 수 있는 계기가 되었다는 반증이 될 것이다.

아무튼 여러 고려 사신과 고영창의 행위를 통해 본다면 발해 멸망이후 200년 가까이 지난 상황에서도 고려는 계속해서 발해 유민, 그리

---

106) 『高麗史』卷14, 睿宗 10年 10月條.

고 그들의 부흥운동과 크든 작든 일정한 관계를 맺고 있음을 알 수 있다.

여기서 중요한 것은 대발해의 고영창이 고려 사신들을 만나 표문까지 올리고 臣이라 칭하라고 할 정도에 이르렀음에도, 이전의 흥료국과 달리 왜 고려에 대한 구원 요청은 하지 않았는가 하는 점이다. 만약 대발해에서 고려에 구원을 요청하러 갔다면 『고려사』에 사신의 이름이나 관직 정도는 남아있었을 것으로 보여지나 이러한 것들이 전혀 등장하지 않는다.

대발해의 건국지가 요동인 점은 이전의 흥료국과 같다. 이에 먼저 제기할 수 있는 것은 흥료국 시기와 대발해 시기의 요동을 둘러싼 이 일대의 국제환경의 변화이다. 즉, 흥료국 당시는 요동이 거란의 중심지인 上京으로부터 반대 방향인 고려에 인접해 있어 흥료국의 고려에 대한 지원 요청이 용이했으나, 대발해 당시에는 요동 동쪽을 금이 차지하고 있었음을 고려한다면 지리적 요인을 배제할 수는 없는 것이다.

이보다 더 중요하게 제기할 수 있는 요인은 발해 멸망기·고려 건국기와 대발해 등장 간의 시간의 차이에 따른 요동 일대 발해 유민의 고려에 대한 인식의 변화 가능성이다. 흥료국 시기와 대발해의 시기만 해도 벌써 100년 가까운 시간이 흘렀고, 고려 건국기로부터 보면 무려 200년의 시간이 흐르고 있다. 그러므로 거란 지배 하 흥료국 시기의 對高麗觀이라는 것은 아직도 고려에 대해 연결의 끈을 가지고 있었으나 대발해 시기에는 이러한 요소들이 많이 사라졌다는 점이 크게 작용한 것이 아닐까 생각된다. 이러한 면은 비록 국호를 대발해라 칭하면서 다수의 유민들이 동참했다고 하더라도 대발해의 부흥운동 당시 오히려 반대편에 서서 행동한 渤海系人이 많았고, 금나라 지배하의 발해 유민들이 金나라 정권에 적극적으로 동참했다는 측면에서 간접적으로 입증되고 있다.

둘째, 대발해의 봉기에 따른 발해 유민의 고려 내투 문제도 눈여겨 볼 필요가 있다. 대발해가 봉기하기 이전에 발해 유민의 마지막 내투는 1050년이었다. 그러다가 60여 년 뒤에 다시 내투한 것은 분명 대발해의 봉기와 깊은 관련이 있다. 곧 대발해의 부흥운동이 실패로 돌아가자 발해 유민들이 고려로 내투했음을 보여주는 것이다. 그런데 위의 내투 사례 가운데 '발해인'이라는 표현을 바로 '대발해의 부흥운동에 동참한 발해 계통의 사람'으로 이해하는 것은 올바른 해석이 아니다. 홍료국 멸망 직후 이뤄진 몇 차례의 내투에서도 '발해인'이란 표현으로 기록돼 있기 때문이다. 요나라의 통치를 받으며 살아가던 보다 넓은 의미의 발해 계통의 사람으로 보는 게 옳을 듯하다.

여기서 주의할 것은 발해 계통의 사람들이 어떠한 이유에서든 여전히 고려를 망명지로 택한 것은 단순하게 지리적으로 가까운 곳이라는 의미로만 해석할 수는 없다는 점이다. 이는 고려 건국 이래 지속적으로 나타나는 고려 내투 발해 유민의 적극적인 수용과 우대책을 비롯한 발해·발해 유민과 고려의 관계에서 종합적으로 설명되어야 할 것이다.

덧붙여 주의할 것은 대발해 건국 이래 나타나는 발해 유민의 내투를 지금까지는 대체로 대발해와 연계하여 설명하였지만 단순히 대발해의 부흥운동과 그 실패에 따른 결과로만 볼 수 없다는 점이다. 실제로 이 시기에는 1116년 대발해 부흥운동 외에, 1114년부터 요동(만주) 지역을 둘러싸고 요와 금 사이에 치열한 싸움이 수시로 진행되고 있었다. 금이 대세를 장악해 가는 가운데 대발해 중심지 동경 요양을 공략하고, 요동반도의 曷蘇館女眞 및 그 동쪽 방면의 숙여진을 복속시켜 1117년에 이르면 여진 통합의 숙원이 완성되는 시기였으며, 금의 세력이 來遠·把(抱)州 인근까지 미치던 시기였다. 따라서 이 시기에 나타나는 발해 유민의 고려 내투가 대발해와 관련되었을 가능성이 높겠지만, 오

220

로지 대발해 부흥운동에만 연결시키는 것은 옳지 않다. 대발해 부흥운동 실패 이외에 금의 흥기에 동반되어 나타나는 동아시아 정세의 급격한 변화 등 다른 복잡한 요인의 결합에 의해 살던 곳을 떠나 고려로 망명했다는 점도 고려해야 할 것이다.

셋째, 遼·金의 전쟁과 대발해 봉기에 영향을 받아 나타나는 이른바 保州에 관한 문제이다.[107] 보주는 遼가 발해를 멸망시키고 압록강 동안에 성을 쌓아 保州라 칭하였는데 문종 때는 抱州라 칭하였다. 그리고 예종 12년(1117) 金兵에 쫓긴 遼 刺史 常孝孫이 내원성과 포주를 고려에게 주고 도망가자 고려 군사가 성에 들어가 兵仗과 錢穀을 수합하였으며 義州防禦使로 삼았다. 그리고 인종 4년(1126)에 금나라가 이 州를 고려에 완전히 반환하였다.[108] 이처럼 보주지역은 압록강 방면의 지배권을 확보할 수 있는 중요한 거점이었으므로 고려와 요, 금의 국제관계가 복잡하게 얽혀있는 곳이다.

여기서 중요한 것은 원래 보주 일대가 발해·발해 유민과 밀접한 관련이 있었다는 점이다. 이 지역은 고구려가 망한 후에는 장시간 발해의 영토에 속하였다. 그리고 遼가 발해를 멸망시킨 뒤에는 발해 유민이 세운 정안국과 분할 소유하였으며 여진족도 散居하고 있었다. 그 후 遼 聖宗이 정안국을 멸망시키고(986) 여진족까지 경략하였는데,[109] 5년 뒤 이곳에 내원성을 쌓음으로써 압록강 중·하류지역이 모두 遼의 손에 들어갔다. 1029년 발해 유민 대연림이 세운 興遼國 당시에는 발해 후에 夏行美가 지키고 있던 곳이기도 하고 요의 耶律蒲古에게 발해

107) 保州에 대해서는 다음 글이 참조됨. 三上次男,「金初の麗金關係-保州問題を中心として」『歷史學研究』9-4, 1939 ; 朴漢男,『高麗의 對金外交政策 研究』, 成均館大大學院 博士學位論文, 1993.
108)『高麗史』卷58, 志12 地理13 北界 安北大都護府 義州條.
109) 和田清,「定安國について」『東洋學報』6, 1916 ; 앞의 책, 1955, 171~180쪽.

병 800명이 죽임을 당하는 곳이기도 하다. 동시에 흥료국이 고려에 구
원을 요청할 때 參知政事 郭元이 출병한 곳이기도 하다.[110]

그런데 위의 사료를 통해 보면 대발해와도 관련이 있음을 알 수 있
다. 즉, 고려의 외교 현안 가운데 중요한 부분을 차지하는 보주를 거란
으로부터 되찾는 상황에서, 단순히 遼와 金의 전쟁의 부산물로서만 차
지한 것이 아니라 여기에는 遼에 대한 발해 유민의 대발해 봉기가 크
게 작용했던 것이다.[111]

위에서 보는 것처럼 대발해와 고려의 관계는 발해 멸망기 이래 흥료
국과 고려의 관계에 비해서는 그다지 깊지 않았다. 그러나 여전히 관
계를 맺고 있었다는 사실은 한국사상 중요한 의미를 지닌다고 하겠다.
즉, 여기서 우리는 발해 유민의 부흥운동이라는 북방의 역사와 남방의
고려가 남과 북에서 따로따로 나아가는 것이 아니라, 서로 간에 관계
를 맺으면서 함께 나아가는 한국사 전개 과정의 분명한 흔적을 발견할
수 있기 때문이다. 따라서 대발해와 고려 관계가 가지는 역사적 의의
는 보다 적극적으로 평가돼야 할 것이다.

이상에서 대발해의 부흥운동 전개 과정과 고려와의 관계에 대해서
살펴보았다. 대발해는 국호가 발해 계승을 표방한 大渤海로 지칭한 점
이외에 주도자가 고구려 계통의 발해 유민이고, 그 근거지가 옛 발해
지역이며, 발해계인에 대한 민족적 차별대우에 반발해 봉기했다는 것
과 발해 유민이 집단적으로 모여 사는 곳에서 일어나 그 유민들의 많
은 협조를 받았고, 대발해가 망하자 발해계 유민이 고려로 망명하는

---

110) 李孝珩, 앞의 글, 1998, 39쪽.
111) 이는 다음의 기록을 통해서도 뒷받침될 수 있다. ① "(收國 2年) 閏正月 高永
昌據東京 使撻不野來求援 高麗遣使來賀捷 且求保州 詔許自取之"(『金史』 卷
2, 太祖 阿骨打). ② "(8月) 庚辰 金將撒喝 攻遼來遠抱州二城 幾陷 其統軍耶律
寧 欲帥衆而逃……王乃遣使如金 請曰抱州本吾舊地 願以見還 金主謂使者曰
爾其自取之"(『高麗史』 卷14, 睿宗 11年).

점 등에서 발해 부흥운동 국가의 근거를 구할 수 있다.

그리고 발해 유민들의 大渤海 부흥운동은 비록 5개월이라는 짧은 기간에 끝난 부흥국가라 하더라도 한반도 영역 밖 만주에 남긴 한국사의 마지막 국가였다는 점과, 남방의 고려와 여러 면에서 관계를 맺고 있었다는 점에서 큰 의미를 찾을 수 있다. 아울러 끝없이 전개된 발해 부흥운동사의 마지막을 장식했다는 의미에도 불구하고, 대발해 부흥운동의 실패는 옛 발해 지역이 이제 완전히 오늘날 한국사 영역 밖으로 넘어가게 되었다는 측면도 있음에 유의해야 한다.

제4장 발해 유민과 그 후예의 사회적 지위

고려시대 10~12세기는 외부로부터 많은 수의 인구가 한반도 내로 유입된 시기였다. 각자 고려로 넘어오는 배경과 목적은 다르다. 五代와 宋 등에서 온 중국의 漢系는 국가의 멸망과 같은 최악의 상황에서 건너 온 인물은 거의 없고 개인적인 출세나 보다 나은 대우를 받기 위해 귀화의 길을 택하였다. 여진인의 경우는 병란을 피해 왔다기보다 생활의 안정이나 경제적 이익의 추구 등에 그 목적이 있었다.[1] 거란인의 경우는 거란의 지배체제가 강화되면서 그 압제를 피하고 잦은 정벌에 따른 군역과 경제적 어려움에서 벗어나려는 데에 그 원인이 있었다. 발해계 사람들이 고려로 내투한 것은 크게 두 가지 부류로 나눠진다. 하나는 국가가 거란에 의해 멸망되면서 그 지배체제를 벗어나 새로운 길을 찾아 나선 사람들의 경우이다. 나머지 하나는 발해 유민들이 몇 차례에 걸쳐 부흥운동을 전개하다가 실패하면서 단속적으로 고려에 내투하는 경우다.

그런데 여기서 漢系를 제외하고는 발해인, 거란인, 여진인들의 출신이 아주 명확하게 구분되는 것이 아니라는 점을 유의할 필요가 있다. 이들의 주 활동 무대는 소위 滿洲였다. 따라서 발해가 멸망한 이래 여전히 발해계라는 인식을 가지고 있었던 사람들이 고려로 내투한 경우

1) 朴玉杰,『高麗時代의 歸化人 研究』, 國學資料院, 1996, 65쪽.

기록에 발해인이라는 것이 드러나지만, 그렇지 않고 원래 발해주민이었다가 국망 후 거란의 지배를 받으면서 거란국적을 지니고 고려에 내투한 인물들은 거란인이라고 되어 있다. 그렇지만 이들 중 다수는 발해계라는 사실이 드러나고 있다. 이는 여진인들의 경우도 마찬가지다. 여진인들이라 불리는 사람들도 사실은 발해 시기에는 발해의 커다란 구성원이었지만 나라가 멸망하자 이제 여진인이라 불리면서 고려에 내투하였으나 그들 가운데 상당수는 발해계였다는 것이 밝혀졌다.[2]

따라서 거란, 여진인 가운데서도 발해계 인물이 다수 있었다는 것은 인정하지만 현재의 자료로는 내투인들의 원래 출신까지 아주 정확하게 가려내 민족구성을 재분류할 수 있는 단계는 아니다. 일단 기록에 나오는 출신대로 나눠 논지를 전개하고자 한다.

고려시대에 외부에서 유입된 여러 사람들에 대해『고려사』등의 기록에는 來投, 投化, 來奔, 歸化를 비롯해 다양한 이름으로 기록돼 있다. 이 가운데 來投가 가장 빈번하게 사용되었으므로 여기서는 이 용어를 사용하고자 한다. 비교 시기는 고려 전기를 기준으로 하였다. 발해인의 고려 내투가 1117년을 기점으로 소멸하기 때문이다. 이 같은 전제 아래 고려시대에 유입된 제 내투민에 대한 고려의 인식과 처우를 비교해보고, 발해 유민 후예의 사회적 지위를 살펴보고자 한다.

1. 고려의 내투민에 대한 시책

고려시대에는 다양한 민족들이 내투하였다. 이들 제 내투민에 대한

---

2) 韓圭哲,「高麗來投 來往·契丹人－渤海遺民과 관련하여」『韓國史研究』47, 1984 ;「高麗 來投·來往 女眞人－渤海遺民과 관련하여」『釜山史學』25·26 合, 1994.

처우는 과연 어떠하였는가 하는 문제를 발해 유민을 중심에 두고 살펴보려고 한다. 그렇게 함으로써 고려시대 내에 발해 유민의 위치가 드러나게 될 것이다. 단 발해인(또는 발해 유민)의 경우 거란, 여진, 한족처럼 하나의 민족을 형성했는가 하는 문제가 제기될 수 있으나,[3] 여기서는 민족보다 집단 차원에서 이해하려 하였다.

1) 내투민에 대한 인식

발해인의 고려 내투는 태조 8년(925) 발해 장군 申德 등 500인이 내투한 것이 처음이다. 이때는 발해가 망하기 4개월 전이므로 국가 내부의 문제와 거란의 침공으로 國亡을 예견하고 남쪽의 고려로 내투하였을 것이다. 발해 유민 내투의 마지막은 金에 의한 대발해 진압과 관련된 예종 12년(1117) 1월 발해 52인이 내투한 사례이다.

발해 유민의 고려 내투는 발해 멸망 직후와 경종 4년(979) 발해 유민의 활동으로 추정되는 어느 사건, 흥료국이 붕괴된 1030년 직후, 대발해의 소멸시기에 집중되고 있다. 이것은 10~12세기 당시 동아시아 내의 발해와 발해 유민의 활동과 깊은 관련을 맺고 있음을 반영하는 것이다.

고려에 내투한 발해 유민들의 경우 世家를 기준으로 보면 개인 내투 5회, 집단 내투 25회, 戶 내투 4회, 선박 내투 1회로서 집단 내투가 대부분을 차지하고 있다. 기록을 토대로 전체 인원이 수만 명 이상인 것은 확실하나, 두 군데에 나오는 數萬(『高麗史』태조 17년 7월·경종 4년)을 과연 어떻게 계산할 것인가 하는 점에 의견이 있어 정확한 숫자

---

3) 孫進己는 渤海民族은 다민족의 융합으로 이루어졌으며, 渤海族의 주된 원류는 예맥계의 各族인데 그 중에서 粟末靺鞨이 중심이라 하였다. 孫進己 저·林東錫 옮김, 『東北民族源流』, 東文選, 1992, 제6장 渤海族의 원류.

226

파악은 어려운 상황이다. 여러 민족의 내투민 가운데 가장 신분이 높은 발해의 세자가 내투하고 있는 점은 국가의 멸망에 따른 결과이지만 결코 가볍게 볼 수 없는 부분이다. 그리고『요사』(권76, 高模翰傳)에는 高模翰이라는 사람이 고려로 내투했다가 고려 태조의 王女와 혼인을 한 후 죄를 지어 거란으로 갔다는 기록이 있다.[4] 王女의 지위가 문제는 되겠으나 고려 왕실과 혼인한 고모한의 신분도 상당한 지위에 있었던 것으로 추정된다.

그리고 발해 유민의 내투는 고려 전기 전체 내투민 가운데 가장 많은 숫자를 차지하고 있다는 점을 주목할 필요가 있다. 이 점은 고려 전기 전체 인구상에 차지하는 그들의 비중과 고려의 후삼국 통일의 의의와 관련해 중요하게 다뤄야 할 부분이다.

漢人들의 내투는『고려사』세가나 열전을 중심으로 살펴보면 태조 2년(919) 9월 吳越國에서 酋産規의 내투부터 시작되어 의종 2년(1148) 宋人 張喆의 내투를 끝으로 사라지고 있다.[5] 한인들의 경우 일견 5대 10국의 혼란기를 피해 다수의 사람들이 고려로 내투한 것으로 이해하기 쉽다. 그러나 내투 사례를 보면 총 42회 155인의 내투 중 宋 이전에 온 것은 오월국과 후주에서 온 4건에 불과하다. 오히려 송나라 사람들의 내투가 거의 대다수를 이루고 있는데 그 가운데서도 예종 시기에 집중적으로 내투하고 있는 것은 하나의 특징이다. 漢人들이 고려에 내투한 이유는 국가 내부의 혼란이나 북방민족의 남하에 따른 전란을 피하기 위한 것이 아니었다. 도리어 개인적인 문제나 지위를 상승시키기 위한 목적에서 비롯되었으며 고려 초 이들에 대한 우대책과 관련이 있다.[6]

---

4)『遼史』卷76, 高模翰傳.
5) 朴玉杰, 앞의 책, 1996, 34쪽, <표 1> 漢系의 귀화 사례 참조.
6) 朴玉杰, 위의 책, 1996, 제4장 高麗時代의 歸化人 政策 참조.

거란인의 고려 내투는 현종 7년(1016) 2월 王美 등 7인이 내투하는 것을 처음으로 하여 예종 12년(1117) 未詳의 18인이 내투하는 것을 끝으로 등장하지 않는다. 50여 회의 기록이 있으며 전체 숫자는 발해 유민보다는 훨씬 적어 1000명 정도 이른다. 현종 이전 시기에 이들의 내투 기록이 없다는 점은 의문이지만 기록의 散逸과 관련 있을 것이다.

그런데 거란은 발해를 멸망시킨 국가이다. 그러므로 契丹이라는 이름으로 고려에 내투한 다수의 내투자 가운데는 옛 발해의 주민이나 그 후손일 가능성이 많다. 내투자 가운데 이를 가려낼 수 있는 것은 현실적으로 내투자의 성씨나 기록의 내용을 세밀히 분석하는 방법이 있겠지만 성씨를 통해 대씨, 고씨 등의 성을 가진 거란인이라 불리는 다수의 인물들은 발해계로 추정된다.[7] 다만 이들 발해계 거란인들은 발해인으로 기록된 사람들과 달리 거란의 지배체제에 동참하여 발해인이라는 의식을 버리고 스스로 거란인으로 행세하던 사람들이다.

여진인의 내투는 태조 즉위년(918) 8월 尹瑄이 黑水蕃衆을 이끌고 온 것이 처음이지만 본격적으로 이루어지는 것은 태조 4년(921) 黑水酋長 高子羅가 170인을 이끌고 내투한 경우이다.[8] 마지막 내투는 예종 12년(1117) 정월 숙여진의 未詳 8인이 遼로부터 내투한 사례이다. 여진인의 내투는 여진, 동·서번, 동·서여진, 흑수 등 다양한 이름으로 기록돼 있다는 점과 다른 민족에 비해 내투 사례가 월등히 많다는 게 하나의 특징이며 그 숫자도 상당하다.[9] 현종, 덕종, 정종, 문종, 선종, 숙

---

7) 韓圭哲, 앞의 글, 1984.

8) 여진인의 내투와 관련하여 黑水國人의 존재가 이미 고려 건국 이전의 신라 국경에 886년 등장하고 있다(『三國史記』 新羅本紀 憲康王 12年 春條).

9) 여진인의 내투 기록에는 來朝와 來獻처럼 그 의미가 애매한 표기가 내투로 표기된 것보다 훨씬 더 많다. 이 경우 내투 사례에서 제외한다면 내투의 횟수는 훨씬 감소하게 된다. 여진인의 내투에 대해서는 아래 글이 크게 참조되나 자료를 보는 시각에 따라 내투자 분석에는 조금씩 차이가 있다. 金庠基,『新

종, 예종대에 집중되어 있으나 고려 전기에 걸쳐 지속적으로 이루어지고 있다는 점도 특징이라 하겠다.

이상의 내투인들을 『高麗史』 世家 기록을 근거로 고려 전기 내투인들의 시기와 내투 숫자를 비교하면 다음과 같다.[10]

<표 9> 고려시대 내투인 비교

왕(내투시기)	발해인	거란인	여진인	한인(漢人)
태조(921~938)	31,873인		1,870인 (黑水·北蕃)	태조~의종 : 42회(내투 시기가 부정 확한 것이 있 어 일괄 처리 함)
경종(979)	10,000인			
현종(1016~31)	537인(7회)	571인(34회)	6,842인(10회)	
덕종(1031~33)	170인	99인	1,714인	
정종(1040)		120인	14인	
문종(1047~81)	1인(未詳)	23인	8,353인	
선종(1093)			3인	
숙종(1101~05)		1인	1,760인	
예종(1107~17)	96인	172인	3,253인	
計	42,677인	986인	23,806인	155인

위에서 살펴본 내투인 비교에는 몇 가지 특징이 있다. 여진인에 대한 내투 기록이 가장 많은 횟수를 차지하고 있는 점, 내투인의 수는 발해 유민이 가장 많다는 점, 대개 내투의 시초는 태조부터 시작되어 예

編 高麗時代史』, 서울대학교출판부, 1985, 附錄 : 女眞來投·向化表 ; 韓圭哲,
「高麗 來投·來往 女眞人 - 渤海遺民과 관련하여」『釜山史學』 25·26合,
1994.

10) <표 9>는 韓圭哲의 글(위의 글, 1994, <표 2> 고려 내투인 비교)을 참고하여
일부 보완한 것이다. 朴玉杰의 앞의 책(1996, 59쪽, <표 3>)에도 잘 정리되어
있으나 발해 유민 중 數萬을 1만으로 보느냐(한규철), 5만으로 보느냐(박옥걸)
등으로 인해 합계에서 많은 차이를 나타내고 있다. 한편 安廓은 수십만이라
하고(『安自山 國學論選集』, 現代實學社, 1996, 430쪽), 張道斌은 약 백만 가까
이가 고려에 내투했다고 하나(『汕耘張道斌全集』 卷1, 通史1, 1981, 181쪽), 이
는 실제 기록과 거리가 있다.

종대에 이르러 끝이 난다는 점, 기록보다는 훨씬 많은 내투 사례가 있었을 것이라는 점,[11] 집단 내투 사례가 대단히 많지만 그 집단의 성격을 파악하기가 곤란하다는 점, 태조대와 현종대 사이는 내투 기록이 극히 적다는 점 등이다.

이제 이러한 기본적인 사실을 토대로, 일단 내투민 후예는 제외하고 내투민 자체에 대한 고려의 인식에 대해 자세히 살펴보고자 한다.

고려 전기 내투민에 대한 고려의 인식은 민족별, 시기별로 차이를 나타내고 있다. 심지어 개인별, 집단별로도 그 차이를 보여주는 경우가 있다. 그러므로 내투 배경과 시대적 상황에 대해 아주 세밀한 연구가 수반되지 않으면 비교 자체가 큰 의미를 지니지 못하게 된다. 따라서 단순히 민족별로 나눠 살펴본다는 것이 문제가 없지 않으나 일단 인식의 차이점을 상호 비교해 보고자 한다.

(1) 契丹人에 대한 고려의 인식

거란인은 고려와는 여러 가지 면에서 차이가 있는 민족이다. 종족이 東胡族에 속하는 이른바 정복 왕조의 하나로서 농경민인 고려와 다른 유목민들이다. 이에 문화가 많이 달랐으며 언어도 달랐다. 이는 아래의 여러 기록을 통해 쉽게 확인할 수 있다.

왕이 내전에 나아가 대광 박술희를 불러서 친히 훈요를 주었는데 그 내용이 다음과 같다. (중략) 거란은 禽獸의 나라로서 풍속과 언어가 다

---

11) 일례로 『宋史』(卷487, 列傳 第246 外國3 高麗傳)에 다수의 宋人과 女眞人이 내투했다는 기록이 있고, 『遼史』(卷76, 高模翰傳)에 발해인 高模翰이 고려로 내투했다가 고려 태조의 王女와 혼인을 한 후 죄를 지어 거란으로 갔다는 기사가 있는데 고려 측 기록에는 빠져 있다. 그 외에도 여러 곳에서 내투 흔적을 발견할 수 있다.

르니 그들의 衣冠制度를 아예 본받지 말라. (『高麗史』 卷2, 태조 26년 4월)

거란과 같은 것은 우리와 경계를 접하였으나 의당 먼저 修好할 것이
요, 저들이 또 먼저 사신을 보내어 화해를 구하였음에도 우리가 이에
그 교빙을 끊은 것은 저들 나라가 일찍이 발해와 더불어 連和하였다가
갑자기 의심을 일으켜 舊盟을 돌보지 않고 하루 아침에 殄滅하였으므
로 태조가 '거란은 無道함이 심하므로 족히 더불어 交聘할 수 없다' 하
고 거란이 바친 바 낙타를 또한 모두 버려서 기르지 않으니 그 깊고 먼
계책은 환난을 미연에 방지하여 나라를 아직 위태하지 않음에서 보전
함이 이와 같았나이다. (『高麗史』 卷93, 열전 최승로)

거란인에 대한 고려 측의 인식은 매우 나쁘게 묘사되어 있다. '금수
의 나라', '무도의 나라'로 지칭하고 있다. 특히 태조가 943년 그의 자
손들에게 귀감으로 남긴 遺訓 즉, 훈요 10조에 거란을 매우 이적시하
는 조항이 들어있다는 점은 주의를 요한다. 거란은 고려 건국 이래 일
시적인 화해의 기간을 제외하고 지속적으로 대립관계를 형성하였으며
여러 차례에 걸쳐 커다란 전쟁을 치렀던 나라이다. 이러한 고려의 對
契丹 인식에 커다란 영향을 끼친 요인의 하나는 거란에 의한 발해의
멸망이었다는 사실은 결코 간과할 수 없다. 이른바 만부교 사건의 배
경도 발해의 멸망이 내재된 것이었다. 이는 최승로도 인정하고 있다.
물론 이 같은 고려의 거란에 대한 인식은 고려의 북진정책에 대한 하
나의 명분으로 작용했을 가능성도 있으나, 고려 전기 외교관계 전체를
통관할 때 對契丹 인식의 근저에는 발해 문제가 깊이 내재된 것임에
틀림없다고 생각된다.

(2) 女眞人에 대한 고려의 인식

女眞은 女直이라고도 한다. 여진은 고려와 다른 민족으로서 명칭은 시대에 따라 달리 나타나지만 직접적인 조상이라는 黑水靺鞨을 비롯한 여러 말갈의 경우 해석상에 많은 논란이 있다. 이것은 특히 발해의 귀속 문제와 깊은 관련을 맺으면서 개인적인 견해뿐만 아니라 국가간에도 많은 입장 차이를 낳고 있다. 여진이라는 이름이 사서에 처음으로 나타나는 것은 『요사』(권1, 태조본기 태조 상)인데 시기적으로는 903년에 해당한다. 이때는 女直이라 기록돼 있다. 女眞이라는 이름이 중국 사서에 처음 등장하는 것은 『구오대사』[12]이다.

여진인에 대한 고려의 인식도 거란처럼 매우 좋지 않았다. 『고려사』에 보면 인면수심이라는 표현이 수차례 등장하고 있다.[13] 금수와 무도의 표현도 있고,[14] 夷狄 가운데 가장 貪醜하다는 지적도 있다.[15] 이러한 인식의 배경은 고려인 스스로 알고 있듯이 여진이 異類[16]였다는 데만 원인이 있었던 것은 아닐 것이다. 여진은 생활 조건과 근거지의 문제로 고려를 끊임없이 약탈, 침탈하였는데 이것이 여진에 대한 고려의 인식에 큰 영향을 주었다고 본다. 때문에 여진에 대한 고려의 인식에는 거란과 달리 발해 문제가 개입된 것은 아니었다. 그런데 여진이 옛 발해의 구성원이었던 말갈의 후손이라고 한다면, 발해라는 출신지를 가지고 고려에 내투한 사람들과 인식에 많은 차이가 있다. 따라서 고려 내투 발해인과 여진인 사이에는 과거에 발해를 구성했던 구성원이라는 공통적인 사실을 제외하면 여러 가지 면에서 서로 다른 점이 많았다고 여겨진다.

---

12) 『舊五代史』 卷32, 莊宗本紀 同光 2年 9月 庚戌條.
13) 『高麗史』 卷2, 太祖 14年 11月 ; 卷9, 靖宗 9年 夏四月 ; 卷94, 郭元 ; 卷95, 崔冲 ; 卷95, 黃周亮. ; 卷95, 李子淵 附 李資諒 ; 卷96, 尹瓘.
14) 『高麗史』 卷9, 文宗 33年 4月 ; 卷96, 尹瓘.
15) 『高麗史』 卷95, 李子淵 附 李資諒.
16) 『高麗史』 卷95, 黃周亮 ; 卷84, 志38 刑法 殺傷.

(3) 漢人에 대한 고려의 인식

고려 전기의 한인에 대한 인식은 나쁘지 않았다. 이들이 고려와는 이민족이었지만 북방민족처럼 전쟁을 치렀던 사실도 없었다. 송과는 때때로 마찰이 있었지만, 대체로 우호적인 관계를 유지하면서 그들의 선진적인 제도와 문화를 수용하고 경제적인 측면에서도 활발한 교류를 지속하였다. 고려의 한인에 대한 인식을 보여주는 결정적 사료는 없다. 다만 고려 초 최고 통치자의 유훈인 훈요 10조와 고려 전기 최고 지식인 최승로의 시무 28조 내용을 통해 간접적으로 파악할 수 있다.

> 우리 동방은 예로부터 唐風을 사모하여 문물, 예악이 모두 그 제도를 따랐으나 방위를 달리하고 땅을 달리한 만큼 인성도 각각 다른 것이니, 반드시 구차스럽게 같이 할 것이 못된다. (『高麗史』 卷2, 태조 26년 4월)

> 중국의 제도는 준수하지 않을 수가 없습니다. 그러나 사방의 습속은 각기 土性에 따르므로 모두 변화시키기는 어렵습니다. 그 禮樂·詩書의 가르침과 君臣·父子之道는 마땅히 중화를 본받아 비루함을 고쳐야 할 것입니다. 그러나 그 나머지 車馬·衣服制度는 가히 土風에 따라 사치와 검약의 중용을 얻게 하고 반드시 구차하게 같이 할 필요는 없습니다. (『高麗史』 卷93, 열전 최승로)

중국의 제도와 학문 등 각종 문물이 고려보다 앞서 있음을 인정하면서도 무조건적인 수용이 아니라 동방의 자주성과 독자성을 지켜나가야 한다고 주장하고 있다. 중국과 동방이 여러 가지 면에서 차이점이 있다는 것을 밝히고 있으면서도 언어와 민족의 차이점을 언급하지는 않았다. 이는 익히 알고 있는 사실이므로 언급할 필요성이 없었기 때문으로 보인다. 그리고 중국을 이적시하거나 배척의 대상으로 간주하

는 말도 없다. 따라서 통치이념의 전형적인 예를 제시하는 훈요 10조
와 시무 28조 내용을 통해 고려는 한족의 송에 대해 그들보다 한 단계
높은 선진국으로 인식하면서 친선정책을 추진하여 갔다는 것을 알 수
있다.

⑷ 渤海人에 대한 고려의 인식

고려의 발해인에 대한 인식을 단정적으로 보여주는 기록은 없다. 다
만 아래 기록처럼 간접적으로 추론할 수는 있다.

발해가 이미 거란병에게 무너져 그 세자 大光顯 등이 우리나라가 義
를 들어 일어났으므로 그 나머지 무리 數萬戶를 거느리고 밤낮으로 倍
道하여 달려왔습니다. 태조가 깊이 민망하게 생각하여 매우 후하게 영
접하고 姓名을 하사하고 또 宗籍에 붙여서 그 本國 祖先의 제사를 받
들게 하였으며 그 文武 參佐 이하도 또한 모두 넉넉하게 작명을 내림
에 이르렀습니다. 그 멸망한 자를 보존해 주며 끊어진 제사를 잇게 함
으로써 능히 먼 곳에 있는 사람이 와서 복종케 한 것이 또한 이와 같았
나이다. (『高麗史』卷93, 열전 최승로)

처음에 고려 왕건이 군사를 써서 주변 나라들을 병탄함으로써 자못
강대해졌다. 그는 胡僧 襪囉를 통하여 후진 고조에게 이르기를 "발해
는 나와(또는 우리와) 혼인한 사이인데 발해의 왕이 거란에 잡혔으니
청컨대 후진 조정과 함께 거란을 쳐서 발해왕을 구하고자 합니다"라고
하였으나 고조는 응답하지 않았다. (하략). (『資治通鑑』卷285, 후진기
제왕 개운 2년 10·11월)

먼저 소위 만부교 사건의 배경을 설명하면서 거란의 발해 침략을 거
론하고 있다는 점이 주목된다. 942년의 이 사건은 태조 당시 고려의 거

234

란에 대한 강경한 입장과 더불어 발해에 대한 인식도 간접적으로 나타내는 것으로 이해된다. 즉, 거란이 단순하게 인접한 발해를 멸망시켰기 때문에 無道한 게 아니라, 발해와 고려 사이에 여러 연결의 끈을 가지고 있는 상황에서 거란이 멸망시켰으므로 無道라는 표현을 사용한 것으로 추정되기 때문이다. 그 연결의 끈이라는 것은 발해와 고려는 다같이 고구려의 계승 국가라는 역사의식의 공통점을 들 수 있다. 그리고 같은 국가의 구성원이었지만 여진인과 달리 내투 발해인에 대해서는 200년 동안 어떠한 조건도 없이 계속해서 수용한다는 점에서 발해인과 고려인 사이에는 언어와 문화의 유사성도 있었던 것으로 생각된다. 이는 고려의 西京 이북이 옛 발해의 영토였고 다른 내투민과 달리 이른바 '渤海譯語'와 같은 말들이 기록에 등장하지 않는 데서,[17] 알 수 있으며 거란, 여진처럼 풍속이 다르다거나 異類와 같은 표현도 등장하지 않는 데서 뒷받침된다고 하겠다.

이와 함께 살펴 볼 수 있는 중요한 기록이 위의 『자치통감』에 나오는 내용이다. 고려 태조가 胡僧 襪囉를 통해 후진의 고조에게 협공을 제의하면서 '勃(渤)海我婚姻也'(細註에는 渤海本吾親戚之國)라는 표현을 사용하고 있다. 婚姻이라는 말은 발해와 고려 사이의 친연성, 더 나아가 이른바 동족의식의 의미로 이해할 수 있다. 그러므로 고려는 여러 내투민 가운데 발해에 대한 인식이 가장 우호적이며 친근감을 가지

---

17) 고려 전기 내투민 가운데 발해를 제외하고는 언어상의 차이가 있었다. 거란과의 차이는 태조의 훈요 10조에 언급된 것 외에도 역관의 존재를 더 확인할 수 있으며(『高麗史』 卷9, 문종 27년 5월조 ; 卷94, 열전 서희), 여진과는 黑水譯語(『高麗史』 卷9, 문종 27년 7월조), 송과는 宋譯語(『高麗史』 卷12, 예종 원년 7월조)라는 표현을 통해 입증할 수 있다. 문제는 고려에 거란, 여진과 같이 渤海通事도 있었다는 점이다(『高麗史』 卷80, 지34 식화3 녹봉 雜別賜). 통역을 담당하는 역관이 있는 상황에서 通事의 역할은 과연 무엇인지 더 검토되어야 할 부분이다.

고 동족으로 대우했을 것으로 보인다.

이상 고려 전기 여러 내투민에 대한 인식을 살펴보았다. 시기별, 사안에 따라 인식의 변화가 달라지기도 하므로 이를 아주 정확하게 나눠 살펴봐야 하겠지만, 대체적으로 거란과 여진인에 대한 인식은 극히 나쁜데 비해 한인과 발해인에 대한 인식은 우호적이었다는 것을 확인할 수 있다. 그 가운데 발해인에 대한 인식은 특별하여 동족적 차원으로까지 이해하려 했다는 점이 눈에 띈다. 이는 고려 태조가 혼인관계, 더 나아가 친척관계였음을 밝히고 있는 데서 분명하게 확인할 수 있다.

그리고 발해인과 여진인에 대한 인식의 차이도 주목된다. 과거 발해의 영역은 한반도 북부, 만주, 연해주에 걸치는 광대한 땅이었다. 발해 멸망 후 이 지역은 고려인이 남쪽 일부의 땅을 차지한 것을 제외하면 서쪽은 거란족, 동쪽은 여진족이 차지하였다. 물론 지역에 따라 민족 분포가 일치하는 것은 아닐지라도 대체로 그러하다. 그런데 같은 지역을 차지한 이전의 발해인과 멸망하면서 이 지역을 차지한 거란족, 10세기 초부터 여진이라는 이름을 가지고 옛 발해 영역을 확실하게 확보한 여진인에 대한 고려의 인식은 너무나 다르다. 특히 여진은 발해의 중요한 구성원이었던 말갈의 후예라는 사실이다.

따라서 고려의 내투민 인식 비교를 통해 고려 내투 발해인과 여진인은 서로 다른 민족이었음을 확인할 수 있다. 그리고 여진인과 다르게 발해인이 고려의 변경을 약탈 · 침탈했다는 어떠한 기록도 없다는 점을 고려하면 발해인과 여진인 사이에는 지역, 생활환경, 문화 등 여러 면에서 커다란 차이점을 지니고 있었다고 보여진다. 여진은 고려인들이 지적한 대로 異類 즉, 다른 종족이었다. 반면에 발해는 이러한 표기가 없다는 점에서도 차이점이 입증되고 있다.

236

2) 내투민에 대한 처우

앞에서 10세기 초~12세기 초까지 고려시대 여러 來投民에 대한 고려의 인식을 살펴보았다. 이제는 각 내투민에 대한 고려의 처우 문제를 살펴보고자 한다. 고려의 처우는 인식의 차이처럼 다양하게 나타나고 있다. 고려는 내투민에 대하여 토지를 지급하고 관직을 제수하며 거주지를 주어 고려민화시켜 나갔다. 그러나 이러한 조치들은 출신, 개인, 시기에 따라 차이가 있어 일률적으로 설명하기가 곤란하다. 인식도 그렇고 처우도 마찬가지겠지만 내투민의 내투 조건이 각기 다른 상황에서 과연 올바른 비교가 가능할까 의문이 들지만 일단 시도해 보기로 한다.

(1) 契丹人에 대한 고려의 처우

고려와 거란과의 만남은 고려 태조대부터 나타나고 있으나 거란에 의한 발해의 멸망, 발해 유민의 계속적인 고려 내투로 양국 관계는 악화되었다. 그리하여 이른바 만부교 사건을 초래하게 되고, 훈요 10조의 금수지국과 같은 고려의 對契丹觀을 낳았다. 거란인의 고려 내투는 거란의 계속되는 정벌과 전쟁에 따른 군역, 경제적 어려움에서 벗어나려는 측면이 강하였다. 이는 분명 발해인의 내투와는 구별되는 것이다.

내투 거란인의 거주지는 江南州郡, 南地, 嶺南 등의 표현으로 보아 주로 개경이남 지역이었을 것이다.[18] 이들 가운데 아주 특별하게 재능있는 자는 개경에 거주했지만,[19] 대개는 지방에 거주하였는데 그들이 국가의 중심지이고 사회적 지위가 높은 사람들이 거주하는 개경 이외에 살았다는 것은 그들의 사회적 열악함을 보여주는 것이라 하겠다.

---

18) 南仁國, 「高麗前期의 投化人과 그 同化政策」 『歷史敎育論集』 8, 1986, 100쪽.
19) 『高麗圖經』 卷19, 民庶 工技條.

그리고 고려시대 賤役의 하나인 揚水尺의 대부분이 거란인이었다고 한다면,[20] 그들의 신분상의 위치와 사회적 역할은 더욱 미미하였다고 판단된다.

거란인에 대해서는 특별히 親見과 관직을 제수했다는 예도 없고, 賜姓의 예도 나타나지 않는다. 다만 각 나라에서 귀화하여 온 사람들에게 의복과 솜을 주게 하였다는 기록으로 본다면,[21] 거란인들도 고려의 내투민에 대한 가장 기본적인 처우에는 포함되었던 것 같다. 이렇게 거란인에 대해 낮은 처우가 행해진 것은 태조대부터 있어 온 거란에 대한 인식이 지속적으로 반영된 결과일 수 있다. 그리고 내투 거란인의 사회적 지위가 처음부터 대체로 낮았던 것도 하나의 원인이 되었을 것이다.

⑵ 女眞人에 대한 고려의 처우

여진인은 고려 건국 이래 수시로 국경을 넘어 약탈과 침략을 자행하였다. 고려는 이들에 대해 토벌을 강행하기도 하고 어느 시기엔 회유하면서 고려민으로 吸收하려고 하였다. 이러한 가운데 여진인의 내투가 지속적으로 행해졌다. 여진인의 지위와 처우에 대해서는 다음과 같은 기록이 있다.

그때에 여진 來奔者가 2천여 명이나 되었는데 우리는 그들에게 다 식량까지 주어 돌려 보냈다. (『高麗史』卷3, 성종 4년)

서여진의 漫豆 등 17명이 전 가족을 인솔하고 귀순하였다. 禮賓省에

---

20) 金庠基,『新編 高麗時代史』, 서울대학교출판부, 1985, 374쪽, 주 23) ; 韓圭哲, 『渤海의 對外關係史』, 신서원, 1994, 280쪽.
21) 『高麗史』卷5, 德宗 卽位年 11月 庚寅 ; 卷6, 靖宗 5年 12月 丁巳條.

서 아뢰기를, "舊制에는 변방 주민으로서 일찍이 蕃賊들에게 납치되어
갔다가 고향이 그리워서 자진하여 돌아온 자와 송나라 사람으로서 재
능이 있는 자 이외에 黑水靺鞨 같은 자는 일체 들어오지 못하게 하도
록 되어 있습니다. 이제 漫豆에 대해서도 옛 규정에 준하여 돌려보내
야 되겠습니다"라고 하였다. 이에 대하여 예부상서 盧旦이 아뢰기를
"漫豆 등이 비록 무지하다 할지라도 의리를 중히 여겨서 귀순한 이상
이를 거절할 수 없사오니 그들을 山南 주현에 탈없이 잘 있게 하여 편
호로 삼게 하소서" 하니 왕이 이 제의를 따랐다. (『高麗史』 卷9, 문종
35년 8월 기미)

治는 이 소식을 듣고 두려워하다가 韓國華가 도착하자 사람을 시켜
한국화에게 말하기를,……더구나 거란은 遼海의 밖에 끼어 있는데다가
또 大梅, 小梅 두 강으로 막혀 있으며 여진, 발해 등은 본시 일정한 주
거가 없는데 어떤 경로를 따라 왔다고 하겠소. (중략) 요사이는 여진에
서 난리를 피하여 온 무리를 모두 구휼하였고, 또 관직도 준 경우도 있
는데 오래 우리나라에 머무르고 있소. (『宋史』 卷487, 열전 제246 외국
3 고려)

舊制에 黑水靺鞨은 일체 들어오지 못하게 했다는 규정도 있고, 거란
에 쫓긴 여진인 수천 명을 식량을 주어 돌려보낸 사실도 있다. 이는 고
려 사회에서 흑수말갈, 여진의 존재가 가지는 의미를 간접적으로 내비
치고 있는 것이다.

여진인에 대해 고려에서는 賜姓과 관직이 수여되었으며 토지와 집
을 주고 衣物을 내리는 등의 여러 방법으로 이들을 위무시켜 나갔다.
금과 비단을 주었던 적도 있다.[22] 10여 명에게 사성이 행해지고 있는
데 특이한 것은 保塞, 格民, 邊最와 같은 이름이 등장한다는 사실이다.

---

22) 『高麗史』 卷9, 文宗 33年 4月條.

이는 변방 수호의 목적과 기원을 표현한 것으로 보인다.[23] 그렇지만 발해 세자 대광현에게 사여한 왕씨 성은 보이지 않으므로 사성의 의도와 格이 발해인에 미치지 못하고 있다. 그리고 여진인에게 武散階·鄕職階가 주어지는 경우가 종종 있으나 이는 실직이 아니라 명예직이었으므로 그들의 직위는 중앙 요직과 지공거까지 배출한 한인에는 크게 이르지 못하였다.

내투 여진인에 대해서는 편호의 절차를 거쳐 고려민화시키고 내지에 분산시켜 거주하게 하였다. 그들이 살고 있던 지역이나 가까운 곳에 거처케 하는 경우도 있었지만 이들의 거주지를 정해준 사례도 있는데 江南州縣, 南界州縣, 山南州縣, 嶺南, 坼內, 內地 등과 渤海古城址, 東界, 東蕃 등 다양한 거주지가 등장한다.[24] 그러나 江과 山, 嶺 등이 과연 어디를 지칭하는지 알 수 없으므로 정확한 거주지를 파악하기란 쉽지 않다.

여진인은 938년의 一利川 전투에 흑수군이 참여하고 거란의 동향을 고려에 전해주는 역할을 수행하는 여진인의 활동도 있어 군사적 측면에서 고려에 도움을 주는 경우도 있었다. 그렇지만 대체적으로 여진인에 대해서는 인식도 좋지 않았으며 처우도 낮았다.

(3) 漢人에 대한 고려의 처우

한인들의 고려 내 사회적 지위는 다른 내투민에 비하면 월등히 높다. 이를 뒷받침하는 것이 『고려사』 열전의 한인 立傳 숫자와 내용이다. 고려 전기의 수많은 내투자 가운데 『고려사』 열전에 입전된 인물로서 한인은 雙冀(권93), 周佇(권94), 劉載 附 胡宗旦·愼安之(권97), 林

---

23) 朴玉杰, 앞의 책, 1996, 190~191쪽.

24) 朴玉杰, 「高麗의 歸化人 同化策 − 특히 居住地와 歸化 姓氏의 貫鄕을 중심으로」『江原史學』17·18合, 2002, 주 28)~36) 참조.

240

完(권98) 등 6명이 있다. 雙冀의 부 雙哲은 雙冀傳에 언급되었으며, 愼
安之의 부 愼脩도 愼安之傳에 잠깐 언급되었다. 거란계로는 尉貂(권
121, 孝友)가 입전되어 있고, 발해계인 劉忠正은 庾行簡傳(권123)에 거
론되고 있다. 입전된 인물 7인 가운데 한인이 6명에 이르고 있다는 점
에서 그들의 고려 내 위상을 엿볼 수 있다. 한인은 내투 당시 인물이지
만 발해와 거란인은 그 후예라는 점이 특징이며, 여진계가 입전된 경
우가 없다는 점도 하나의 특징이다. 아무튼 입전의 사례와 열전에 수
록된 한인들의 지위와 역할은 다른 내투민에 비할 바가 못된다. 예컨
대 雙冀의 경우는 광종이 그의 재주를 사랑하여 후주에 국서까지 보내
어 그를 僚屬으로 삼을 것을 요청하기도 하였다.[25] 그런데 높은 지위
의 한인이라 해도 그 지위를 자손에까지 계속해서 계승하지 못하고 당
대에 한하고 있다. 이는 개인의 능력 문제이기도 하겠으나 고려시대의
신분 구조와도 연결되었을 것이다.[26] 나아가 이민족 한인에 대한 고려
의 소극적인 수용책이 동반된 게 아닌가 여겨진다.

그러나 한인들에 대해서는 문화의 수용에도 일부 견제하려는 면이
나타나지만,[27] 내투하는 경우에도 무조건 수용한 것은 아니었다. 이는
舊制에 송나라 사람이라도 재능이 있는 자를 받아들였다는 지적이 이
를 입증하고 있다.[28] 그 외에 아래 기록을 통해서도 잘 알 수 있다.

사헌대에서 아뢰기를, "송나라 출신인 周沆은 원래 문예에 재능이
있어서 등용하였던 것인데 이제 뇌물 받은 죄를 범하였으니 그의 관직
과 토지를 회수하고 자기 본국으로 돌려 보내시기 바랍니다"라고 하니
왕이 이 제의를 따랐다. (『高麗史』 卷8, 문종 25년 5月 戊戌)

25) 『高麗史』 卷93, 列傳 雙冀.
26) 南仁國, 앞의 글, 1986, 109쪽.
27) 『高麗史』 卷8, 文宗 12年 8月 ;『高麗史節要』 卷2, 成宗 元年 6月.
28) 『高麗史』 卷9, 文宗 35年 8月 己未條.

예빈성에서 왕에게 아뢰기를, "송나라 사람 楊震이 상선을 따라왔는
데 그의 말에 의하면 자기는 과거 응시자로서 여러 번 시험을 쳤으나
합격되지 못하였다고 하오니 그의 진술에 의하여 자기 본국으로 돌려
보내시기 바랍니다"라고 하니 왕이 이 제의를 따랐다. (『高麗史』卷9,
문종 35년 4월 壬午)

이 달에 定海縣에서 아뢰기를, "고려에 도망해 들어간 백성 약 80명
을 表를 올려 환국시키고자 합니다"라고 하였다. (『宋史』卷487, 열전
제246 외국3 고려)

舊制가 얼마나 잘 지켜졌는지는 정확히 파악하기 어려우나 일단 규
정에는 이러한 조건이 있었던 것이 분명하다. 한인이라도 고려에서는
이들에 대해 試驗·及第했다는 내용이 많이 등장하고 있고,[29] 還國된
사람들이 있었다는 것이,[30] 이를 뒷받침한다. 이것은 발해인과 확연히
차이가 나는 점이다. 따라서 한인에 대한 고려의 수용은 일정한 의도
와 목적을 가지고 수용했던 것이지 동족의식과 같은 차원의 수용은 결
코 아니었다.

내투 한인 지식인들이 수도 개경에서 살며 고려 사회에서 좋은 대우
를 받았다는 것은 사실이다. 비록 극히 소수를 제외하고는 처음부터 5
품 이상의 품계나 관직에 등용된 예가 없이 대부분 8품 이하의 初仕職
에 임용되었다 하더라도 중앙의 요직에 등용되는 사례가 많은 점 등에
비춰 다른 내투민과는 비교할 수 없을 정도다.[31] 다만 이러한 우대 정

---

29) 『高麗史』卷8, 文宗 11年 7月 壬辰 ; 卷8, 文宗 22年 8月 丁巳 ; 卷9, 文宗 35年
    4月 壬午 ; 卷11, 肅宗 6年 正月 庚辰 ; 卷73, 選擧1 肅宗 7年 3月 ; 卷73, 選擧
    1 明宗 14年 9月 ; 卷97, 列傳 劉載 ; 卷98, 列傳 林完 ;『宋史』卷487, 列傳 高
    麗.
30) 『高麗史』卷7, 文宗 9年 9月 ; 卷8, 文宗 25年 5月 ; 卷9, 文宗 35年 4月條.
31) 漢系 지식인 내투자에 대한 고려의 수용책에 대해서는 박옥걸, 앞의 책, 국학

책은 시급한 文翰官의 확보와 같은 고려 전기 사회의 필요에서 나온 결과였다는 점과 한인 지식인들을 우대하여도 현명한 인재는 얻지 못했다는 고려 지식인 최승로의 비판적인 지적이 있었다는 사실도 주목할 필요가 있다.[32]

한인들 가운데는 관리로 나아간 지식인들 이외에 무인, 상인, 승려, 역어를 비롯한 다양한 신분과 능력을 가진 자도 많았다. 이들이 고려에서 어떠한 대우를 받았는지는 명확하지 않으나 자기들의 원래 역할을 수행하면서 고려 사회에 적응해 갔을 것으로 보인다.

⑷ 渤海人에 대한 고려의 처우

발해인에 대한 고려의 처우와 예우는 거란, 여진인과는 사뭇 달랐다. 한인과도 일정한 차이를 보여주고 있다. 아래 기록에서 보듯이 隱繼宗 등은 왕을 親見하고 있다. 발해 세자 대광현도 그가 가지고 있는 지위나 아래의 내용을 추론하건대 친견을 예상할 수 있다.[33] 한인이 왕과 친견하는 경우가 많았지만 대개 試驗하는 입장이었기 때문에 발해인과는 친견의 성격이 다르다.

> 丁酉에 발해 사람 隱繼宗 등이 귀화하여 天德殿에서 왕을 뵈었다. 그는 왕에게 세 번 절하였는 바 사람들이 그것은 실례라고 하였다. 그러나 대상 舍弘은 말하기를 패망한 나라 사람은 세 번 절하는 것이 예의라고 하였다. (『高麗史』 卷1, 태조 11년 9월)

자료원, 1996, 172~178쪽 참조.
32) 『高麗史』 卷93, 列傳 崔承老. 그리고 徐弼(『高麗史』 卷93, 列傳 徐熙 附 徐弼)도 투화 한인에 대한 광종의 厚待에 대해 비판하는 글이 있다.
33) 최승로는(『高麗史』 卷93, 列傳 崔承老) 대광현이 무리 數萬戶를 거느리고 오자 깊이 민망하게 생각하여 매우 후하게 영접하였다고 했다.

발해국 세자 大光顯이 무리 수만 명을 데리고 와서 내투하였다. 그에게 '王繼'라는 성명을 주어 宗籍에 등록하고 특히 元甫의 품계를 주었으며, 白州를 맡아 보게 하고 거기서 자기 조상의 제사를 받들게 하였다. 그의 관료들에게는 작위를, 군사들에게는 토지와 주택을 각각 차등 있게 주었다. (『高麗史』 卷2, 태조 17년 7월)

이에 南北庸人이 서로 다투어 찾아와 의탁하였는데 지혜와 재능이 있음을 논하지 않고 다 특별한 은총과 대우를 하여주었습니다. 때문에 後生은 다투어 등용되나 舊德은 점점 쇠락하여 갔습니다. (『高麗史』 卷93, 열전 최승로)

고려 건국 이래 발해인이 고려의 국경을 약탈했다거나 침략했다는 기록은 없다. 그리고 발해인들의 고려 내투에는 한인과 같은 조건이 있었던 것도 아니었다. 그러므로 수십 회에 이르는 발해인 數萬(또는 數萬戶)의 내투에 특별히 문제가 되어 수용에 어려움이 있었던 경우는 한 차례도 없다. 다수의 한인들이 고려 사회에서 높은 지위를 차지하고 있었지만 고려가 필요로 하는 조건에 부적합하면 되돌아갔던 사실과는 크게 대비된다.

위의 기록 가운데 최승로전의 南北庸人에 대해서도 주목할 필요가 있다. 南北庸人이 무엇을 지칭하는지에 대해서는 의견이 다양하지만 여기에는 내투 발해인도 포함된다는 견해를 수용한다면,[34] 최승로의

---

34) 南北庸人에 대해 李基白은 후백제와 발해계로, 金塘澤은 후백제계·발해계·중국 유학생 등으로 보았다. 그리고 朴玉杰은 국외에서 내투한 귀화인 일반으로 해석하여 내투한 발해인을 포함시켰다.
  金塘澤, 「崔承老의 上書文에서 보이는 光宗代의 '後生'과 景宗元年 田柴科」『高麗光宗研究』, 一潮閣, 1981, 52~54쪽 ; 李基白, 「新羅骨品制下의 儒敎的 政治理念」『新羅思想史研究』, 一潮閣, 1986, 239쪽 ; 朴玉杰, 앞의 책, 1996, 119쪽.

말을 통해 한인과 더불어 발해인들도 성종 이전에 고려로부터 상당한
우대를 받았음을 간접적으로 파악할 수 있다.

한편 내투 발해인 가운데는 고려의 왕실과 혼인관계까지 맺은 인물
이 있다는 점도 주의를 요한다. 앞에서 살펴보았듯이 高模翰과 고려
태조 왕건 女와의 혼인이다. 고모한의 성이 高氏이고 고려에 내투하여
왕실과 혼인을 하였다는 점에서 그가 발해에서 가지고 있었던 지위는
상당했다고 추측된다. 그리고 비록 그가 고려에서 죄로 인해 달아났다
고 하더라도, 혼인 당시 그에 대한 고려의 처우와 내투 발해인 전체에
대한 믿음은 비슷한 시기의 한인, 여진인, 거란인과는 분명히 차별되는
것이었다.

따라서 고려 왕실과 내투 발해인 사이의 혼인은 후백제, 신라 왕실
과의 혼인과 같은 민족통합 차원에서 이해할 수 있으며, 더 나아가 국
망에 따른 유민의 입장을 고려한다면 태조대의 발해인에 대한 처우는
다른 어느 내투민보다 높았다고 본다. 이는 발해 세자 대광현의 내투
와 고려의 처우에서 여실히 드러나고 있다. 대광현에게 王繼라는 이름
을 내리고 있다. 고려시대에 내투민에게 왕씨성을 내리는 사례가 없었
다. 그리고 宗籍에 등록하고 白州를 맡아 보게 하면서 거기서 자기 조
상의 제사를 받들게 하였다. 이러한 예도 다른 내투민에게는 전혀 발
견되지 않는다. 물론 여기에는 고려의 다른 의도가 있을 수 있겠지만
처우면에서 본다면 내투민 전체를 통해 보더라도 최고의 대우였다.

발해인들의 거주지는 다양하였다. 대광현으로 하여금 白州(지금의
황해도 배천)를 지키게 했다는 것은 분명하게 나와 있다. 그 외에 處地
江南州郡·南地[35]의 예로 미뤄 특정 지역에 거주하는 자도 많았던 것
으로 보인다. 내투 발해인은 개경에도 거주했다고 본다. 개경에 살았다

---

35)『高麗史』卷5, 顯宗 21年 10月條 ; 卷5, 德宗 2年 12月條.

는 명확한 기록은 없으나 발해 왕족의 성인 大씨 성을 가진 고관들이 내투한 사례가 몇몇 있고, 고모한의 경우처럼 고려 왕실과 혼인한 사례도 있기 때문이다. 그리고 내투민 후예들의 활동을 역으로 추정하면 그 가능성은 더욱더 높아진다. 예컨대 본래 발해인이라는 유충정과 대집성이 중앙 정치무대에 활동하였고 대집성의 女도 최우의 후실이라는 점을 고려하면 내투 발해인들도 수도 개경에 거주하였음은 분명하다고 하겠다.[36]

내투 발해인들이 고려에서 관직을 제수받은 예는 대광현의 내투 시 그에게 元甫를 특별히 내렸다는 것과 그의 僚佐에게 벼슬을 내렸다는 기록이다.[37] 그리고 대광현과 함께 내투한 군사에게는 田宅이 지급되었는데, 이는 세자 이하의 僚佐 즉, 귀족층에 대해서도 응분의 토지가 수여되었을 가능성을 보여주는 것이다.[38]

그런데 발해인의 처우와 관련하여 『고려사』 열전에 독자적으로 입전된 인물이 없다는 것은 쉽게 이해할 수 없다. 기록상 발해인들이 고려 태조대에 각별한 예우를 받았고 내투 숫자나 내투인의 지위, 심지어 그 후예들의 활동으로 미루어 발해계 인물이 충분히 입전될 수 있었기 때문이다. 立傳이 내투민 전체의 입지를 대변하는 것은 아니더라도 대광현의 경우는 세자로서의 지위나 역할로 보아 가능성이 높았으나 입전되지 않았다. 입전의 원칙과도 관련이 있겠지만 일단은 한인계와 비교하여 볼 때 자료 수집의 문제와 관련된 것이 아닌가 한다.

덧붙여 『고려사』의 기록을 통해 볼 경우 내투 여진인보다는 내투 발

---

36) 李孝珩, 「고려시대 渤海遺民 後裔의 사회적 지위－大氏系 인물을 중심으로」 『白山學報』 55, 2000, 203쪽.
37) 최승로는 대광현과 같이 온 문무 參佐 이하도 모두 넉넉하게 작명을 내렸다고 하였다(『高麗史』 卷93, 列傳 崔承老).
38) 姜晉哲, 『改訂 高麗土地制度史研究』, 일조각, 1999, 162쪽.

해인에 대한 기록이 상세하지 못하다는 점을 지적하고 싶다. 금이 건국되는 1115년 전까지 한정해 보더라도 『고려사』의 여진인에 대한 기록은 매우 구체적이며 기록 횟수도 매우 많다. 그 이유를 발해는 고려 건국과 더불어 멸망되었고 여진은 건국 이래 13세기 초까지 북방의 대표적인 민족인 동시에 국가로서 외교상에 지대한 영향을 미친 데에 원인이 있다고 이해할 수 있다. 그렇지만 발해 역시 고려 건국 이래 발해 멸망기의 대외관계나 후발해·정안국, 홍료, 대발해 등 유민들이 부흥운동을 펼치면서 고려와 지속적인 관계를 맺고 있었다는 사실을 간과할 수 없다. 고려는 여진을 이민족이라 인식하면서 대하였고 발해인은 동족 차원에서 대우했음에도 역사의 기록은 전자를 훨씬 비중있게 다루고 있는 점은, 역시 『고려사』 이전의 발해 관계 자료의 부족에 원인이 있을 가능성이 높다. 아울러 명분과 현실은 엄연히 다르다는 것을 보여주는 것으로 이해하고자 한다.

이상에서 고려 전기 여러 내투민에 대한 고려의 인식과 그들에 대한 처우를 살펴보았다. 한인과 발해인에 대한 인식·처우가 유사하고, 거란인과 여진인에 대한 인식·처우가 유사하다는 것을 알 수 있다. 유사하다고 하더라도 자세히 분석하면 여러 가지 면에서 차이점을 발견할 수 있다. 이를 종합하면 <표 10>과 같다.

<표 10>에서 보듯이 한인은 이민족이지만 고려의 필요성에 의해 다수의 지식인들이 등용되면서 사회적 지위는 가장 높았다. 그러나 지속적으로 그 지위를 계승하지 못하고 당대에 한하는 것은 고려 전기 문벌귀족 사회에서 그들의 입지를 구축하기가 극히 어려웠다는 데에 원인이 있을 것이다. 거란인과 여진인은 고려에 이적시 되면서 상당히 나쁘게 인식되었으며 처우도 좋지 않았다. 특히 여진보다도 거란인들이 더 심하였다는 것을 알 수 있다.

<표 10> 고려 전기 내투인에 대한 인식과 처우 비교

인식·처우 ＼ 내투민		발해인	漢人	거란인	여진인
인식		婚姻·親戚之國, 慰撫	선진문물·문화인	금수·무도·강악지국, 이질문화, 우매한 나라, 戎狄	인면수심, 금수, 적인, 이적, 탐욕, 異類, 배반, 戎狄
처우	수용조건	없음	재능자	없음	불허(舊制), 허용(현실)
	관직	제수	다수의 고위직 진출		제수(명예직)
	賜姓	王姓 사여	사여		다수의 일반성 사여
	高麗史 立傳	1인(후예, 간접 입전)	6인(직접), 2인(간접)	1인(후예)	
	거주지	개경, 지방(백주 등)	개경, 지방	개경(기능자), 지방	지방
	還國	있음	있음		있음
	토지	수여	수여		수여
	의복	사여	사여	사여	사여
	親見	있음	있음		
	기타	왕족 내투 및 고려 왕실과 혼인	뇌물로 관직과 토지의 회수 사례 있음		勒留, 放還, 救恤

　　발해인은 다른 어느 내투민보다 고려와 가장 가까운 사람으로 인식되었다. 처우에 있어서도 親見과 王姓 하사, 왕실과의 혼인 등의 예에서 보듯이 남다르다. 그런데 수만(혹은 수만호)에 이르는 내투민들이 내투 후 고려 사회에서 차지하는 그들의 현실적 지위는 거기에 미치지 못하는 면을 보여준다. 특히 한인과 비교할 경우 더욱더 그러하다. 『고려사』이외에 이에 상응할 만한 기록이 없는 상황에서 그 이유를 규명하기란 대단히 어렵다. 그렇다고 이를 단순히 기록대로 받아들이는 것도 문제가 있다. 내투 발해인 高模翰의 예에서 보듯이 『요사』에는 열전에 입전까지 되었는데 오히려 『고려사』에는 발해 유민과 고려 王女

의 혼인이라는 극히 중요한 역사적 사실까지 누락되었다는 것은 기록에 문제가 있다는 것을 보여주는 것이라 하겠다.

이는 발해 유민 후예의 활동에 대해서는 『고려사』에 중간중간 산견되는데 비해 내투민 자체에 대해서는 활동 기록이 전무한 점, 발해인에 대한 내투 사실은 대체로 간략하고 여진인에 대한 것은 길게 서술되었다는 점, 918년 고려 건국 이후 926년 발해 멸망까지 두 나라 사이의 외교관계를 보여주는 기록이 『고려사』에 전무하다는 점 등 몇 가지 예들이 이를 뒷받침한다고 하겠다. 단 이러한 기록의 문제가 고려시대의 발해 관련 자료의 散逸에서 비롯되었는지, 조선 전기 15세기 『고려사』 찬자의 편찬 의도와 관련된 것인가는 분별하기 어렵다.

2. 발해 유민 후예의 사회적 지위

발해가 거란의 침략으로 멸망한 이래 200년 가까이 단속적으로 고려에 내투한 발해인들을 우리는 통상 고려 내투 발해 유민이라 부른다. 여기에는 발해를 멸망시킨 거란의 압제를 견디지 못하여 내투한 자도 있었으며 후발해, 정안국, 흥료국, 대발해 등 발해 부흥운동의 실패에 따라 내투하는 자도 있었다. 그런데 앞의 유형과는 다르면서 고려시대에 활약한 발해 계통 사람들이 있다. 이른바 '발해 유민 후예' 또는 '발해 유민 후손'이라는 이름으로 부를 수 있는 사람들이다. 이들은 넓은 범주로 보면 발해 유민으로 칭할 수 있으나, 좁혀서 보면 분명히 발해 유민과는 다른 차원에서 다뤄져야 할 것이다.[39] 여기서는 편

---

39) 한규철은 「발해유민의 의미」라는 제목 아래 발해 유민은 그들이 처신하였던 태도와 행방에 따라 다섯 가지 정도로 나눌 수 있다고 하였다. 그리고 발해가 멸망한 직후 발해인으로서 국가의식이 비교적 강했었다고 볼 수 있는 사람들

의상 '발해 유민 후예'로 하여 설명하고자 한다.

발해 유민 후예들의 등장 시기는 이전의 발해 유민과 비교할 때 대체로 늦어 시차는 있지만 주로 13세기에 활동하고 있다. 그리고 이들은 『고려사』를 비롯하여 고려시대 연구에 필요한 각종 사서, 문집의 고려 내투 발해인 명단에 들어있지 않은 인물이라는 점에 그 특징이 있다. 그러므로 고려시대에 등장하는 渤海系人에 대해 발해 유민과 발해 유민 후예로 구분하여, 이들의 차이점을 활동한 시대로만 규정하기보다는 전자는 고려에 내투할 때 人名이 분명하게 드러나는 고려 내투 발해계인으로, 후자는 고려에 내투했다는 기록 등이 전혀 나타나지 않다가 어느 시기에 고려 사회에 등장하면서 여러 활동을 하는 발해계 인물로 규정하고자 한다. 여기에 한 가지 더 첨가하면 전자와 관련된 기록에는 來投·來附·來奔이라는 용어가 분명히 들어가 있으면서 고려에 넘어오는 그 자체에 무게를 두고 있다. 반면에 후자의 기록에는 그러한 용어가 전혀 나타나 있지 않으면서 고려 내의 활동만을 기록하고 있는 점도 차이가 될 수 있다.

아래에서는 '발해 유민 후예'에 관한 자료를 일차적으로 살펴보고, 그러한 바탕 위에서 지금까지 고려시대 발해 유민 후예들의 사회적 지위에 대한 개별 연구가 별로 없음을 고려해 후예들의 고려 사회 내 활동과 사회적 지위를 보다 깊이 있게 밝혀보고자 한다. 다만 사료상의 제약으로 인해 주로 발해 왕족의 성이었던 大(太)氏 성을 통하여 발해 유민 후예라는 사실을 파악할 수밖에 없는 상황에서 자연히 이 글은

___

과, 발해에 대한 의식이 사라졌거나 약화되었던 후대의 발해계 거란인들을 구별해야 하는데, 전자는 좁은 의미의 渤海遺民이고, 후자는 渤海遺裔 또는 발해계 거란인이나 발해계 여진인이라 하였다. 나아가 발해 유민이나 발해 유예는 넓은 의미의 발해 유민으로 불러도 좋다고 하였다. 韓圭哲, 앞의 책, 1994, 237~238쪽 ; 韓圭哲, 「발해유민의 부흥운동」『한국사』 10(발해), 국사편찬위원회, 1996, 82~83쪽.

『고려사』에 수록된 대(태)씨를 중심으로 논지를 전개시켜 나갔다. 그리고 고려사의 입장보다는 발해 유민사의 입장에서 다루려 했기 때문에 고려사에 대한 깊이 있는 서술은 되도록 자제하였음을 밝혀 둔다.

1) 발해 유민 후예의 사례 분석

고려로 내투한 발해 유민은 수만에 이른다. 그러므로 고려시대에 나온 여러 사서나 문집, 기타 자료에서 발해 유민 후예에 대한 기록이 있을 것 같지만 실제로는 그렇지 않다. 그러므로 『고려사』나 『고려사절요』에서 발해 유민 후예를 찾아을 수밖에 없는데 겨우 10여 명에 불과하다.

고려에 넘어온 발해 유민 가운데 성과 이름을 확인할 수 있는 자만 해도 상당수에 이르나 발해 유민 후예에 대해서는 대조영의 후손으로 자처하는 大氏(太氏) 이외에는 그 동향을 제대로 파악할 수 없는 실정이다.[40] 옛 고구려 왕실의 후손으로 발해 사회에서 크게 활약했던 高氏들도 나라가 망하면서 고려에 내투하고 있다. 또한 고씨성을 가진 거란인·여진인이 고려에 내투한 기사도 『고려사』에 많이 등장한다. 그렇지만 고려시대에 활동하고 있는 고씨성을 가진 인물들을 분석해 보면 이들과는 거리가 있는 濟州 高氏系가 많다. 기타 다수는 본관이 불분명하지만 발해 유민 후예로 분류할 만한 인물의 기사는 전혀 등장하지 않는다. 그러므로 발해의 지배층 성씨였던 고씨계 인물들이 고려

---

40) 고려시대 이전 삼국시대나 통일신라시대의 대씨의 존재를 밝히는 것도 중요한 문제이나 『삼국사기』, 『삼국유사』 등의 기록에서 대씨를 쉽게 찾을 수는 없다. 참고로 태씨들의 족보에도 고려시대에 활약했던 대씨(태씨)성을 가진 인물들과 그 후손들의 시조를 발해의 대조영이나 그의 父 乞乞仲象에 연결시키고 있지 신라시대의 어느 대씨 인물에 연결시켜 설명하는 말은 어디에도 찾아볼 수 없다.

로 많이 넘어왔다고 해도 그 이후 그들의 고려 사회에서의 행적을 밝혀낸다는 것은 사실상 불가능하다.

　오늘날의 태씨는 원래 대씨였던 것으로 짐작된다. 고려에 내투했던 순수 발해계 인물로서, 대씨는 10명 가까이 이른다. 그러나 태씨는 없었다. 그런데 고려시대 중기 이래 활동했던 인물들 중에는 가끔씩 태씨가 등장하고 있다.[41] 그러다가 조선시대에 들면 태씨로 일반화된다.[42] 하나하나의 인물에 대해 그 성이 大인지 太인지 불명확한 경우가 더러 있어 여기서는 대씨로 통일하여 표기하였다.

　『고려사』를 통해 '발해 유민 후예'임을 확인할 수 있는 인물은 모두 13명이다. 금석문이나 문집을 통해서는 더 이상의 인물을 찾을 수 없었다. 앞으로 고려시대 금석문이나 문집이 새로이 발굴되면서 발해 유민 후예 숫자가 더 늘어날 가능성은 있지만 일단 『고려사』에 나오는 13명은 劉忠正, 大守正, 大金就, 大集成, 대집성의 女, 大守莊, 大道秀, 大懷德, 大公器, 大氏 부인, 太某氏, 大文, 大貞 등이다.[43] 대(태)씨가

---

41) 예컨대 太守正, 太集成의 경우이다. 그러나 대씨가 언제부터 태씨로 불리게 되었는지는 현재로서는 정확하게 파악하기 어렵다. 참고로 『陝溪太氏族譜』(雄文堂, 陝溪太氏譜所, 1928, 49쪽) 내의 「大氏轉爲太氏之辨」에는 왕건이 대광현에게 태씨를 하사한 데서 비롯되었다고 하나 『高麗史』(太祖 17年條)에는 王繼라는 성명을 내렸다는 기록이 있으므로 믿기 어렵다.

42) 고려시대 이래 발해계 대씨에 대해서는 北村秀人의 글이 참고가 된다. 北村秀人, 「高麗時代の渤海系民大氏について」 『三上次男博士喜壽記念論文集』, 平凡社, 1985 ; 「高麗時代の渤海系民管見」 『月刊しにか』, 1998年 9月號.

43) 『陝溪太氏族譜』나 『永順太氏族譜』에는 世系나 기타 항목에서 『高麗史』에 나오는 인물 외에 다른 인물이 다수 수록돼 있다. 가령 『永順太氏族譜』의 世系를 통해 보면 고려 후기 인물로 太廣甫(충렬왕대), 太自奇(충렬왕대), 太允就(충정왕대), 太文瑩(공민왕대), 太英吉(공민왕대) 등을 수록, 이들이 과거에 급제한 후 관직에 나아가 활동했다고 기재하고 있다(『永順太氏族譜』 卷上(辛未譜), 1~3쪽). 그러나 『高麗史』에는 이러한 이름들이 어디에도 나타나지 않는다.

12명이며 유씨가 1명이다. 이종명과 이용범은 공민왕대에 일어났던 趙
日新의 난에 발해 유민 후예 '忽赤巡軍 大索轍'이 동참했던 것으로 설
명하나,[44] 이는 사료를 잘못 해석한 데서 비롯된 것으로서 大索轍이라
는 인물은 존재하지 않았다.[45] 이제 『고려사』에 나오는 발해 유민 후
예 기사를 인명별로 나누어 검토해 보고자 한다.

(1) 劉忠正

가장 대표적인 기록은 아래의 것이며 그 외에 『고려사』(권3) 목종 12
년조, 채충순, 유행간, 김치양, 강조전에도 언급되고 있다.

> 知銀臺事左司郎中 劉忠正은 본래 渤海人으로 다른 기능이 없었으나
> 역시 왕께 대단한 총애를 받았다. (중략) 왕이 병이 나므로 行簡과 忠
> 正이 함께 안에서 숙직하였다. (중략) 강조의 난이 일어나자 行簡 등
> 칠인을 죽였다. (『高麗史』 卷123, 열전 庾行簡)

> 興遼國行營都部署 劉忠正이 寧州刺史 大慶翰을 보내어 表文을 가지
> 고 와서 구원을 요청하였다. (『高麗史』 卷5, 현종 21년 7월 을축)

유충정에 대한 기사는 다른 발해 유민 후예와 비교해 볼 때 의외로

---

44) 李鍾明,「高麗에 來投한 渤海人考」『白山學報』 4, 1968, 221~223쪽 ; 李龍範,
「高麗와 渤海」『한국사』 4, 국사편찬위원회, 1974, 99쪽. 그리고 李鍾明은 『遼
史』(卷76, 高模翰傳)에 나오는 高模翰도 고려 내투 발해 유민 후예라고 하지
만(위의 글, 1968, 221쪽), 고모한은 발해가 망하면서 고려에 넘어와 왕건의 女
와 혼인하므로 발해 유민이지 발해 유민 후예라 할 수 없다.
45) 『高麗史』 卷131, 趙日新傳에 나오는 "令忽赤巡軍大索轍等捕其母妻逮繫滿獄"
의 해석과 관련이 있다. 여기서의 '大索轍'은 인명이 아니라, 달아난 轍 즉
"奇轍 등을 忽赤巡軍을 시켜 크게 수색하고……"로 해석하는 것이 옳다고 본
다.

『고려사』에 많이 남아 있다. 그러나 劉忠正의 劉氏는 발해 존속기나 유민들 가운데서도 劉忠正을 제외하고는 同姓의 인물을 찾기란 극히 힘들다.[46] 뿐만 아니라 어느 자료를 통해 봐도 그가 고려에 내투했다는 기사가 등장하지 않는다. 그런데 위의 기사를 보면, '본래 발해인'이라 하므로 그는 渤海系人이라는 것은 틀림없다. 하지만 '본래 발해인'의 의미가 무엇인지가 문제다. 발해계인 가운데 '본래 발해인'이란 말을 사용한 내투 기사는 없기 때문에 이에 대한 이해는 어려움을 더해 주고 있다.

이와 관련하여 『고려사』(권121, 열전34 孝友) 尉貂傳을 통해 '본래 발해인'의 의미를 유추해 볼 수 있을 것 같다. 尉貂傳에는 "尉貂는 본래 거란인이니 明宗朝에 散員同正이 되었다.……지금 貂는 거란의 遺種으로서 글을 알지 못하면서도 이에 능히 그 몸을 아끼지 않고……"라는 글이 있다. 이 글에서는 尉貂에 대해 '본래 거란인'이라는 표현을 쓰면서도 '거란의 유종'이라는 말과 서로 연결시켜 사용하고 있다. 거란인의 고려 내투가 1117년을 끝으로 더 이상 없다는 점을 생각하면 위초 본인이 고려에 내투한 것은 아닌 것으로 여겨진다. 거란인의 고려 내투 흐름과 위초가 명종조(1170~1197)에 散員同正이 되었음을 고려하면, 위초는 그가 직접 거란에서 고려에 넘어온 인물이 아니라 그의 선대가 고려에 내투하였으며 그는 고려에서 태어난 인물로 볼 수 있다.

따라서 본래 발해인 출신이라는 유충정도 그 자신이 바로 발해인이라는 의미는 아닐 가능성이 매우 높다. 자기 선대가 고려에 내투했던 것이며 유충정은 고려에서 태어난 인물로 해석할 수 있다. 그러므로 그는 발해 유민 후예로 보는 것이 옳다고 생각된다.

---

46) 金毓黻의 『渤海國志長編』(卷11, 士庶列傳 3)에 의하면 유충정 외에 遣唐學生으로서 劉寶俊이라는 인물이 있다.

254

유충정 기사의 대부분 내용은 유충정이 '康兆의 政變'에 깊이 관련되어 있다는 것이다. 유충정은 고려 내투 발해 유민 후예→ 고려에서 활약→ 고려의 정변으로 遼로 망명→ 발해 부흥국 흥료국에서 활동→ 고려에 구원 요청이라는 복잡한 행로를 보여주는 인물이다. 유충정의 행로를 아주 뚜렷이 알 수는 없지만 어쨌든 발해계 인물로서 고려의 중앙정계에서 활동했던 대표적 인물인 그의 행로는 시사하는 바가 크다고 하겠다.

(2) 大守正

工部侍郎 大守正을 金에 보내어 橫宣使를 보낸 데 대하여 사례하고, 衛尉卿 秦彦匡을 보내어 왕의 생일을 축하한 데 대하여 사례하게 하였다. (『高麗史』卷21, 신종 4년 7월)

공부시랑인 대수정은 13세기 초 금나라에 사신으로 파견된 인물로 기록되어 있다. 즉, 3년에 한 번씩 금나라에서 고려에 보내온 橫宣使에 대한 답사로서의 謝橫宣使의 중심 인물이다. 고려와 금나라 간에 중요한 외교적 역할을 수행하는 謝橫宣使였다는 사실 외에 대수정에 대한 자세한 기록은 없지만 그가 가지고 있던 관직으로 보면 상당한 지위에 있었음을 알 수 있다. 특히 고려시대의 발해계인으로서 다른 나라에 사신으로 가서 활동한 인물로서는 대수정이 유일하다는 점은 주목되는 부분이라 하겠다.

(3) 大集成과 대집성의 女

『고려사』의 대집성에 대한 기사는 발해 유민 후예 가운데 가장 많은 내용이 실려 있다. 고종 15년, 18년, 19년, 23년조에 그의 활약상이 실려있고 최충헌(附 최이, 최항), 최춘명, 김경손전에도 많이 언급되고 있다. 심지어 대집성의 女에 대한 기사까지 수록되어 있어 유민 후예의 한 면을 이해하는데 많은 도움을 주고 있다.[47] 발해 유민계 여성에 대한 것은 거의 없는 상황에서 대집성의 女에 대한 것이 남아 있다는 점도 특징이다. 그럼에도 대집성 선대의 내투 과정이나 대집성 본인의 출생·성장과정에 대해서『고려사』열전에 단독으로 입전되어 있지 않은 것은 쉽게 이해되지 않는 부분이다. 대집성은 1230년대를 전후하여 크게 활동하고 있으며, 1231년 몽고의 고려 침입과 깊이 관련되어 있다. 그런데 그는 처음에는 몽고에 항전하려는 면을 보이다가 점차 항복을 권유하거나 강화도로의 천도를 주장하고 있다. 그렇지만 1232년의 강화도 천도가 일부 지배층의 정권보전을 위한 것이든, 단호한 對蒙抗戰의 결의든 발해 유민 후예인 대집성의 뜻이 크게 반영되어 최우(최이)에 의해 단행되었다는 사실은 역사상 커다란 의미를 지닌다고 하겠다.[48]

그와 최우의 관계는 매우 밀착되어 있었음을 충분히 짐작할 수 있는데 그의 지위가 다른 후예보다 높을 수 있었던 것도 최우의 힘이 크게 작용한 것 같다. 직위도 郞將, 차장군, 대장군, 서북면병마사, 후군진주, 법관, 어사대부, 재추, 수사공 등 매우 다양하여 무관직, 외직, 문관직을 두루 거치고 있다. 그리고 고려시대에는 사실상 어려웠던 무관의 문관화 현상이 엿보이기도 한다. 그러나 그의 행동이 좋은 방향으로만 나타난 것은 아니었다. 이러한 요인들이 아마 최우 정권기에 권력의 최정상에 도달했던 그의 지위가 1249년 최우가 죽고 최항 시기에 이르

---

47) 大集成과 대집성의 女에 대한『高麗史』내의 여러 기록에 대해서는 다음 글 참조. 李孝珩, 앞의 글, 2000, 178~182쪽.

48) 大集成과 강화천도, 최우와의 관계에 대해서는 尹龍爀,「高麗의 對蒙抗爭과 江都」『高麗史의 諸問題』, 三英社, 1986 ;『高麗 對蒙抗爭史 硏究』, 一志社, 1993 참조.

256

자 그와 관계되는 대씨 족당들이 몰락하는 계기가 되었을는지도 모른
다. 그리고 그의 시집간 딸이 새로 최우와 혼인까지 맺어 대집성의 권
세가 자못 높았던 것은 주목되는 부분이다.49) 이러한 것은 발해 유민
후예들에게서 찾아볼 수 없는 특이한 부분이다.

이상에서 볼 때 대집성의 권력은 최충헌대부터 시작되어 최우대에
정상에 올랐으며, 1236년 그의 사후에도 대씨 족당은 10년 넘게 최우
정권과 깊이 연결되어 있었던 것으로 보여진다. 그러나 최씨무인정권
의 외척이면서 커다란 권력을 소유하고 있던 대씨 족당도 최우에서 최
항으로의 권력이동기에 정치권력 승계에 개입되는 가운데,50) 최항이
권력을 잡자 유배·독살되면서 대몰락을 가져오고 말았다.

그렇지만 대집성과 최우의 후실인 대집성의 女에 대한 사실은 발해
유민 후예와 그 후손이 고려 사회에서 무인정권기 최고 권력가의 곁에
있으면서 어떻게 살아가고 있는가를 단편적으로라도 보여준다는 측면
에서 나름대로 의미를 찾을 수 있다.

⑷ 大金就

校尉 大金就가 牛峯別抄 삼십여 인을 거느리고 몽고병과 金郊, 興義
사이에서 싸워 머리 數級을 베고 馬, 弓矢, 氈衣 등의 물품을 획득하였
다. (『高麗史』 卷24, 고종 40년 8월 癸丑)

몽고병이 송도에 들어와 康安殿의 守者를 驅掠하거늘 別將 大金就
가 擊走시키고 포로를 빼앗아 돌아왔다. (『高麗史』 卷25, 고종 46년(원

49) 대집성의 女가 최우와 혼인한 것은(1232년) 최우의 처가 살아있을 때는 아니
었으며 최우의 처가 사망한(1231년) 이듬해였다(『高麗史』 卷129, 列傳 崔忠獻
附 崔怡).
50) 『高麗史』 卷129, 列傳 崔忠獻 附 崔沆 ; 『高麗史』 卷101, 列傳 金台瑞 附 若先
枚.

종 즉위년) 12월 경술)

위의 글을 통해 본다면 대금취는 校尉와 別將을 지내며 13세기 중반 몽고의 침입 하에서 황해도와 개경 일대에서 많은 활약을 했던 인물이다. 낮은 관직에 얼마 안되는 병사를 거느리고도 외침을 극복하기 위해 적극 노력하는 면이 엿보이고 있다. 태씨들의 족보에 따르면 13세기 몽고와의 전쟁에 공을 세우면서 陜溪君으로 추봉된 大(太)集成은 陜溪太氏의 중시조이고, 역시 몽고군을 격퇴한 공으로 永順君에 추봉된 大(太)金就는 永順太氏의 중시조이다.[51] 문제는 이러한 추봉 사실이 『고려사』등의 사서에 나오는 것은 아니라는 점이다.

(5) 大守莊

---

51) 永順과 陜溪 외에 南原, 陜川, 密陽 등 여러 본이 있지만 이들은 분파된 것이다. 1985년에 시행된 남한의 성씨 및 본관 조사보고 결과에 의하면(『1985년 인구 및 주택 센서스-한국인의 성씨 및 본관 조사보고 下』, 경제기획원 조사통계국, 1988년, 1321·1345쪽), 태씨는 본관이 영순, 남원, 협계, 합천, 상주, 영천, 밀양, 통천, 기타, 미상으로 나뉘어 작성되었으며, 대씨는 밀양, 대산(김해), 기타, 미상으로 나뉘어 작성되었다. 태씨 본관 가운데는 영순 태씨가 902가구 3,638인, 남원 태씨가 371가구 1,511인, 협계 태씨가 258가구 1,124인, 합천 태씨가 68가구 286인, 상주 태씨가 54가구 212인, 영천 태씨가 21가구 90인, 밀양 태씨가 4가구 29인, 통천 태씨가 1가구 4인, 기타 115가구 486인, 1가구와 26인은 미상으로 되어 있다. 특이한 것은 협계 태씨에서 分籍하여 世系를 이어왔다는 남원 태씨가 협계 태씨보다 인구수가 많다는 점이다. 이것은 협계 태씨가 주로 북부지역에 거주하는 데서 오는 지역적 불균형과 관련된 것으로 보인다. 그리고 영순은 오늘날 경북 문경군 영순면이 확실하지만, 협계는 황해도 新溪와 관련된 지명인지 충북 沃川의 옛 이름인지 정확하지 않다. 한편 참고적으로 일제하 1930년 10월 1일을 기준으로 작성된 전국 성씨 세대수 조사에 따르면(朝鮮總督府編,『朝鮮의 姓』, 第一書房, 1934) 태씨가 1043세대, 대씨가 12세대이다. 그러나 1930년은 전국의 세대수 조사이고, 1985년은 남한만의 세대·인구조사이므로 단순비교는 될 수 없다.

內竪 梁善과 大守莊 등이 告하기를, "慶昌宮主가 그 아들 順安公 琮과 더불어 모의하고 盲僧 終同을 시켜 呪詛한다"고 하므로, 上이 中贊 김방경에게 명하여 신문케 하였으나 불복하였다. (『高麗史』卷28, 충렬왕 3년 7월 병진)

琮은 본래 병이 많았다. 충렬왕 3년에 母인 慶昌宮主가 盲僧 終同을 불러 액을 없애는 방술을 묻고 드디어 醮祭를 설치하고 奠饌을 묻으니 內竪인 梁善과 大守莊 등이 誣告하기를, "慶昌宮主가 그 아들 順安公 琮과 더불어 모의하고 盲僧 終同을 시켜 上을 呪詛케 하며 琮으로 하여금 공주에게 장가들어 왕을 삼고자 한다"고 하였다. (『高麗史』卷91, 열전 종실 원종)

위의 두 기사에서 보듯이 대수장 본인에 대한 설명은 자세하지 않다. 13세기 후반 충렬왕대에 조그만 사건을 告했다는 사실 이외에 특별히 다른 것을 파악할 만한 내용이 없다. 다만 이름 앞에 內竪라는 말이 붙어있는 것으로 보아 왕의 측근에 있었다는 것은 충분히 짐작할 수 있으나 신분은 그다지 높지 않았을 것으로 보여진다.

⑹ 大道秀

遜寧은 蒙戩이 이미 돌아갔는데도 오랫동안 回報가 없자 드디어 安戎鎭을 치므로 中郎將 大道秀와 郎將 庾方이 맞아 싸워 이기니 遜寧이 감히 다시 진군하지 못하고 사람을 보내 항복을 재촉하였다. (『高麗史』卷123, 열전 서희)

거란의 왕이 성의 서쪽에 있는 절에 머무르는데, 卓思政이 두려워하여 장군 대도수에게 속여 말하기를, "그대는 동문으로 나는 서문으로부터 나가 전후로 협공하면 이기지 아니함이 없으리라" 하고 드디어 휘하병으로 밤에 도망하였다. 대도수가 동문으로 나와서 비로소 속았

음을 알았고 또 힘이 가히 적을 당해내지 못하였다. (『高麗史』卷94, 열전 지채문)

위의 두 기사로 보아서는 대도수가 어떠한 인물인지를 제대로 알 수 없다.[52] 契丹戰에서 활약한 인물이라는 점과 관직상으로 봐 처음부터 무관이었다는 점은 분명하다. 993년 거란의 1차 침입 때 安戎鎭에서 거란군을 물리쳤다는 내용과, 1010년 2차 침입시 서경을 방어하다가 거란에 패하는 동시에 동료 장수 탁사정에게도 속았다는 내용이다. 그의 직위는 中郞將(정5품)에서 將軍(정4품)으로 다소 승진하였음을 알 수 있다.

(7) 大懷德

거란군이 곽주에 침입하니 방어사 호부원외랑 趙成裕는 밤에 도망가고, 申寧漢 및 行營修製官 乘里仁, 대장군 大懷德, 공부랑중 李用之, 예부랑중 簡英彦은 모두 전사하여 성이 드디어 함락되었다. (『高麗史』卷94, 열전 양규)

양규전에 나오는 이 글은 『고려사절요』(권3, 현종 원년 12월 경술조)에도 똑같은 글이 실려 있으나 『고려사』의 현종세가에는 나오지 않는다. 아마도 현종세가에 빠진 기사를 『고려사절요』에서는 『고려사』 양규전 기사를 통해 시간에 맞게 『고려사절요』 현종조에 보완해 넣었던 것으로 생각된다. 현종 원년 12월이라면 1010년 12월에 해당하는 시기

---

52) 유득공의 『발해고』(臣考 大光顯)에서는 대도수가 대광현의 아들이고 大金就는 대도수의 후손이라 하였으나 그 근거를 밝히지는 않고 있어 많은 의문이 든다. 또한 김육불도 대도수를 대광현의 아들이라 하였으나(『渤海國志長編』卷13, 遺裔列傳 大道秀) 이는 유득공의 『발해고』에 나오는 내용을 따랐을 것으로 생각된다.

이다. 거란의 2차 침입과 관련된 설명이지만 대회덕에 대해 구체적인 것은 나와 있지 않다. 그의 직위가 대장군이므로 무신이었다는 것과 2차 침입 당시에 전사했다는 것만 알 수 있을 따름이다.

위에서 보듯이 대도수와 대회덕은 거란의 2차 침입과 관련된 인물이라는 점에 공통성이 있다. 이리하여 北村秀人은 이 시기에 대도수와 대회덕이 다 같이 무신으로서의 지위를 가지고 있었던 것이 고려 사회에서 그들의 열악함을 의미한다고 하였다.[53] 그렇지만 무반의 지위 변화라는 측면에서 볼 때 현종대는 거란의 침략에 의해 무력의 직접적인 실무자인 무관의 활약이 요구되면서 무반은 이를 통해 역사의 표면에 진출하여 그 세력을 오히려 확대시킬 수 있는 시기였다.[54] 그리고 대도수는 禮部郞中이라는 문관직도 가지고 있었기 때문에 설득력이 부족하다고 본다.

(8) 大公器

(명종) 11년에 前隊正 韓信忠, 蔡仁靖, 朴敦純 등이 난을 일으키기를 꾀하므로 令史同正 大公器가 이를 알고 경대승에게 告하자 경대승이 왕에게 아뢰고 이들을 체포 鞫問하였다. (『高麗史』 卷100, 열전 경대승)

명종 11년 즉, 1181년에 해당하는 기사이다. 발해 유민의 고려 내투는 1117년을 고비로 완전히 사라지고 있다. 이를 고려하면 대공기가 발해 유민이 아니라 발해 유민의 후예라는 것은 확실하다. 그런데 대공기의 이름 앞에 令史同正이라는 말이 붙어있다. 令史는 중서문하성,

---

53) 北村秀人, 앞의 글, 1985, 270쪽.

54) 邊太燮, 「高麗武班研究－武臣亂 전의 武班을 중심으로」 『亞細亞研究』 8-1, 1965 ; 『高麗政治制度史研究』, 一潮閣, 1971, 349쪽.

중추원, 상서 6부 등 중앙의 주요 관청에 소속된 吏屬으로 품관이 아니다. 그리고 同正職이란 문반 6품·무반 5품 이하에 해당하는 관직에 설정된 것으로 일정한 직임이 부여되지 않은 散職이었다.[55] 이로 보면 大公器의 사회적 지위는 그다지 높지 않았던 것 같다.

(9) 大氏부인

　　장군 周瑄이 그의 叔父 周永賚의 처 大氏를 간통하였다가 일이 드러나자 어사대가 대씨를 잡아 국문하니 옥중에서 죽었다. 드디어 周瑄을 베었다. 判衛尉寺事 李舒가 또한 대씨와 그의 두 딸을 간통하여 일찍이 海島에 유배되었다가 돌아왔는데, 이에 이르러 그의 사위인 대장군 金洪就의 營救에 의하여 책임을 면하게 되었다. (『高麗史』卷26, 원종 9년 3월 병오)

앞에서 거론했던 대집성의 女는 최우의 후실로서 원래 남편이 뭇씨인지는 알 수 있었으나 누구인지는 불확실했다. 그런데 위에 나오는 대씨부인은 남편이 주영뢰라는 사실이 분명하게 드러나고 있다. 周永賚(일명 周肅)는 최우와 男同壻인 관계로 많은 권력을 누렸던 자다. 최항도 처음에는 그에게 모든 일을 자문하는 등, 한때 周永賚는 대단한 권세를 누리던 인물이었지만 최항에게 죽임을 당했다.[56] 樞密院副使 周永賚의 부인이었다는 사실을 감안하면 대씨부인의 사회적 지위는 높았다고 볼 수 있다. 이에 대집성과 대집성의 女 관계에서 간접적으로 알 수 있듯이 대씨부인의 아버지 되는 인물도 고려 사회에서 높은 지위를 차지했던 인물로 추정된다.

---

55) 金光洙,「高麗時代의 同正職」『歷史敎育』11·12合, 1969, 132~133쪽.
56) 『高麗史』卷129, 列傳 崔忠獻 附 崔沆.

262

(10) 太某氏

(顯宗) 9년에 정하여 牧이 되었으므로 8목의 하나가 되었다. 別號를 上洛(成宗이 정한 바이다)이라 하고 또 號를 商山(諺傳에 州의 北面 林下村의 사람으로 성이 太란 자가 賊을 잡아 공이 있었으므로 그 村을 승격하여 永順縣으로 삼았다 한다)이라 한다. (『高麗史』卷57, 지리지2 상주목조)

위 기사에서 중요한 것은 割註에 나오는 글이다. 諺傳을 통해서 태씨 성을 가진 자가 賊을 잡은 공이 있어 그 촌을 영순현으로 삼았다는 내용을 기록하고 있다. 비록 언전이지만 그 내용의 신빙성은 『세종실록』(지리지 경상도 상주목)을 보면 위의 諺傳과 똑같은 기사와 영순에 續姓으로 태씨가 있었다는 내용이 수록되어 있는 점,57) 『신증동국여지승람』(경상도 상주목 고적조)에도 언전과 똑같은 내용이 있는 동시에 姓氏條에는 永順에 太氏가 있었다고 하는 점, 오늘날 태씨의 주요한 본관 가운데 하나가 영순인 것으로 보면 가히 틀린 것은 아니라고 생각된다.

문제는 太氏가 누구인가 하는 점이다. 시간적으로 보면 발해 멸망과 관련된 내투자는 아니다. 『고려사』에 태씨 성을 가진 인물이 처음으로 등장하는 것은 앞의 대(태)수정이다. 이 점을 고려하면 太某氏는 적어도 12세기 후반 이후의 인물로 짐작된다. 그리고 그가 어떻게 해서 경

---

57) 『世宗實錄』地理志에는 諺傳의 내용 외에 "영순의 續姓이 1이니 太이다"라는 文句가 들어 있다. 續姓은 원래 없다가 移住에 의해 새로 생긴 성씨를 의미하지만 『世宗實錄』地理志에 나오는 姓은 고려시대의 자료를 그대로 옮긴 것이므로 고려시대의 성씨를 반영하고 조선시대 주민의 거주나 이동을 반영한 것이 아니다(許興植, 『高麗社會史研究』, 亞細亞文化社, 1981, 387쪽). 그리고 여기서의 속성은 이주에 의한 것이 아니라 임하촌이 영순현으로 승격되면서 속성이 되고있는 경우이다(朴恩卿, 『高麗時代鄕村社會史研究』, 일조각, 1996, 197쪽).

북 내륙의 상주 林下村까지 흘러들어 갔는지는 몰라도 거기에서 오랫동안 거주했던 인물인 것으로 보여진다. 그러므로 발해 유민 후예로 보아도 무방할 것이다. 앞의 여러 발해 유민 후예 가운데 이 기사의 인물과 관련지을 수 있는 인물은 대금취다. 오늘날 영순태씨의 시조가 대금취이기 때문이다. 그런데 대금취는 몽고전에 크게 활약했으나 太某氏는 賊을 잡았다고 했다. 이때의 賊은 당시의 시대적 사정으로 봐 草賊일 가능성이 많지만 賊의 의미가 단순한 盜賊인지 逆賊인지, 또 아니면『고려사』에서 많은 용례가 보이는 몽고인지도 알 수 없는 상태에서 太某氏가 바로 대금취라고 단정지을 수는 없을 것 같다. 어쨌든 太某氏에 대한 구체적인 모습을 모르기는 해도 賊을 잡은 공이 있어 임하촌이 영순현으로 승격된 것에 비추어 그의 지위도 자연히 상승했을 것으로 추정된다.

위의 11명은 기록의 내용이나 大氏라는 성을 통해 발해 유민 후예라는 것이 드러나고 있다. 그런데 다음의 大文과 大貞은 성이 대씨인지 불명확하지만 기록상 발해 유민 후예로 여겨지는 인물들이다.

大文은 金州의 백성으로 族黨이 백 명에 가까운데 李英柱가 세도를 믿고 억압해 이들을 종(奴)으로 삼고자 하여 문서를 꾸며 이들을 천민으로 삼자, 大文이 王府斷事官 趙仁規에게 호소해 李英柱의 職을 罷한 일에[58] 관련된 인물이다.

大文이 특별한 관직에 있는 자도 아니고 그냥 '金州(오늘날의 김해)[59]의 백성 大文'이라 되어 있어 성이 대씨인지는 의문이다. 그러나 『신증동국여지승람』(경상도 김해도호부 성씨조)에 太씨가 기재되어 있는 것으로 보아 고려 후기에도 김해에 대씨가 살고 있었을 가능성은 매우 높다. 그리고 대문이 100명에 가까운 족당을 대표하는 인물이고,

---

58) 『高麗史』卷123, 列傳 嬖幸 李英柱.
59) 『高麗史』卷57, 地理志2 金州條.

264

조인규에게 호소할 만한 능력까지 지니고 있는 인물이므로 大文의 大
는 성일 가능성이 높다.

大文이 만약 대씨라면 발해 유민 후예가 김해지역에 거주했다는 사
실을 분명히 확인할 수 있다는 측면에서 매우 중요하다. 동시에 천민
화된 이후의 발해 유민 후예 사정은 자세히 알 수 없다고 해도 양민화
되었을 것으로 짐작되는데, 고려 정부에서 이들에게 관심을 가지고 보
호하고 있었다는 측면은 눈여겨 볼 부분이다.

다음은 大貞에 대한 문제인데 대정은 注壯男과 함께 王京의 성 밖
에 나갔다가 누구에게 사로잡힌 후 다행히 도망쳐 왔던 사건과 연루된
인물이다.[60] 大文과 마찬가지로 성이 과연 대씨인가 하는 의문이 들기
도 하지만 관청의 告狀에 올라있는 이름이므로 대씨일 가능성이 높다.
현전 자료로는 대정의 생몰 연대를 파악하기 어려우며 그의 신분이나
관직, 가계도 전혀 알 수 없는 입장이다. 활동 시기는 충렬왕 4년 즉,
1278년 기록을 통해 본다면 13세기 말에서 14세기 초로 추정할 수 있
다. 발해 유민 후예 가운데 14세기에 활동했음을 분명하게 알 수 있는
인물은 없다.[61] 대개 13세기 인물이지만 시기적으로 그 가능성이 가장
높은 인물은 위의 대문과 대정이다. 대정과 관련된 사실 가운데 눈에
띄는 것은 발해 유민과 그 후예 가운데 거주지가 王京 즉, 개경이었던
인물로서 아주 정확하게 기록상에 나타난다는 점이다.

이상의 발해 유민 후예에 대한 기사와 그 외 『고려사』에 나오는 유
민 후예에 대한 기사 전체를 종합하면, 유충정에 관한 것이 6건, 대수
정 1건, 대금취 2건, 대집성 8건, 대집성의 女 2건, 대수장 2건, 대도수

60) 『高麗史』 卷28, 忠烈王 4年 7月條.
61) 14세기 인물인 鄭夢周의 시(『圃隱先生集』 卷1, 詩 渤海古城, "渤海昔爲國 於
焉有址存 唐家許相襲 遼氏肆倂呑 附我全臣庶 于今有子孫 遺民那解此 歎息
駐歸軒")를 통해 간접적으로 알 수 있다.

2건, 대회덕 1건, 대공기 1건, 대씨부인 1건, 太某氏 1건, 대문 1건, 대정 1건 등 모두 29건이다.[62] 이들 인물들의 등장 시기는 10세기에서 14세기에 걸쳐 있다. 人名이 확인되는 숫자는 10인이며 3명은 알 수 없다. 그리고 '대씨의 족당', '大文이란 자의 족당이 백 명에 가까운데' 등의 표현도 나오므로 발해 유민 후예들의 숫자는 훨씬 더 많았다고 짐작된다.[63]

그리고 발해 유민 후예들은 고려 전 시기에 걸쳐 여러 활동을 하고 있으며 사회적 지위도 고위 관직자에서부터 중간층, 일반 평민 등 다양하다. 그러나 출생연도를 알 수 있는 인물은 단 한 명도 없다. 사망 시기를 알 수 있는 인물은 대집성(1236), 대집성의 女(1251), 대씨부인(1268), 대회덕(1010) 등이다. 또한 家系를 조금이나마 구성할 수 있는 인물은 대집성→ 대집성의 女→ 오승적의 관계, 대씨부인→ 그의 2女 관계 정도이다.[64] 姓貫을 알 수 있는 인물도 한 명도 없다. 이것은 발해 유민 후예 중 『고려사』열전에 단독으로 올라있는 인물이 없고 유민 후예와 직접적으로 관련된 墓誌, 문집이 남아있지 않기 때문으로 보인다. 그리고 발해 유민과 후예들이 지역적 기반과 족적인 유대가 약하기 때문에 한때 높은 지위에 오른다 하더라도 가세가 지속되지 못했기 때문일 것이다.[65]

한편 14세기에 활동했던 인물명이 정확하게 드러나지 않고, 아울러 정치, 외교, 군사와 관련된 기사는 많으나 사상, 문학, 예술과 관련된

---

62) 李孝珩, 앞의 글, 2000, 193쪽.
63) 여기서 중요한 문제는 대씨(태씨) 성을 가진 발해 유민 후예가 순전한 발해 유민의 후예인가 하는 점이다. 즉 대씨 성을 가지고 고려에 내투했던 일부 거란인과 여진인의 후예도 거슬러 올라가면 발해계 대씨일 가능성이 높기 때문이다. 그렇지만 사료상의 한계로 이를 가려낸다는 것은 사실상 불가능하다.
64) 李孝珩, 앞의 글, 2000, 194쪽.
65) 李樹健, 「高麗前期 土姓研究」『大邱史學』14, 1978, 9쪽.

기사가 없는 것은 하나의 특징인 동시에 의문이다. 여기서 거란·몽고와의 항쟁과 관련된 기사가 다소 많은 것은, 이미 널리 알려진 바와 같이 대광현을 비롯한 고려 내투 발해인을 白州(白川)나 기타 북방에 유치시킨 것이 거란전에 이용할 의도였던 것처럼, 발해 유민의 후예들도 고려에서 북방정책 등의 분야에서 이들을 적극 활용한 때문인 것으로 분석된다.

2) 발해 유민 후예의 사회적 지위

발해 유민도 그러하지만 고려시대에 발해 유민 후예가 어떠한 사회적 지위를 가지고 있었는가 하는 점을 밝히는 것은 중요한 문제이다. 그렇지만 『고려사』 내의 발해 유민 후예와 관련된 기사에서 이를 찾아낸다는 것은 어렵다. 그 이유는 발해가 망하면서 내투했던 발해 세자 대광현에 대한 고려의 분명한 처우와 같은 사례가 발해 유민이든 또는 그 후예이든 남아 있는 것이 제대로 없기 때문이다. 이리하여 자연히 고려시대 발해 유민 후예의 사회적 지위에 대한 깊이 있는 연구는 별로 없다.

다만 주목되는 것은 고려시대 이래 발해계 대씨에 대해 검토했던 北村秀人의 연구 가운데 일부 언급이 있는데, 그는 고려시대 발해계민의 사회적 지위가 전반적으로 낮았다가 16세기 전반 太斗南의 등장으로 지위가 높아졌다는 시각에서 논지를 전개시키고 있다.[66] 그리고 朴玉杰이나 문안식의 글에서도 고려시대 발해 유민의 사회적 지위가 고려 초에 비해 시간이 갈수록 낮아지고 있다는 견해가 드러나고 있다.[67]

---

66) 北村秀人, 앞의 글, 1985.
67) 朴玉杰, 앞의 책, 1996, 118쪽 ; 문안식, 「'南北國時代'論의 虛像에 대하여-新羅와 渤海의 天下秩序에 기인한 相互認識을 중심으로」『韓國古代史硏究』 19, 2000, 242쪽.

한편 한규철은 발해계 거란인들에 대한 고찰에서 고려 초만큼 우대하지 않았다는 견해를 제기하였으나,[68] 그가 주목한 것은 발해계 거란인이기 때문에 이들과는 일정한 차이점이 있다.

이에 아래에서는 고려시대 발해 유민 후예의 사회적 지위를 몇 가지 측면으로 나누어 심층적으로 살펴보고자 한다.

첫째, 고려시대에 발해 유민 후예가 가지고 있던 관직과 관련된 문제이다. 고려시대의 발해계인들이 주로 무신으로 활약하고 있는 데서 그들의 지위가 낮았다는 지적이 있다.[69] 만약 이러한 지적이 옳다면, 이는 漢系 귀화인들이 주로 文翰職에 등용된 사례가 많고 中樞院, 三司와 같이 왕과 긴밀한 관계에 있는 주요기관의 직책을 받아 등용되는 경우가 많았던 것과는[70] 일단 비교된다. 그러면 고려 사회를 일반적으로 문관이 우대받는 문벌귀족사회라 할 때, 발해 유민 후예들은 고려 사회에서 높은 지위를 차지하지 못한 채 역사의 전면에서 밀려나 있었을까? 먼저 제기할 수 있는 의문은 발해 유민 후예들이 주로 무신으로 활약했으며 관직 또한 낮았는가 하는 점이다. 위에서 거론했던 발해 유민 후예들이 시간을 달리하면서 지니고 있었던 관직을 표로 정리하면 아래와 같다.

아래 <표 11>을 보면 발해 유민 후예들이 가지고 있었던 전체 관직 숫자는 모두 18개이다. 문관직이 7개, 무관직(軍職 포함)이 10개, 이속직이 1개다. 순수 문관은 2명이며, 순수 무관이 2명, 문·무관 겸대자가 2명, 최씨무인집권기 권력가의 부인 2명이다. 그런데 여기서 주의할 것은 대집성 혼자서 5개의 무관직을 가지고 있었기 때문에 10개의 무관직이라는 것은 큰 의미를 지니지 못한다는 점이다. 이에 발해 유민

---

68) 韓圭哲, 앞의 글, 1984.
69) 北村秀人, 앞의 글, 1985.
70) 朴玉杰, 「高麗初期 歸化 漢人에 대하여」『國史館論叢』 39, 1992, 134~135쪽.

후예가 무신이 많고 무신으로서 지위를 유지하고 있었던 그 자체가 그
들의 사회적 지위가 낮다고 하는 지적은 정확한 설명이 아니라고 생각
된다.

<표 11> 고려시대 발해 유민 후예의 관직

번호	이름	시대	관직(관품)	비고
1	劉忠正	10C	知銀臺事左司郎中(정5품)	문관직
2	大道秀	10~11C	中郎將(정5품), 禮部郎中(정5품), 將軍(정4품)	문·무관직 겸대
3	大懷德	11C	大將軍(종3품)	무관직
4	大公器	12C	令史同正(吏屬)	이속
5	大守正	13C	工部侍郎(정4품)	문관직
6	大集成	13C	郎將(정6품), 借將軍(정4품), 大將軍(종3품), 西北面兵馬使(정3품), 御史大夫(정3품), 宰樞(2품이상), 守司空, 後軍陳主, 法官	문·무관직 겸대
7	大集成 女	13C	參知政事(종2품)였던 崔怡의 후실	문관의 처
8	大金就	13C	校尉(정9품), 別將(정7품)	무관직
9	大守莊	13C	內堅	
10	大氏 부인	13C	樞密院副使(정3품)·上將軍(정3품) 周永賚의 처	문·무관 겸대자의 처
11	太某씨	13C ?	알 수 없음	
12	大文	13C	관직 없음(평민)	
13	大貞	13C	알 수 없음	

또한 관직의 품계가 전반적으로 낮은 것이 아니라는 사실에 주목할
필요가 있다. <표 11>에서 보듯이 3품이나 4품, 5품이 많다. 심지어
대집성은 宰樞, 守司空에까지 이르고 있다. 고려 내투 귀화 漢人이 고
려 사회에서 우대받았지만 이들도 처음부터 5품 이상의 품계나 고위관
직에 등용된 예는 없으며 8품 이하의 初仕職에 임명되었다.[71] 관직을
지닌 발해 유민 후예 7인 가운데 한때 무관직에 있었던 인물은 4인이
다. 4인 중 대장군 이상이 2인, 장군이 1인이다. 이로 보면 대금취를 제

---
71) 朴玉杰, 앞의 글, 1992, 129~130쪽.

외한 3인의 무관은 높은 지위를 차지하였던 것으로 해석할 수 있다.[72] 여기에 국가 최고의 위기 상황에서의 활동이라는 점을 감안하면 도리어 그들의 활동은 고려시대 역사의 최전면에 있었다고 볼 수 있다.

한편 유충정이 중앙의 정치권력 싸움에 깊이 관계된 것이나, 대집성과 그의 女가 최씨 무인정권의 실력자였던 최충헌, 최우, 최항과 연결되어 있는 점, 대씨부인이 추밀원부사 주영뢰의 처라는 점으로 미루어봐도 단지 무관으로서의 활동 기사가 다소 많다는 것만 가지고 발해 유민 후예가 고려 사회에서 차지했던 지위가 낮았다고 하는 것은 재고할 필요가 있다.

둘째, 고려시대의 발해 유민 후예 가운데 어느 누구도 과거에 합격했다는 사례가 보이지 않는 것에 대한 해석상의 문제이다. 고려시대는 조선시대의 『國朝榜目』과 같은 登科錄이 없어 과거 합격자의 명단을 아주 정확히 확인할 수 없으나 발해 유민과 발해 유민 후예 중에 누가, 언제, 무슨 시험에 합격했는가를 보여주는 기사는 하나도 없다.[73] 심지어 고려시대 과거 합격자 가운데 외가·처가쪽의 성씨가 대씨나 태씨인 사람도 찾을 수 없다. 한때 고구려의 왕족이었고 발해의 주요한 지

---

72) 그리고 1076년에 시행된 更定田柴科 체제 아래에서는 무관에 대한 차별 대우가 시정이 되면서 그들의 지위가 높아지고 있는 면도 고려해야 할 것이다.

73) 許興植의 연구(『高麗科擧制度史研究』, 일조각, 1981, 附錄Ⅱ-高麗禮部試登科錄)나 朴龍雲의 연구(『高麗時代 蔭敍制와 科擧制研究』, 일지사, 1990, 資料-科擧試設行과 製述科及第者)에서도 찾을 수 없다. 그런데 태씨 족보에는 고려시대 태씨 인물의 과거 합격 사례를 다소 발견할 수 있다. 그러나 이들이 고려나 조선시대 사서에 언급된 인물이 아니어서 족보의 특성상 이를 바로 인정하기는 어렵다. 조선시대의 경우에는 태씨의 후손으로서 太斗南이라는 인물이 중종대에 문과에 합격했다는 사실을 분명히 확인할 수 있다. 『國朝榜目』(嶺南文化社, 1991, 4쪽·82쪽)에 의하면 태두남은 丙午生(1486년)이고, 자는 望而, 호는 西菴, 父는 孝貞, 본관은 永順, 중종 8년 式年文科에 乙科로 급제하였다.

배세력이었던 高氏의 경우는 고려시대 과거합격자나 합격자 처·외가의 姓에 발견되는 사례가 상당수 있다.[74] 그러나 이들이 발해 유민이나 그 후예라는 근거가 전혀 없으므로 발해 유민 후예와 연결시켜 설명하는 것은 무리다.

고려시대에 발해 유민이나 그 후예가 과거에 합격한 사례가 전혀 없다는 사실은 요나 금나라 때 발해계 인물이 과거에 합격했던 것과는 비교가 된다. 그리하여 고려시대의 발해 유민 후예 가운데 어느 누구도 과거에 합격했다는 사례가 보이지 않는 점은 일견 고려시대에 발해 유민 후예의 사회적 지위가 낮았다는 것을 보여주는 것이라 이해할 수도 있다. 그런데 <표 11>에서 보는 것처럼 발해 유민 후예가 가지고 있었던 몇몇의 관직은 상당히 높은 것이었다. 특히 유충정과 대수정이 가지고 있는 문반직은 과거를 거치지 않고서도 올라갈 수 있었는가 하는 의문이 들기 때문에 발해 유민 후예들이 과거에 합격한 사례가 『고려사』에 올라있지 않은 것은 실지로 과거 합격자가 없었던 것은 아닐 것이다. 오히려 『高麗史』選擧志의 문구에서 보듯이 "○○○等 ○人에게 及第를 賜했다"는 글 가운데 급제 당시 대표적인 인물이 못돼 이름이 거론되지는 않았지만, 어느 정도의 인물이 과거에 합격했을 가능성을 배제할 수는 없다고 생각된다.

셋째, 발해 유민 후예 중 『고려사』 열전에 독자적으로 입전되어 있는 인물이 없다는 것과 관련된 문제이다. 이것은 叛逆·姦臣·酷吏 등 부정적인 이미지를 가지고 있는 傳을 제외한 기타의 열전에 입전되는 것이 그 인물의 사회적 위상이 어느 정도 높다는 것을 반영한다고 할

---

74) 許興植의 연구(앞의 책, 1981, 附錄Ⅱ-高麗禮部試登科錄)에도 발견되며, 조선시대 『國朝榜目』(嶺南文化社, 1991, 232~234쪽)을 봐도 고씨는 69명에 달하는 인물이 과거에 합격하고 있다. 그러나 이들이 고구려·발해계라는 것을 전혀 찾아낼 수 없다.

때, 발해 유민 후예들이 전혀 등장하지 않는 것은 그들의 위상이 상대적으로 낮았음을 반영하는 것이 아닌가 하는 점과 관련되어 있다.

『고려사』 열전에 발해 유민 후예는 어느 傳에도 독자의 인물로서 올라 있지 않다.[75] 특히 諸臣傳에는 시대순에 따라 총 340명이 입전되어 있고 178명이 附傳으로 달려 있어 모두 518명의 傳이 수록되어 있는 것과 같다. 그러므로 발해 유민 후예가 몇 명 정도는 입전될 가능성이 높았으나, 그렇지 못하다. 앞에서 보았듯이 劉忠正이나 大集成의 경우는 입전이 될 만한 다양한 활동을 했음에도 불구하고 입전되지 않은 점은 쉽게 이해가 가지 않는다. 그 이유가 어디에 있는가는 현단계로서는 정확하게 알 수 없다. 『고려사』 편찬자가 열전 인물을 선정할 때 과거에 급제한 이름있는 문신에게 보다 많은 비중을 두었기 때문인지,[76] 고려 정부가 발해 유민과 그 후손에 대해 자국의 백성으로 인정하는데 소극적이었던 데서 비롯된 것인지,[77] 아니면 또 다른 어떤 이유가 있었는지 등 몇 가지 방향으로 그 이유를 추정할 뿐이다.

그런데 발해 유민과 그 후손들은 부정적인 이미지를 가지고 있는 傳에도 등장하지 않는다. 이것은 발해 유민과 그 후예들이 고려 사회에 빠르게 동화되면서 그만큼 평범한 삶을 살아갔다는 의미로 해석할 수 있다.[78] 즉 특별히 높은 지위에 올라 고려 사회의 중심 인물이 된 자가

75) 발해 유민 또는 발해 유민 후예로서 『遼史』에는 高模翰, 夏行美, 大康乂, 大公鼎이, 『金史』에는 張浩, 高德基, 高衎 외에도 다수가 독자적 인물로 입전되어 있다.
76) 邊太燮, 『「高麗史」의 研究』, 삼영사, 1982, 107쪽.
77) 南仁國, 앞의 글, 1986, 109~110쪽.
78) 노명호는 발해 유민들이 고려 사회에서 동류 의식을 가지고 빠른 속도로 동화된 배경에는 문화적 공통성, 그 가운데서도 언어적 기반이 있었던 것으로 보았다. 앞으로 더 연구가 되어야 하겠지만 타당성이 있다고 생각된다. 盧明鎬, 「高麗 支配層의 渤海遺民에 대한 認識과 政策」 『汕耘史學』 8, 1998, 156쪽.

272

많지 않았다는 측면과 더불어, 叛逆·姦臣·酷吏 등의 인물이 전혀 없었다는 사실을 연결시키면 이러한 해석이 가능하리라 본다.

넷째, 고려시대에 발해 유민 후예에 대한 차별의식 내지 차별대우가 있었는가 하는 점이다. 예컨대 北村秀人은 그러한 현상을 찾아 볼 수 있다고 하는데 이는 추론에 불과한 것이지 구체적인 근거가 있는 것은 아니다. 이러한 그의 설명은 아마도 고려 내투 발해 유민의 수용이 고려 왕조의 건설과 국방으로의 발전 등을 지향하기 위한 수단에 지나지 않았고, 결국 고려는 발해 유민에 대해 어떠한 동족의식도 가지지 않았다는 그의 한국사 인식과 깊이 연결되는 것 같다.[79]

고려시대에 발해 유민과 그 후예에 대해 고려 정부가 특별한 정치, 사회, 경제적 불이익을 주었다는 내용의 직접적인 차별대우 예는 『고려사』에 한 구절도 찾을 수 없다. 앞에서 보았던 것처럼 최우의 후실이었던 대집성 女의 경우도 그의 족당이 대다수가 죽고 유배갔다 하더라도 발해 유민 후예에 대한 차별대우의 일환으로 이해하기는 곤란하다. 그 이유는 최항과 金敉(최이의 사위였던 樞密副使 金若先의 아들)와의 정치권력 관계에서 대집성의 女와 족당이 김미를 지원한 것과, 최항이 讒訴·誣告를 맹신한 결과 이러한 상황을 몰고왔지 정부차원의 조치는 아니기 때문이다.

동시에 발해 유민 후예가 고려 정부로부터 고려민과 차별대우를 받아 불만을 가지고 개인이든 집단이든 봉기했다는 말도 한 군데도 찾을 수 없다. 그렇지만 시간이 흐르면서 발해 유민 후예들이 주로 활동한 13세기가 되어서는 이들에 대한 고려 정부의 관심이 점차 약해졌다고 하는 편이 옳을 것이다. 물론 이것은 관심의 약화지 처우의 약화는 아닐 것이다. 즉 고려 초기와 13세기는 벌써 300년이라는 시간이 흘렀고

---

79) 北村秀人, 앞의 글, 1985, 281쪽.

시대적 상황도 크게 달라졌다. 더욱이 발해 유민의 고려 내투는 12세기 초를 고비로 사라졌으며, 13세기 들면 고려 왕조의 주된 관심사는 발해 유민 후예에 대한 것보다는 對蒙古에 대한 갖가지 중요한 문제들이었을 것이다. 그러나 발해 유민 후예가 고려 후기로 가면서 사회적 지위가 낮아졌다고 가정하더라도, 그것은 내투자의 거의 대다수를 이루는 하층 발해 유민이 고려 후기라는 불안정한 사회 흐름에 의해 자연 발생적으로 고려 사회에 동화된 후 나타난 현상이지 고려 정부에서 나온 의도적인 조치의 결과는 아니었을 것이다.

다섯째, 발해 유민 후예의 사회적 지위를 그들의 거주지와 연결해 설명하는 문제이다. 먼저 발해 유민의 내투에 있어 그들의 거주지를 알 수 있는 것은 발해 세자 大光顯이 내투하자 白州를 지키게 하였다는 사례와, 江南·南地에 살게 했다는 몇 가지 사례에 불과하다.[80] 발해 유민 후예들의 거주지에 대한 것도 앞의 여러 기사에 나오는 金州, 王京이라는 지명과, 林下村 등 세 개 정도의 사례를 찾을 수 있다. 다만 거주지에 대한 표현이 없다고 해도 간접적으로 알 수 있는 인물은 있다. 유충정과 대집성은 중앙 정치무대에 활동하였으므로 개경에 거주했을 가능성이 높으며, 대씨부인과 대수장 역시 周永贊의 처라는 입장과 內豎였으므로 마찬가지로 개경에서 살았을 것이다.

그리고 대집성 女의 경우 최초 거주지역은 개경이었을 것이다. 최이의 후실이었기 때문이다. 그러나 최항과의 정치권력 싸움에서 그녀와 그의 족당이 김미를 지원한 결과, 최항에게 패하면서 대집성의 女는 海島에 귀양을 가게 되었다. 이 海島는 남부 지방의 어느 곳으로 상정할 수 있다. 기사 속에 그의 아들 오승적이 금강산에서 어머니에게 편지를 보내다가 密城에서 누설되었다는 말이 나오기 때문이다. 그러나

---

80) 『高麗史』 太祖 17年 7月 ; 顯宗 21年 10月 ; 德宗 2年 12月條.

정확한 위치는 알 수 없으며 유배된 후 바로 독살되었으므로 거주지로 보기는 어렵다.

다음으로 大文의 족당은 金州(김해)에 살고 있었다. 그러다가 세도가 李英柱 등에 의하여 천민화되자 대문이 조인규에게 호소함으로써 그들은 처벌받았다. 그런데 천민화되기 전과 후의 사정이 자세히 나와 있지 않아 거주지에 따른 대씨일가의 지위를 논하기는 어려운 입장이다. 중요한 것은 문서를 마음대로 꾸며 대씨 일가를 천민으로 삼았으므로 그 이전에는 양민촌에 집단적으로 거주했다고 볼 수 있다. 그리고 문장의 흐름으로 보면 다시 양민화되었을 것으로 생각된다. 大貞의 경우는 관직이나 기타 여러 사항을 파악할 수는 없지만 王京 즉 개경에 살았다는 것이 분명하다.

거주지 문제와 관련하여 가장 주목되는 것은 永順縣 관련 기사이다. 이는 『고려사』지리지 외에 다른 지리서에도 실려 있으나, 그 내용이 조금씩 달라 의문이 많기 때문이다. 北村秀人은 여기에 등장하는 태씨를 망명 발해인의 후예 즉, 발해 유민 후예로 보면서도 縣으로 승격되기 전의 村을 천민집단인 부곡으로 해석하면서 이들의 사회적 지위가 낮았다고 하였다.[81] 그러나 이러한 지적은 문제점이 있는 것 같다. 우선 林下村이 과연 부곡이었는가 하는 점이다. 조선 초기에 등장하는 여러 지리서에 토대를 두면 고려시대도 영순에 대(태)씨가 거주하고 있었을 것으로 추정은 되지만, 영순현이 처음에 낮은 신분의 집단인 部曲이었다는 어떠한 근거도 없다. 『고려사』지리지와 비슷한 시기에 편

---

81) 北村秀人, 앞의 글, 1985, 280~281쪽. 그리고 朴玉杰도 『典故大方』, 『朝鮮名臣錄』, 『朝鮮氏族統譜』 등을 바탕으로 영순현이 처음엔 부곡이라 하는 동시에, 발해 최고 지배계층의 후예인 대씨가 부곡민으로 전락한 것은 고려의 정책적 배려가 단절되었으며 발해인 후예들의 지위 약화와 몰락을 의미한다고 하였지만(앞의 책, 1996, 113~114쪽), 근거 자료의 시대가 늦고 적절한 설명인지 의문이다.

찬된『세종실록』지리지의 상주목조나『경상도지리지』, 조금 더 뒤에 나온『신증동국여지승람』에도 부곡이란 말은 나오지 않는다. 村에서 바로 縣으로 승격된 것으로 되어 있다. 그런데 아래 글에서 보듯이 조선 후기에 편찬된『증보문헌비고』에는 부곡에서 현으로 승격된 것으로 기록하고 있다.

> 영순태씨[영순은 상주의 속현이다] 시조 태집성은 고려 때에 永順部曲의 촌민으로서 성이 太였는데, 賊을 사로잡아서 공이 있으므로 부곡을 승격시켜 현으로 삼고 土姓이 되었다. 세속에 전하기를, "그 선조는 본래 발해 국왕의 성이라고 하는데, 고종 때에 태집성이 수사공을 지냈다." 한다. (『增補文獻備考』第52卷, 帝系考 氏族7 太氏條)

北村秀人도 이를 근거로 설명하고 있다. 그러나『증보문헌비고』는『세종실록』지리지나『고려사』지리지보다 몇 백년 뒤에 나왔으므로 기록상 여러 가지 의문이 든다. 예컨대 諺傳이라는 말이 생략되어 있고 임하촌이 영순현으로 승격된 것이 아니라 영순 부곡이 영순현으로 승격되었다고 하는 점, 오늘날 영순 태씨의 시조는 대금취이고 협계 태씨의 시조가 태집성이라는 것과는 서로 맞지 않는 것이다. 그리고 최씨 무인집권 당시는 무신란 이전의 엄격했던 신분의식이 이때 이르러 크게 붕괴되어 가는 시기라 하더라도 부곡민이었던 태집성이 어떻게 재추, 수사공까지 이를 수 있을까 하는 점도 의문이다. 이에 대한 해석이 쉽지 않다고 여겨진다.

다음에 林下村이 설사 부곡이라 하더라도 오늘날 부곡민의 신분에 대한 의견이 다양하고, 또 영순부곡 하나의 사례를 가지고 발해 유민 후예들이 고려 사회에서 사회적 지위가 낮았다고 일반화시키기는 무리다. 확인되는 인물만 해도 오히려 개경에 거주하는 인물이 더 많았다. 고려로 내투했던 수많은 발해 유민들은 대광현처럼 白州에 거주하면서 고려의 對北方 정책의 일익을 담당하는 자도 있었고, 고려의 수도 개성에도 살았을 것이며, 그 외에 양민촌이든 천민촌이든 다른 여러 지역에도 거주했을 것이다. 그 후예들도 위의 몇 가지 기사에서 나타나듯이 다양한 지역에 거주하며 신분의 浮沈과 지위의 상하 이동을 겪으면서 살아갔다.

발해 유민 후예들의 거주지를 알 수 있는 것은 王京, 林下村, 金州(김해) 등 여러 곳이다. 지금까지 일부 학자들은 발해 왕족인 대씨가 천민촌 즉 부곡에 산다는 입장에서 유민 후예들의 사회적 지위가 낮다고 보았다. 그러나 위의 설명처럼 태씨의 거주지였던 임하촌이 부곡임을 입증할 만한 근거가 약하다. 오히려 촌에서 바로 현으로 승격된 것으로 여겨진다. 동시에 유민 후예들의 거주지는 다양하므로 천민집단에 살았다는 것만으로 사회적 지위가 낮았다는 논리는 커다란 설득력을 갖지 못한다.

여섯째, 발해 유민 후예의 사회적 지위와 고려시대 발해사 인식 흐름과의 관련성이다. 고려는 10세기 초 지배체제가 자리를 잡아가는 시기에 발해와 婚姻・親戚之國 관계를 맺었고, 발해의 멸망으로 발해 세자 대광현이 내투하자 王繼라는 이름을 내리고 宗籍에 넣어 제사를 지내도록 하였다. 나아가 옷을 나누고 밥을 덜어서 발해인을 구제했으며,[82] 만부교 사건의 배경으로 거란에 의한 발해의 멸망을 거론했다. 이로 미루어 10세기에는 발해의 한국사화 인식이 매우 높았던 것으로 생각된다. 12세기 『삼국사기』 단계에서는 발해사를 우리나라 역사 속에 넣어보려는 면이 제대로 나타나지 않는다. 그러나 13세기 후반에 나오는 『삼국유사』, 『제왕운기』에 이르면 발해를 한국사 속에 넣어 우

---

82) 『高麗史』卷2, 太祖 16年, "春三月辛巳 唐遣王瓊・楊昭業 來冊王詔曰……分衣減食 濟忽汗之人".

리의 역사로 인식하고 있다. 물론 이 두 사서가 13세기 발해사 인식을
대변한다고는 말할 수 없다. 그렇지만 대몽항쟁의 위기를 겪은 지식인
들의 민족적 자주의식의 표현이라고 할 때 중요한 의미를 지니고 있음
은 틀림없는 사실이다.

그런데 위에서 거론한 발해 유민 후예의 대다수가 13세기대 인물이
다. 그러므로 13세기의 고려시대 발해사 인식을 간접적으로 통해 보더
라도 그들의 사회적 지위가 고려 전기에 비해 일률적으로 하락해 갔다
고는 생각되지 않는다. 다만 현실적 지위와 인식은 차이가 날 수 있을
것이다.

이상에서 발해 유민 후예들의 사회적 지위가 일부 학자의 견해와는
달리 그렇게 낮지 않았음을 지적하였다. 즉 발해 유민 후예가 가지고
있던 관직이 무관직이 많다고 해서 이들의 사회적 지위가 낮지 않았다
는 점, 과거 합격자에 대한 기록이 없고 『고려사』 열전에 입전된 인물
이 없다고 해서 지위가 낮지 않았을 것이라는 점, 그리고 발해 유민 후
예에 대한 차별 의식과 대우가 어디에도 발견되지 않는다는 사실을 제
기하였다. 또한 발해 유민 후예 중 어느 특정인이 비록 천민집단에 거
주했다고 가정하더라도 이를 일반화시켜 지위가 낮다고 보는 것은 잘
못이라 하였다. 그리고 고려 후기 元 간섭기 하에서는 발해사를 한국
사에 위치지려는 의식이 뚜렷하게 나타나고 있으므로 이것과 관련시
켜도 발해 유민 후예가 고려 사회에서 가지고 있던 그들의 지위는 결
코 낮았다고 볼 수는 없다고 하였다.

그렇다고 고려 후기로 가면서 발해 유민 후예가 정부나 고려민들로
부터 특별히 좋은 인식·대우를 받았다거나 사회적 지위가 매우 높았
던 인물이 많았다고는 생각지 않는다. 이와 관련된 사례도 발견되지
않고, 그럴 만한 특별한 국내외적 사안이 발생하지 않았기 때문이다.
거의 대다수는 일반 평민으로서 평범하게 살아갔을 것이다. 이제 극히

소수를 제외하고는 발해 유민 후예 즉, 발해계 고려인이라는 의식은
서서히 소멸되었을 것으로 짐작된다.

제5장 고려의 발해 인식과 계승의식

고려시대의 발해와 발해 유민에 대한 인식, 고려의 발해 계승의식이 어떠했는가 하는 문제는 남북국시대에서 고려로 나아가는 한국사 내의 발해, 발해 유민사의 위치를 파악하는 데 큰 도움을 줄 것이다. 그리고 발해·발해 유민과 고려는 정치, 외교, 주민의 관계 외에 문화적 측면에서도 관련성이 있음을 고려할 필요가 있다. 발해와 고려 문화의 유사성 및 전승을 일부 발견할 수 있기 때문이다. 이에 관해서도 살펴보고자 한다.

1. 발해·발해 유민 인식의 추이

고려시대의 발해·발해 유민 인식에 대해서는 직·간접의 연구가 있다.[1] 하지만 보완돼야 할 부분이 많이 있다. 발해 인식에 대한 문제

---

1) 李佑成,「三國史記의 構成과 高麗王朝의 正統意識」『震檀學報』38, 1974 ; 石井正敏,「朝鮮における渤海觀の變遷-新羅~李朝」『朝鮮史研究會論文集』15, 1978 ; 金光錫,「高麗太祖의 歷史認識(Ⅰ)-그의 渤海觀을 中心으로-」『白山學報』27, 1983 ; 한규철,「고려에서 독립운동기까지의 발해사인식」『역사비평』, 1992년 가을호 ; 林相先,「高麗와 渤海의 關係-高麗 太祖의 渤海認識을 중심으로」『素軒南都泳博士古稀紀念 歷史學論叢』, 民族文化社, 1993 ; 趙仁成,「高麗 初·中期의 歷史繼承意識과 渤海史 認識」『李基白先生古稀紀念韓國

280

만 하더라도 고려 건국부터 멸망까지 아주 치밀하게 연구가 이루어지지 못하였다. 특정 사서나 일부의 시기만을 중심으로 논의되었던 것이다. 그리고 발해에 대한 인식과 발해 유민사에 대한 인식을 구분하여 정리할 필요가 있다. 고려시대의 발해 인식이라 할 경우, 대조영이 세운 발해와 멸망 후의 유민사를 같이 묶어 이해할 수도 있지만 특정 사안에 대해서는 구분해서 이해해야 한다.

예컨대 전근대의 한국사에서 보면 어느 국가가 멸망한 후 부흥운동의 움직임이 아예 없었거나 있어도 시기가 극히 짧았기 때문에 본 역사와 유민사를 같은 흐름에서 이해하더라도 큰 문제가 없다. 그런데 발해는 나라가 망한 후 200년이 넘는 시기 동안 부흥운동을 전개하였다. 그러므로 고려 입장에서 본다면 발해 존립기와 그 후 많은 시간이 지나 부흥운동을 전개한 국가를 바라보는 시각은 서로 차이가 있었을 것이다. 발해(698~926)와 100년~200년 뒤의 발해 유민이 세운 흥료국(1029~1030)·대발해(1116)에 대한 고려의 인식은 시대적 상황이 다르므로 차이가 날 수밖에 없는 것이다. 이를 고려하지 않고 발해 인식이라는 이름으로 모두를 설명하는 것은 무리이다. 그러므로 '高麗의 渤海 認識'이라 했을 경우 이의 범위와 의미를 보다 더 세분해서 발해만이 아니라, 나라가 망한 후 등장하는 발해 유민, 발해 유민의 부흥운동(이른바 후발해 및 정안국, 흥료국, 대발해), 발해 유민 후예 등을 잘 구분해서 살펴봐야 한다.[2]

그리고 고려시대의 발해·발해 유민 인식은 시대적 상황에 의해 많

史學論叢(上)』, 일조각, 1994 ; 宋基豪, 「발해사 인식의 변천」『한국사』 10, 국사편찬위원회, 1996 ; 盧明鎬, 「高麗 支配層의 渤海遺民에 대한 認識과 政策」『汕耘史學』 8, 1998 ; 鄭鎭憲, 「渤海史 史料와 渤海史 認識의 變遷-高麗時代의 史書에 실린 渤海 記事를 중심으로」『高句麗硏究』 6, 1999.
2) 李孝珩, 「고려시대 발해·발해 유민 인식의 추이」『역사와 경계』 53, 2004.

이 달라지므로 정확한 시기 구분이 필요하다. 고려의 시기 구분은 여러 가지 방법으로 나눌 수 있고, 그에 대한 의견도 분분하다.3) 여기서는 일단 초기, 중기, 후기로 나눠 살펴보고자 한다. 고려 사회 내부에 큰 변화가 이어지는 12세기를 중기로 잡고 그 이전을 초기, 이후를 후기라 하였다.

1) 초기의 동류의식

고려 초기의 발해 인식과 관련하여 먼저『三國史』즉, 이른바『舊三國史』에 대한 이해가 필요하다.『구삼국사』는 비록 현전하지 않아 편찬자나 편찬 시기를 명확하게 알 수 없으나,4) 여러 정황으로 미뤄『삼국사기』나『삼국유사』를 편찬할 때 크게 이용되었을 것으로 짐작된다. 또한 고구려를 중심으로 한 역사서술일 가능성이 높다. 이규보의『동명왕편』에 의하면『구삼국사』에는「東明王本紀」가 있다고 하였다. 또 이승휴의『제왕운기』에도「檀君本紀」와「東明本紀」가 인용되고 있는데, 이것들은『구삼국사』에 실린 것을 말하는 것 같다. 그리고 徐兢이 쓴『고려도경』에도 고구려, 발해, 고려를 하나의 역사권으로 서술하고 있는데 이때는『삼국사기』가 편찬되기 이전이므로『구삼국사』를 참고

---

3) 朴龍雲,『高麗時代史』, 一志社, 1988, 11~14쪽.
4)『三國史』의 편찬 시기에 대해서는 많은 논의가 있으나, 末松保和는 1010년 이전으로 보았으며, 김석형은『三國史』의 존재를 입증하는 最古의 자료가『大覺國師文集』의 分註라는 사실에 근거, 1091년 이전이라 하였다. 반면에 정구복은 광종 연간(950~975) 사관이 설치된 때 편찬되었으며, 편찬자는 광종대에 監修國史직을 지낸 金廷彦으로 추정하였다. 어떻든『삼국사기』가 편찬되기 이전임은 분명하다. 末松保和,「舊三國史と三國史記」『靑丘史草』2, 1966 ; 김석형,「구삼국사와 삼국사기」『력사과학』4, 1981 ; 鄭求福,「高麗初期의 三國史 編纂에 대한 一考」『國史館論叢』45, 1993 ;『韓國中世史學史(1)』, 集文堂, 1999.

한 것으로 보인다.5)

따라서 고려 초에는 높은 고구려 계승의식과 발해 유민의 포용, 동아시아 전체의 대외관계를 종합해 볼 때, 『구삼국사』에는 발해 계승의식을 이끌어 낼 수 있는 내용들이 담겨있을 가능성이 없지 않다.6)

위에서 언급한 『舊三國史』 외에 고려 초기에 만들어진 당대의 사서가 현전하지 않기 때문에 고려 초기의 발해·발해 유민 인식을 파악할 수 없는 형편이다. 그러므로 태조 왕건대 이래의 발해·발해 유민 인식은 『고려사』를 비롯해 그 이후 여러 자료를 통해 살펴봐야 한다.

태조 왕건대는 그 뒤의 다른 시기와 달리 발해와 병존했던 유일한 시기였다. 비록 그 시간은 10년에도 미치지 못하지만(918~926), 왕건은 발해가 여전히 존속하고 있는 상태에서 남쪽 고려의 최고 지배자였다. 그러므로 왕건은 북쪽 발해의 실체를 정확히 파악할 수 있었다. 영토상으로 서로 인접하고 있는 등 아주 특별한 시점인 이 시기에 대한 인식은 다른 어느 시기보다도 큰 의미를 지니고 있을 것이다.

① 발해 장군 申德 등 오백 인이 내투하였다. 庚子에 발해의 禮部卿 大和鈞, 均老, 司政 大元鈞, 工部卿 大福謨, 左右衛將軍 大審理 등이 民 일백 호를 거느리고 내부하였다. [발해는 본래 粟末靺鞨인 바 唐 武后 때에 고구려인 대조영이 달아나 요동을 보유하니 睿宗이 渤海 郡王으로 책봉하였으므로 스스로 발해국이라 칭하고 부여·숙신 등 10여 국을 아울러 차지하였다.] 문자·예악과 관부제도가 있었는데 5경 15부 62주에 지방이 5천여 리요 人衆이 수십 만이다. 우리나라의 경계와 인접하여 있다. 거란과는 대대로 원수였다. 이에 이

5) 한영우, 『역사학의 역사』, 지식산업사, 2002, 120쪽.
6) 李佑成도 고구려 위주의 『舊三國史』가 고려의 고구려·발해 계승론과 무관하지 않을 것으로 보았다(李佑成, 「南北國時代와 崔致遠」 『創作과 批評』 10-4, 1975 ;『韓國의 歷史像』, 創作과 批評社, 1982, 151쪽).

르러 契丹主가 좌우의 군신들에게 이르기를, "대대의 원수를 갚지
못하였으니 어찌 평안히 살 수 있으랴"라 하고, 大擧하여 발해의 大
諲譔을 攻伐하여 忽汗城을 포위하였다. 대인선이 싸움에 패하여 항
복을 청하니 드디어 발해를 멸하였다. 이리하여 그 나라 사람들이
망명하여 오는 자가 잇따라 있었다. (『高麗史』卷1, 태조 8년 9월 병
신)

② 발해국 세자 大光顯이 무리 수만을 이끌고 내투하였다. 그에게 王
繼라는 성명을 내려주고 宗籍에 附籍케 하였다. 특별히 元甫를 제
수하고 白州를 지키게 하였으며 제사를 받들게 하였다. 僚佐에게는
爵을 내리고 軍士에게는 田宅을 내려주는데 차등 있게 하였다. (『高
麗史』卷2, 태조 17년 7월)

위의 두 기사는 태조대 발해 유민의 고려 내투 사례 가운데 가장 주
목되는 내용을 담고 있다. 먼저 ①의 기사에서 중요한 부분은 [ ]안의
글이다. 이 글은 고려 태조대의 발해 인식을 어느 정도 드러내고 있다
고 짐작되기 때문이다. 즉 발해는 본래 속말말갈인데 고구려인 대조영
이 발해를 세웠다는 것이다. 이 문구가 고려시대의 발해 인식인지, 조
선 초『고려사』편찬 시 그 이전까지의 국내외 여러 자료를 조합한 후
의 발해 인식까지 반영된 결과인지는 정확히 알 수 없다.7) 그런데 본
문 서술 가운데 발해가 '우리나라(고려)의 경계와 인접하여 있다'라는
말을 통해 이해한다면 사료의 단순 조합이 아니라 고려시대 이래의 발

---

7)『고려사』를 편찬하기 이전까지의 여러 사서를 조합한 것에 불과한 가능성은
   '발해는 본래 속말말갈'이라는 표현은『新唐書』(卷219, 북적 발해전)에 근거한
   것이고, '고구려인 대조영'이란 표현은『三國遺事』(卷1, 靺鞨渤海) 내에 인용된
   『新羅古記』와 이승휴의『帝王韻紀』(卷下)에 나오는 내용을 참고한 점, 나머지
   발해에 대한 기사는『新唐書』를, 그리고 거란과 관계된 기사는『遼史』(卷2, 太
   祖本紀 天贊4年 12月)를 근거로 작성되었다는 점에서 그러하다.

284

해 인식이 반영된 것으로 봐야 한다.8) 그것도 태조대에 있었던 내투 사례에 이어 나오므로 태조대의 발해 인식으로 인정해도 큰 무리는 없을 것이다.

따라서 '발해는 본래 속말말갈'이라는 표현과 '고구려인 대조영'이라는 표현을 같이 연결해서 해석하면, '발해는 본래 속말말갈인데 고구려인 대조영이 발해를 세웠다'는 결론에 이른다. 이는 '고구려의 옛 장군 대조영'으로 표기한『삼국유사』(권1, 말갈발해조)에 나오는『신라고기』의 글과『제왕운기』(권하)의 발해 인식보다는 오히려『신당서』(권219, 북적 발해전)에 나오는 "渤海本粟末靺鞨 附高麗者 姓大氏"의 표현에 더 가깝다고 하겠다. 물론 이것이 발해는 말갈족이 세운 국가라는 의미는 아니다. 여전히 말갈의 실체가 정확하지 않은 상태이지만 설령 말갈이 하나의 종족을 지칭한다고 해도 위 기사의 표현은 발해가 속말말갈족이 세운 국가를 의미하는 것 같지는 않다. 일단 위의 표현 대로라면 오히려 '발해는 말갈 계통의 고구려인 대조영이 세운 국가'로 이해할 수 있을 것이다.

이어서 태조대의 다른 사실을 종합해 이 시기 발해 인식의 실태에 접근하고자 한다. ②의 태조 17년 기사에는 발해 유민의 고려 내투 사례 가운데 가장 주목되는 내용이 담겨져 있다. 발해 인식 문제와 관련하여 특별히 눈길을 끄는 부분은 내투 대표자인 발해 세자 대광현에게 王繼라는 이름을 하사하고 宗籍에 附籍케 했다는 사실이다. 고려시대에 왕씨 성을 하사한 예는 상당수 있다. 그러나 내투 발해인에 대한 것은 대광현의 경우가 유일하다. 그런데 王繼를 하사한 것과 宗籍에 附籍케 했다는 사실을 연계하면, 王繼가 단순한 姓名에 불과한 것이 아니라 '발해의 왕통을 잇는다'는 취지에서 붙여진 것으로 생각된다.

---

8) 宋基豪,『渤海政治史研究』, 一潮閣, 1995, 42쪽.

그리고 발해 세자 대광현에게 '왕계를 내리고 宗籍에 附籍케 했다' 고 할 적에 종적이 어느 나라를 지칭하는 것인가를 밝히는 것도 중요 하다. 발해의 종적인지, 고려의 종적인지 불명확한 것이다. 발해의 세 자이므로 발해 종적에 附籍케 한 것으로 보이지만, 이제 고려에서 王 繼라 賜姓했으므로 고려 종적에 附籍케 한 것으로 보는 것이 옳다고 생각된다. 물론 『고려사』世系나 『개성왕씨세보』에서 고려 왕실과 발 해 세자 大光顯(王繼)과의 관련성을 명확하게 찾을 수는 없다. 여하튼 단정하기는 어렵지만 발해와 고려는 왕통의 단절과 시작의 시점에서 무엇인가의 연결 고리가 있었던 것으로 보인다.

다음은 소위 萬夫橋 사건을 통해 본 태조 왕건대의 발해 인식을 살 펴보고자 한다. 942년 거란이 사신을 보내어 槖駝 54필을 선사하므로 왕은, "거란이 일찍이 발해와 화목하게 지내오다가 별안간 의심을 내 어 맹약을 어기고 멸망을 시켰으니 심히 무도한지라, 멀리 화친을 맺 어 이웃을 삼을 것이 되지 못한다" 하여 드디어 교빙을 거절하였다. 그 使者 30인은 海島에 유배하고 槖駝를 만부교 아래에 매어놓아 다 굶어 죽게 하였다.[9]

여기서 주목되는 것은 태조 왕건이 만부교 사건의 가장 중요한 원인 을 거란의 발해 침공과 그에 따른 멸망을 들고 있다는 점이다. 물론 이 것은 하나의 표면적인 이유일 수 있다. 즉, 고려의 對契丹 정책의 수단 으로 역사적 사실을 끌어들일 수 있다는 점이다. 그러나 그렇다고 하 더라도 고려의 왕인 왕건이 직접 발해의 멸망 문제와 연계해 거론했다 는 것은 발해와 고려 사이에는 그만큼 유대감, 친연성, 또는 동족의식 에 버금가는 역사인식이 바탕에 깔려 있었을 것이다. 이것은 태조대에 있었던 수만의 고려 내투 발해인에 대한 무조건적 수용과 발해 세자

9) 『高麗史』卷2, 太祖 25年 10月條.

대광현에 대한 처우에서도 간접적으로 뒷받침될 수 있다. 따라서 만부
교 사건을 통해 본 태조 왕건의 발해 인식은 발해를 우리 역사의 한
부분으로 보았던 것으로 파악할 수 있다. 하지만 이것만으로는 고구려
-발해-고려로 이어지는 역사 계승의식이나 통일신라와 발해의 비중
이 어떠한지를 파악하는 데는 어려움이 있다.

　이러한 문제와 더불어 다음의 사실을 주목할 필요가 있다. 後晋 天
福 연간(936~943)에 후진의 고조 石敬塘이 西域僧 襪囉에게 고려에
들리도록 하였다. 襪囉를 만난 당시 고려의 왕건은 襪囉를 통해 石敬
塘에게, "발해는 우리와(나와) 혼인한 사이인데(細註에는 親戚之國이라
하였음) 그 왕이 거란에 잡혔으니, 청컨대 조정과 함께 거란을 쳐서 빼
앗기를 원한다"고 하였다.[10] 즉, 고려 태조 왕건은 발해와 '혼인한 나
라'임을 표방하고 있다. 이 역시 동아시아 정세를 이용한 고려의 북진
정책의 표현이나 거란과 대치하고 있던 중국과의 외교적 동반을 과시
하는 표현으로 이해할 수도 있다.[11] 그러나 외교적 차원에서 그러한
측면도 일부 있었겠지만, 혼인의 여부를 떠나 위에서 본 바와 같이 대
광현에 대한 처우나 만부교 사건을 연결시키면 고려 태조는 발해에 대
해 同類 또는 同族意識을 가지고 있었던 것으로 짐작된다.

　이어서 고려 태조 16년(933) 당시 중국인이 고려의 발해인에 대한 처
우를 표현한 것을 통해 태조 왕건대의 발해 인식을 살필 수 있다. 곧
933년 3월 唐(後唐)이 王瓊과 楊昭業을 보내와 고려왕을 책봉하고 詔
하기를, "말을 먹이고 軍器를 날카롭게 하여 견훤의 무리를 꺾었고, 옷
을 나누고 밥을 덜어서 忽汗人을 구제하였다"고 하였다.[12] 후당의 사
신이 와서 고려가 忽汗人을 구제하였다고 이르는 것이다. 홀한인은 바

---

　10)『資治通鑑』卷285, 後晋紀 齊王 開運 2年 10月 · 11月條.
　11) 김한규,『한중관계사 I』, 아르케, 1999, 381쪽.
　12)『高麗史』卷2, 太祖 16年 3月 辛巳條.

로 발해인(물론 이때는 시기적으로 발해 유민을 지칭한다는 게 더 정확하다)을 지칭하므로 고려가 발해인을 물질적 측면에서 많은 도움을 주었다는 얘기다.

그러나 이것은 단순히 물질적 측면의 것이 아니다. 옷과 밥은 인간이 살아가면서 필요한 가장 기본적인 필수품이지만 이를 두고 고려가 발해인을 기본적인 것만 도와주고 말았다는 의미는 아닐 것이다. 도리어 '옷을 나누고 밥을 덜어서 忽汗人을 구제하였다'는 말은 발해인(발해 유민)과 고려인 사이에 아무 조건없이 서로를 포용할 수 있는 유대감 내지 동질감을 지니고 있었다는 의미로 해석하는 것이 더 타당하다. 이는 태조 왕건에 대해 "강한 거란이 동맹국을 침략해 멸망시키자 국교를 단절하였고, 약한 발해가 나라를 잃고 돌아갈 데가 없자 이를 慰撫하여 받아들였다."[13)는 史臣의 평에서도 입증된다. 이로 보면 고려가 발해나 발해 유민에 대해 同類·同族意識을 갖고 있었음을 알 수 있다.

태조의 뒤를 이은 혜종과 정종, 광종대에 발해 또는 유민과 관련된 사실은 나타나지 않는다. 그런데 광종(949~975)은 재위 기간이 25년이 넘는다. 발해가 멸망된 지 얼마 되지 않는 이 시기에 발해 유민의 내투 사례가 전혀 보이지 않는 것은 쉽게 이해하기 어렵다. 여전히 고려 北境, 요동 지역에서 유민들의 활동이 활발하던 시기로 이른바 후발해, 정안국이 존속할 수 있는 시기였다. 그럼에도 광종대의 어느 시기에도 관련 기록이 없는 것은 무엇인가 사료상의 문제가 있다고 본다.

일련의 개혁을 통해 국왕의 권위를 높이기 위하여 황제라 칭하고, 광덕·준풍과 같은 독자적인 연호를 사용하기도 하였던 광종대는 史館이 설치되는 등 이전의 역사를 정리할 수 있는 시기였다. 그럼에도

---

13) 『高麗史節要』 卷1, 太祖神聖大王 26年.

이 시기 사서 존재조차 알 수 없고, 『고려사』에도 발해 유민의 내투 관계 사실이 전혀 수록이 안 되어 있는 점은 의문이다.

유학자들이 국정을 주도하면서 유교정치를 실현하고자 하였던 성종대의 발해·발해 유민 인식은 최승로와 서희를 통해 단편적이나마 그 모습을 파악할 수 있다. 우선 최승로(927~989)는 왕이 원년에(982) 求言하자 상서하면서, 발해의 멸망과 깊은 관련이 있는 만부교 사건은 태조의 深策遠計에서 나왔다고 하였다. 이어서 "발해가 이미 거란의 군대에게 멸한 바 되자, 그 世子 大光顯 등이 우리나라가 義를 들어 일어났으므로 그 餘衆 수만 호를 거느리고 밤낮으로 길을 걸어 달려오거늘, 태조가 불쌍히 여기는 마음이 더욱 깊고 迎待를 매우 후하게 하였으며 성명을 내리고 또 宗籍에 붙여서 그 본국 祖先의 제사를 받들게 하고 그 문무 衆佐 이하도 또한 모두 넉넉하게 관직에 임명되었습니다. 그렇게 存亡繼節에 급급함으로써 능히 먼 데 사람으로 하여금 來服케 함이 또한 이와 같았나이다."[14]라고 태조의 치적을 평가하였다.

여기서 중요한 것은 발해가 거란에 멸망당해 세자 대광현 이하 수만 호가 내투하자, 태조가 '불쌍히 여기는 마음이 더욱 깊고 迎待를 매우 후하게 하였다'는 사실이다. 불쌍히 여기는 마음은 고려시대에 거란이나 여진인의 내투 시에는 감히 이같이 표현한 경우가 없었다. 이는 그만큼 고려 측에서 이들을 끌어안을 동질감 같은 것을 가지고 있었기 때문에 가능한 일이었다. 다시 말해 태조가 발해 유민들에 대해 이른바 同類意識을 갖고 있음을 의미하는 것이다. 동시에 최승로도 태조의 정책에 대해 비판 없이 높이 평가하고 있으므로 태조와 비슷한 발해 인식을 지니고 있었던 것으로 보인다.

그런데 최승로는 고려가 고구려를 계승했다는 의식은 지니고 있었

---

14) 『高麗史』 卷93, 列傳 崔承老.

지만, 발해를 계승했다는 의식은 가지지 않았던 것 같다. 그리고 고려
는 통일신라를 이은 국가로 여겼으며 발해를 통일신라보다 중시하지
않았던 것 같다.15) 이 역시 그의 상서문 가운데, "이에 金鷄가 자멸하
는 시기를 만났고, 丙鹿16)이 再興하는 운을 타서, 鄕井을 떠나지 않고
문득 闕庭을 일으켜 遼浿(요동과 한반도)의 驚波를 평정하고 秦韓의
옛 땅을 얻어 (즉위한 지) 19년에 천하를 통일하니, 가히 공은 이보다
더 높음이 없으며 덕은 이보다 더 큼이 없다고 하겠습니다"라는 데서
찾을 수 있다. 이것은 그가 신라계 인물이었다는 점이 작용했는지 모
른다.

다음은 서희(942~998)의 발해·발해 유민 인식에 대한 것이다. 이
문제와 관련하여 주목되는 것은, 993년(성종 12) 거란의 침략 때 고려
측에서 전세가 불리해지자 조정의 다양한 논의 속에 자진해서 국서를
가지고 가 거란의 蕭遜寧과 담판을 벌일 당시 서희의 발언이다. 蕭遜
寧이 서희에게, "그대 나라(고려)는 신라 땅에서 일어났고 고구려 땅은
우리가 소유하였는데, 고려가 침식하였고 또 우리와 국경을 접하고 있
는데도 바다를 넘어 宋을 섬기고 있으므로 오늘의 출병이 있게 된 것
이다"라고 하였다. 이에 대해 서희는 "아니다. 우리나라는 바로 고구려
의 옛 땅이다. 그러므로 국호를 고려라 하고 평양에 도읍하였다. 만일
地界로 논한다면 귀국의 東京은 다 우리 境內에 있거늘 어찌 침식이라
하오"라 하였다.17)

소손녕과 서희의 대화 가운데 중요한 부분은 국경선을 논하면서 서

---

15) 趙仁成,「高麗 初·中期의 歷史繼承意識과 渤海史 認識」『李基白先生古稀紀
　　念韓國史學論叢(上)』, 一潮閣, 1994, 729~730쪽.
16) 丙鹿은 麗의 破字이다. 그러므로 丙鹿은 高句麗를 지칭한다. 여기서 고려가
　　고구려는 다시 일어나는 운을 탔다고 하므로 고려 왕조의 고구려 계승의식을
　　파악할 수 있다. 李基白 外 著,『崔承老上書文研究』, 일조각, 1997, 10쪽.
17)『高麗史』卷94, 列傳 徐熙.

희가 거란의 東京도 옛날 우리의 땅임을 강조하고 있는 점이다. 당시 거란이 차지하고 있던 동경(넓게 말하면 요동)은 이전에 고구려, 발해 의 영토였다. 그런데 여기서 무엇보다 중요한 것은, 서희가 소손녕과 담판을 벌이면서 발해가 요동의 동경 지역을 차지했던 사실까지도 염 두에 둔 것인가 하는 점이다. 그러나 서희의 응답에는 고려를 고구려 에 연결시키는 것은 분명하게 드러나고 있지만, 고구려를 이어 요동의 동경을 차지한 적이 있는 발해에 대해서는 전혀 언급하지 않고 있 다.[18] 이는 소손녕도 마찬가지다. 발해가 멸망된 지 60여 년의 상황에 서, 발해와 깊은 관계를 가졌던 양국의 군사, 외교의 대표자가 고구려 를 거쳐 발해가 요동의 동경을 차지한 사실 정도는 알고 있었을 것이 다.

따라서 소손녕이나 서희는 발해의 존재나 영역에 대해서는 어느 정 도 파악을 하고 있었으나, 고려가 고구려의 계승을 표방하여 이를 특 히 강조함으로써 이들은 동경과 고구려와의 관련성만을 논했다고 짐 작된다. 결국 서희는 발해의 실체는 파악하고 있었던 것으로 보여지나 발해 계승의식을 드러내지는 않았다. 그는 고려 건국 이래 내려오고 있는 고구려 계승의식을 통해 對契丹 관계에서 유리한 입장을 펼쳐나 갔던 것이다.

서희의 영토 발언과 더불어 윤관의 영토에 대한 발언을 비교할 필요 가 있다. 윤관은 1107년(예종 2) 고려 동북 여진 정벌의 대표적인 인물 이다. 그가 여진 정벌을 마치고 林彦으로 하여금 쓰게 한 '英州廳壁記'

---

18) 박시형은 蕭遜寧의 말을, "너희 고려는 신라땅에서 일어났다. 우리 거란은 이 미 발해땅을 차지하였으니 발해의 전신인 고구려 땅 전부를 가져야 하겠다" 고 확대 해석하였다(「발해사연구를 위하여」,『력사과학』, 1962-1 ; 朴鍾鳴 譯,『古代朝鮮の基本問題』, 學生社, 1974, 184쪽). 과연 그렇게까지 해석할 수 있 는지는 의문이다.

에 의하면, (東)女眞은 본래 고구려 영토였는데 전에 고구려가 잃었던 것을 이제 고려가 차지하게 되었으므로 天賜라 하였다.[19] 9성의 위치에 대해서는 논란이 많지만 오늘날의 함흥 일대만 하더라도 옛 발해 땅이 었다. 여진을 정벌하던 1107년은 고구려보다는 발해의 흔적이 더 많이 남아있었을 것이다. 그리고 수많은 발해 유민 후예들이 여전히 고려에 살고 있으므로 윤관은 정벌 지역이 발해의 영역이었다는 사실은 잘 알고 있었다고 짐작된다. 그가 정벌한 여진은 발해의 주민들인 말갈의 후예다. 그리고 뒤에서 살펴보겠지만 윤관의 아들 윤언이도 발해를 한국사로 인정하고 있었다. 그럼에도 윤관이 이곳은 발해 영토라는 사실을 언급한 사례는 발견되지 않는다.[20] 물론 윤관이 9성을 쌓아 경계를 정하고 비석을 公險鎭의 先春嶺에 세웠으므로,[21] 그 비문의 내용이 전한다면 혹시 새로운 사실을 확인할 수 있는 가능성은 있다.

서희가 언급한 지역은 고려의 영토로 보면 서북 지역이고, 윤관의 정벌지역은 동북 지역이다. 두 지역 모두 고구려 영토였고 이어서 발해의 영토였다. 그럼에도 두 인물 공히 발해 영토라는 사실을 제시한 경우는 찾을 수 없다. 이것은 무엇보다도 고려 건국과 함께 천명한 고려의 고구려 계승의식에 바탕을 둔 데서 비롯되었을 것이다. 즉, 이들의 발언은 고려가 고구려를 계승한 국가임을 강조한 데서 나온 것이다.[22] 그렇다고 발해를 한국 역사권 밖으로 인식하지는 않았다. 단지

---

19) 『高麗史』卷96, 列傳 尹瓘.
20) 당시의 왕이었던 睿宗도 좌우의 신하에게, "여진은 본래 고구려의 부락으로 盖馬山 동쪽에 모여 살았다"고만 하여(『高麗史』卷96, 列傳 尹瓘) 발해를 언급하지 않았다. 그리고 尹瓘傳 첫머리에도 "여진은 본래 靺鞨의 遺種으로 隋와 唐 사이에는 고구려에 병합한 바 되었고, 뒤에는 취락으로 山澤에 흩어져 살아 통일함이 없었다"고 하여 발해에 대한 설명이 없다.
21) 『高麗史節要』, 睿宗 3年 2月條 ; 『世宗實錄』卷155, 地理志 咸吉道.
22) 이것은 윤관이 죽은 후 10년 뒤에 고려에 왔던 徐兢이 『高麗圖經』(建國 始封條)에서 그가 신라와 백제의 존재를 알면서도 이를 누락시키고 고구려만 삼

292

정치적으로나 지리, 문화적으로 발해보다 더 밀접한 관련을 가진 고구
려를 전면에 내세우면서 나온 결과라 생각된다.

한편 현종대(1010~1031)는 발해 유민들이 세운 興遼國과의 관계를
통해 발해 유민 인식을 살필 수 있다는 점에서 특이한 시기이다. 홍료
국은 1029년 8월 거란 지배하의 大延琳이 주도한 발해부흥 국가로서
대연림은 발해 시조 대조영의 후손이다.[23] 그런데 눈에 띄는 것은, 홍
료국은 1029~1030년에 걸쳐 만 1년 동안 5회에 걸쳐 고려에 구원을
요청했으나 고려에서는 끝내 큰 움직임을 보이지 않았다는 점이다. 홍
료국은 고구려를 이은 발해의 부흥 국가인 반면에 고려는 고구려 계승
을 천명한 국가였다. 그러므로 두 나라는 고구려, 발해, 발해 유민의 부
흥운동, 고려와의 여러 관계를 정확히 파악하고 있었다고 본다. 따라서
서로 구원하고 도와줄 수 있는 역사적 공유 의식을 지니고 있었을 가
능성이 있다. 이는 홍료국이 주로 고구려, 발해계 인물인 高氏, 大氏
인물을 고려에 사신으로 보낸 점, 고려에서는 대연림이 대조영의 후손
이라는 사실을 정확히 알고 있었으며 처음에는 도와주려는 움직임이
있었다는 점, 홍료국이 진압되자 그 유민들을 고려에서 적극 수용하고
있다는 점에서 확인된다.

그럼에도 군사적 지원이 이루어지지 못한 이유는 무엇인가? 고려가
군사적 지원을 하지 않은 것은, 고려 초 발해 멸망으로 야기된 對契丹
강경책이나 婚姻(親戚)之國 관계, 대광현 등 유민에 대한 우대 처우와
는 상반된 입장이다. 그렇지만 이 시기에 이르러 발해 유민에 대해 지
니고 있던 同類意識의 소멸을 의미하는 것은 아니다. 오히려 고려 전
시기에 걸쳐 중국이든 거란, 여진이든 수없이 행해지는 지원 요청에
한 번도 응하지 않았던 고려의 실리외교 정책에서 찾아야 할 것이다.

국을 대표하는 국가로 인식한 것에서도 일부 입증된다.
23) 『遼史』 卷17, 聖宗本紀 9年 8月條 ; 『高麗史』 卷5, 顯宗 20年 9月條.

직접적으로는 3차에 걸친 거란과의 큰 전쟁을 치른 직후, 요동의 소국 흥료국에 대한 지원은 국가적으로 아무 보탬이 될 수 없다는 현실적 선택이 크게 작용했을 것이다. 11세기 초 동아시아의 복잡한 정세 속에서 명분보다 실리를 택한 결과인 것이다.[24]

이상을 종합하면 다음과 같다. 발해·발해 유민 인식은 당연히 인물과 시기에 따라 차이가 있으나 특히 태조대에는 同類意識이 강하게 나타나고 있었다. 고려 초 발해는 단순히 이웃한 국가가 아니라,[25] 나라가 망한 후에도 오랫동안 발해 유민들을 포용할 만한 동질감이 상존하고 있었다고 생각된다.

2) 중기의 인식 변화

이 시기는 문벌귀족의 성장에 따라 사회적 모순과 갈등이 크게 노출되는 시기로서, 이자겸의 난(1126년)과 묘청의 난(1135년)이 일어났다. 묘청의 서경천도운동 이후 문벌귀족 지배체제의 모순은 더욱더 깊어지는 가운데 마침내 무신정변이 폭발하여(1170) 무신들이 정권을 장악하였다. 이 시기의 발해, 발해 유민 인식을 살펴볼 수 있는 기록은 『삼국사기』, 『고려도경』, 尹彦頤의 表文 등이 있으며, 大渤海와 高麗의 관계도 주목할 필요가 있다. 이 가운데 시간적으로 앞서는 『고려도경』의 발해 인식부터 살펴보고자 한다.

---

24) 李孝珩, 「興遼國의 성립과 對高麗 구원요청」『釜大史學』 22, 1998, 26~34쪽.
25) 박한남은 "고려인의 정서 속에 발해는 국경을 접한 이웃에 불과한 것이었으며, 契丹籍女眞과 같은 존재이거나, 한갓 요동의 지역명에 불과하다."고 했으나, 고려 초 발해, 발해 유민과의 여러 사실을 종합할 때 올바른 해석으로 보기는 어렵다. 朴漢男, 「고려시대 외교문서에 나타난 민족문화의 전개-『東人之文四六』의 事大表狀을 중심으로」『韓國史의 國際環境과 民族文化』, 景仁文化社, 2003, 58쪽.

『고려도경』의 저자인 徐兢이 고려에 온 것은 1123년(인종 1)이다. 그는 사신으로 고려에 와서 개경에 1개월간 머무르다 그 동안에 견문한 것을 모아 귀국한 다음 해인 1124년 『고려도경』을 지었다.[26] 그런데 저자가 고려인이 아니므로 이를 고려시대 발해 인식으로 보는데 의문을 제기할 수 있다. 그러나 서긍이 고려에서 많은 지인들과 접하고 난 후 여기에 자기의 견해를 반영하였다고 볼 수 있으므로 전적으로 중국인의 발해 인식은 아닐 것이다. 그러므로 많은 면에서 고려의 발해 인식을 반영하였다고 할 수 있다.

『고려도경』(권1, 건국 시봉)의 발해 관계 서술은 고구려가 멸망하여 안동도호부가 평양성에 세워지고 군대로써 鎭守하였다고 한 뒤에 이어지고 있다. 발해 서술 다음에 劍牟岑의 고구려 부흥운동을 설명하고 이어서 고려의 건국 과정을 설명하고 있다. 내용은 『신·구당서』보다는 歐陽修가 찬한 『신오대사』(四夷列傳 渤海傳)의 내용을 압축한 것이다.[27] 그러므로 내용상으로는 서긍의 발해 인식을 살피는 데는 별 의미가 없다. 실제로 대조영의 출자나 발해의 원류를 살필 만한 주목되는 내용은 없다. 다만 우리나라 역사와 관련지어 발해사를 어떻게 이해하고 있었는가를 파악하는 것이 중요하다.

시봉조에 서술된 내용을 순서대로 정리하면 고려의 先世는 周 武王이 기자를 조선에 봉한 箕子朝鮮, 그 뒤 衛滿朝鮮, 夫餘, 高句麗, 漢四郡, 高句麗(멸망과정), 渤海, 劍牟岑·安舜(承)의 고구려 부흥운동, 高麗의 건국 순이다. 따라서 고려 역대의 왕을 序次하여 이 건국기를 짓는

---

26) 亞細亞文化社 刊, 「高麗圖經 解題」 『高麗圖經』, 亞細亞文化社, 1972 ; 차주환, 「(고려도경) 해제」 『국역 고려도경』, 민족문화추진회, 1977 ; 金鍾圓, 「高麗圖經」 『中國古典百選』, 東亞日報社, 1981 ; 조동원, 「『선화봉사고려도경』 해제」 『고려도경』, 황소자리, 2005.

27) 韓永愚, 「高麗圖經에 나타난 徐兢의 韓國史體系」 『奎章閣』 7, 1983, 24쪽.

다는 서긍의 말과 달리, 각 국가를 시간적으로 명료하게 구분하여 서
술한 것은 아니라는 것을 알 수 있다. 그리고 거의 대부분의 내용은 고
구려에 대한 것이 중심을 이루고 있다. 부여도 고구려 고주몽의 출자
에 의해 언급된 것이며 한사군도 고구려와 관련된 설명으로 하나의 독
립된 서술은 아니다. 그러므로『고려도경』에서는 (고)조선－고구려－
발해－고려의 순서로 정통왕조의 흐름을 잡고 있다.

  그런데 발해에 대한 설명은 당에 의한 고구려 멸망 후에 나라를 세
웠다고 하여 시간적으로 아무런 문제가 없으나, 특이한 것은 발해와
고려의 건국 사실 중간에 劍牟岑과 安舜(承)의 고구려 부흥운동과 고
구려 유민의 散亡에 대한 간략한 설명이 들어 있어 해석상에 혼란을
주고 있다.

  이렇게『고려도경』의 발해사 서술은 서술체제와 내용에서 문제점이
있으나, 서긍은 발해를 분명히 한국사의 체계에 넣고 있으며 고구려－
발해－고려로 이어지는 한국사 흐름의 한 부분으로 파악하였다. 그리
고 그는 백제와 신라, 통일신라를 배제한 북방사 중심의 한국사를 그
리고 있다. 이 같은 서긍의 인식은 그가 交遊한 것으로 보이는 김부식
의『삼국사기』와는 많은 차이를 보여주고 있다는 점에서 특징적이다.

  이제 인종대(1123~1146) 尹彦頤(1090~1149)의 표문(1142)을 통해 그
의 발해 인식을 살펴보고자 한다. 윤언이는 윤관의 아들로서 문장이
공교하고 易에 정통했다고 하며, 만년에는 불법을 매우 좋아하였다. 그
런데 김부식과는 관계가 매우 좋지 않았다. 그의 부 윤관이 지은 大覺
國師碑文을 김부식이 다시 지은 일, 김부식이 인종 앞에 易을 강론하
면서 윤언이의 변론에 크게 고전한 일로 인해 갈등이 있었다. 이에 묘
청의 난이 일어나 윤언이가 김부식의 幕下가 되자 김부식은, "윤언이
가 정지상과 깊이 서로 결탁하였으니 죄를 용서할 수 없다"고 하였
다.[28] 결국 윤언이는 양주방어사로 좌천되었다가 6년만에 사면, 광주

목사가 되었고 이에 은혜에 감사하는 표문을 인종에게 올리게 되는
데,[29] 그가 스스로 해명하는 글 중 다음과 같은 내용이 있어 주목된다.

이렇게 建元하자고 청함은 임금을 높이려는 정성에서 근본함이니,
우리 本朝에서는 태조와 광종의 옛 일이 있고 과거의 문건을 상고하건
대 비록 新羅와 渤海가 그러하였으나, 대국이 일찍이 그 군사를 내지
않았으며, 소국도 감히 그 과실이라고 議論하지 않았거늘 어찌하여 聖
世에 도리어 僭行이라고 말하십니까.[30] (『高麗史』 卷96, 열전 윤관 부
언이)

발해, 발해 유민에 대한 사실의 설명은 아니지만 그가 언급한 발해
의 연호 사용을 통해 윤언이의 발해 인식을 간접적으로 읽을 수 있다
는 점에서 중요하다. 윤언이는 묘청의 난이 일어나자 김부식과 함께
진압에 참여하기도 하였다. 그러나 김부식과는 稱帝建元이나 對金 외
교정책 등 대내외적 상황에 많은 입장 차이를 보여주고 있었다. 윤언
이는 고려의 연호 사용을 주장하면서 往牒을 근거로 신라뿐만 아니라
발해도 연호를 사용하였음을 들고 있다. 이것은 바로 윤언이가 발해를
우리 역사의 한 부분으로 인식하고 있다는 점을 보여주는 것이다. 반
면에 김부식은 『삼국사기』에서 발해를 한국사로 인정하지 않았다.
윤언이는 발해의 연호 사용 근거에 대해 往牒을 보고 알았다고 하였
다. 여기서의 往牒은 중국이나 한국의 어느 사서나 외교문서로 추정되

28) 『高麗史』 卷96, 列傳 尹瓘 附 彦頤.
29) 『東文選』 卷35, 表箋, 廣州辭上表.
30) 『高麗史』 卷96, 列傳 尹瓘 附 彦頤, "緊是立元之請 本乎尊主之誠 在我本朝
有太祖光宗之行事 稽其往牒 雖新羅渤海以得爲 大國未嘗加其兵 小邦無敢言
其失 奈何聖世 反謂僭行". 이 글은 『東文選』(卷35, 表箋, 廣州謝上表)에도 같
은 글이 있다. 그리고 「尹彦頤墓誌銘」에도 실려 있으나 밑줄 친 부분의 '本
乎' 대신 '實爲'의 차이만 있을 뿐 나머지는 같다.

나, 혹시 발해 유민들이 고려에 내투할 때 가져온 발해관련 자료일 가능성도 있다. 어쨌든 윤언이의 표문을 통해 본다면 그는 발해를 한국사의 한 부분으로 인식하고 있었음을 알 수 있다.

여기서 보다 중요한 것은 묘청의 난을 전후로 하는 12세기 중반의 같은 시기에 김부식처럼 발해사를 우리나라 역사권 밖에서 서술하려는 입장과, 윤언이처럼 한국사로 인식하고 있는 인물이 병존하고 있었다는 점이다. 즉, 고려시대의 발해사 인식은 왕건대에서 멸망 때까지 국내외 정세에 따라 많은 변화를 하고 있지만 같은 시기에도 각 인물의 성향에 따라 서로 차이가 나고 있음을 확인할 수가 있다.

다음은 김부식(1075~1151)이 중심이 되어 편찬한 『삼국사기』(인종 23년, 1145)의 발해 인식에 대한 것이다. 고려 중기의 사서를 대표하는 『삼국사기』에 대해서는 많은 연구가 있지만,[31] 여기서는 발해 인식에 대한 문제로 범위를 좁혀 살펴보고자 한다. 김부식은 문학적 소양이 깊고 경학에 대한 이해가 깊은 유학자였다. 『삼국사기』외에『예종·인종실록』편찬에 관여한 역사가이자 12세기 전반의 격동기를 몸소 겪은 정치가였다. 1135년 妙淸 등 서경세력이 천도를 주장하면서 난을 일으키자 元帥가 되어 진압군을 지휘하기도 하였다. 김부식 세력에 못지않은 尹彦頤와의 불화로 1142년에 사직, 관직에서 물러난 뒤 인종의 명을 받아 1145년『삼국사기』를 편찬하였다.

『삼국사기』에는 발해와 직접적으로 관계되는 기사도 있지만 발해사 이해에 많은 혼란을 가져오는 靺鞨에 대한 기사도 상당수에 이른다.[32]

---

31) 이강래,「三國史記論, 그 100년의 궤적」『강좌 한국고대사』1(한국고대사연구 100년), 가락국사적개발연구원, 2003 참조.
32) 장국종은 77건이라 하였으나(『발해국과 말갈족』, 중심, 2001, 부록 :『삼국사기』의 말갈관계 기사), 李東輝는 81건이라 하여(『발해의 종족구성과 신라의 발해관』, 釜山大學校 大學院 博士學位論文, 2004, <표 2>『三國史記』所載 靺鞨記事表) 사료의 해석에 따라 그 수는 달라질 수 있다.

그러므로 『삼국사기』에 등장하는 말갈에 대한 실체가 우선 밝혀져야
하겠지만,[33] 발해와 직접·간접적으로 관련되는 기사만을 중심으로 보
면 발해의 登州 공격과 이에 따른 당의 對新羅 청병 기사(성덕왕조·
최치원전·김유신전), 신라의 對渤海 사신 파견 기사(원성왕·헌덕왕
조), 지리와 관련된 기사(지리지 고구려조)가 本紀, 列傳, 志 등에 간단
하게 수록돼 있다. 年表에는 기록된 것이 하나도 없어 발해에 대해서
는 다른 나라에 附記조차 되어 있지 않은 실정이다. 적어도 발해의 건
국, 멸망 사실, 세자 대광현의 고려 내투 정도는 연표에 거론될 수 있
었으나 그렇지 않았다.

　그리하여 『삼국사기』에는 이른바 '渤海本紀'나 그에 준하는 발해사
서술 공간이 없고, 내용적으로도 고려의 시각에서 발해를 한국사로 받
아들일 수 있는 것이 없다. 年表에서조차 발해·발해 유민에 관한 어
떠한 사실도 올라 있지 않으므로, 『삼국사기』에서는 발해를 한국사로
인식하지 않았다는 것을 알 수 있다.

　이렇게 『삼국사기』에서 발해를 한국사로 인식하지 않은 동시에 신
라사 서술의 입장에서 발해 관계 기사가 매우 소략하게 처리된 것은
두 가지 측면에서 살펴볼 필요가 있다. 먼저 그때까지 전해오던 발해
관계 자료의 부족이 하나의 요인이 되었을 것이다. 거란의 침입에 따
른 수많은 서적이 소실된 점을 떠올리면 고려 건국 이래 소장하고 있
던 각종 발해 관계 자료가 사라졌을 가능성이 높다. 그렇지만 渤海傳
을 설정해 놓은 『구당서』(945)와 『신당서』(1067) 등 『삼국사기』보다 훨

---

33) 『삼국사기』에 등장하는 말갈에 대해서는 많은 학자들의 연구가 있으나 최근
　에 나온 노태돈의 아래 글을 통해 지금까지의 연구 경향을 잘 파악할 수 있
　다. 그리고 가장 최근에 나온 문안식, 이동휘의 연구도 주목할 필요가 있다.
　노태돈, 「『삼국사기』에 등장하는 말갈의 실체」『한반도와 만주의 역사 문화』
　(이병근 외 저), 서울대학교출판부, 2003 ; 문안식, 『한국고대사와 말갈』, 혜안,
　2003 ; 李東輝, 위의 글, 2004.

쎈 이전에 편찬된 다수의 중국 측 사서나 兵火 후에도 남아 있었을 한국 측의 古記類,『구삼국사』, 금석문 등을 참고하여 발해사를 정리할 수 있었으나 그렇지 못하였다. 심지어『삼국사기』보다 20년 정도 앞서 나온『고려도경』만 해도 발해는 한국사의 한 부분으로 엄연히 자리잡고 있었다.

그러므로 자료의 부족보다 더 큰 원인은 편찬 책임자인 김부식과 그를 대표하는 정치세력이 갖고 있던 12세기 전반기의 역사인식에서 찾아야 할 것이다. 이 시기는 출신 배경, 사상, 지역을 바탕으로 정치 지배세력 간의 분열과 대립이 이자겸의 난과 묘청의 난으로 대표되는 문벌귀족사회의 극심한 모순을 드러내고 있었다. 이런 상황에서 김부식은 보수적인 유학자의 대표였고, 金에 대해서는 稱臣事大의 입장이었으며 西京遷都나 稱帝建元에 대해서도 반대하였다. 결국『삼국사기』에는 김부식이 갖고 있는 당시의 현실 인식과 역사인식이 반영되면서 발해사가 자리할 공간은 자연스럽게 없어지게 된 것이다.[34]

그러면 이러한『삼국사기』의 발해 인식은 김부식 개인의 역사인식인지, 12세기 김부식과 같은 보수적 유학자나 권력가의 인식인지를 가늠해 볼 필요가 있다.『삼국사기』는 김부식 외 10명의 학자들이 인종 23년(1145) 왕명으로 편찬하였다. 그러므로 일단 김부식이라는 한 개인 스스로에 의해 만들어진 것은 아니다. 그는 編修의 자격으로 사서의 방향을 잡고 사론 등 중요한 것을 직접 썼다.[35] 그럼에도『삼국유사』

---

34) 鄭求福은 김부식이 영토에 대한 관심이 약하다고 보고 고구려 영토에 대한 관심 부족은 한국 고대사에서 발해사를 제외시키는 결과를 가져왔다고 하였다. 그리고 김부식이 당시 영토 수복을 주장하는 사람들과 정치적으로 대립되는 입장에 있던 상황과도 관련이 있는 것으로 보았다. 鄭求福,『韓國中世史學史(1)』, 集文堂, 1999, 278~279쪽.

35) 修史者로서 김부식이 담당한 것은 사료의 선정, 編目의 작성, 사료의 채록여부 결정, 칭호·표현 방식의 결정, 그리고 논찬과 서론의 집필 등이라 할 수

300

등과 같은 개인적 저술과는 그 성격을 달리하는 관찬 사서이다. 즉, 김
부식이라는 개인적인 사서의 입장을 강하게 띠면서도 관찬의 형식을
아울러 가지고 있다. 결국『삼국사기』는 김부식 개인의 역사인식이 많
이 반영된 동시에 김부식으로 대표되는 12세기 고려 지배자들 내지 유
학자들의 현실인식과 역사인식이 담겨져 있다고 본다. 여기에 인종이
라는 고려 최고 통치자의 역사인식도 크게 벗어나지는 않았을 것이다.
이에 이들의 발해 인식도 마찬가지였다고 생각된다.

12세기 중엽 김부식 등에 의해 찬술된『삼국사기』에서는 역사 계승
의식도 삼국-(통일)신라-후삼국으로 그려져 있어, 고려 초기의 고구
려 계승의식이 매우 약화되었다. 발해는 한국사의 어느 공간에도 자리
잡지 못했으므로 계승의식을 논할 여지가 전혀 없다. 단지 통일신라의
북방에 인접한 국가에 불과하였다. 이에 반해 김부식과 여러 면에서
입장을 달리하던 윤언이는 발해를 한국사로 인식하였다. 그렇다면 더
나아가 12세기 서경천도, 칭제건원, 금국정벌론 세력과 이에 반대하는
세력들 사이의 발해에 대한 인식도 어떤 차이가 있을 것으로 짐작된
다.36) 다만 이를 검토할 만한 상세한 기록이 전하지 않는 것이 아쉽다.

한국사학사에서『삼국사기』가 차지하는 위치는 대단하며, 12세기 중
엽에 편찬된 이 사서가 그 뒤 한국사 이해에 끼친 영향력이 지대하다
는 것은 다 아는 대로다. 특히 발해사를 한국사 체계에 넣지 않은 사실
은 오늘날 동아시아상의 발해사 귀속문제에도 많은 변수를 가져다 주

있다. 高柄翊,「三國史記에 있어서의 歷史敍述」『金載元博士回甲紀念論叢』,
1969 ; 李佑成・姜萬吉 編,『韓國의 歷史認識(上)』, 創作과 批評社, 1976, 38
쪽.
36) 심지어 金塘澤은, 김부식이『삼국사기』를 편찬한 것은 서경천도, 금국정벌,
칭제건원론은 부당하다는 점을 강조하기 위해 편찬하였던 것으로 보았다. 金
塘澤,「高麗 仁宗朝의 西京遷都・稱帝建元・金國征伐論과 金富軾의『三國史
記』편찬」『歷史學報』170, 2001, 21쪽.

었다. 발해가 멸망한 후 고려에서 발해사가 체계적으로 정리되지 않은 상황하에, 조선 후기 유득공의 『발해고』가 등장하기 전까지 발해사 이해에 가장 큰 영향을 미친 사서는 『삼국사기』였다고 생각된다.

다음은 大渤海(또는 大元) 건국 무렵 고려의 발해 유민 인식을 참고할 필요가 있다. 대발해는 1116년 遼·金 교체기에 遼陽 지방을 중심으로 발해 유민들이 세운 부흥국가이다. 주도 인물은 高永昌으로 스스로 황제라 칭하고 연호까지 사용하였다. 앞서 살핀 바와 같이 흥료국과 고려는 많은 관계를 맺으며 교섭을 하고 있었다. 그런데 100년 가까이 지난 시기의 대발해와 고려의 관계는 이에 훨씬 미치지 못하였다. 고려는 대발해의 건국과 이 나라의 성격에 대해서는 파악하고 있었다. 대발해가 요양 지방에서 봉기한 결과 고려와 거란 간에 외교활동에 많은 장애가 있다는 사실도 기록돼 있다.

대발해의 봉기가 실패하면서 발해 유민들은 고려에 상당수 내투하고 있는데, 『고려사』에는 여전히 渤海人이라는 이름으로 되어 있다. 이는 발해가 망한 지 200년이 가까워지는 시간이지만 내투민 스스로도 발해인으로 자처한 것이며, 고려 역시 渤海系人이라는 의미로 이해한 듯하다. 그들이 고려로 넘어오는 상황에서 조건없이 이들을 수용하고 있다는 것은 고려 초 이래 지니고 있는 고려의 발해 유민 인식이 여전히 존재한다는 사실을 확인시켜 주는 것이다.

대발해를 통한 고려의 발해 유민 인식은 분명하게 드러나지는 않는다. 대발해 이전의 고려 초 태조대에는 발해, 발해 유민에 대한 동류·동족의식이 강하였고 현종대 흥료국에 대해서도 그러한 의식은 일부 남아 있었다. 그러나 대발해가 흥기하던 예종대는 북방의 발해 유민의 여러 활동에 대해서는 파악하고 있었을지라도 동류·동족의식이라는 이름으로 해석할 수는 없을 것 같다. 즉, 발해 멸망 이후 200년 가량 지나는 상황에서도 고려는 계속해서 발해 유민들의 부흥운동과 그 관

계를 꾸준하게 유지했지만 발해 유민에 대한 고려의 관심은 점점 줄어
드는 양상을 보여주기 때문이다.

3) 후기의 다양한 인식 태도

고려 후기는 무신정변 이후 100년에 이르는 무신정권이 지속되고
그 와중에 몽골의 침입에 뒤이어 원 제국의 지배를 상당 기간 받는 시
기이다. 그리고 원제국의 간섭을 벗어나면서 자주권의 회복과 국가 재
건을 시도해 보지만 끝내 실패하면서 왕조의 몰락을 맞이하게 되었다.
이처럼 이 시기는 고려 내부적인 갈등의 연속과 강력한 이민족의 지배
로 정치적 혼란은 물론 사회, 경제적 불안정이 장기간 계속되었다. 이
러한 대내외 사회의 변동은 역사인식에도 많은 변화를 수반하였다. 단
군을 민족의 공동 시조로 하는 역사의식을 낳게 되었으며 고구려 계승
의식의 강조로 나타나기도 하였다. 그러나 여전히 신라 계승의식도 병
존하고 있었으므로 통일된 역사인식을 찾을 수는 없다.

고려 후기에 만들어진 사서로는『三國遺事』,『帝王韻紀』,『海東高僧
傳』,『千秋金鏡錄』,『國史』등 다수가 있다. 그러나 대개 이름만 전할
뿐 온전하게 남아 있는 것은 드물다. 드물게 現傳해도 발해사를 수록
하고 있는 사서는 없다 해도 과언이 아니다. 다음에서는 발해사에 관
한 글들을 조금씩이라도 담고 있는 자료를 통해 고려 후기의 발해·발
해 유민 인식과 역사 계승의식의 이해에 접근하고자 한다.

먼저『歷代年表』와『三國遺事』를 통해 본 一然의 발해 인식이다. 13
세기의 승려 一然(1206~1289)이 살았던 시기는 최씨 무신정권기, 대몽
항쟁기, 元 간섭기로 나아가는 격동기였다. 이 시기 禪僧으로서 최고
지식인이라 할 수 있는 일연은 발해를 어떻게 보았을까?

우선 지금까지 소홀히 취급되었던『歷代年表』를 주목할 필요가 있

<그림 4> 『歷代年表』板本 : 海東諸國置 내 渤海 年號(仁安, 咸和)

다. 『歷代年表』의 판목은 해인사 寺刊板殿에 소장되어 있는데 보물 제
734-20호이다.[37] 이 판목의 본래 이름은 알 수 없지만, 지금까지 『歷代
年表』라는 이름으로 널리 알려져 있다. 그런데 최근 해인사의 命名에
의하면 『歷代王朝年表』로 표기하기도 한다.[38] 소장처가 제시하는 이
름을 존중해야 하겠지만 『歷代年表』에는 이미 왕조라는 의미가 내포
되어 있고, 일본에도 『歷代年表』란 이름으로 소개된 상태이므로,[39] 여
기서는 기왕의 것을 그대로 사용하였다.

각 張의 크기는 약간의 차이가 있으나 1·2·3張은 비슷하고 마지
막 4張은 작은데, 이는 앞의 3張까지는 각 張이 3단으로 된 데 비해 4
張은 끝나는 부분이 1段으로 되어 있기 때문이다.[40] 서체는 楷書이다.

---

37) 『歷代年表』는 해인사에 보관되어 있는 고려각판 중의 하나이다. 고려각판은
    불교경전 및 유명한 승려의 저술, 시문집 등을 나무판에 새긴 것으로 모두 54
    종 2,835판이다. 이중 28종 2,725판이 국보 제206호로, 26종 110판이 보물 제
    734호로 지정되어 있다. 그리고 최근 '고려대장경판 및 諸經板'이 세계기록유
    산으로 등재되었는데 『歷代年表』는 제경판에 포함되어 있다.
38) 『해인사 사간판 보수사업 보고서』(합천군·법보종찰해인사, 1997)와 해인사
    성보박물관 개최(2007년) 목판특별전 목록에는 『歷代王朝年表』(袖珍本)라 되
    어 있다.
39) 藤田亮策, 「『海印寺雜板攷』(一)」 『朝鮮學報』 138, 1991, 96쪽.
40) 『歷代年表』의 제원에 대해서는 『해인사 사간판 보수사업 보고서』(합천군·법
    보종찰해인사, 1997, 61쪽) 참조.

<그림 4-1>『歷代年表』내 海東諸國置 부분 사진

<그림 4-2>『歷代年表』내 海東諸國置 부분 사진(4-1사진을 뒤집은 것임)

4張 끝부분에 '至元十五仁興社開板'이라는 刊記가 있어 至元 十五年 즉, 1278년 仁興社에서 간행된 것임을 알 수 있다.

　『歷代年表』는『삼국유사』를 찬술하기 위한 예비 자료의 성격을 지니고 있는데 여기에는 중국과 그 주변 민족에 의해 건국된 諸國의 역대 왕명과 연호를 정리하여 수록하였다. 특히 마지막 부분에 신라, 고구려, 백제, 고려의 순서로 역대 왕의 재위 기간을 밝히고 이어 '海東諸國置'條를 설정하여 우리나라의 연호를 명시하고 있다.41)

　『歷代年表』는 제목에서 나타나는 것처럼 발해사의 일반적인 정치,

---

41)『歷代年表』를 통한 一然의 발해 인식은 다음의 글에 힘입은 바 크다. 蔡尙植,
　「至元 15년(1278) 仁興社刊『歷代年表』와『三國遺事』」『高麗史의 諸問題』,
　삼영사, 1986 ;『高麗後期佛敎史硏究』, 一潮閣, 1991, 154~180쪽.

경제, 사회, 문화 등 여러 내용이 서술된 것이 아니다. 『歷代年表』에서
발해와 관련된 것은 '海東諸國置'라는 제목 아래 제시된 연호에 대한
부분이다. 신라, 발해, 마진(태봉), 일본의 순서로 연호가 판각되어 있으
며 연호가 처음 사용된 해의 干支, 연호 사용기간과 연호와 관련된 약
간의 細註를 가하기도 하였다. 발해와 직접적으로 관련된 것은 모두
합쳐 21자에 불과하다.

　위의 세 사진에서 보듯이,[42] 발해의 연호는 '海東諸國置'條 내에 들
어 있는데 仁安과 咸和 두 개가 등장한다. 발해의 앞과 뒤에 열거된 신
라와 마진(태봉)의 연호 바로 다음에는 연호 사용 기간이 적혀 있으나
발해의 경우는 그렇지 않다는 점이 하나의 특징이다. 仁安 바로 다음
에는 庚申(720), 咸和 다음에는 庚戌(830)이라는 즉위한 해의 干支를 표
기하였다. 두 연호 왼쪽에는 細註로 "右二渤海祚榮置當唐上元元年"이
라 하여 모두 13자가 새겨져 있으나 발해 연호와 '唐上元元年'과의 관
련성을 쉽게 찾을 수 없어 해석에 어려움이 있다.

　　海東諸國置 建元十五法興王始置……丙辰 開國十七辛未 大昌 四戊
子 鴻濟十二壬辰 建福三十甲辰 仁平十三甲午 太和二[43]戊申 上新羅法
興王三眞平王所置. 仁安庚申 咸和庚戌 右二渤海祚榮置當唐上元元年
武泰一甲子 聖冊六乙丑 水德萬歲三辛未……政開三甲戌……白雉 大寶

---

42) <그림 4>는 해인사 寺刊板殿에 소장되어 있는 『歷代年表』의 판본이다. 이는
　　부산대 사학과 채상식 교수로부터 입수해 편집한 것이다. <그림 4-1>은 寺
　　刊板殿에 소장된 목판 『歷代年表』를 촬영한 사진으로서 그 가운데 海東諸國
　　置 부분만을 편집한 것이다. <그림 4-2>는 <그림 4-1>의 내용을 이해하기
　　쉽도록 편의상 뒤집은 것이다. 사진 촬영을 허락하고 더 좋은 사진을 보내주
　　며 게재를 허락한 해인사 성보박물관 관계자분들께 진심으로 감사드린다.
43) 太和는 眞德女王의 年號(647~650)로 재위 기간이 四가 되어야 하나 二가 되
　　어 있다. 一然의 착오보다는 板木 製作者의 실수인 것으로 짐작된다. 어쨌든
　　재위 기간으로 보면 『歷代年表』 海東諸國置條 내의 대표적인 오류이다.

306

寶龜 大元 永延 寬弘 正嘉 正元 右八日本國置.

仁安은 발해의 2대왕 무왕(719~737)의 연호이며, 咸和는 11대왕 대
이진(830~857)의 연호다. 그런데 대조영이 719년에 세상을 떠나자 이
해에 아들 대무예(무왕)가 즉위하였으므로 연호 仁安의 시작은 719년
(己未)이 되어야 함에도 仁安 庚申이라 표기했다. 庚申은 720년이므로
仁安과 庚申을 合致하면 一然이 踰年稱元法을 따른 결과가 된다. 반면
에 대이진은 830년에 선왕이 죽자 같은 해에 즉위하였는데 咸和 庚戌
은 830년이므로 卽位年稱元法을 따른 것이 된다.[44] 요컨대 발해는 卽
位年稱元法을 따랐다고 보는 것이 일반적인데, 이를 감안하면『歷代年
表』는 두 연호의 칭원법에 일관성이 없어 보인다.

그러나 이러한 문제가 一然이 발해의 칭원법을 분명하게 인식하지
못한 상태에서 나온 것인지, 아니면 그가 참고한 사서의 발해 기록을
단순히 따른 데서 나온 결과인지는 알 수 없다. 실제로 지금도 발해 관
련 글이나 사서를 보면 발해 왕의 재위 기간이나 연호 사용 기간이 학
자들마다 다르게 설정되어 있음을 쉽게 찾을 수 있다.

발해는 거의 전 시기에 걸쳐 연호를 사용하였다. 유민들이 건설한
정안국, 흥료국, 대발해국에서도 연호를 사용하였다. 이 같은 사실을
감안하면 특별히 仁安과 咸和만이 수록된 이유가 궁금해진다. 신라의
경우도 6~7세기 중고기의 연호만이 집중적으로 기록되어 있으므로
연호가 선택된 이유가 있었을 것이다.

---

44) 송기호는 발해 왕의 재위 기간을 즉위년 칭원법에 따라 작성하였으나 11대
大彝震의 경우만은 즉위한 다음해에 함화 원년으로 삼은 것이 분명하다고 하
여 대이진의 재위 기간을 831~857년으로 보았다(앞의 책, 1995, <附錄 1>渤
海 王의 系譜와 在位 期間). 그렇게 되면 海東諸國置條의 咸和(庚戌) 즉, 830
년과는 1년의 시차가 발생한다.

연호 仁安을 사용하던 무왕 대무예는 대조영의 아들로서 일본과 수교하여 사신 왕래와 교류를 자주 하는 한편, 726년(무왕 8) 아우 대문예로 하여금 흑수말갈을 공격하게 하였고, 732년에는 당나라의 등주를 공격하였으며, 733년에는 신라와도 전쟁을 벌여 정복·외교 활동을 활발히 하였다. 연호 咸和를 사용했던 대이진은 해동성국이라는 칭호를 듣던 제10대 선왕 대인수의 뒤를 이어 즉위하였다. 이 시기 역시 관제의 정비와 경제, 문화적 발전 속에 해동성국이라 칭할 수 있는 발해의 융성기였다.

따라서 발해의 많은 연호 가운데 특별히 위 두 가지만 수록한 것은 단순히 그것만 알았던 데서 연유하는 것은 아니다. 발해의 연호 사용이나 발해사에 대한 어느 정도의 지식이 바탕이 된 결과일 것이다. 특히 발해의 연호를 海東諸國置條에 넣어 거론했다는 것은 그가 분명히 발해를 한국사 내에서 이해했다는 것을 보여주는 것이다. 이는 『삼국유사』에 말갈발해조를 설정한 것과 관련시켜 보더라도 알 수 있다.

요컨대 『歷代年表』의 海東諸國置條를 통해 일연은 발해의 존재와 연호에 대해 알고 있었으며 발해를 우리 역사의 체계 내에 포함시켜 이해하는 역사인식을 지니고 있었다. 그런데 海東諸國置條 바로 앞 부분에 신라, 고구려, 백제, 고려의 순서로 역대 왕명과 재위 연수를 기록하였는데 발해는 빠져 있다. 이와 연계해 설명한다면 일연은 발해를 우리 역사의 한 부분으로 인식하였던 것은 분명하지만, 삼국의 세 나라나 고려와 같은 수준과 위상으로 이해한 것은 아니었다고 생각한다. 이것은 『三國遺事』 王曆편에 발해가 누락된 것과 일정한 맥을 같이 하고 있다는 점에서 입증된다.

『삼국유사』의 발해 인식은 몇 가지 측면에서 검토가 필요하다. 첫째, 『삼국유사』에 靺鞨(一作勿吉)渤海條[45]를 설정하였다는 사실이다. 발해사에 해당하는 말갈발해조가 『삼국유사』 목차에 확실하게 들어 있다

308

는 것은 일연이 발해를 한국사 속에 이해하려는 역사인식을 가지고 있었음을 의미하는 것이다. 이는 『삼국사기』와는 크게 대비되는 사실이다. 하지만 『삼국유사』 王曆에는 삼국, 가야, 통일신라, 후삼국시대에 대한 사실은 수록돼 있어도 발해에 대해서는 어떠한 사실도 수록되어 있지 않다. 물론 『삼국유사』의 편목 중 王曆은 일연의 저술이 아니라는 견해는 주목되지만,46) 王曆에 발해 사실이 없다는 것은 일연이 과연 발해를 한국사로 인식했는지 의문이 가는 면이 없지 않다.

둘째, 제목 靺鞨(一作勿吉)渤海를 통해 본 발해 인식이다. 이는 내용과 연결지어 靺鞨(一作勿吉)渤海가 바로 국명을 의미하는지, 靺鞨과 渤海로 분리해서 이해해야 하는가에 따라 그 의미에 많은 차이가 있는 것과 관련돼 있다. 가령 『삼국사기』의 발해 관련 기사에는 발해에 대한 지칭으로 渤海靺鞨, 靺鞨渤海, 渤海, 靺鞨, 凶殘, 夷俘, 北國, 北狄 등이 등장한다. 물론 인용한 자료에 등장하는 것도 있어 모두가 고려시대 표현은 아니다. 그런데 8세기 초 이래 국가의 공식적인 이름인 발해 대신 발해에 말갈을 앞뒤로 붙여 표기하거나 단순히 말갈이라 칭한 이유는, 신라가 발해를 말갈계 국가로 인식했거나 아니면 발해와의 대결적 상황에서 신라가 발해를 낮추어 부른 것으로 볼 수 있다.

『삼국유사』의 내용을 분석해 보면 제목 靺鞨(一作勿吉)渤海는 대조영이 세운 국명 발해와 같은 의미를 담고 있는 경우도 있지만, 어느 때는 말갈과 발해를 서로 분리해 설명하는 경우도 있다. 특히 전체 내용의 후반부에는 상당한 분량이 단지 말갈에 대한 설명으로 되어 있다. 그러므로 제목의 靺鞨(一作勿吉)渤海는 '靺鞨과 渤海'로 해석할 수도 있다. 이는 『歷代年表』에서도 단지 渤海라는 이름으로 두 연호를 거론한 것에서 입증된다. 그렇다면 일연은 국호의 표현을 통해서는 발해를

45) 『三國遺事』 卷1, 紀異 第1 靺鞨(一作勿吉)渤海.
46) 金相鉉, 「三國遺事 王曆篇 檢討-王曆 撰者에 대한 疑問」 『東洋學』 15, 1985.

객관적으로 인식한 것으로 보인다. 그럼에도 하나의 제목하에 발해와 말갈을 연이어 설명했다는 것은 둘 사이의 관계가 매우 밀접하다는 것을 염두에 둔 것이라 하겠다.

셋째, 일연의 발해에 대한 이해 수준의 문제이다. 본문 내용의 참고 자료는『통전』,『삼국사』,『신라고기』,『지장도』를 비롯한 다수의 중국과 한국의 역사서나 지리서이다. 그런데 인용서와 그 내용이 서로 일치하지 않은 것도 있고, 인용된 내용도 서술이 잘못된 것이 있다. 게다가 국명은 물론 연대에서 여러 곳에 착오가 있다. 일례로 글 첫머리에 『통전』의 내용을 수록하였다지만 通典云 이하의 글들은『통전』에 나오는 내용이 아니다.

　　通典云 渤海本粟末靺鞨 至其酋祚榮立國 自號震旦 先天中(玄宗壬子) 始去靺鞨號 專稱渤海 開元七年(己未) 祚榮死 諡爲高王 世子襲立 明皇 賜典冊襲王 私改年號 遂爲海東盛國 地有五京 十五府 六十二州 後唐 天成初 契丹攻破之 其後爲丹所制(三國史云 儀鳳三年 高宗戊寅 高麗 殘孽類聚 北依太白山下 國號渤海 開元二十年間 明皇遣將討之 又聖德 王三十二年 玄宗甲戌 渤海靺鞨 越海侵唐之登州 玄宗討之 又新羅古記 云 高麗舊將祚榮姓大氏 聚殘兵 立國於太伯山南 國號渤海 按上諸文 渤海乃靺鞨之別種 但開合不同而已 按指掌圖 渤海在長城東北角外)…… 黑水沃沮 按東坡指掌圖 辰韓之北 有南北黑水…… 指掌圖 黑水在長城 北 沃沮在長城南. (『三國遺事』卷1, 紀異 第1 靺鞨(一作勿吉)渤海)

『통전』에는 발해전이 없으며 실제로는『신당서』발해전의 기록을 축약한 것이다. 따라서 일연의 자료 수집과 정리가 적절하지 못했던 것 같으며, 일연의 발해사 이해에 일정한 한계가 엿보인다.[47] 특히나

310

黑水沃沮 이하의 글은 원래 독립된 항목이었는데 靺鞨渤海條 항목에 잘못 붙여진 경우일 가능성이 높다.[48] 물론 오류 가운데는『삼국유사』판각자의 실수에 의한 것도 있겠으나 만약 일연이 위에서 지적한 간단한 오류조차 파악하지 못한 채 靺鞨渤海條를 설정하여 서술했다면『삼국유사』의 발해 관계 기사는 정확성에 많은 의문이 든다. 書名처럼 삼국시대의 逸事遺聞적인 내용을 모은 것이라 이해할 수 있지만 일연의 역사인식에도 문제가 없지 않다고 생각된다.

넷째,『삼국유사』의 발해 관련 기록의 한 특징으로서 발해 유민에 대한 언급을 어디에서도 찾을 수 없다는 점이다. 발해 멸망 전부터 시작된 유민의 고려 내투는 약 200년 가까이 단속적으로 이루어졌다. 내투 사례는『고려사』등에 자세히 나오고 있으며, 그 내투민의 수도 수만을 헤아린다. 1117년을 기점으로 그 이후의 내투 사례는 나타나지 않지만 일연이 살아가고『삼국유사』가 찬술되던 13세기에는 유민 후예들이 활동하고 있었다. 그 가운데 대표적인 인물이 大(太)集成이다.

1232년의 강화도 천도는 일부 지배층의 정권 보전을 위한 것이든, 단호한 대몽항쟁의 결의든 발해 유민 후예 태집성의 뜻이 크게 반영되어 최우에 의해 단행된 것이다. 태집성은 대장군, 서북면병마사, 어사대부, 재추, 수사공 등을 거쳤으며, 태집성의 女는 최우와 혼인하는 등 태집성가는 최우 정권기에 권력의 최정상에 도달하였다.[49]

일연은 대몽항쟁기와 元 간섭기를 직접 체험한 인물로 이러한 시대

震旦은 옳지 않으며 振國(『구당서』발해말갈전) 혹은 震國(『신당서』발해전)이 옳다. ③ 又聖德王三十二年(733) 玄宗甲戌(734)이라 하였지만 연대가 서로 맞지 않다.
48) 三品彰英,『三國遺事考證』(上), 塙書房, 1975, 26쪽 ; 李基白,『韓國古典研究-『三國遺事』와『高麗史』兵志-』, 一潮閣, 2004, 22·24쪽.
49) 李孝珩,「고려시대 渤海遺民 後裔의 사회적 지위-大氏系 인물을 중심으로」『白山學報』 55, 2000, 178~182쪽.

적인 현상들은 그의 사상과 역사인식에도 많은 영향을 끼쳤을 것이다. 강화도 천도와 개경 환도 등 중요한 현안에 대해서도 잘 알고 있었을 것이고, 팔만대장경이 최씨정권의 적극 지원하에 이루어졌다는 사실과 함께 최우의 측근인 태집성이 발해계 인물인지도 알고 있었을 가능성이 높다.

따라서 일연은 발해 유민 또는 그 후예에 대해 나름대로는 파악이 가능하였던 시기에 살았다. 『삼국유사』보다 약간 뒤에 나온 이승휴의 『제왕운기』가 발해 유민에 대해 중요하게 취급하고 있다는 점에 비춰 일연이 발해 유민을 언급하지 않은 것은 그의 발해 인식의 한 단면을 보여주는 것이다.

다섯째, 무엇보다 중요한 것으로 『삼국유사』의 내용을 통해 본 일연의 발해 인식이다. 『삼국유사』가 대개 여러 자료를 인용해 서술하였지만 본문 중에 挾註나 按說을 통해 그의 발해 인식을 어느 정도는 파악할 수 있다. 특히 위에서 인용한 기록 가운데 "按上諸文 渤海乃靺鞨之別種 但開合不同而已"라 하여 '발해는 말갈의 별종'이라 하였다는 것은 주목된다. 많은 자료 중 대조영의 출자나 발해의 건국 과정에 대해 高麗別種으로 표현하는 경우는 많이 있다.[50] 『武經總要』(前集16 下)처럼 夫餘의 別種이라 하는 경우도 있다. 그런데 靺鞨別種으로 표현하는 경우는 없다. 그런 점에서 보면 매우 특이한 인식이다. 일연이 이러한 결론에 이르게 된 근거는 그가 인용한 다음의 세 가지이다. 『통전』(사실은 『신당서』)의 "발해는 본래 속말말갈이다. 그 추장 대조영에 이르러 나라를 세우고 국호를 스스로 震旦이라 했다", 『三國史』의 "고구려의 남은 무리가 그 餘黨을 모아 북으로 태백산 아래에 의지해서 국호를 발해라 하였다", 그리고 『新羅古記』의 "고구려의 옛 장군 대조영의

---

50) 송기호, 앞의 책, 1995, 35쪽.

312

성은 대씨이다. 그는 남은 군사를 모아 태백산 남쪽에 나라를 세우고
국호를 발해라 하였다" 등이다.

　일연의 靺鞨別種 표현이 『통전』(사실은 『신당서』)의 견해를 따른 결
과인지, 『삼국사』와 『신라고기』의 표현까지도 종합해 나온 것인지는
정확하지 않지만 靺鞨別種이라 했으므로 『통전』(사실은 『신당서』)의
견해를 많이 수용한 듯하다. 그렇지만 別種과 但開合不同而已[51]라는
기록이 말갈 다음에 연결되어 있으므로, 발해를 고구려 계통의 대조영
이 세운 나라로 보고 있는 『삼국사』, 『신라고기』의 기록도 일부 반영
한 것으로 보인다.[52] 그러므로 靺鞨別種이라는 의미에는 발해가 『통전』
(사실은 『신당서』)식의 순수한 말갈계 국가도 아니며, 그렇다고 『삼국
사』, 『신라고기』식의 순수한 고구려 계통의 국가도 아니라는 점을 내
포하고 있다고 하겠다.

　발해사와 관련하여 『삼국유사』가 지니는 가장 큰 역사적 의의는 현
전 사서 중 처음으로 발해사를 한국사에 포함시켰다는 점이다. 이러한
측면에서 『삼국유사』는 발해 관련 내용의 소략함을 떠나 사학사적 의
미가 남다르다. 여기에 하나의 의문은 발해를 한국사 체계 속에 넣어
설명하려는 일연의 목차상의 의도와, 발해를 말갈별종으로 보려는 그
의 발해 인식이 외관상으로는 서로 합치되지 않는다는 점이다. 물론

---

51) '但開合不同而已'에서 開合의 의미를 송기호는 종족간의 이합집산을 염두에
　둔 표현으로 보았으며, 이성시는 건국과 멸망으로 해석하였다. 宋基豪, 앞의
　책, 1995, 37쪽 ; 李成市, 「토론문 : 「정진헌, 발해사 사료와 발해사 인식의 변
　천」에 대해서」 『고구려연구』 6, 학연문화사, 1999, 69쪽.
52) 石井正敏은 按上諸文의 諸文은 『三國史』와 『新羅古記』만 지칭하며, 靺鞨別
　種은 두 사서에서 추론한 결론이 아니고 一然 혹은 협주를 붙인 자의 뇌리에
　발해는 말갈인의 나라라는 의식이 강하게 존재하고 있었기 때문이라 하였다.
　石井正敏, 「朝鮮における渤海觀の變遷-新羅~李朝」 『朝鮮史硏究會論文集』
　15, 1978, 56~57쪽.

靺鞨別種이 발해라는 나라의 모든 성격을 규정짓는 대표 용어는 아니다. 그럼에도 사서의 체제와 인식이 서로 방향이 다르다. 따라서 체제와 인식의 차이를 극복하는 입장에서 본다면 『삼국유사』의 저자 일연의 발해인식을 대표하는 '靺鞨別種'은 발해의 건국자 대조영이 고구려의 옛 장군이지만 그 이전에 말갈 계통의 사람이었음을 내포하고 있는 것으로 해석할 수 있다.

이상 『歷代年表』와 『三國遺事』의 사실을 토대로, 一然은 발해를 우리 역사의 한 부분으로 포함시켜 이해하였다는 것을 알 수 있다. 비록 세부적으로 검토하면 일연의 발해사 이해의 수준이 높지 않은 측면도 있으나, 당시의 자료 수집 정도나 승려라는 한 개인의 저술이라는 입장을 고려하면 그 한계성을 충분히 이해할 수 있다. 아무튼 13세기를 살다간 일연의 발해 인식은 『삼국사기』에 비하면 역사인식의 대전환인 동시에 그 자체로 중요한 의의가 있다. 다만 남국 신라와 비슷한 비중을 부여하는 남북국시대와 같은 역사인식에는 많이 미치지 못하였다.

다음은 이승휴의 『제왕운기』를 통해 본 발해·발해 유민 인식에 대한 문제이다. 이승휴(1224~1300)의 발해 인식을 잘 엿볼 수 있는 것은 『제왕운기』이다. 이승휴의 아들 李衍宗이 편집한 문집으로 『動安居士集』이 전해지고 있지만 발해 인식을 살피는 데는 도움이 되지 않는다. 『제왕운기』는 『삼국유사』보다 조금 늦은 1287년(충렬왕 13)에 편찬되었는데 상·하 양권 一冊으로 되어 있다. 상권에는 序에 이어 중국사를 신화시대부터 盤古, 三皇五帝, 夏·殷·周의 3대와 秦, 漢 등을 거쳐 元의 흥기에 이르기까지 264句로 읊어 놓았다. 하권은 한국사에 관한 내용으로 「東國君王開國年代」와 「本朝君王世系年代」로 나누어 놓았다. 「동국군왕개국년대」에는 序에 이어 지리기, 단군의 전조선, 기자의 후조선, 위만의 찬탈, 삼한을 계승한 신라·고구려·백제의 3국과

314

후고구려, 후백제, 발해가 고려로 이어지는 과정까지를 칠언시 264句 1,460言으로 敍詠하고 있다. 「본조군왕세계년대」에는 고려 태조 世系 說話에서부터 이승휴가 살던 충렬왕 때까지를 五言으로 읊고 있다. 발해에 대해서는 칠언시 10句로 표현하였다. 시 중간에는 주를 넣어 발해사를 보충 설명하고 있다.

> 前麗舊將大祚榮 得據太白山南城(今南柵城也 五代史曰 渤海本粟靺 鞨 居營州東) 於周則天元甲申(羅之滅麗後十七年也) 開國乃以渤海名 至我太祖八乙酉(後唐莊宗同光元年也) 舉國相率朝王京 誰能知變先歸 附 禮部卿與司政卿(禮部卿大和筠 司政卿左右將軍大理著 將軍申德大 德志元等 六百戶來附) 歷年二百四十二 其間幾君能守成. (『帝王韻紀』 卷下, 東國君王開國年代)

본문이나 주 전체의 내용을 통해 이승휴의 발해사에 대한 지식을 가늠해 본다면 발해사에 대한 이승휴의 식견은 그다지 높지 않았던 것 같다. 발해사 이해의 기본이 되는 건국 시기, 歷年부터 올바르지 않은 것이다. 하지만 내용상의 일부 문제나 발해사에 대한 詩句 분량의 많고 적음을 떠나 발해사를 바라보는 기본 시각에서 중요한 면을 확인할 수 있다. 즉, 발해를 한국사의 체계에 확실하게 넣고 있으며 발해 유민들이 고려로 귀부한 사실을 아주 뚜렷이 기록하고 있는 것이다. 강력하게 다가오는 원의 외압에 대한 문화적 위기의식하에 『제왕운기』가 등장한다는 측면에서 몇 년 앞서 저술된 『삼국유사』와 저술 동기가 유사하다고 하겠다. 그러므로 두 사서는 다같이 발해사를 한국사에 넣어 이해하려 하였다. 그러나 발해사의 한국사 내로의 인식은 이승휴가 더욱 적극적이었다. 이는 아래의 사실에서 입증된다.

먼저 이승휴의 발해 인식을 살피는데 중요한 것은, 시 전체의 첫 詩

句에 '前麗舊將大祚榮'이라 표기하여 발해 건국자 대조영을 옛 고구려의 장수로 인식하였다는 점이다. 이승휴는 지금까지 계속 논란이 되고 있는 대조영의 출자에 대해 말갈과는 관계없이 고구려에 연결시켜 파악하였던 것이다.[53] 이것이 이승휴 당시까지 전해오던 여러 사서 가운데 하나의 사실을 인용한 것인지,[54] 아니면 오로지 그의 견해에 의한 표현인지는 명확하지 않다. 그렇다고 이승휴가 중국 측의 『신·구당서』에 나오는 대조영의 출자 표현을 모르고 있지는 않았을 것이다. 詩의 夾註에 '五代史曰'이라는 말도 등장하기 때문이다.

따라서 발해를 한국사 체계 내에 넣어 시로써 표현한 자체도 중요하지만 여기에 다시 '前麗舊將大祚榮'이라는 詩句까지 도입한 것은 그가 발해를 고구려 계승 국가로 분명하게 인식하였음을 단적으로 보여주는 것이라 하겠다.

다음으로 중요한 것은 발해인들이 고려로 귀부하고 있는 사실을 매우 비중 있게 다루고 있다는 점이다. 비록 『고려사』(권1, 태조 8년 9월조)와 비교하여 귀부자의 인명, 내투 숫자, 시기 등이 구체적이지 못하고 내용에서 서로 차이가 있지만, 발해인의 고려 내투 사실을 시 전체 10句 가운데 4句나 할애했다는 점은 의미있게 살펴볼 부분이다. 詩句 전체의 거의 반을 할애한 이유가 무엇일까? 이승휴가 수집한 발해 관련 자료가 귀부와 관련된 것이 가장 많았던 이유일 수도 있다. 고려 후기를 지나 조선 초에 편찬된 『고려사』에 수록된 발해 관련 기사가 대개 유민의 내투(歸附)에 대한 것이라는 점에서 추측이 가능하다.

---

53) 夾註에 '五代史曰 渤海本粟靺鞨'이라 하였는데 이는 『오대사』에 등장하는 文句는 아니다. 그러나 이로 미루어 이승휴는 발해의 출자와 족속에 대해 여러 상이한 자료를 보고 자기의 견해를 시에 담은 것으로 생각된다.

54) 『三國遺事』(卷1, 紀異 第1 靺鞨(一作勿吉)渤海)에 "新羅古記云 高麗舊將祚榮 姓大氏 聚殘兵 立國於太伯山南 國號渤海"라는 구절이 있는데 『帝王韻紀』에 나오는 내용과 거의 유사하다.

하지만 시 전체의 내용을 음미하면 반드시 그렇지만은 않다. 옛 고구려 장군 대조영이 건국한 발해가 이제 멸망에 즈음하여 발해인들이 고려로 넘어온 사실을 은연 중에 강조하는 감이 있기 때문이다. 즉, 이승휴는 발해가 고구려계 국가라는 점을 '前麗舊將大祚榮'이라는 말로 처리했듯이, 한국사의 흐름이 발해에서 고려로 나아가는 것으로 인식했기 때문에 많은 발해인의 고려 귀부라는 사실을 강조하여 시로써 표현했던 것으로 짐작된다.

『제왕운기』에 대해서는 많은 연구가 있지만 사학사적 평가는 서로 엇갈리고 있다. 원나라 지배 하에서 민족문화의 우월성과 역사전통에 대한 강렬한 자부심을 밑바탕에 깔고 있는 자주적인 역사서라는 입장이 있는 반면에,[55] 유교사관을 내세워 원나라에 대한 사대를 합리화하는 사대적·비자주적 성격을 가지고 있다는 견해도 있고,[56] 또한 두 입장을 절충하려는 견해도 있다.[57] 하지만 자주적 사관이 보다 우세하지 않은가 한다. 이는 그의 생존 기간과 『제왕운기』의 등장 배경을 연계함으로써 이해가 가능하다. 그가 살던 시기는 무신의 난과 30여 년에 걸친 몽고와의 항쟁으로 이어지고 있었다. 나아가 몽고와의 강화로 인하여 자주국으로서의 존립마저 위태로운 상태였다. 게다가 附元勢力의 책동에 의하여 정치적 혼란이 더욱 가중되고 있었다. 이러한 상황 하에 그는 直諫과 파직으로 연속된 정치활동을 하였다. 『제왕운기』도 국왕의 실정과 국왕 측근의 폐단을 간언하다가 파직되어 은둔한 시기에 제작되었다.

---

55) 李佑成,「高麗中期의 民族敍事詩-東明王篇과 帝王韻紀의 研究」『成均館大學校論文集』7, 1962 ;『韓國의 歷史認識(上)』, 創作과 批評社, 1976.

56) 金哲埈,「蒙古壓制下의 高麗史學의 動向」『考古美術』129·130合, 1976 ;『韓國史學史研究』, 서울대출판부, 1990.

57) 劉璟娥,「李承休의 生涯와 歷史認識-帝王韻紀를 中心으로-」『高麗史의 諸問題』, 삼영사, 1986.

이러한 측면에서『제왕운기』는 그가 살던 시기의 대내외적인 현실에 대한 깊은 통찰 위에서 출발하였던 것이며, 중국과 구별되는 고려인의 독자적인 문화의식이 역사서술로 나타나게 된 것이다. 이에 단군신화를 한국사체계 속에 편입시켜 역사의 유구성을 과시하려 하였으며, 발해를 고구려의 계승국으로 인식하여 고려 태조에 귀순해 온 사실을 서술함으로써 발해를 한국사 속에 포함시켰다.[58]

결국 고려 후기의 정치가이자 최고의 지식인이었던 이승휴의『제왕운기』는 내용적으로 구체적 사실에서 결함을 지니고 있고, 원의 지배하라는 특수 상황에서 역사와 문화에 대한 강렬한 자각 의식의 소산이지만, 발해사를 한국사의 한 부분으로 인식하고 있었다는 점은 주목되는 사실이다. 또한 발해가 거란의 침략으로 멸망하자 그 유민들이 대거 고려로 귀부하는 점을 깊이 인식하여 고구려-발해-고려로 이어지는 한국사 체계를 잡았다는 사실도 눈여겨 볼 부분이다. 이러한 이승휴의 발해·발해 유민에 대한 인식은 오늘날 한국의 발해사 이해와 유사한 동시에 그 출발이 되고 있다는 점에서도 사학사적 의의는 매우 크다고 하겠다.

또한『삼국유사』,『제왕운기』두 사서 다같이 한국사의 출발을 단군부터 잡으며 면면히 이어져 온 역사의 유구성을 밝히려 하였지만,『제왕운기』의 역사의식이『삼국유사』에 비해 훨씬 앞선 평가를 받고 있다는 점도[59] 유의할 필요가 있다.

다음은『國史』를 통해 본 이제현(1287~1367)의 발해·발해 유민 인

---

58) 특히 발해를 고구려의 계승자로 인정하여 고려 태조에게의 歸附 사실을 서술한 것은 고구려의 활동 무대였고 발해의 옛 영토였던 만주 일대가 고려의 영역이었음을 역사적으로 고증한 것으로 보는 견해가 있다(劉璟娥, 앞의 글, 1986, 571쪽).

59) 변동명,「이승휴」『한국사 시민강좌』27, 일조각, 2000, 143쪽.

318

식이다. 이제현은 정치가, 유학자, 문학가로서의 활약뿐만 아니라 빼어
난 유학지식과 문학적 소양을 바탕으로 역사학에도 많은 업적을 남겼
다. 閔漬의 『本朝編年綱目』을 重修하는 일을 맡았고 충렬왕·충선
왕·충숙왕의 실록을 편찬하는 일에도 참여하였다.[60] 특히 1357년 致
仕한 후 『국사』의 편찬을 논의하여, 白文寶·李達衷과 함께 기전체의
형식을 빌어 일을 진행시켰으나 홍건적의 침입으로 전란에 원고가 散
逸되면서 완성하지는 못하였다.[61] 『국사』에 서술된 내용은 『고려사』,
『고려사절요』, 『익재난고』 등에 수록된 다수의 史贊과 깊은 관련이 있
을 것이다. 『국사』 집필시 그는 태조에서 숙종대까지의 원고를 맡았다.
그 원고가 나중에 『고려사』 편찬에도 이용되었던 것으로 보인다.

기존의 연구에서 보듯이[62] 온전하게 남아 있는 이제현의 사서가 없
는 상태에서 그의 역사인식을 살피는 데는 상당한 어려움이 따른다.
이러한 상황에서 그가 남긴 사찬은 중요한 가치를 지니게 된다.[63] 그
의 사찬은 『고려사』에 14편, 『고려사절요』에 17편, 『익재난고』에 15편

---

60) 그 외에 이제현의 사서로서 『史略』을 거론하는 경우가 있는데 제대로 남아있
지 않아 『국사』와의 관계뿐만 아니라 그 내용을 명확히 알 수가 없다.

61) 『高麗史』 卷110, 列傳 李齊賢.

62) 金哲埈, 「益齋 李齊賢의 史學에 대하여」 『東方學志』 8, 1967 ; 앞의 책, 1990 ;
金泰永, 「高麗後期 士類層의 現實認識」 『創作과 批評』 44, 1977 ; 閔賢九, 「益齋
李齊賢의 政治活動」 『震檀學報』 51, 1981 ; 鄭求福, 「李齊賢의 歷史意識」 『震檀
學報』 51, 1981 ; 『韓國中世史學史 I』, 集文堂, 1999 ; 卓奉心, 「李齊賢의 歷史觀
-그의 史贊을 中心으로」 『梨花史學研究』 17·18合, 1988 ; 金相鉉, 「이제현의
《국사》」 『한국사』 21, 국사편찬위원회, 1996.

63) 이제현의 태조에서 숙종에 이르기까지 15대에 걸친 사찬은 각 왕의 정치에
대한 총평으로서 그가 공민왕 6년 무렵에 白文寶, 李達衷과 더불어 『고려국
사』의 紀年·傳·志를 편찬할 때 붙였던 贊이다. 이것이 따로 전해오다가 뒤
에 『고려사』, 『고려사절요』, 『동국통감』 등의 각 왕대 말미에 인용되고 그의
문집에도 수록된 것이다. 金哲埈, 「益齋 李齊賢의 史學에 대하여」 『東方學志』
8, 1967 ; 앞의 책, 1990, 323쪽.

이 있다. 각 왕에 대한 사서별 사찬은 내용이 거의 동일하지만 일부 차
이가 나는 것도 있다.[64]

그의 저술로 현전하는 것과 더불어 그가 남긴 사찬 즉,『국사』를 통
해 그의 발해 인식을 더듬어 볼 수 있다. 그런데 그가 남긴 사찬 가운
데 발해와 직접적으로 관련된 것은 없다. 주로 對契丹 관계의 내용이
수록된 태조, 성종, 정종에 대한 사찬에 발해와 간접적으로 관련이 있
는 것이 있는데 미흡하지만 그의 발해 인식 이해에 약간의 도움을 줄
수 있다.

첫째, 태조에 대한 사찬이다. 태조에 대한 이제현의 사찬은 두 군데
있다. 먼저『고려사절요』에는 태조 25년 10월 소위 만부교 사건 바로
다음에 이제현의 사찬이 있다. 그런데 만부교 사건의 배경이 거란의
발해 멸망에 있다는 점을 분명히 밝히고 있지만, 사찬에서는 발해에
대한 언급은 전혀 없다. 충선왕이 태조대에 낙타를 아사시킨 원인에
대해 의문을 가지자, 이제현은 戎人의 간사한 계책을 꺾기 위한 것이
거나 후세의 사치를 막으려 하였거나 微旨(은미한 뜻)한 뜻이 있었을
것이라 하고 그 본뜻을 알기를 권하고 있을 뿐이다. 충선왕과 이제현
의 대화 속에는 만부교 사건의 배경 즉, 거란의 발해 침공과 멸망이 고
려 사회에 미친 문제에 대해서는 논의가 없는 것이다.

다음은『고려사』태조 세가 말미에 있는 이제현의 사찬에 대한 것이
다. 이곳에서 눈여겨 볼 것은 충선왕이 고려 태조와 송 태조를 비교하
는 가운데, "우리 태조께서 즉위한 후에 아직 김부가 복종하지 않고 견

---

64)『고려사』의 경우 숙종 세가 말미에 이제현의 사찬이 없는 것이 특징이며, 성
   종과 현종에 대한 사찬에서도 사서마다 차이를 보이고 있다. 사론을 내용별
   로 구분하면 크게 4가지로서 왕위계승, 대외관계, 역대 왕의 치적 및 군신관
   계, 기타 토지 및 과거제도와 불교관계 사론 등이다(金相鉉, 앞의 글, 1996,
   342쪽).

320

훤이 포로가 되기 전인데도 西都에 자주 행차하여 친히 북방의 邊地를 巡狩하였는데 그 뜻이 또한 東明의 옛 땅을 내 집에서 쓰던 靑氊같이 생각하고 반드시 석권하여 이를 차지하려 하였으니 어찌 다만 鷄林을 취하고 鴨江을 칠 뿐이었으리오."65) 하는 부분이다. 고려의 고구려 계 승의식이나 북진정책을 엿볼 수 있다. 사찬 대부분의 내용은 충선왕의 말이지만 이제현이 이를 옮겨놓은 것은 그와 견해가 비슷했다는 의미 로 해석이 가능하다. 그런데 여기서도 고구려의 영토를 대부분 차지했 던 발해에 대한 언급은 나오지 않는다. 그렇다고 이제현이 발해의 존 재를 모르는 것은 아니었다. 다음의 성종에 대한 사찬에서는 발해와 대광현의 내투에 대해 많은 사실을 거론하고 있기 때문이다.

둘째, 성종에 대한 이제현의 사찬이다. 성종에 대한 사찬은『고려사』 나『고려사절요』에는 크게 주목되는 것이 없으나 대신『익재난고』(권9 하 사찬 성왕)에는 눈에 띄는 내용이 수록돼 있다.『익재난고』에 수록 된 이제현의 각 왕에 대한 史贊은『고려사』각 세가나『고려사절요』 각 왕대 말미에 들어 있는 이제현의 사찬 내용과 거의 동일하다. 그런 데 成王(成宗)에 대한 이제현의 사찬은『익재난고』에 수록된 것이 분 량이 훨씬 많으며 내용도 많이 다르다.

내용은 이미 잘 알려진 것으로 이른바 만부교 사건과 발해 세자 대 광현의 고려 내투와 이에 대한 고려의 처우에 대한 것이다. 거란에서 먼저 고려에 사신을 보내어 화친을 구하였음에도 고려가 교빙을 끊은 것은 거란이 발해를 멸망시켰기 때문이라고 하였다. 그리고 발해가 멸 망하자 세자 大光顯 등이 餘衆 수만을 이끌고 고려에 來奔하므로 왕건 이 이를 불쌍히 여겨 대광현에게 姓을 내리고 발해 유민들을 심히 우

65)『高麗史』卷2, 太祖 末尾 李齊賢贊, "李齊賢贊曰……我太祖卽位之後 金傅未 賓 甄萱未虜 而屢幸西都 親巡北鄙 其意亦以東明舊壤 爲吾家靑氊 必席卷而 有之 豈止操雞搏鴨而已哉".

대했다는 것이다. 물론 이 사실은 성종대의 일은 아니고 태조대의 일
이다.

『익재난고』(권9 하)에 나오는 성왕(성종)에 대한 사찬 가운데 만부교
사건과 발해 세자 대광현에 대한 내투 및 고려의 처우에 대한 글은 사
실『고려사』(권93) 최승로전과『고려사절요』(성종 원년 6월조)에 나오
는 내용과 비교하면 몇 글자를 제외하고 거의 똑같다. 그렇다면 혹시
태조의 정책에 대한 이제현의 사찬은 최승로의 영향을 받았을 가능성
이 크다. 앞에서 살펴보았듯이 최승로는 태조의 對契丹 정책과 발해
유민에 대한 처우에 대해 특별한 비판을 가하지 않으면서 높이 평가하
고 있다. 따라서 이제현도 최승로의 입장을 따르며 사찬을 옮겨 실었
던 것으로 짐작된다.

셋째, 이제현의 靖宗에 대한 사찬은 내용은 얼마 안 되지만 중요한
사실이 담겨 있다.[66] 여기에는 태조와 현종, 덕종, 정종에 대한 대외정
책을 간단히 설명하고 있는데 발해와 관련된 것은 태조의 평가 가운데
들어 있다. 즉, "거란이 貪暴하여 족히 신의를 보전할 수 없으므로 태
조가 깊이 경계하였던 것이다. 그러나 그 一灾를 幸으로 삼아 舊好를
버리는 것도 또한 좋은 계책은 아니었다"라는 부분이다. 여기서 먼저
주목되는 것은 '一灾'의 의미가 무엇인가 하는 점이다. 이를 '서로 잘
친하다가 발해를 멸망시킨 거란의 발해에 대한 배신 행동'으로 보는
견해도 있고,[67] '거란에 叛한 대연림의 홍료국 건국'을 말하는 입장도

---

66)『高麗史』卷6, 靖宗世家 末尾 李齊賢贊 ;『高麗史節要』卷4, 靖宗條 末尾 李
    齊賢贊 ;『益齋亂藁』卷9下, 史贊 靖王, "李齊賢贊曰 契丹貪暴 不足保信 太祖
    深以爲戒 然而幸其一灾而棄舊好 亦非計也 顯宗艱難反正日不暇給 德宗未及
    方剛之年 尤宜戒之在鬪 王可道議絶和親 不若皇甫兪義繼好息民之論也 靖宗
    嗣位三年 我大夫崔延嘏如契丹 四年契丹之使馬保業寔來 自是復尋懽盟 感之
    匪由至誠 致之必有奇策 君子以爲善繼善述 以保其國".
67)『북역 고려사』1, 신서원, 1992, 309쪽.

322

있다.(68) 그러나 태조에 대한 설명 가운데 나오는 말이므로 전자로 보는 것이 옳다. 다만 문제는 靖宗贊 내의 내용과 앞의 태조, 성종에 대한 이제현의 찬과 대외관에서 많은 차이가 난다는 사실이다.

이제현의 사찬 가운데 태조나 성종에 대한 것은 당시 왕의 대외정책을 긍정적으로 보았다. 그런데 정종의 사찬 내의 태조 평가에서는 거란에 의한 발해의 멸망을 幸으로 삼아 舊好를 버리는 것이 바람직한 계책이 아니라는 것이다. 이는 덕종에 대한 평에서 王可道보다 皇甫俞義의 논의가 옳았으며, 정종에 대한 평에서 거란과의 사신왕래로 懽盟을 잇게 되었다는 점을 거론하고 있는 점과 상통하는 면이 있다. 즉, 거란과의 단교와 같은 강경한 대립책보다는 화친책이 바람직하다는 것이다. 이같이 이제현의 찬은 동일한 왕의 같은 사안을 두고도 입장의 대변화를 가져온 것이다. 그리하여 사회가 안정적인 문종에 대한 찬에서는, "宋朝는 매양 襃賞의 명을 주었고, 遼氏는 해마다 慶壽의 禮를 닦았다"(69)는 식으로 나아가고 있다.

이러한 이제현의 대외관의 변화 속에서 그의 발해·발해 유민 인식이 과연 어떠한지는 단정하기 어렵다. 앞에서 언급한 대로 이제현의 太祖評은 최승로나 충선왕의 견해에 영향을 받았을 가능성이 높다. 최승로는 거란이 발해와 連和하였다가 舊盟을 돌보지 않고 발해를 멸망시킨 것은 무도하기 이를 데 없으므로 태조가 교빙을 끊은 것은 深策遠計였다고 하였다. 그리고 발해 세자 대광현 이하 수만의 발해인의 내투와 이에 대한 고려의 우대 정책 역시 같은 맥락에서 이해하였다. 이에 이제현의 발해·발해 유민 인식도 처음에는 최승로의 견해와 비슷했을 것으로 보인다. 그런데 위의 靖宗贊 내 대외관의 변화에서 보듯이 그의 발해·발해 유민 인식도 일정한 변화를 가져왔던 것으로 짐

68) 『譯註 高麗史』(東亞大學校古典硏究室) 第1冊, 太學社, 1987, 286쪽.
69) 『高麗史』 卷9, 文宗 末尾 李齊賢贊.

작된다.

　이제현의 발해·발해 유민 인식은 1342년 저술된『역옹패설』(前集1)
을 통해서도 일부 파악할 수 있다.『역옹패설』에서 언급되는 발해 관
계 내용은『자치통감』(권285, 후진기 제왕 개운 2년 10월·11월조)에
나오는 발해와 고려 사이의 '婚姻' 기사에 대한 그의 견해를 피력한 것
이다. 여기에 대해서는 이미 앞에서 살펴보았듯이 이제현은 여러 가지
이유를 들어『자치통감』의 혼인 기사에 강한 의문을 제기하고 있다.
의문의 근거를 종합하면 그는 10세기 초 당시 동아시아의 한반도, 중
국, 북방의 거란, 발해의 멸망과 유민의 고려 내투에 이르기까지 많은
사실을 정확히 파악하고 있다. 그런데 태조에 대한 높은 평가에도 불
구하고 혼인 사실이 없었다는 점에 초점이 놓이다 보니, 대조영의 출
자나 발해의 건국 과정 등에 대해서는 언급이 전혀 없다. 따라서 이제
현이 발해를 우리 역사로 인식했는가를 판단하는 데는 어려움이 있다.

　한편 고려 후기는 발해가 멸망된 지 300년 이상의 시간이 흐르고 있
으므로 이제는 수만의 발해 유민 후예들이 살았던 시기였다. 그렇지만
발해 유민 후예에 대한 고려인의 특별한 인식은 확인하기 어렵다. 단
파악되는 발해계 고려인 가운데 사회적 지위가 높은 인물이 일부 확인
된다는 점과,[70] 발해 유민 후예에 대한 차별 대우에 관한 어떠한 사실
도 찾을 수 없다는 점은 유의할 필요가 있다. 특히 후자의 사실을 통해
본다면 고려 초 이래 가지고 있던 고려인의 발해·발해 유민에 대한
인식과 유민 후예에 대한 인식은 큰 차이가 없을 것으로 보인다. 이러
한 가운데 유민 후예들은 고려 사회에 빠르게 동화되어 감으로써 고려
시대의 각 자료에서 발해계 인물들을 거의 찾을 수 없는 요인이 되었
을 것으로 생각된다.

---

70) 李孝珩, 앞의 글, 2000.

　마지막으로 사서는 남기지 않았지만 문집을 남긴 여러 학자들의 발해·발해 유민 인식이다.[71] 고려 후기의 사서를 제외하고 발해, 발해 유민에 대한 인식 문제를 살펴보는 데 조금이나마 도움이 될 수 있는 것으로는『補閑集』,『拙藁千百』,『東人之文』,『稼亭集』,『櫟翁稗說』,『益齋亂藁』,『圃隱先生集』,『牧隱詩藁』등이 있다. 이 책들의 저자들은 13~14세기 무신집권기와 원나라 간섭기를 살아가면서 시대를 종합적으로 판별하는 능력이 뛰어난 지식인들이지만 그들이 가지고 있는 정치권력이나 사회적 지위, 사상적인 동향, 과거와 현재를 바라보는 관점은 서로 다르다. 그러므로 이러한 여러 가지 요소를 깊이 고려하여 검토해야 할 것이다. 그리고 이 문집류들은 역사서와 달리 시간적으로 정리된 것도 아니며 발해에 대한 내용도 극히 단편적이다. 때문에 이들에 대한 발해·발해 인식을 살피는 데는 많은 한계성이 있다. 그럼에도『제왕운기』를 거쳐 조선 초 15세기의『고려사』,『동국통감』이 등장하기 전까지 발해·발해 유민 인식의 흐름을 살피는 데는 의미가 있을 것이다.

　시간적으로 가장 이른 시기의 인물은 崔滋(1188~1260)이다. 최자는 학식과 행정력을 겸비하였으며 시문에 뛰어나서 크게 문명을 떨쳤던 인물로 주로 무신집권기 중 최우집권기에 정치 일선에서 활약하였다.

　그의『보한집』에는 발해에 대한 많은 언급은 없지만 멸망 후 발해 유민의 고려 내투에 대한 사실이 간단하게 언급돼 있다. 주목되는 내용은 장흥 5년 갑오(934년)에 "발해국인들이 모두 귀순함에 이르게 되었다"는 구절이다.[72] 물론 여러 자료를 종합한다면 과장된 표현이다. 다만 많은 발해인의 귀순이 장흥 5년에 이루어졌다고 서술하고 있는 점은 주목된다. 다 아는 바와 같이『고려사』세가(태조 17년조)에 발해

　71) 盧明鎬, 앞의 글, 1998 참조.
　72)『補閑集』卷上, "長興五年甲午 征百濟大克 獲河內三十餘郡 及渤海國人皆歸順……淸泰二年新羅敬順王來朝上書……三年百濟王甄萱入朝 (下略)".

세자 대광현이 수만의 무리를 이끌고 고려에 내투한 사례가 있기 때문이다. 따라서『보한집』에 나오는 발해국인의 고려 귀순에 대한 표현은 발해 세자 대광현과 그를 따라 온 수만 인의 고려 망명을 염두에 둔 말로 여겨진다. 그런데 단순하게 발해국인의 귀순 사실만을 거론한 것이 아니라는 점에 유의할 필요가 있다.

후백제의 정벌, 발해인의 대량 귀순, 경순왕의 來朝, 견훤의 入朝라는 사실을 종합적으로 바라보면 이는 고려의 후삼국 통일 과정상의 가장 중요한 사실들이다. 이에 발해국인의 귀순도 고려의 후삼국 통일이라는 차원에서 해석할 필요가 있다.

최자는 발해 유민의 귀순은 태조 왕건이 후백제와 신라까지도 통일하겠다는 願을 세우는 중요한 계기가 되었다고 하였다. 나아가 후백제와 신라의 두 국가의 통합뿐만 아니라 모든 발해 유민의 귀순으로 말미암아 이제 진정한 통일왕조 고려가 탄생한 것으로 여기고 있다. 이러한 인식은 태조 왕건대의 발해·발해 유민 인식과 유사하지만 과장된 형태로 나타나고 있다는 점에서 약간의 차이를 보이고 있다. 아무튼『보한집』의 "발해국인들이 모두 귀순함에 이르게 되었다"는 표현은 기본적으로 고려 초의 발해 유민에 대한 인식의 전통을 이어받고 있는 것이다.[73]

다음은 崔瀣(1287~1340)의 발해 인식에 대해 살펴보고자 한다. 성품이 강직하여 출세에 파란이 많았던 최해는 문학 방면에 큰 업적을 남겼다. 저술에 힘써 역대 名賢의 시문을 뽑아 편찬한『東人之文』(1338년 완성)과 문집『拙藁千百』(1354년 간행) 등이 있다.『東人之文』가운데『東人之文四六』에 발해와 관련된 글이 몇 편 수록돼 있다.[74] 물론

---

73) 盧明鎬, 앞의 글, 1998, 166~167쪽.
74)『東人之文四六』卷1,「謝不許北國居上表」·「新羅王與唐江西高大夫湘狀」·「與禮部裵尙書贊狀」. 그 외에 발해사에 대한 약간의 이해를 도울 수 있는 글도

이 글들은 찬자가 최치원이고 『동문선』(권33, 권47)에도 수록되어 있어 발해사의 새로운 면을 이해하는 데 도움을 주는 것은 아니다. 동시에 최해 본인의 발해 인식으로 규정하는 데에도 무리가 있다. 하지만 간접적이나마 최해의 발해 인식에 일부 도움을 줄 수 있을 것이다.

『東人之文四六』(卷1)에 수록된 발해 관련 글들은 (對唐)事大表狀에 다 들어 있다. 그런데 여기서 중요한 것은 (對唐)事大表狀은 모두 13수인데 당과의 사대관계 수립이나 유학생 파견 등을 통한 신라의 중국문화 수입 과정만을 설명하는 게 아니라, 발해와의 대립 의식을 살필 수 있는 최치원의 글들을 함께 소개하고 있는 데서 최해의 의도를 분명히 알 수 있다는 점이다. 다시 말해 對唐 외교와 관련한 국가 공문서를 수집, 편찬한 『東人之文四六』에 신라와 발해의 대립구도를 증명하는 문서를 집중해 채록한 사실에서 최해의 발해 인식을 읽을 수 있는 것이다.[75] 나아가 최해는 최치원의 발해 인식을 계승하였던 것으로 보인다.

최치원은 그가 남긴 여러 글들을 종합하면, 신라와 발해의 상호 친선·교섭적 내용보다는 대립적 요소의 글을 남겼고, 문화적으로도 발해는 신라에 비할 바가 못되는 낮은 수준의 것으로 여겼다. 그리하여 발해를 고구려의 계승국으로 인정하는 듯하면서도 한국사의 한 부분으로 인식하지는 않았다. 최해 역시 최치원과 유사한 발해 인식을 가지고 있었다. 이는 다음과 같은 사실을 통해 최해의 발해 인식 연원을 확인할 수 있기 때문이다. 먼저 최해는 최치원의 후손이라는 점이다. 이는 『고려사』(권109, 열전 최해)를 통해 알 수 있다. 그리고 『東人之文四六』事大表狀에는 전체 123수의 글이 있으나 이 중 고려 이전의 글

있다.
75) 朴漢男, 「고려시대 외교문서에 나타난 민족문화의 전개 - 《東人之文四六》의 事大表狀을 중심으로」 『韓國史의 國際環境과 民族文化』, 경인문화사, 2003, 55·58쪽.

은 14수인데 찬자가 불명확한 2개의 글을 제외하면 나머지는 모두 최치원의 글이다. 물론 최치원의 글이 남아 있었고 뛰어난 문장가라는 점이 고려되었겠으나, 그의 조상 최치원에 대한 흠모와 이에 따른 발해 인식의 계승으로 여겨진다. 그리고 이와 같은 최치원과 최해의 발해 인식의 유사점은 아래의 「送奉使李中父還朝序」를 통해서도 파악할 수 있다.

崔瀣의 발해 인식을 보다 더 잘 파악할 수 있는 것은 『拙藁千百』 내의 「送奉使李中父還朝序」에 나오는 다음과 같은 글이다.

> 翰林李中父 奉使征東 已事將還 過辭予 因語之曰 進士取人 本盛於唐 長慶初 有金雲卿者 始以新羅賓貢 題名杜師禮牓 由此以至天祐 終凡登賓貢科者 五十有八人 五代梁唐 又三十有二人 盖除渤海十數人 餘盡東士 逮我高麗 亦嘗貢士於宋……擧是可見東方代不乏才矣……東士故與中原俊秀並擧 列名金牓 已有六人焉……必見富貴苦逼 功名滿天下 晝錦之堂 將大作於東韓 未識後來視中父 昔東人爲何如也……予與中父厚 旣美其行 且訟予拙而勗復之云. (『拙藁千百』 卷2, 送奉使李中父還朝序)

崔瀣가 李中父에게 이르는 말의 대부분을 차지하는 것은 빈공과와 원나라 制科에 대한 것이다. 그런데 위의 글 가운데 渤海, 東士, 東方, 東韓, 東人의 의미를 어떻게 이해하느냐가 중요하다. 발해는 나라 이름을 지칭하므로 이해하는데 별 어려움이 없다. 대신 東士, 東方, 東韓, 東人은 주의를 요한다. 여기서 東은 대개 '우리' 또는 '우리나라'라는 의미로 사용되고 있는 듯하다. 이는 빈공과 급제자 가운데 "발해인 十數人을 제외하면 나머지는 모두 東士"라 한 다음, 바로 이어서 고려도 송나라에서 계속 과거에 합격하였으므로 "동방이 대대로 인재가 결핍

328

되지 않았다"고 한 점에서 입증된다. 위의 글에서 東土는 글 문맥상 신라·고려 사람으로 볼 수 있으며, 東方은 신라에서 고려에 이르는 나라를 아우르는 개념으로 사용되고 있다. 그러므로 渤海人은 東土와 구별되는 동시에 渤海는 東方에 포함되지 않는 나라로 이해할 수 있을 것이다.[76]

덧붙여 최해의 글 가운데 신라를 이어 고려에 이르러서도 계속 과거 합격자가 배출되었으므로 동방이 대대로 인재가 결핍되지 않았다는 말은 신라와 고려를 연속선상에 놓고 같은 역사권의 東方으로 이해했다는 것을 의미한다. 대신 발해는 동방의 권역에 넣지 않고 한국사 밖에 두려는 면을 보이고 있다. 그렇다면 최해의 발해 인식은 자기 고유의 인식일까? 그는 최치원의 후손이었다. 발해가 존속하던 시기에 신라 최고의 지성이었던 최치원은 발해를 한국사로 인정하지 않으려는 입장이었다. 이런 점을 감안하면 최치원의 영향이 컸다고 볼 수도 있다.[77] 이는 최해가 「送奉使李中父還朝序」에서 최치원에 대해 많은 분량을 할애하여 언급하고 있다는 점에서 그 가능성을 찾을 수 있다.

---

76) 이 글은 1478년에 편찬된 『東文選』(卷84 序)에도 같은 제목으로 실려 있다. 그런데 1364년 간행된 李穀(1298~1351)의 『稼亭集』(雜錄)에는 「送奉使李中父還朝序」라는 같은 제목의 글이 실려 있지만 몇 글자가 다르다. 『拙藁千百』과 『東文選』에는 '渤海十數人 餘盡東士'라 되어 있는 반면에 『稼亭集』에는 '渤海諸蕃十數人 餘盡東士'라 되어 있어 이에 대한 해석에 신중을 기할 필요가 있는 것이다. 때문에 『拙藁千百』과 『東文選』에 근거하면 '발해인 10여 인'이 되지만 『稼亭集』에 의하면 '발해인을 비롯한 여러 나라 사람 10여 인'이 되어 의미상에 차이가 드러난다. 즉, 전자는 발해인과 신라인으로, 후자는 비신라인과 신라인으로 양립할 수 있다. 물론 발해는 비신라인에 포함된다(宋基豪, 「唐 賓貢科에 급제한 渤海人」『李基白先生古稀紀念韓國史學論叢(上)』, 일조각, 1994, 442~443쪽 ; 앞의 책, 1995, 174쪽). 하지만 '渤海十數人 餘盡東士'이든 '渤海諸蕃十數人 餘盡東士'이든 崔瀣가 발해를 한국사의 범주에 넣지 않은 표현이라는 점은 동일하다.
77) 宋基豪, 앞의 책, 1995, 174~175쪽.

결국 간단한 글을 통한 추론이지만 최해는 발해를 한국사의 한 부분으로 인식하지 않았으며, 고려는 신라를 계승한 국가라는 역사인식을 지니고 있었다. 그렇지만 고려 후기에서 조선 초에 이르는 시기의 지배층과 지식인들의 일반적인 경향은 아닌 듯하다. 이보다 뒤에 나온 정몽주와 같은 학자들의 문집에서 발해를 한국사의 입장에서 이해하는 경우가 있기 때문이다.

이제현(1287~1367)이 남긴 문집에도 발해와 발해 유민에 관련된 글이 들어 있다. 1363년 간행된 『익재난고』에는 고려 각 왕의 사찬 중 成王, 靖王贊에 발해, 발해 세자 대광현의 내투에 대한 것이 일부 언급되었으며, 『역옹패설』에는 발해와 고려 사이에 혼인이 있었다고 기록한 『자치통감』의 기록을 반박하는 내용을 담고 있다. 그런데 『익재난고』와 『역옹패설』에 약간씩 수록되어 있는 내용을 통한 이제현의 발해, 발해 유민 인식은 이미 앞에서 거론했기 때문에 재론하지 않겠다.

한편 이색(1328~1396)의 『牧隱詩藁』에도 발해 인식을 엿볼 수 있는 시가 있어 주목된다. 내용은 이색이 중국으로부터 고려로 돌아오는 길에, 이제는 사라져 버린 옛 발해를 생각하면서 멸망을 애석해 하고 허망하게 여기는 심정을 표현하고 있다.[78] 여기서 우리는 14세기 말 쇠잔해 가는 고려의 문신이자 대학자인 이색의 발해에 대한 애틋한 마음을 읽을 수 있는 동시에 그의 발해 인식도 가늠할 수 있다. 이 시의 시간적 배경은 고려 말이다. 반면에 공간적 배경은 중국 명나라에서 고려로 귀국하는 중간 지점인 과거 발해의 영토로 짐작되는 海州이다.[79]

---

78) 『牧隱詩藁』卷4, 詩 海州, "渤海遺風儘渺茫 孤城跂馬看斜陽 村翁自托繁華地 京客初驚寂寞鄕 寒入酒杯山色近 氣侵樓堞水聲長 游觀從此尤奇絶 靑嶂白雲天一方".
79) 『遼史』卷38, 地理志2 東京道 海州 ; 『渤海國志長編』卷14, 地理考1 南京南海府.

그는 당시 옛 발해 영토에서 발해가 남긴 문화가 아득히 사라진 것을 보고 시의 형식으로 애달프게 노래하고 있다. 따라서 이색은 발해의 영토, 나아가 발해라는 국가에 대해 어느 정도 실체를 파악하고 있었다고 짐작된다. 그 바탕 위에서 발해를 우리 역사의 한 부분으로 보는 동시에 동족의 국가로 인식했을 것으로 생각된다.

정몽주(1337~1392)의 문집에도 발해에 대한 인식을 밝혀낼 수 있는 시가 있다. 『圃隱先生集』 내에 발해와 관련된 두 편의 시가 있는데, 이들은 정몽주가 1384년 명나라로부터 돌아오는 길에 옛 발해 땅을 지나면서 지은 시다.[80] 먼저 「渤海懷古」[81]라는 시에서는 발해나 발해 유민과 같은 직접적인 표현은 없다. 그러나 제목이 「渤海懷古」인 점과 당나라가 海東을 정벌한 다음 大郎이 일어나 왕궁을 지었다는 말에서 유추하면 大郎이 바로 발해 시조 대조영임을 짐작할 수 있다. 하지만 무엇보다 중요한 것은 해동과 발해와의 관련성이다. 여기서의 海東은 문맥상 고구려를 지칭하고 있다. 그런데 해동 정벌 후 바로 대조영이 발해를 세웠다고 했으므로 발해 역시 해동에 포함되는 나라로 인식하고 있다. 즉, 자기가 살고 있는 고려와 이전의 고구려, 발해를 같은 역사권에 두고서 발해를 회고하는 입장인 것이다. 따라서 일단 이 시를 통해 본다면 14세기 고려의 대표적인 학자이고 정치가이며 외교가이기도 했던 정몽주는 발해를 고구려 계승 국가로 인식했음을 알 수 있다.

이러한 인식 태도는 정몽주가 발해의 古城을 지나면서 거란에 의한 발해 멸망을 안타까운 심정으로 바라보고 있는 「渤海古城」[82]이라는

---

80) 盧明鎬, 앞의 글, 1998, 169쪽.
81) 『圃隱先生集』 卷1, 詩 渤海懷古, "唐室勞師定海東 大郎隨起作王宮 請君莫說關邊策 自古伊雖保始終".
82) 『圃隱先生集』 卷1, 詩 渤海古城, "渤海昔爲國 於焉有址存 唐家許相襲 遼氏肆併呑 附我全臣庶 于今有子孫 遺民那解此 歎息駐歸軒".

시에 두드러지게 나타난다. 이 시는 짧지만 내용상의 전개 과정은 발해 건국→ 거란에 의한 발해 멸망→ 모든 발해 유민의 고려 귀부→ 발해 유민 후예의 고려 내 존속→ 14세기 말 고려인이 발해 유지를 지나며 멸망을 탄식하는 것으로 정리할 수 있다.

그런데 여기서 눈여겨 볼 것은 나라가 망하자 발해의 모든 臣庶가 고려에 귀부했다는 점과 그 후손들이 여전히 고려에 남아 있다고 하는 점이다. 물론 모든 臣庶가 고려에 귀부했다는 것은 사실과 다르다. 數萬의 발해 유민이 고려에 내투한 것은 『고려사』를 통해 충분히 입증되고 있지만 '全臣庶'라는 표현은 아무래도 사실을 과장한 것으로 보인다.

그럼에도 이 시를 음미해 보면 중요한 의미를 찾을 수 있다. 즉, 이 표현은 많은 발해 유민의 고려 귀부와 그 후손의 고려 존재 사실을 유난히 강조하는 느낌을 주는 것이다. 이어 고려에 의한 후삼국 통일 과정에서 발해 유민의 수용이 갖는 의미가 그만큼 크다는 지적이며, '全臣庶'의 자손이 고려에 남아 있다는 것과 연결시키면 유민과 그 후예에 대해 유대감과 친연의식을 지니고 있었다고 이해된다. 나아가 '全臣庶가 우리(고려)에게 귀부했다'는 말은 주민의 측면에서 보면 고려가 발해를 흡수·계승했다는 의미로도 확대 해석할 수 있을 것이다.

그런데 고려가 망해가는 14세기 말의 이러한 발해 인식은 거의 500년에 걸친 시공을 넘어 사실 고려가 건국되는 고려 태조대와 유사한 면이 있다. 단 14세기의 일반적인 발해 인식은 아니고 정몽주라는 한 개인의 시에 나타나는 발해 인식이라는 점은 주의를 요한다. 어쨌든 위 두 편의 시를 종합해 볼 때, 14세기 말의 정치가이자 대유학자인 정몽주는 발해를 한국사의 범주에서 인식하고 있다는 것을 확인할 수 있다. 아울러 발해 유민과 유민 후예에 대해서도 이른바 동족적 차원에서 이해하려는 면을 엿볼 수 있다.

　　이상 고려시대의 발해·발해 유민 인식에 대해 초기, 중기, 후기로
나눠 살펴보았다. 각 시기별로 인식이 확연히 구분되는 것은 아니었다.
고려의 대내외적 상황과 개인의 입장에 따라 발해·발해 유민에 대한
인식이 변화를 거듭하고 있었다. <표 12>는 앞에서 살펴본 내용을 근
거로 정리한 것이다. 이 표를 가지고 고려시대 전체의 발해 인식을 설
명한다는 것은 사실 무리지만 어느 정도의 이해에는 도움을 주리라 믿
는다.

<표 12> 고려시대의 발해·발해 유민 인식

인물 및 저서	연 대	발해 인식	비 고
1. 太祖 王建	918~943년(在位)	○	전거 : 高麗史
2. 崔承老	927~989년	○	전거 : 高麗史
3. 高麗圖經	1124년(인종 2년)	○	宋나라 사신 徐兢의 私撰
4. 尹彦頤	1141년(表文, 인종 19년)	○	전거 : 高麗史·尹彦頤墓誌銘
5. 三國史記	1145년(인종 23년)	×	金富軾 외 10인이 참여한 官撰
6. 歷代年表	1278년(충렬왕 4년)	○	三國遺事 찬술의 예비자료. 板木
7. 三國遺事	1284~1289년 어느 시기	○	一然(1206~1289)의 私撰
8. 帝王韻紀	1287년(충렬왕 13년)	○	李承休(1224~1301)의 私撰
9. 補閑集	1254년(고종 41년)	○	崔滋(1188~1260)의 詩話集
10. 拙藁千百	送奉使李中父還朝序 : 1335년	×	崔瀣(1287~1340) 文集
11. 東人之文四六	1338년(충숙왕 복위 9년)	×	崔瀣(1287~1340)의 文集 東人 之文四六 내에 최치원 글 3개 수록
12. 櫟翁稗說	1342년(충혜왕 복위 3년)	△	李齊賢(1287~1367)의　詩話· 稗說
13. 國 史	致仕(1357) 후 어느 시기	△	李齊賢이 남긴 史論에 근거
14. 益齋亂藁	1363년	△	李齊賢의 詩文集
15. 圃隱集	渤海古城·渤海懷古 : 1384년	○	鄭夢周(1337~1392) 詩文集
16. 牧隱詩藁	牧隱集 : 1404년 간행	○	李穡(1328~1396)의 詩文集

　＊ ○ : 한국사로 인식한 경우. × : 한국사로 인식하지 않은 경우. △ : 정확
　하지 않은 경우

2. 발해 계승의식

발해가 멸망한 후 발해를 계승했다고 자처한 국가는 없었다. 발해를
멸망시키고 발해의 영토 대부분을 흡수한 거란 즉, 遼는 이민족이었다.
유목민으로서 언어나 문자, 문화 등에서 발해와는 많은 차이가 있었다.
遼를 멸망시킨 金도 과거 발해의 영토를 거의 다 차지했지만 이민족이
었으며 이질적 문화를 지니고 있었다. 金은 지배층 내에 발해계 인물
이 다수 있었고 주민들도 상당수 발해계였다. 그렇지만 계승 국가임을
내세우지는 않았다. 이러한 현상은 발해 지역에서 건국된 後金도 마찬
가지였다. 여기에 발해 계승 국가로서 고려를 상정할 수 있다. 발해가
고구려 계승을 자처했고, 고려는 고구려 계승 국가를 자처했기 때문이
다. 이에 고려의 발해·발해 유민 인식과 함께 고려시대의 역사 계승
의식에 대한 종합적인 이해가 필요한 것이다. 더불어 발해와 고려 문
화의 유사성 또는 계승 가능성에 대해서도 살펴보고자 한다.

1) 고려의 발해 계승의식

발해가 고구려를 계승했음은 각종 자료를 근거로 여러 측면에서 입
증할 수 있다. 사서는 물론이고 발해와 병립할 당시 신라 최고의 지식
인이었던 최치원은 "옛날의 고구려가 지금의 발해가 되었다."는 역사
인식을 지니고 있었다.[83] 圓仁의 『입당구법순례행기』에 등장하는 신라
인은 고구려와 발해를 동일시하였다.[84] 敦煌文書에 의하면 돌궐인들은
발해를 계속해서 Mug-lig(고구려)라고 불렀으며,[85] 일본에서 나온 발해

---

83) 『東文選』 卷47, 狀, 「新羅王與唐江西高大夫湘狀」·「與禮部裵尙書瓚狀」.
84) 『入唐求法巡禮行記』 卷2, 開成 4年 8月條.
85) 盧泰敦, 「高句麗·渤海人과 內陸아시아 住民과의 交涉에 관한 一考察」『大東
　　文化硏究』 23, 1989 ; 『고구려사 연구』, 사계절, 1999, 532쪽.

334

관계 木簡에서도 渤海使를 高麗使로 지칭하여,86) 당시 돌궐이나 일본
에서는 발해를 고구려 계승국으로 인식하고 있었음을 알 수 있다.

발해가 고구려를 계승했음을 밝히려는 노력은 부단히 진행되어 왔
다. 최근에는 발해가 고구려를 계승한 왕조라는 사실을 지금까지의 연
구성과를 바탕으로 재정리·탐구한 연구서『고구려와 발해의 계승관
계』87)가 출간되어 계승관계 이해에 큰 길잡이를 마련하기도 하였다.

이처럼 발해가 고구려를 계승했음을 밝히는 문제가 중요하듯이 발
해가 멸망한 후 발해 부흥국가나 고려가 발해 계승의식을 지니고 있었
는가 하는 문제 역시 심층적으로 연구하지 않을 수 없다.88) 이는 한국
사 전체의 흐름 속에서 발해사를 어떻게 위치지울 것인가 하는 문제와
직결되기 때문이다.

역사 계승의식은 특정 집단이 내부적으로 동질성을 체감하는 한편,
다른 집단과의 차별성을 인식하는 근거로서 매우 중요한 의미를 가진
다.89) 따라서 후삼국을 통일한 고려의 역사 계승의식이 어떠한 형태로
나아가는가 하는 문제를 발해 계승의식과 관련시켜 살펴보는 것도 의
미가 있을 것이다.

고려 초기의 역사 계승의식의 큰 특징은 고려의 고구려 계승의식이
강하게 나타나고 있다는 점이다. 그 외에 신라 계승의식도 일부 나타
나고 있다.90) 그런데 발해 계승의식은 쉽게 드러나지 않는다. 그러나

86) 宋基豪,「해설-日本 平城宮 出土 木簡」『譯註 韓國古代金石文 Ⅲ-신라2·발
　　해 편』, 韓國古代社會硏究所, 1992.
87) 정진헌 외 공저,『고구려와 발해의 계승관계』, 고구려연구재단, 2005.
88) 李孝珩,「발해 부흥국가와 고려의 발해 계승의식」『역사와 경계』60, 2006.
89) 윤경진,「후삼국의 통일과 역사계승 의식의 전환」『내일을 여는 역사』3, 신
　　서원, 2000년 가을호, 87쪽.
90) 고려시대의 고구려·신라 계승의식이라 했을 때 繼承意識의 정확한 의미 규
　　정이 필요하다. 그러한 측면에서 고려의 北進政策이나 西京建設이 고구려 계
　　승인지, 聖骨將軍이나 顯宗의 金氏出自說이 곧 신라 계승의식인지에 의문을

발해 계승의식이 전혀 없었다고 단정하기는 어렵다. 발해 세자 대광현
을 비롯한 수만에 이르는 발해 유민의 흡수와 대광현에게 王繼라는 성
명을 내리고 고려의 宗籍에 붙인(附之宗籍) 사실, 일부 발해 문화의 고
려 전승 및 영토의 흡수에서 약간의 근거를 찾을 수 있기 때문이다. 그
리고『舊三國史』가 고구려 위주로 서술되었을 경우 고려의 고구려 ·
발해 계승론과 일정한 관련이 있을 가능성도 있다.[91]

  다음은 고려 중기의 역사 계승의식에 대한 문제이다. 고려 중기는
사회 내부에서 연속적인 대사건을 겪고 있는 상황이었다. 무신정변 직
후 일어난 여러 차례의 민란에서는 신라 부흥을 내세워 민심을 얻으려
는 경우도 있었다. 하지만 이것은 고려의 신라 계승의식과는 거리가
멀다. 오히려 동조세력의 규합이나 명분용일 가능성이 높다.

  고려 중기를 대표하는 사서는 역시 김부식이 중심이 되어 편찬한『삼
국사기』다. 그런데『삼국사기』의 체제나 내용에 근거하면 고려왕조는
신라를 계승한 왕조라는 의식을 강하게 지니고 있었다는 견해가 일반적
이다. 그리고 고려의 고구려 · 발해 계승론은『삼국사기』에서 완전히 기
반을 상실하게 된다는 입장도 있다.[92] 실제로『삼국사기』의 본기나 연
표에는 발해사 서술 공간이 없으며 중간중간 나타나는 발해 관련 기사
에서도 고려의 발해 계승의식을 찾을 수는 없다. 심지어 발해를 한국
사로 인정하지도 않았다. 반면에 김부식과 같은 시기의 윤언이는 발해
를 한국사의 일부분으로 인식하고 있어,[93]『삼국사기』가 이 시기의 발

    제기한 신형식의 글은 주목된다. 申瀅植,「高麗前期의 歷史意識」『韓國史學
    史의 研究』, 을유문화사, 1985, 40~44쪽.
91) 이우성은 고구려 위주의『구삼국사』가 고려의 고구려 · 발해 계승론과 무관하
    지 않을 것으로 보았다. 李佑成,「南北國時代와 崔致遠」『創作과 批評』10-4,
    1975 ;『韓國의 歷史像』, 創作과 批評社, 1982, 151쪽.
92) 李佑成, 위의 글, 1975 ; 위의 책, 1982, 152쪽.
93)『高麗史』卷96, 列傳 尹瓘 附 彦頤 ;『東文選』卷35, 表箋 廣州謝上表 ;「尹彦

해 인식 전체를 대변하는 것은 아니다.

이와 관련하여 당시 고려 인접국이었던 송대 중국인의 발해 계승의식을 주목할 필요가 있다. 즉『高麗圖經』의 한국사 체계에 관한 것인데『고려도경』의 역사 계승의식에 대해서는 의견이 서로 다르다. 고려의 역사적 정통성을 고구려 및 발해와 연계시켰다는 의미 곧, 고려를 고구려와 발해의 계승자로 설명하는가 하면,[94] 계승관계를 더 강조하려는 견해도 있다.[95] 이와 달리 고려 중기 귀족의 고구려 계승의식을 알려주는 것일 뿐 발해 계승론과는 무관한 것으로 생각하는 입장도 있다.[96]

『高麗圖經』建國 始封條의 한국사 체계에는 백제, 신라, 통일신라가 빠져 있고 고구려-발해-고려로 설정돼 있다. 이를 두고 고구려-발해-고려로 이어지는 계승 관계까지 적극적으로 주장하기에는 다소 어려움이 있을 수 있으나, 고려의 발해 계승론으로 이해해도 큰 문제는 없을 듯하다.

> 고려의 선조는 주 무왕이 조선 제후에 책봉한 기자이다.……당 고종이 李勣에게 명하여 고구려를 토벌하도록 하였다. 그리하여 고구려왕 高藏을 사로잡고 그 땅을 나누어 군현을 삼았으며, 안동도호부를 평양성에 설치하고 군사를 두어 지켰다. 뒤에 武后가 장수를 보내어 乞昆羽를 죽이고 乞仲象을 왕으로 세웠다. 걸중상 또한 병으로 죽으니 그의 아들 대조영이 즉위하였다. 대조영은 그 백성 40만을 이끌고 桂婁

頤墓誌銘」.

94) 박시형,「발해사연구를 위하여」『력사과학』1962-1 ; 朴鍾鳴 譯,『古代朝鮮の 基本問題』, 學生社, 1974, 176쪽 ; 韓永愚,「高麗圖經에 나타난 徐兢의 韓國史 體系」『奎章閣』7, 1983.

95) 李佑成, 앞의 글, 1975 ; 앞의 책, 1982, 150쪽.

96) 趙仁成, 앞의 글, 1994, 732~734쪽.

에 터를 잡고 당의 신하가 되었다. 당 중종 때에는 忽汗州를 설치하고 대조영을 都督渤海郡王으로 삼으니 그 뒤로부터 드디어 발해라고 하였다.……高氏는 이미 멸망했지만 오랜 뒤에는 점차 회복되어 당 말기에 이르러서는 드디어 그 나라에서 왕이 되었다. 후당 同光 원년(923)에는 사신을 보내어 조회하러 왔는데, 국왕의 성씨를 사관이 빠뜨리고 기재하지 않았다. 長興 2년(931)에 왕건이 나라 일을 맡아보며 사신을 보내어 공물을 바치고, 드디어 작위를 받아 나라를 차지했다. (『高麗圖經』 卷1, 建國 始封)

위의 글 가운데는 발해의 대조영이 고구려 출신이라는 말이 없다. 그리고 왕건이 고구려·발해 땅에서 살다 내투한 발해 유민을 잘 규합해 새로이 고려를 건국했다는 식의 구절도 없다. 그렇지만 발해의 건국 과정을 고구려의 멸망과 서로 연계해 설명함으로써, 발해를 고구려사에서 완전 분리하지 않았다는 점은 주목된다. 이것은 발해가 고구려를 계승했다는 의미로 해석할 수 있는 근거가 되기 때문이다.

그리고 始封條에 서술된 국가의 순서는 도식이 단순하지는 않지만 대체로 기자조선→ 위만조선→ 사군→ 고구려→ 발해→ 고려로 이어지고 있다. 가장 특징적인 것은 서긍이 신라와 백제의 존재를 알면서도 始封條에서 이를 누락시키고 있는 점이다. 이는 고려의 역사적 정통성을 고구려 및 발해와 연계시켰다는 것을 의미한다. 그리고 이것은 서긍 자신의 개인적인 판단에 기초한 것이라기보다는, 당시 송나라 조정이 그와 같은 정통론의 입장에서 고려를 인식하였다는 것을 대변한다. 역으로 말하면 당시 고려측이 스스로의 역사적 정통성을 그와 같이 의식하고 있었다는 것을 반영하는 것이라고 생각된다.[97]

한편 『고려도경』은 서긍이 고려에서 견문한 바를 토대로 1124년 송

---

97) 韓永愚, 「高麗圖經에 나타난 徐兢의 韓國史體系」『奎章閣』 7, 1983, 18~19쪽.

에서 편찬되었다고 할 때, 그 무렵 고려 내부의 일반적인 발해 인식과의 차이점에 대한 이해가 필요하다. 고려의 발해 계승의식이 가장 높았을 것으로 보여지는 왕건대에도 발해 계승을 직접적으로 표방하지는 않았다. 그러므로 12세기 초 고려의 보수적인 사회상을 감안할 경우 『삼국사기』의 역사인식이 가장 일반적인 지식인들의 입장이라면 당시 고려 내에 발해 계승의식이 상존했고, 서긍이 이를 근거로 기록했다고 믿기는 어려운 면이 있다. 그러나 『고려도경』이 중국인의 시각에서 우리의 역사적 사실을 잘못 이해하고 서술한 부분도 있어서 엄중한 사료비판을 요하지만, 다른 고려사 관계 자료들에서 볼 수 없는 기사가 많아 사료적 가치가 높고 『삼국사기』보다 20여 년 전에 편찬되었다는 사실을 중시할 필요가 있다. 즉 『삼국사기』가 편찬되어 신라사 중심의 역사인식이 자리잡기 전에는 발해 계승의식이 강하게 남아 있었을 가능성을 보여주는 것이다. 이는 김부식과 같은 시기의 윤언이가 김부식과는 반대되는 발해 인식을 가지고 있는 것에서도 간접적으로 입증된다.

결국 『고려도경』의 建國 始封條를 통해 서긍은 발해를 한국사의 체계에 넣어 이해하고 있음을 분명히 알 수 있다. 그리고 고려의 고구려 계승의식이 쉽게 드러나고 있으며 고구려에서 발해로의 계승관계도 어느 정도 확인할 수 있다. 다만 『고려도경』의 世次 王氏條까지 연계해 보더라도 고구려-발해-고려로의 체계적인 계승의식을 밝히는 데는 일단 한계성이 있고, 발해에서 고려로 이어지는 계승관계를 쉽게 찾을 수 없지만 제한적이나마 계승의식을 발견할 수 있다고 생각된다.

고려 후기의 여러 사서나 문집 등에서도 발해의 고구려 계승의식 요소는 발견되나 고려의 발해 계승의식을 찾기란 쉽지 않다. 『삼국유사』, 『제왕운기』나 여러 문집에서 발해를 한국사로 인식하고 발해 유민에 대해 동족의식을 지녔다 해도 계승의식을 직접적으로 표한 경우는 없다. 단『제왕운기』나 정몽주의 시(「渤海古城」)에서 어느 정도 심정적으로 받아들이려는 듯한 계승의식의 여지는 있다.

　기존의 여러 연구도 그러하지만,[98] 앞에서 살펴본 것처럼 고려 전 시기에 걸쳐 고려의 발해 계승의식이 두드러지게 나타나지는 않는다. 고려는 발해가 고구려의 계승 국가임을 알고 있으면서도 발해를 빼버린 채 곧바로 고구려에 연결해 국가의 정통성을 강조하였다. 이는 고려라는 국호의 채택에서부터 태조대의 여러 사실, 서희의 발언, 이제현의 찬,[99] 고려의 동명성왕에 대한 제사,[100] 이규보의 『동명왕편』을 보더라도 손쉽게 찾을 수 있다. 특히 1193년 편찬된 『동명왕편』은 이규보 당시에 널리 존재하였던 동명신앙과 그에 따른 동명설화의 일반 민간 사이에서의 전승에 영향을 받은 것이다.[101] 그러므로 수만의 발해 유민이 내투한 고려시대에는 발해와 관련된 신화와 전설류가 존재했을 가능성이 높다. 그러나 이와 관련된 어느 것도 현전하지 않는다. 동시에 고려시대에 작성되었을 것으로 짐작되는 어떠한 발해 관련 사서도 언급되지 않고 있다. 이러한 현상 역시 발해를 배제한 고려의 강한 고구려 계승의식의 소산일 가능성이 높다.

---

98) 李佑成,「三國史記의 構成과 高麗王朝의 正統意識」『震檀學報』38, 1974 ; 河炫綱,「高麗時代의 歷史繼承意識」『梨花史學研究』8, 1976 ; 金毅圭,「高麗時代 歷史意識」『韓國史論』6, 1979 ; 申瀅植,「高麗前期의 歷史意識」『韓國史學史의 研究』, 을유문화사, 1985 ; 趙仁成, 앞의 글, 1994 ; 盧明鎬, 앞의 글, 1998.

99)『高麗史』卷2, 太祖 末尾 李齊賢贊.

100) 卓奉心,「《東明王篇》에 나타난 李奎報의 歷史意識」『韓國史研究』44, 1984, 94~95쪽 ; 金澈雄,「고려 國家祭祀의 體制와 그 特徵」『韓國史研究』118, 2002, 154~155쪽.

101) 盧明鎬,「東明王篇과 李奎報의 多元的 天下觀」『震檀學報』83, 1997 ; 노명호,「통념과 이념에 가리운 고려사회의 체제적 특징들」『한국사 연구방법의 새로운 모색』(韓國史學會 編), 경인문화사, 2003, 85쪽.

고려는 삼국을 통일한 통일신라와 뒤이어 세 나라로 분열된 후삼국
을 통합하면서 진정한 한반도의 통일국가를 이룩하였다. 그러므로 고
려는 통일신라의 많은 전통과 문화를 계승할 수밖에 없는 처지였다.
또한 고구려 계승의식도 강하게 표출되었는데 이것은 대외적으로 북
방정책의 여러 측면이라든가,『동명왕편』에서 그 예를 찾을 수 있다.
후백제에 대해서는 영토와 주민을 다수 흡수했음에도 훈요 10조에서
처럼 계승할 수 있는 조건이 아니었다. 그런데 발해와 발해 유민에 대
해서는 고구려를 계승한 한국사로 인식하는 동시에 유민들을 동족의
식 차원에서 수용했음에도 계승의식을 공언하지는 않았다. 그렇다면
고려는 왜 고구려－발해－고려로 이어지는 계승 국가임을 자처하지는
않았을까? 이를 발해에 관한 몇 가지 사실과 연관시켜 추론하고자 한
다.

첫째는 고려가 발해 계승 국가를 자처하기에는 시간적으로 용이하
지 않다는 점이다. 고구려는 고려가 건국되는 시점으로 계산하면 멸망
한 지 250년에 이른다. 반면에 발해는 고려 건국 당시에 현존 국가로서
남북에서 병립하고 있던 상황이었다. 발해가 멸망하는 그 무렵부터 수
만의 주민이 고려에 흡수되어 후삼국 통일에 큰 역할을 하였으며 일부
이긴 하지만 문화와 영토도 직접 흡수하였다. 그러나 이와 같은 조건
에도 불구하고 발해라는 국가가 현존하는 상황에서 새로이 건국한 고
려가 발해의 계승 국가임을 표방할 수는 없었을 것이다. 따라서 고려
태조 왕건대에 자리잡은 고구려 계승의식은 그 이후 하나의 전통이 되
어 신라 계승의식과 더불어 상존하면서 나아갔다고 여겨진다. 그렇다
고 신라 계승의식이 강하게 작용하는 것은 아니다. 이것은 고려가 통
일신라 영토 위에 국가를 넘겨받은 입장임에도 통치자가 신라 계승을
공언한 사례가 쉽게 발견되지 않은 점에서 그러하다.

둘째, 고려의 입장에서 발해는 고려가 계승 국가로 자처하기에는 적

절하지 않았을 가능성을 상정할 수 있다. 발해와 고려는 같은 고구려
의 계승자로서 역사에 대한 공유의식을 지니고 있었다. 그러므로 당연
히 고구려 외에 발해의 계승을 내걸고 대외정책이나 영토문제에 유리
한 근거를 제시할 수 있었다. 그러나 서희나 윤관의 발언 예에서 보듯
이 그러한 경우는 없었다. 이 문제에 대한 가장 커다란 이유는 발해 멸
망기를 지켜본 고려의 발해 인식이 작용했을 가능성이 높다. 발해와
국경을 접하고 있던 고려는 발해의 멸망 과정을 정확히 파악할 수 있
었다. 특히 발해가 북방의 문화 수준이 낮은 유목민 국가인 거란에 멸
망했다는 점은 고려에 큰 충격이었다. 이러한 요인은 고려의 발해 계
승 표방에 장애가 되었고 건국 이념에도 어울리지 않았을 것이다.

즉, 발해는 굳이 고려가 계승했다고 공언하기에는 고구려에 미치지
못하는 국가로 인식되었던 것이다. 이것은 수·당과의 전쟁에서 승리
한 고구려의 힘, 고려 서경이 옛 고구려의 마지막 수도였다는 점, 힘찬
기상의 고구려 문화 흔적이 고려 영역 내에 많았던 것에 비해 발해는
유민의 내투 외에 고려에 와 닿을 수 있는 커다란 요인이 거의 없었다
는 것과 관련이 있다. 이것은 고려가 통일신라의 영토 위에서 국가와
문화를 넘겨받았지만 통일신라 계승 의지를 표방하지 않은 고려 최고
통치자들의 정책과 관련시켜 보아도 이해가 가능하다. 또한 이러한 면
은 발해가 對日 교섭에서는 고구려 계승국이란 점을 분명히 했으나,
對唐 교섭에서는 외교적 실리 때문인지 고구려 계승국임을 쉽게 드러
내지 않고 있다는 점에서도[102] 이해가 될 수 있다

셋째, 고려의 발해 계승의식은 발해·거란 관계와 깊은 관련이 있다
는 점이다. 918년 고려가 건국된 후 북방의 가장 큰 위협세력은 거란이
었다. 그 뒤 고려와 거란은 친선 관계가 없는 것은 아니지만 그 주류는

---

102) 盧泰敦, 「渤海國의 住民構成과 渤海人의 族源」『韓國古代의 國家와 社會』,
　　　일조각, 1987, 287쪽.

대립 관계였다. 대립의 대표적인 것이 소위 만부교 사건과 세 차례에 걸친 큰 전쟁이다. 200여 년에 이르는 고려와 거란 간의 국제관계 가운데 고려의 발해 계승의식에 가장 큰 영향을 미친 시기는 태조 왕건대의 對契丹 관계라 생각된다. 즉, 발해는 926년 거란에 의해 멸망되었다. 비록 고려의 입장에서 거란은 문화적 수준이 낮은 禽獸之國으로 인식되었지만 동아시아 10세기 국제정세하에서 거란의 존재는 강력한 세력임에는 틀림없었다. 따라서 거란이 발해를 멸망시키면서 급성장한 시기에 고려가 거란으로 하여금 민감한 사항인 발해 계승 국가를 거론하며 그들을 자극할 필요가 없었을 것이다.

다시 말해 같은 역사와 같은 문화를 지닌 발해와 발해 유민에 대해 고려가 발해 계승 국가라는 명분을 따르기보다는, 고려가 거란의 등장으로 처한 외교적 장애물을 극복하기 위해 실리를 택했다고 본다. 이렇게 태조대에 형성된 고려의 고구려 계승의식은 그 뒤에 고려의 대내외 상황과 개인적 입장에 따라 신라 계승의식과 서로 불규칙적인 부침을 거듭하며 나아갔다. 반면에 고려의 발해 계승의식은 표면적으로는 강하게 드러나지 않은 채 약간의 가능성만 추론할 수 있을 정도에 머무르고 말았다.

결국 고려시대에는 발해에 대해 한국사의 체계 내에서 이해하려는 인식도 있었으며 발해 유민에 대해서도 동류·동족 의식으로 포용하였다. 그리고 후삼국을 통일하는 과정에서는 발해와 발해 유민에 대한 통합의식을 강하게 내비치고 있다. 그럼에도 발해 계승의식을 직접적으로 표방하지는 않았다. 이는 고려라는 나라가 지향하는 국가의 통치 방향에 발해보다는 고구려가 유리하게 작용할 것이라는 고려의 현실 인식의 결과로 생각된다. 그러나 무엇보다 중요한 것은 고려가 발해에 대해 계승의식을 가졌느냐 하는 것보다 고려에서 발해를 한국사로 인식한 그 자체이며 동족의식으로 포용하고 있었다는 사실이다.

여기서 덧붙여 언급할 것은 고려가 발해 계승의식을 표방하지 않았지만 발해·발해 유민에 대해 '同族意識'과 '歷史共有意識', '歷史共同體意識'을 지니고 있다고 할 때 이들의 개념을 어떻게 규정할 것인가 하는 점이다. 근대 사회 이후에 등장하는 이 용어를 고대, 중세에 적용할 수 있는가 하는 점도 문제이다.

발해·발해 유민과 고려의 역사적 사실에 '同族'과 '歷史共有', '歷史共同體', '意識'이니 하는 용어는 등장하지 않는다. 따라서 同族意識 대신 同類意識이라는 표현을 사용하는 경우도 있다.[103]

역사공동체라 함은 "특정한 혈연과 지연, 언어와 문화, 역사적 경험과 유산 등을 역사적으로 공유하는 공동체, 즉 나라"[104]라는 의미로 규정할 수 있다. 동족이란 대개 같은 겨레, 곧 같은 핏줄을 이어받은 민족을 의미한다. 그런데 민족(Ethnicity, Ethnic group, Nation)에 대해서는 개념에서부터 많은 의견이 있어 쉽게 정의하기 어렵다. 심지어 민족을 '상상의 공동체'라 하기도 하고,[105] '민족주의는 반역이다'[106]라고 표

---

103) 盧明鎬는 同類意識이란 말을 사용하여, 태조 왕건과 고려 지배층은 발해 유민에 대해 同類意識을 지니고 있었다고 하였다(앞의 글, 1998, 149쪽). 그런데 同類라는 말을 사용하게 된 出典을 제시하지는 않았다. 그리고 고려시대에는 민족의식 전단계의 多層位 집단의식이 존재하였는데, ① 9세기에서 10세기 전반에 성립·존재하였던 自衛共同體에서 기원하는 지역공동체의식, ② 통일신라지역 및 발해지역의 삼국유민의식, ③ 삼국유민을 하나로 묶는 三韓一統意識, ④ 삼국유민과 여진 등 만주지역 집단들을 포함하는 遼河以東天下意識이 파악되고 있다고 하였다(앞의 글, 2003, 89~90쪽).

104) 김한규, 『한중관계사 I 』, 아르케, 1999, 13쪽, 주 3).

105) Benedict Anderson, *Imagined Communities : Reflection on the Origin and Spread of Nationalism*, London, 1991 ; 베네딕트 앤더슨 저·윤형숙 역, 『상상의 공동체』, 나남출판, 2002. 물론 상상의 공동체라는 의미는 머리 속에서 마음대로 상상하거나 꾸민 것이라는 뜻이 아니고, 특정한 시기에 사람들의 경험을 통해서 구성되고 의미가 부여된 역사적 공동체를 말한다. 이와 관련된 최근의 논의에 대해서는 『역사비평』(특집 : 탈/국가·탈/민족 역사서술에 대해 듣는다),

현하는 학자도 있다. 아무튼 민족은 "혈연과 지연 위에 성립되며, 경제·정치·문화 등 생활의 공동과 역사적 운명의 공동 그리고 거기에 따른 공통의 의식(의지·심리·정신)을 특징으로 하는 포괄적인 기초집단"[107]으로 규정할 수 있을 것이다.

따라서 역사공동체의식 또는 동족의식은 다같이 공통의 혈연과 지연, 문화를 제시하고 있다. 문제는 발해의 주민 구성에 대한 논의가 많고 말갈의 실체가 큰 논란이 되고 있는 상황에서 용어의 선택과 사용은 더욱더 주의를 요한다는 점이다. 일단 현재로서는 반드시 발해와 고려 사이에 순수한 혈통 즉, 민족과 지연의 일치만을 바탕으로 한 데서 용어 사용이 출발한 것은 아니다. 같은 고구려 계승국이라는 역사의 공유, 수만의 고려 내투 발해 유민과 고려의 언어·문화의 유사성, 친연성, 친근감 등 여러 요인을 포괄하여 사용한 개념이다.

고려가 발해·발해 유민에 대해서 역사공동체의식, 동족의식을 가지기 위해서는 기본적으로 같은 민족적 특질을 가지고 있었는가 하는 점이 중요하다. 곧 血緣, 地緣, 文化의 공통점이다. 血緣은 고려 건국 이래 12세기 초까지 고구려계통의 발해 유민 數萬人이 내투하고 있는 점에서 찾을 수 있을 것이다. 발해 유민의 고려 내투와 수용으로 한민족의 틀이 확정되었다는 것은,[108] 바로 이 같은 측면에서 중요한 의미를 지니고 있음에 틀림이 없다. 文化는 언어의 유사성 등 여러 사실을 통해 문화적 공통성이 있었을 것으로 보여지는데, 특히 문화 공유의 가

2002년 봄호 참조.

106) 임지현, 『민족주의는 반역이다-신화와 허무의 민족주의 담론을 넘어서』, 소나무, 2000.

107) 김대환, 『한국인의 민족의식』, 이화여자대학교출판부, 1985, 16쪽.

108) 노태돈, 「한국민족의 형성 시기에 대한 검토」『역사비평』, 1992년 가을호, 24쪽 ; 임지현, 「한국사 학계의 '민족' 이해에 대한 비판적 검토」『역사비평』, 1994년 가을호 ;『민족주의는 반역이다』, 소나무, 2000, 67쪽.

장 기본적인 요소인 언어와 문자가 유사했다는 것은 무엇보다 중요한 사실이다. 地緣도 대동강에서 압록강 사이 일대 고려 땅은 원래 발해 땅이었지만 고려가 흡수하였다. 때문에 이곳에 살던 옛 발해 주민은 고려의 주민이 되었고, 일부 영역이긴 하지만 지연, 혈연, 문화의 자연스런 흡수가 이루어졌다. 만약 흡수 지역이 발해 영토에 비해 너무 좁다고 한다면, '민족은 반드시 지역이라는 외형에 의해서만 결정된 집단이 아니다'[109]라는 주장에 주목할 필요가 있다. 이는 고려가 옛 고구려 영토를 조금밖에 차지하지 못했으나 고구려 계승의식을 표방한 것과 연계해 보더라도 이해가 가능하다.

이러한 근거에도 불구하고 발해·발해 유민과 고려 사이에 나타나는 여러 사실은 동족의식, 역사공유의식, 역사공동체의식이라는 원래의 개념을 충족시키기에는 부족한 면이 있다. 즉, 하나하나의 사실에 대한 자료 부족, 근현대적 사고의 과거 투영 등에서 그 한계성을 나타내고 있는 것이다. 그러나 이러한 측면을 인정하지만 앞의 여러 章에서 거론했던 다양한 사실들을 통해 용어의 사용에는 큰 무리가 없다고 생각된다.[110] 동시에 이러한 의식들이 존재했다는 점도 부정할 수 없다.

2) 계승의식과 발해사의 귀속문제

발해가 그토록 알려지지 않은 채 잊혀진 국가가 된 것은 대륙국가임에도 평화로운 문화국가였고 발해 영역을 이은 계승 국가가 없었다는

---

109) Ernest Renan 저·신행선 옮김, 『민족이란 무엇인가』, 책세상, 2002, 79쪽.
110) 만약 同族意識이 고려에 사용된 것이 아니라 후대의 용어이므로 표기에 문제가 있다면 同類意識이란 말을 사용할 수도 있다. 이는 고려시대에 여진인에 대한 논의에서 고려인들이 직접 同類나 異類라는 말을 사용한 예가 있기 때문이다(『高麗史』 卷95, 黃周亮 ; 卷84, 志 刑法1 公式 殺傷).

346

지적이 있다.111) 발해는 진정 계승 국가가 없었을까? 일단 겉으로는 그렇게 보인다. 그러므로 발해사의 귀속문제는 계승 국가를 심도 있게 살펴봄으로써 어느 정도 해결의 실마리를 풀 수도 있다.

익히 아는 바와 같이 발해는 그 영토가 오늘날 북한, 중국, 러시아 등 동아시아 세 나라에 걸쳐 있고, 여기에 남한, 그리고 발해와 밀접한 관계를 가졌던 일본에서도 연구가 진행되고 있으나 국가별로 발해사를 바라보는 시각은 너무나 다르다. 특히 중국은 이른바 '東北工程'(東北邊疆歷史與現狀系列研究工程)을 통해 고구려사나 발해사를 중국사로 편입하기 위해 국가적인 노력을 기울여 왔다. 그 결과 중국이 신청한 '고구려 수도와 고분군'이 세계문화유산으로 등재되었으며, 더 나아가 발해의 수도였던 상경성을 세계문화유산으로 등재시키려고 발굴, 복원 중에 있다. 이러한 일들은 '고구려사와 발해사는 중국사'라는 그들의 논리를 국제적으로 인정받으려는 것이다.

고구려사에 대한 중국 측의 공식 입장은 '고구려사는 중국사'라는 것이다. 이것은 최근 중국에서 나온 고구려 관련 저서명에서 여실히 드러나고 있다.112) 그리고 귀속문제에도 많은 관심을 가지고 있는데,113) 현재의 영토를 기준으로 중국이 고구려의 토지, 인민, 문화를 가장 많이 계승하였으므로 고구려는 중국사에 귀속된다는 논리를 펴는 학자도 있다.114)

발해 역시 "당나라 왕조에 예속된 중국 소수민족 지방정권이었고,

---

111) 上田雄,『渤海國-東アジア古代王國の使者たち』, 講談社, 2004, 29~32쪽.
112) 馬大正 外 著,『古代中國高句麗歷史叢論』, 黑龍江敎育出版社, 2001 ; 馬大正 外 著,『古代中國高句麗歷史續論』, 中國社會科學出版社, 2003 ; 耿鐵華,『中國高句麗史』, 吉林人民出版社, 2002.
113) 楊春吉·耿鐵華 主編,『高句麗歸屬問題研究』, 吉林文史出版社, 2000.
114) 孫進己,「東北亞 각국의 高句麗 土地·人民·文化에 대한 繼承」『北方史論叢』 창간호, 2004.

그 역사와 강역은 모두 중국에 속한다"는 입장을 펼치고 있다. 노학자 孫進己는 차치하고 30대의 肖紅이라는 학자가 "발해국이 唐皇朝의 地方民族政權이라는 것은 중국 학자들의 공통된 견해이고, 발해국 200년 역사상 시종 주로 중국의 전통 강역 내에 위치하였고, 당에 조공하고 당의 管轄을 받았으며, 당의 번속이고 지방 정권이었다. 따라서 발해국은 처음부터 끝까지 중국의 일부분이다."[115]라는 주장을 펼치고 있는데서 중국 학자들의 발해사 왜곡은 연령을 초월한 全世代的이라는 것을 짐작할 수 있다.

심지어 고구려와 고려의 관련성도 부정하고 있다. 요컨대 중국 학자들의 논리에 의하면 왕건이 세운 고려는 신라를 뒤이어 건국하였기 때문에 신라를 계승하였으며 고주몽이 건국한 고구려와는 전혀 상관이 없다고 한다. 그리고 발해도 이전의 고구려와 이후의 고려와는 그 계승관계를 주장할 수 없는 국가라 하고 있다.[116] 그런데 한국에서는 발해는 한국사가 아니라거나 요동사·변경의 역사라는 시각이 일부 있기는 하지만,[117] 대개 고구려사는 명백한 우리의 역사이며 발해는 고구려를 계승한 국가로 인식하고 있다. 여기에 대해 중국 학자들은 장황한 문장에 천편일률적인 내용으로 이러한 관점을 많이 말하다 보니 마치 발해가 진짜 고구려를 계승한 국가로 바뀐 것 같다고까지 주장하였다.[118]

이 같은 중국의 역사인식에 대해서는 감정적인 대응보다는 역사적

115) 肖紅, 「從渤海國和中央皇朝關係的演變看渤海國的歸屬性質」『北方文物』 2004-1 期, 89·97쪽.
116) 楊保隆, 「論高句麗與王氏前後相承關係」『社會科學戰線』 1999年 1期.
117) 이종욱, 『역사충돌』, 김영사, 2003 ;『고구려의 역사』, 김영사, 2005 ; 김한규, 『요동사』, 문학과 지성사, 2004 ;『천하국가』, 소나무, 2005 ; 임지현 엮음, 『근대의 국경 역사의 변경－변경에 서서 역사를 바라보다』, 휴머니스트, 2004.
118) 張碧波, 「關于渤海王室高句麗意識的考辨」『北方論叢』 2002年 1期.

인 자료를 통해 보다 치밀하면서도 논리적으로 고구려-발해-고려로 나아가는 한국사의 체계적인 흐름을 파악하는 것이 중요하다. 동시에 중국의 한국사 왜곡과 관련하여 우리 스스로도 연구 자세의 반성과 성찰이 있어야 하는 것은 당연하다. 실제로 민족과 영토 문제를 통해 중국을 자극한 면도 없지 않았다. 그리고 언론 매체를 통한 문제제기도 부작용을 낳거니와 중국과의 대결의식을 조장시키는 것도 올바른 자세가 아니다.[119] 더욱이 지나치게 민족주의적이고 국수주의적인 주장으로 인해 오히려 중국으로부터 한국이 정치적이라는 항변을 듣는 경우는 없는지 되새겨 볼 필요가 있다.

중국은 최근 몇 개의 고구려·발해 산성을 全國重點文物保護單位로 추가 지정하였다. 이는 고구려와 발해를 중국사에 편입시키려는 동북공정의 가속화를 위한 조치로 이해할 수 있다. 그리고 일본에 있는 발해 鴻臚井碑의 반환을 요구하였다. 이 비석은 원래 중국 旅順에 있었으나 러일전쟁으로 이곳을 점령한 일본군이 전리품으로 가져가 日王에게 바쳤다고 한다.[120] 비문은 29자에 불과하지만,[121] 중국의 발해사 왜곡에 활용할 수 있는 자료이다. 최근 중국에서 鴻臚井碑와 관련된 두 권의 저서가 간행된 것도 이와 무관치 않아 보인다.[122] 그런데 중국의 이러한 일련의 움직임과 그들의 연구동향을 두고 중국은 비학문적, 정치적이고 한국은 학문적, 비정치적이라는 주장은 설득력이 없다. 지금 우리는 스스로 보다 더 학문적인 객관성과 엄격함으로 이루어진 한

119) 여호규, 「한·중 역사인식의 접점」『역사와 현실』 제55호, 2005, 18쪽.
120) 宋基豪, 「崔忻 石刻」『譯註 韓國古代金石文(신라2·발해 편)』, 한국고대사회연구소, 1992, 490~493쪽.
121) 鴻臚井碑(崔忻 石刻), "勅持節宣勞靺羯使 鴻臚卿崔忻井兩口 永爲記驗 開元二年五月十八日".
122) 王仁富 編著, 『旅順唐鴻臚井刻石回歸探討』, 哈爾濱出版社, 2005 ; 王禹浪·田曉潮 主編, 『旅順唐鴻臚井研究文集』, 哈爾濱出版社, 2005.

국사 서술이 절실히 요망되는 시점에 있는 것이다.

전근대 사회에서 한 국가의 계승의식을 곧바로 찾아내기는 힘들다. 현행 헌법의 전문처럼 국가의 정통성을 분명하게 제시하면 몰라도, 그렇지 않은 시대에 특정 국가의 계승의식은 국호, 영역, 문화, 왕족의 출자, 지배자나 국가 구성원의 인식, 주변국의 국가인식 등 다양한 측면에서 종합적으로 접근이 이루어져야 한다. 이러한 상황에서 발해 계승의식에 대한 중국이나 남북한 간의 이견은 충분히 예상할 수 있다.

그러나 우리의 계승의식 이해도 문제가 없지는 않겠지만 중국처럼 지나치게 현재의 필요에 의해서 과거사를 이해하려는, 다시 말해 과거의 역사를 현재의 목적을 위해 활용하겠다는 '古爲今用'적 역사연구 태도는 앞으로 동아시아 국제사회에 더 많은 갈등을 초래할 것으로 생각된다.

아무튼 위에서처럼 고구려-발해-발해 유민의 부흥국가-고려사로 이어지는 한국사의 계기적 발전 과정을 계승의식이라는 측면에서 이해함으로써 보다 견실한 한국사의 체계를 뒷받침할 수 있을 것으로 믿는다. 다만 오늘날의 영토를 기준으로 하는 '통일적다민족국가론'에서 파생되는 중국의 패권주의적 역사관에 무조건 반박하려는 것은 아니다. 한국과 중국이 상호 존중하는 역사인식의 자세를 중시하고, 평화적인 우호협력관계를 유지할 수 있는 새로운 역사인식을 모색하는 것이 무엇보다 중요하다는 점을 강조하고 싶다.[123]

3) 발해와 고려 문화의 유사성

지금까지 발해와 고려 두 나라 사이의 문화에 대한 비교를 시도한 글은 거의 없었다.[124] 그 이유는 자료의 부족이 가장 큰 원인이었을 것

---

123) 李孝珩, 앞의 글, 2006, 33~37쪽.

350

<그림 5> 발해의 온돌시설(쪽구들)

이다. 예컨대 오늘날 북한 영토의 많은 부분이 옛 발해 영토였으나 북한에 산재한 총 171개의 석조물 중 발해 시대의 것은 하나도 없다. 그 가운데 석탑이 50기 가량 되는데 조선시대의 2기를 제외하고 나머지는 모두 고려시대의 것이다. 북한 지역은 고구려의 옛 땅으로 고려는 고구려시대의 탑파 양식을 재현했을 것이다.[125] 그렇지만 발해의 것이 없으므로 시대 비교를 통한 연구가 사실상 불가능한 상황이다. 이러한 현상은 북한에 남아 있는 많은 일반 건축물들이 고구려, 고려, 조선시대의 것이고 발해시대의 것이 없다는 점에서[126] 마찬가지이다.

발해 문화는 영토적인 측면에서 보면 遼나 金에 가장 많은 영향을 줄 수 있었다. 그 외에 인근의 宋이나 高麗에도 발해 문화의 흔적이 남

124) 盧明鎬가 일부 언어 등의 유사성을 지적하였고, 李孝珩은 크게 고고 측면과 문화 측면으로 나눠 발해 문화의 고려 전승 가능성을 다방면에 걸쳐 시도하였으나 앞으로 새로운 자료의 발굴과 함께 많은 연구가 필요하다. 盧明鎬, 앞의 글, 1998. 李孝珩, 「발해 문화의 고려 전승」 『白山學報』 67, 2003.
125) 國立文化財研究所 編, 『北韓文化財解說集 I - 石造物 篇』, 1997, 15~16쪽.
126) 국립문화재연구소 편, 『北韓文化財解說集 III - 일반건축 편』, 2002.

을 수 있는 상황이다. 그러므로 다음에서는 발해와 고려 문화 가운데
일부 유사점과 전승 가능성을 찾아보도록 하겠다.

먼저 고고 측면에서의 유사점이다. 물론 그 유사점을 찾기란 쉽지
않다. 가령 고려 내에 발해 성지가 존재했다는 것은 확인되나,[127] 그
위치 파악도 어려운 상황에서 유사성을 찾아낼 수는 없기 때문이다.
이러한 현상들은 고분과, 건축, 주거지도 비슷한 실정이다. 북한에서는
고려 왕궁의 구조가 발해 상경용천부의 왕궁 배치상태와 많은 공통성
을 지니고 있다는 글이 있으나,[128] 보다 전문적인 연구가 요구된다. 단
주거지 가운데 溫突에 대해서는 주목할 필요가 있다.

발해시대에 온돌이 있었음을 보여주는 증거는 중국, 북한뿐만 아니
라 러시아 유적지에서도 발견되고 있다.[129] 온돌은 고구려 문화와 깊
은 관련이 있다. 그리고 발견되는 지역은 발해의 주민 가운데 고구려
계인의 분포나 문화 전파와 깊이 관련돼 있기 때문에,[130] 온돌 사용이
가지는 역사적 의미는 결코 소홀히 할 수 없는 부분이다.

발해 시대의 온돌 시설은 <그림 5>처럼 고려 초기의 北境 바로 위
쪽에 위치한 신포시 오매리 절터에서도 발견되었다.[131] 이는 상당히
중요한 사실을 담고 있다. 북한 지역에 있는 고려시대의 주거지에서
온돌이 발견되고 그 구조가 발해의 것과 유사하다는 지적과,[132] 연결

---

127)『高麗史』卷5, 顯宗 20年 8月 乙未條 및『圃隱先生集』卷1, 詩 渤海古城.

128) 장상렬,「발해건축의 력사적위치」『고고민속론문집』3, 사회과학출판사, 1971,
    165~168쪽 ;「발해의 건축」『발해사연구론문집(I)』, 과학백과사전종합출판사,
    1992, 284쪽 ; 사회과학원 고고학연구소,『조선고고학개요』, 과학백과사전출
    판사, 1979, 295쪽.

129) 송기호,『한국 고대의 온돌-북옥저, 고구려, 발해』, 서울대학교출판부, 2005.

130) 한규철,「渤海國의 주민구성」『韓國史學報』창간호, 나남출판, 1996, 46~52
    쪽.

131) 김종혁,『동해안 일대의 발해유적에 대한 연구』(사회과학원), 중심, 2001, 75~
    76쪽.

시킬 수 있기 때문이다. 실제로『고려도경』에도 "서민들은 대부분 흙 침상인데, 땅을 파서 火坑을 만들고 그 위에 눕는다"고 하였다.[133] 따라서 대동강 이북의 옛 고구려, 발해 지역의 온돌 문화는 고려시대에도 계속해서 남아 있었을 것으로 짐작된다.

이처럼 현 단계의 연구 수준에서 발해와 고려의 문화적인 유사점을 고고 측면에서 찾기란 극히 어렵다. 그러나 아래와 같이 발해 문화가 고려에 전승될 수 있는 기본적인 조건을 고려할 때, 문화 전승의 가능성은 충분하다고 생각된다.

첫째, 발해의 영토 가운데 남부 일부 지역이 나중에 고려의 영토에 속하게 되었다는 사실이다. 시기에 따라 국경선 변화의 가능성을 인정해야 하겠지만, 일반적으로 발해와 신라의 경계선은 대동강에서 원산만에 이르는 선으로 규정하고 있다. 그런데 후삼국을 거쳐 고려 태조대를 지나면서 고려의 北境이 청천강까지 다다르고 있다. 994년 성종대에는 江東 6州를 설치하여 고려 영토가 처음으로 압록강 연안에 진출하게 되었다. 그 뒤 1107년 예종대에 윤관의 여진 정벌을 계기로 咸州를 중심으로 9성을 쌓았다. 그러므로 대동강~원산만 북방의 고려 영토가 옛 발해 영토라는 사실은 발해의 문화가 고려 문화에 전승될 수 있는 중요한 조건이 될 수 있다.

둘째, 시기는 짧지만 두 나라가 서로 존속하면서 국경을 접하고 있었다는 사실이다. 특히 국경이 명확하지 않은 전근대 사회에서 고려가 건국된 918년부터 발해가 멸망한 926년 사이에 동아시아 전체는 많은 변화를 하고 있던 상황이었다. 이 시기에 인적, 물적 교류도 그만큼 많

---

132) 사회과학원 고고학연구소,『조선고고학개요』, 과학,백과사전출판사, 1977, 298~299쪽 ; 리창언,『고려 유적연구』, 사회과학출판사, 2002/ 백산자료원, 2003, 64~71쪽.
133)『高麗圖經』卷28, 供帳1 臥榻.

았을 것이므로 문화 교류의 기회도 훨씬 많았을 것이다.

셋째, 발해 멸망을 전후로 하여 12세기에 이르기까지 수만의 발해 유민이 고려로 내투하고 있다는 점이다. 여기에는 최고의 신분인 왕족부터 고위관리, 군인, 하층민에 이르기까지 다양하였다. 이들이 시차를 두고 고려로 내투하면서 발해인이 가지고 있던 사상이나, 복식, 과학기술, 사회습속을 비롯한 다양한 문화가 고려 사회에 많은 영향을 미쳤을 것이다.

넷째, 고려의 건국과 후삼국의 통일은 문화의 중심지가 개성으로 옮겨지면서, 발해 문화가 고려 중심 문화에 쉽게 접할 수 있는 지리적 조건이 마련되었다는 점이다. 통일신라에서 고려로 넘어가는 한국사의 전개 과정은 정치의 중심지뿐만 아니라 문화의 중심지도 한반도 동남쪽에 치우친 경주에서 한반도의 중앙에 위치한 개성으로 이동하는 계기를 마련하였다. 이리하여 경주의 신라 중심적 문화는 서서히 밀려나고 개성을 중심으로 하는 새로운 문화가 만들어졌다. 그리고 이 새로운 문화는 기존의 신라 문화에 발해 등 북방의 문화가 많이 가미되었을 것이다. 고려가 북방의 거란 문화의 유입에는 경계를 표했지만 고구려의 계승 국가를 자처했고, 북방의 정세 변화에 따라 헤아릴 수 없을 정도로 수많은 내투민이 발생했다는 사실을 고려하면 충분히 예상할 수 있다.

따라서 이러한 몇 가지 측면을 염두에 두고 이제는 고고학적인 면 외에 제도적·문화적인 양국간의 관련성을 검토해 보고자 한다.

(1) 통치체제

발해의 중앙 정치조직은 3省 6部를 근간으로 하여 1臺·7寺·1院·1鑑·1局으로 편성되어 있다. 정당성의 장관인 大內相이 국정을 총괄

하였고, 그 아래에 있는 左司政이 충·인·의부 3부를, 右司政이 지·예·신부를 각각 나누어 관할하는 통치체제를 구성하였다. 기본적인 구성은 당나라의 체제를 수용하였지만, 그 명칭과 구체적인 운영에서 발해의 독자성을 보여주고 있다.

고려의 중앙 정치제도는 성종 때에 마련한 2성 6부제가 토대가 되어 문종대에 이르러 일단 완성되었지만, 정비되는 과정에서 발해의 특정 정치제도가 수용된 것인지는 명확하지 않다. 그런데 발해나 고려 다같이 3성 6부제를 기본으로 통치체제를 갖추고 있는 것은 공통점이다. 통일신라의 영토 위에 출발한 고려가 통일신라의 통치체제 즉, 집사부를 중심으로 10여 부를 두어 행정업무를 분담해 통치한 것과는 달리 발해와 같이 3성 6부를 중심으로 지배체제를 마련했던 것이다.

그리고 발해는 3성 가운데 정당성에, 고려는 중서문하성에 권력이 집중되고 있는 점도 두 나라 정치권력 관계에서 주목되는 부분이다. 즉, 당의 3성은 서로 균형과 견제를 꾀하는 방법을 택했지만, 발해나 고려는 당의 3성 6부 제도를 다같이 도입했다고 해도 정당성과 중서문하성에 권력을 집중시켜 운영하는 방식을 택한 공통점이 있었던 것이다.

한편 발해와 고려의 두 나라 지방제도에서 특별히 유사성이나 제도의 계승관계를 밝힐 만한 것은 눈에 띄지 않는다. 部曲의 존재나 지방에 京이 존재하고 있는 것 등의 유사한 면이 없지 않으나 이를 두고 제도의 전승을 논할 수는 없을 듯하다. 예컨대 발해는 5경이었지만, 고려는 3경제이다.[134] 발해 지방제도의 말단에 존재했던 수령이라는 독

---

[134] 발해의 5경제는 遼나 金에 영향을 주었다. 특이한 것은 조선 세조 2년(1456)에 梁誠之가 요, 금, 발해에서 5경을 두었고 고려에서 4경을 세웠으니 조선도 5경을 설치하자고 제안한 점이다. 즉, 발해 5경제가 조선에 영향을 미치고 있는 것이다. 宋基豪, 「발해 5京制의 연원과 역할」『강좌 한국고대사』7(촌락과

특한 존재와 고려의 수령을 상호 비교할 수 있지만 그 성격은 판이하다. 발해의 수령은 지방세력의 의미가 강한 반면, 고려의 수령은 중앙에서 파견된 지방관이었다.

이상과 같이 고려의 중앙·지방제도가 특별히 발해의 것을 수용하여 나라를 통치하는데 이용한 경우는 쉽게 찾기가 어렵지만, 특정의 정치기구에 권력이 집중되는 유사한 면이 나타나는 것은 있었다. 이와 더불어 주목되는 것은 발해와 고려 다같이 왕국과 황제국이라는 이중적 체제를 가지고 나라를 통치하였다는 사실이다.

발해는 왕국체제를 유지하고 있었지만, 대내외적으로 황제국적인 체제를 띠는 이중적인 형태를 지니고 있었다. 발해의 황제국적 체제는 皇上이라는 칭호의 등장과 天孫을 자칭하였고 연호의 사용을 통해 알 수 있다. 그 외에도 황제를 보좌하는 3師·3公 제도를 도입한 점, 독자적인 諡號제도를 채택한 점, 발해 상경성이 당의 장안성을 모방한 점, 발해의 왕명을 담당하는 관청이나 관직에 詔라는 용어가 들어가는 점, 당나라 親王制度를 모방한 許王府가 설치된 점도 발해의 통치자가 황제국의 지위에 있었음을 의미한다.[135]

고려 역시 이러한 모습을 보여주고 있다. 고려는 중국에 대해서는 제후국이지만 대내적으로 황제국의 위상을 드러내는 이중적 체제를 지니고 있었다. 태조대부터 독자적인 연호를 채택한 것을 비롯하여 皇都, 陛下, 太子, 太后라는 용어를 사용하였다. 그리고 봉작과 식읍제를 실시하여 황제국의 체제를 갖추었다.[136] 광종 시기에도 황제나 폐하,

---

도시), 가락국사적개발연구원, 2002, 245~251쪽.
135) 宋基豪, 앞의 책, 1995, 177~197쪽 ; 송기호, 「皇帝 칭호와 관련된 발해 사료들」『渤海史의 綜合的 考察』, 高麗大民族文化硏究院, 2000 ; 장국종, 『발해사 연구』 2(정치), 사회과학출판사, 1998, 34~42쪽.
136) 고려시대의 봉작제에 대해서는 金基德의 연구(『高麗時代 封爵制 硏究』, 청년사, 1998)가 있어 참고가 된다. 오종록은 이 책에 대한 서평에서 고려의 봉작

연호의 사용에 대한 흔적을 쉽게 확인할 수 있다. 그 외에도 고려가 황제국적 질서를 가지고 있던 요소는 많이 있으며,[137] 다원적 천하관이 존재했다는 견해도 있다.[138]

고려가 발해의 황제체제와 연호 사용을 참작했을 가능성을 보여주는 근거는 윤언이의 表文이다. 윤언이는 신라뿐만 아니라 발해도 연호를 사용하였음을 들어 고려의 연호 사용을 주장하고 있다.[139] 이것은 고려의 지배세력들이 발해의 정치체제와 국가의 위상을 어느 정도 파악하고 있었음을 입증하는 것이다. 따라서 고려는 발해의 정치제도 전반에 대한 이해가 깊었던 것 같으며, 일부 필요한 것은 수용했던 것으로 짐작된다.

결국 고려가 정치제도적 측면에서 발해의 것을 크게 수용한 것은 아니지만 나라를 운영하는 통치체제 가운데 중간중간 발해와 유사한 면이 나타나고 있다. 발해의 정치제도는 일본에서도 수용되었던 예가 있다.[140] 이러한 점을 고려할 때 발해의 정치제도가 고려에 일부 영향을 주었을 가능성은 충분하다고 하겠다.

제가 중국과 다른 특성을 지니고 있기 때문에 남북국시대의 신라, 발해의 전통과 맥이 닿는 부분은 없는가 고려해 볼 필요가 있다고 하였다(『역사와 현실』 36, 2000, 346쪽).

137) 고려의 황제적 지위에 대한 여러 근거에 대해서는 다음 글 참조. 金昌謙, 「太平二年銘磨崖藥師佛坐像銘의 歷史的 考察」『金潤坤教授定年紀念論叢 韓國中世社會의 諸問題』, 韓國中世史學會, 2001, 950~957쪽.

138) 盧明鎬, 「高麗時代의 多元的 天下觀과 海東天子」『韓國史研究』105, 1999.

139) 『高麗史』卷96, 列傳 尹瓘 附 彦頤.

140) 758년 단행된 일본의 官號 改易에 발해 6부 가운데 仁, 義, 禮, 智, 信部가 일본의 8省 이름에 도입되었다. 그리고 761년의 保良京 造營도 발해 5京制와 관련이 있다. 鈴木靖民, 『古代對外關係史의 研究』, 吉川弘文館, 1985, 37~38·84~85쪽.

(2) 姓氏

발해의 王姓은 大氏였다. 첫 왕 大祚榮에서 마지막 왕 大諲譔에 이르기까지 왕실의 성은 변함없이 이어졌다. 右姓 즉, 귀족성으로는 高, 張, 楊, 竇, 烏, 李 등이 있었으며 部曲, 奴婢, 無姓者는 모두 그 주인을 따랐다.[141]

발해가 망하면서 수만의 사람들이 고려로 내투하였다. 대부분이 그 성과 이름을 알 수 없지만 수십 명 정도는 성 또는 이름을 파악할 수 있다. 대표적인 성은 발해 왕실의 성이었던 大氏이며 발해의 귀족성이었던 高氏(고모한)도 있다. 그 가운데 가장 주목되는 것은 대씨이다. 고려시대에 내투한 대씨는 발해 세자 대광현을 비롯해 大和鈞, 大元鈞, 大福謨, 大審理, 大儒範, 大陳林 등 10명 가량 보인다. 大氏는 고려 사회에 들어와 살면서 언제부터인가 太氏로 불려지기 시작하였다. 太集成이 그 일례다. 대씨는 조선시대에 들면 이제 태씨로 바뀌어 불려지고 있는데 중종대의 太斗南에 이르러 확실히 자리를 잡게 된다.

여하튼 발해의 왕성이자 발해 고유의 성인 대씨는 나라가 망하자 대씨성을 가진 자들이 고려로 망명함으로써, 그때까지 고려 사회 내에 존재하지 않던 대씨 또는 태씨라는 새로운 성이 등장하게 되었고 지금까지 그 후예들이 한국사회에서 다양한 활동을 하고 있다. 따라서 발해의 멸망과 유민의 고려 내투는 고려 사회의 성씨 구조에도 변화를 초래하였던 것이다.

(3) 불교와 불교 문화

발해에 불교가 발달했다는 사실은 여러 가지 자료로 증명되고 있

---

141)『松漠紀聞』卷上, 渤海, "其王舊以大爲姓 右姓曰高張楊竇烏李 不過數種 部曲奴婢無姓者 皆從其主".

다.[142) 발해의 수도였던 상경성지에 많은 절터가 있고, 3대 문왕 대흠무의 존호가 불교와 관련이 있는 孝感金輪聖法大王이라는 점, 팔련성 출토 二佛竝坐像이나 크라스키노 성터에서 출토된 석불상을 비롯한 다양한 불상, 그 외 불탑, 석등 등으로 미뤄 그 발전의 정도를 짐작할 수 있다.

발해의 불교는 뒤이은 요, 금의 시기에도 요양 지방을 중심으로 그 전통을 이어가고 있었다.[143) 그런데 발해 불교와 고려 불교의 관계를 밝혀내는 데 도움이 될 만한 자료는 거의 없다. 현재 북한에 남아 있는 발해시대의 사원으로는 함경북도 명천에 있는 開心寺가 있다.[144) 1948년 보수하는 과정에서 대웅전 용마루에서 조그마한 木函이 발견되었는데 목함의 종이에 "발해 선왕 9년 병오 3월 15일 용강성 석두현 해성사 금강곡 칠보산 개심사 창건자는 대원화상이고 목수는 팽가와 석가이다"라는 글이 씌어 있었다.[145) 이를 근거로 창건 연대가 발해 선왕 9년 즉, 826년임이 드러났고 발해의 사원임이 밝혀지게 되었다.[146)

북한에 있는 발해의 절터로는 함경남도 신포시 오매리 절터가 있다. 이 절터에는 탑지가 있으며 기타 글자가 새겨진 금동판, 기와, 도·자기, 청동제품 등 많은 유물이 나왔다. 그런데 위에서 언급한 발해의 사원과 절터는 고려 영역 밖에 위치하고 있다. 신포시 오매리의 발해 절

---

142) 발해 불교에 대해서는 宋基豪, 「渤海佛敎의 展開過程과 몇 가지 特徵」 『伽山李智冠스님華甲紀念論叢 韓國佛敎文化思想史』(上), 論叢刊行委員會, 1992 참조.

143) 外山軍治, 「金代遼陽の渤海人と佛敎」 『塚本博士頌壽記念佛敎史學論集』, 1961 ; 河上洋, 「東北アジア地域の佛敎-渤海を中心として」 『大谷大學史學論叢』 1, 1987.

144) 국립문화재연구소 편, 『北韓文化財解說集Ⅱ-寺刹建築 篇』, 1998, 218~223쪽.

145) 開心寺 목함의 글, "渤海宣王九年丙午三月十五日建龍崗城石斗峴海城寺金剛谷七寶山開心寺者大圓和尙木手旁加和釋加".

146) 박룡연, 「고고학방면으로부터 본 발해의 불교문화」 『발해사연구』 4, 연변대학출판사·서울대학교출판부, 1994, 242쪽 ; 김종혁, 앞의 책, 2001, 114쪽.

터가 고려 국경의 변화 속에 한때 고려 영역에 포함되었을 가능성이 있으나 고려 사원으로의 기능까지 이어졌는지는 의문이다. 그리고 불교가 발달했던 고구려의 수도 평양 일대는 사원이 많았을 것으로 보이는데 고구려가 망한 후 발해 영토였으므로 불교 전통이 그대로 발해에 이어졌다고 짐작된다. 그렇지만 고려 건국 직후 서경이 설치되는 과정에서 보면 평양이 황폐화되었다고 하므로, 평양 일원의 발해 사원이 이제 고려 사원으로 바뀌어 그 역할을 했을 가능성은 별로 없는 것으로 보인다.

발해 불교와 고려 불교의 직접적인 만남은, 발해가 멸망하면서 927년 발해 승려 載雄 등 60여 명이 고려로 내투하고 있다는 사실에서 찾을 수 있다.[147] 재웅과 같이 내투한 사람들이 모두 승려인지는 명확하지 않다.[148] 일단 승려가 대표자로 거명되었다는 것은 그 승려가 상당한 영향력을 가진 인물이었음을 암시하는 것이다. 그러므로 자기 밑에 있는 많은 승려들을 데리고 왔을 가능성도 배제할 수 없다. 그렇다면 발해의 불교 사상이나 불교 미술이 일부 고려에 전수되었을 것으로 생각된다.[149] 그렇지만 그 영향력의 크기는 가늠하기 어려운 상황이다.

한편 근년에 고려의 팔만대장경이 사실은 발해 대장경을 계승했을 가능성이 높아 발해와 고려의 문화적 계승관계를 밝히는 데 중요한 실마리가 될 것이라는 견해가 제기되었다.[150] 이는 대장경의 계통 문제

---

147) 『高麗史』卷1, 太祖 10年 3月 甲寅, "渤海工部卿吳興等五十人 僧載雄等六十人來投".

148) 僧 載雄과 같이 내투한 사람들을 모두 승려로 해석하는 경우도 있다.
    박룡연, 앞의 글, 1994, 250쪽 ; 방학봉, 『발해불교연구』, 연변대학출판사, 1998, 255쪽 ; 채태형, 『발해사연구』 4(문화), 사회과학출판사, 1998, 23쪽.

149) 崔聖銀도 발해 유민들이 고려로 오게 되면서 발해의 불교 미술이 고려에 영향을 준 것으로 짐작하였다. 崔聖銀, 「渤海(698~926)의 菩薩像 樣式에 대한 考察」 『강좌미술사』 14(高句麗·渤海 研究Ⅱ), 1999, 48쪽.

150) 서지학자 趙炳舜은 2004년 8월, 일본에서 입수한 「大方廣佛華嚴經」 卷 第38

를 넘어 발해 문화가 고려에 어떻게 자리잡는지를 밝힐 수 있고, 나아가 당시 대장경은 황제의 칙령이 없이는 번역할 수 없었기 때문에 이 대장경을 발간한 세력은 중원의 통치권 밖에 있었던 것이 되어 발해를 당나라 지방정권으로 치부하는 중국 학자들의 주장에 반박할 귀중한 자료로도 평가할 수 있다. 하지만 아직은 쉽게 단언하기 어려운 면이 있어 앞으로 더 신중하고 치밀한 연구가 진행돼야 할 것으로 생각된다.

(4) 언어와 문자

발해인들이 사용한 언어가 어떠한 것인지는 기록상에 명확하게 나와 있지 않다. 발해의 언어와 문자에 관련된 기록을 정리하면 다음과 같다.

가) 풍속은 고구려, 거란과 같고 자못 문자 및 書記가 있다.[151]

나) 지방 5천 리에 호는 10여 만이며 勝兵은 수만이다. 자못 書契를 안다.[152]

다) 그 나라 사람들은 왕을 일컬어 可毒夫, 聖主, 基下라 하고, 命은 敎라 하며, 왕의 아버지는 老王, 어머니는 太妃, 아내는 貴妃, 장자는 副王, 諸子는 王子라 한다.[153]

大和寧國藏(총 길이 8m50㎝, 세로 28.6㎝, 황마지 위에 쓴 寫經本)을 공개하여 함차 번호, 서체, 제작된 곳(和寧)을 종합해 이는 8~9세기의 발해 대장경이라 주장하였다. 그리고 발해 대장경은 11세기에 제작된 거란 대장경의 母本이었음이 확인되었고, 거란 대장경을 상당 부분 참고한 고려의 팔만대장경이 사실은 발해 대장경을 계승했을 가능성이 높다고 하였다.

151) 『舊唐書』卷199, 列傳149 北狄 渤海靺鞨, "風俗與高麗及契丹同 頗有文字及書記".

152) 『新唐書』卷219, 列傳144 北狄 渤海, "地方五千里 戶十餘萬 勝兵數萬 頗知書契".

라) 토지가 매우 차서 水田에 마땅치 않다. 풍속에는 자못 글을 안다.[154]

마) 문자와 예악, 관부제도가 있다.[155]

위의 간단한 기록들을 통해 발해의 언어와 문자의 실상을 파악하기란 대단히 어렵다. 단 可毒夫라는 말을 통해 그들 고유의 언어를 일부 가졌을 가능성은 있다.[156] 그렇지만 자세히 알 수는 없다. 기록에 '발해에는 문자가 있었다'는 말은 중요한 의미를 지니고 있다. 발해에서 만약 새로운 문자가 창제되어 사용되었다면 국어사, 더 나아가 한국문화사 전체의 입장에서 보아도 커다란 역사적 의의를 지니기 때문이다. 발해의 언어에 대해서는 연구가 거의 없으나 문자에 대해서는 관심을 가지고 다소 연구가 진행되었다.[157] 이는 주로 기와에 특이한 형태의 문자와 부호가 새겨진 것이 많아 발해 고유 문자의 존재 가능성에 높은 관심을 가졌기 때문이다. 그런데 오늘날 문자 기와를 근거로 해서는 발해에 고유한 문자가 있었다는 사실을 인정하지 않는 추세다.

일반적으로 우리나라 학계에서는 발해의 건국 주체세력과 지배세력들은 고구려계로 보고 있다. 그런데 발해는 고구려 땅 위에 만들어진

---

153) 『新唐書』卷219, 列傳144 北狄 渤海, "俗謂王曰可毒夫曰聖主曰基下 其命爲敎 王之父曰老王 母太妃 妻貴妃 長子曰副王 諸子曰王子".

154) 『類聚國史』卷193, 渤海, "土地極寒 不宜水田 俗頗知書".

155) 『金史』卷1, 世紀, "有文字禮樂官府制度".

156) 한규철은 可毒夫의 사용은 신라의 居西干, 次次雄, 尼師今, 麻立干과 같은 맥락에서 사용되어 오던 토착어일 가능성이 높다고 하였다. 한규철, 「渤海國의 주민구성」 『韓國史學報』 창간호, 1996, 31쪽.

157) 대표적인 것을 들면 다음과 같다. 李强, 「論渤海文字」 『學習與探索』, 1982-5 ; 三上次男, 「渤海の押字瓦とその歷史的性格」 『和田博士古稀記念東洋史論叢』, 1961 ; 孫秀仁, 「唐代渤海的文字和文字瓦」 『黑龍江古代文物』, 黑龍江人民出版社, 1979 ; 金在善, 『渤海文字硏究』, 民族文化社, 2003.

362

나라다. 그러므로 발해의 언어는 흑수말갈 지역 등 특정한 지역을 제
외하고는 지배층이든 피지배층이든 이전의 고구려 언어와 유사했을
것이다. 고구려어는 남방의 백제, 신라어와 차이가 있다는 것은 익히
알려진 바이다. 그렇다고 해도 발해의 고구려계인과 고려는 비슷한 언
어를 사용하였던 것으로 보인다. 이것은 고려 초 많은 발해인과 발해
유민이 고려로 내투하는 상황에서, 서로 다른 언어로 인해 의사소통에
문제가 발생했다는 단 하나의 사례도 발견할 수 없기 때문이다. 실제
로 거란, 여진, 중국과 달리 발해에 대해서는 문자가 서로 다르다는 식
의 어떠한 표현의 구절도 발견되지 않는다. 渤海譯語란 말도 등장하지
않는다.158)

그리고 발해와 고려 두 나라는 특별히 다른 문자를 창제해 사용하지
않았다. 발해의 문자에 대해서는 여러 논의가 있었지만, 발해의 지식인
들은 한자를 공통적으로 사용하였다는 점에 견해가 일치하고 있다. 고
려도 새로운 문자를 창제하지 않았으며, 기본적으로는 한자가 문자로
서 통용되었던 사회였다. 따라서 고려에 내투한 발해 유민과 고려인
사이에 의사소통은 크게 문제되지 않았다고 본다. 두 나라 지식인들도
문자를 근거로 하는 사상이나 문화의 공유에 별 문제가 없었을 것이
다.

한편 다수의 발해 유민이 고려에 내투하면서 발해어가 고려 사회에
어느 정도 영향을 미쳤을 가능성이 있다. 여기에 대해서는 북한 김영
황의 견해가 주목된다. 그는 『고려사』에 남아 있는 고려 내투 발해인
의 이름이 옛 고구려인의 이름과 일치하는 경우가 많고, 신라, 백제인
과 일치하는 것도 있다고 하였다. 그리하여 고구려인 이름과 발해인

이름은 명명에서나 단어조성 수법에서 같은 점이 많다고 하였다.[159] 그러므로 12세기까지 이어지는 발해 유민의 특정 이름에서 이러한 요소를 발견할 수 있다면 고려 전기 사회에 발해어의 존재는 확실히 남아 있었다는 것이 된다. 즉, 발해어가 고려 사회에 어느 정도 영향을 미쳤다고 볼 수 있는 것이다.[160]

⑸ 공예

발해의 공예에 대해서는 여러 분야로 나눠 볼 수 있지만, 여기서는 고려 문화와 가장 유사하다고 보여지는 두 가지만 언급하고자 한다. 먼저 발해의 비녀(簪)에 대한 것이다.[161]

발해의 비녀는 형태에 따라 여러 가지로 나눌 수 있는데 그 중 비녀 머리부분의 장식이 다음 <그림 6>에서 보듯이 ㄷ자형(또는 U字形)의 비녀에 山자 형태의 장식이 달려 있는 것을 주목할 필요가 있다. 이는 주변국에서 유사한 예를 찾아볼 수 없는 것으로 발해 고분에서만 독특하게 발견되어 발해의 특징적인 비녀 즉, 발해식 비녀라 부를 수 있다.[162] 그런데 이와 유사한 형태로서 북한에서 출토된 고려시대의 비

---

159) 김영황, 『조선민족어발전력사연구』, 과학백과사전출판사, 1978, 70~71쪽.

160) 김영황은 여러 근거를 토대로 고려어는 고구려어의 전통을 많이 가지고 있다고 하였는데(김영황, 『조선어사』, 김일성종합대학출판사, 1997, 74~85쪽 및 이득춘 편, 『조선어 력사언어학연구―김영황교수 논문집』, 역락, 2001, 47~64쪽), 한반도 북부는 영토가 고구려, 발해, 고려로 이어지고 있으므로 자연히 발해어의 고려 전승도 충분히 짐작할 수 있다.

161) 발해의 비녀에 대해서는 다음 참조. 國立文化財研究所 編, 『韓國考古學事典』, 학연문화사, 2001, 463쪽 ; 서울대학교박물관, 『해동성국 발해』(도록), 통천문화사, 2003, 90쪽 ; 金太順, 「발해 무덤 연구」『國史館論叢』85, 國史編纂委員會, 1999, 235쪽.

162) 발해의 비녀에 대해서는 金玟志의 글을 주목할 필요가 있다. 그는 발해 비녀를 형태에 따라 一자형, Y자형, U자형 등으로 분류하였다(『渤海 服飾 硏究』, 서울대학교대학원 의류학과 박사학위논문, 2000, 162쪽, <表 Ⅴ-4>). 특히 그

 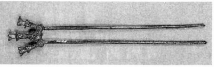

<그림 6> 발해의 山字머리   <그림 7> 고려의 山字머리
ㄷ形 뒤꽂이   ㄷ形 뒤꽂이

녀가 1점 있어[163] 비교할 필요가 있다.

비록 이 고려시대 비녀에 대한 북한 측의 구체적인 설명이 없어 두 나라 비녀를 비교, 이해하는 데에 어려움은 있지만 발해의 특이한 비녀와 고려 비녀가 유사하다는 것은 주목되는 사실임에는 틀림없다. 혹시 고려의 이 비녀가 발해 유민이 사용하던 것일 수도 있으나 단정하기는 어렵다.

다음은 기와에 대한 것이다. 발해 기와에는 암키와, 수키와, 鴟尾, 귀면와, 기둥밑 장식기와(柱礎裝飾瓦) 등이 있다. 발해 기와 가운데 가장 이채로운 것은 기와에 문자를 찍거나 새긴 것이 다수 발견된다는 점이다. 이들은 주로 상경성, 팔련성, 서고성에서 출토된 것들로서, 숫자는 400개 정도에 달하고 문자의 종류는 250종 이상이 된다. 이렇게 많은 문자 기와가 발견되는 것은 발해 문화의 한 특색이라 하겠다.

발해의 기와 가운데 가장 주목되는 것이 기둥밑 장식기와다. 발해에서만 독특하게 발견되는 기둥밑 장식기와는 건물을 장식하는 효과와 함께 빗물이 들이치지 않도록 기둥과 주춧돌이 만나는 부분에 도자기

가 黑龍江 寧安市 虹鱒魚場 古墳(M2241)에서 출토된 발해 山字머리 U자형 비녀와 고려시대 山字머리 U자형 비녀를 비교 예시하였던(165쪽) 점은 주목된다.

163) 조선유적유물도감 편찬위원회 편, 『북한의 문화재와 문화유적』(고려편 Ⅳ), 서울대학교출판부, 2000, 220쪽.

<그림 8> 발해의 기둥밑 장식기와

<그림 9-1> 고려의 기둥밑 장식기와
(복원 모형)

를 만들어 씌운 것이다. 이 기와는 기둥이 썩는 것을 방지하기 위한 것으로 커다란 고리 형태인데, 몇 개의 조각으로 나누어 조립하는 방식으로 되어 있다. 이러한 도자기는 겉에 연꽃을 장식한 것이 있는가 하면 삼채 유약을 바른 것도 있다.164)

중요한 것은 발해 외에 다른 나라에서 발견되지 않는 기둥밑 장식기와가 개성 만월대 유적에서도 발견된 예가 있다는 사실이다.165) 앞으로 더욱 세밀한 비교 연구가 이루어져 구체적인 실상이 밝혀질 것으로 기대되지만, 일단 그 유사성이 나타나고 있는 점은 주목된다.

---

164) 東亞考古學會 編, 『東京城-渤海國上京龍泉府址の發掘調査』, 東方考古學叢刊 甲種 第5冊, 1939, 58~60쪽 및 揷圖55 綠釉柱座實測圖 ; 주영헌, 『발해문화』, 사회과학출판사, 1971 ; 在日朝鮮人科學者協會歷史部會 譯, 『渤海文化』, 雄山閣, 1979, 112쪽~113쪽 ; 조대일, 「발해의 공예」 『발해사연구론문집』 1, 과학백과사전종합출판사, 1992, 226쪽.
  그리고 기둥밑 장식기와의 모양에 대해서는 위의 『東京城-渤海國上京龍泉府址の發掘調査』 내 <圖版 91~95> 및 서울대학교박물관, 『해동성국 발해』 (도록), 통천문화사, 2003, 70~71쪽, <그림 63~67> 녹유기둥장식 참조.
165) 주영헌, 위의 책, 1979, 165쪽 ; 조선유적유물도감 편찬위원회 편, 『북한의 문화재와 문화유적』(고려편 Ⅳ), 서울대학교출판부, 2000, 58쪽.

<그림 9-2> 고려의 기둥밑 장식기와(일부)

⑹ 놀이(격구, 타구)

"발해의 남자들은 지혜와 모략이 많고 驍勇하기로 다른 나라보다 나아서, 발해인 셋만 있으면 호랑이 한 마리를 당해낸다는 말이 있다."(『松漠紀聞』卷上, 渤海)라고 하였다. 그리고 발해군은 당군과 싸워서도 패하지 않은 强軍이었다. 그 바탕에 蹴鞠, 擊毬, 打毬, 활쏘기 등이 있었다. 발해의 축국이나 격구, 타구에 대해서는 간단한 기록이 있으며 이에 대한 연구도 있다.166) 축국이 공차기 놀이라면 격구는 말을 타고 하는 공놀이고 타구는 막대기를 가지고 하는 공놀이다. 그러나 발해시대에는 격구와 타구가 같은 의미로도 쓰였다.

격구 놀이는 당·고구려를 거쳐 발해에 널리 전파되었다. 멸망 후에는 요·금에서도 성행하였던 것 같다. 이는『요사』(蕭孝忠傳)나『금사』(禮志8)를 통해 알 수 있다. 예컨대 1038년 요나라 東京留守였던 소효충은 발해인의 격구를 금지한 데 대해, 동경은 중요한 기지인데 격구를 하지 않으면 무엇으로 무예를 연마할 수 있느냐고 하여 해제하도록 한 적이 있다.167) 그리고 거란의 耶律轄底는 발해인이 球馬 놀이 하는

---

166) 조희승,「고려의 격구와 타구」『력사과학』, 1982-4 ; 방학봉,「발해의 축국과 격구에 대하여」『발해문화연구』, 이론과실천, 1991 ;「渤海蹴鞠, 擊毬淺議」『渤海文化研究』, 吉林人民出版社, 2000 ;『조선의 민속전통』5, 과학백과사전종합출판사, 1994, 114~120쪽.

167)『遼史』卷81, 蕭孝忠傳, "重熙七年 爲東京留守 時禁渤海人擊毬 孝忠言 東京

것을 틈타 말을 훔쳐 거란으로 다시 달아난 일도 있었다.[168]

발해에서 유행한 격구(타구)는 일본에서도 행해지고 있었다. 발해의 사신 王文矩는 822년 일본의 嵯峨天皇이 보는 앞에서 경기를 벌였다. 천황은 타구하는 모습을 보고 詩興이 일어 '早春觀打毬'라는 시를 지었으며, 滋野貞主라는 신하도 '奉和觀打毬'라는 시를 지었다. 천황은 발해국 사신 王文矩 등이 타구를 끝내자 연회를 베풀어 상금으로 綿 2 百屯을 하사하였으며, 樂을 연주하고 번객이 춤을 추자 녹을 하사하였다는 것이다.[169]

고려시대의 격구에 대한 첫 기록은 태조 1년(918) 9월 상주에서 대항하던 적장 阿慈介가 투항 의사를 비치자 그를 맞는 행사 연습을 毬庭에서 벌였다는 내용이다.[170] 그리고 928년(태조 11년 11월) 11월에 견훤이 정병을 선발하여 烏於谷城을 공격하여 함락시키자 장군 楊志, 明式 등 6명이 탈출하여 적에게 항복하므로 왕이 명령하여 군사들을 毬庭에 모아 놓고 항복한 자의 처자들을 죽였다는 기록도 보인다.[171] 그 이후 격구는 고려의 국기처럼 숭상되었으며 국가시설로서 毬庭을 儀鳳樓(延慶宮 大樓) 밖에 만들고 힘써 행하였다. 崔怡는 민가 수백 호를 철거하여 毬庭을 확장하여 매일 격구를 연습케 하였으며, 강화 천도 때에도 毬庭을 갖추고 있었다고 한다.[172] 격구는 그 뒤에도 계속 발전하여 조선에서도 널리 행해졌다.[173]

最爲重鎭 無從禽之地 若非毬馬 何以習武 且天子以四海爲家 何分彼此 宜弛其禁 從之".

168) 『遼史』 卷112, 耶律轄底傳, "及釋魯遇害 轄底懼人圖己 契其二子迭里特 朔刮奔渤海 僞爲失明 後因毬馬之會 與二子奪良馬奔歸國 益爲姦惡 常以巧辭獲免".

169) 上田雄, 『渤海使の硏究』, 明石書店, 2002, 823~826쪽.

170) 『高麗史』 卷1, 太祖 元年 9月條.

171) 『高麗史』 卷1, 太祖 11年 11月條.

172) 金庠基, 『新編 高麗時代史』, 서울대학교출판부, 1985, 798~801쪽.

그런데 남방의 백제, 신라나 통일신라 시대에 격구 놀이가 있었다는 기록은 눈에 띄지 않는다. 따라서 고려의 격구 놀이는 북방의 고구려, 발해 등으로부터 전승되었을 가능성이 높다.

(7) 服飾

발해의 복식에 대해서는 적은 자료에도 불구하고 벽화나 출토 유물을 통해 깊은 연구가 이루어지기도 하였다.[174] 그런데 발해와 신라의 복식을 비교한 경우는 있어도,[175] 발해와 고려의 복식을 비교한 연구는 없다. 『고려사』(권72, 輿服志)에도 발해 복식에 대한 것을 찾을 수 없다. 이에 복식의 전승을 이해하는 데는 상당한 어려움이 있다. 그러나 발해 복식의 고려 전승 가능성은 남아 있다. 예를 들어 고구려, 당나라 시기에 행해진 蹴鞠, 擊毬 등의 놀이가 발해를 거쳐 고려로 이어져 행해지고 있었다. 이러한 놀이를 행하기 위해서는 窄袖를 비롯한 기본 의복도 같이 계승되었을 것이다. 그리고 그렇게 넓은 지역은 아니지만 발해의 영토가 고려에 흡수되었다는 점과, 수만의 발해 유민이 고려에 내투하고 있는 점을 고려하면 발해의 복식 문화가 고려에 전승될 수 있는 가능성은 충분하다고 생각된다.[176]

---

173) 김광언, 『우리 문화가 걸어 온 길』, 민속원, 1998, 332~339쪽.
174) 金玟志, 『渤海 服飾 硏究』, 서울대학교대학원 의류학과 박사학위논문, 2000 ; 全炫室, 『對外關係를 중심으로 본 渤海 男子 服飾 硏究』, 가톨릭대학교대학원 생활문화학과 의류학전공 박사학위논문, 2004.
175) 전현실·유송옥, 「渤海와 新羅의 服飾 比較 硏究」 『服飾』 50-6, 2000.
176) 고려시기에 국왕의 의복관계 일을 맡아보던 掌服署(尙依局)는 발해의 殿中寺를 계승한 것이라는 북한의 견해도 있다(홍희유, 『조선중세수공업사연구』, 1979/ 지양사(서울), 1989, 71쪽). 그러나 이를 그대로 믿기는 어렵다. 발해의 殿中寺는 당의 殿中省과 연결되는 것이며(王頴樓, 『隋唐官制』, 四川大學出版社, 1995, 325쪽), 발해의 것이 바로 고려에 계승되었다는 근거를 찾기가 쉽지 않기 때문이다.

(8) 역사 계승의식

현재의 동아시아 각 나라의 발해사에 대한 입장에 비추어, 발해가 당나라의 지방정권인지 아니면 고구려 계승국인지에 대한 문제는 쉽게 合一點을 찾을 수 있는 상황이 아니다. 그러나 발해를 고구려 계승 국가로 볼 수 있는 근거는 여러 가지 있다. 먼저 대조영이나 건국의 주체가 고구려계라는 점이다. 다음은 발해 문화가 다양한 성격을 지녔다 해도 그 가운데는 고구려적인 요소가 매우 많다는 점이다. 그리고 가장 중요한 것은 발해인 스스로 고구려 계승의식을 강하게 지니고 있었다는 점이다. 예컨대 727년 일본에 보낸 발해 무왕의 국서에는 "고구려의 옛 땅을 회복하고 부여의 遺俗을 잇게 되었다."고 하였다.[177] 이 듬해 일본이 발해에 보낸 국서에서는 "발해가 옛 땅을 회복하고 지난 날의 祖先의 훌륭한 德業을 잇게 되었음을 알게 되어 기쁘다."고 하였다.[178] 뿐만 아니라 1966년 일본 平城宮터에서 출토된 목간에서는 渤海使를 高(句)麗使라 표기하였으며,[179] 渤·日관계에서 渤海王을 高(句)麗王으로 지칭하는 사례가 숱하게 등장하고 있다. 이러한 사실들은 발해인 스스로 또는 인접국 일본에서 발해가 고구려 계승 국가임을 인식하고 있는 경우라 하겠다. 심지어 3대 문왕 때인 770년의 對日本 국서에서는 발해왕이 天孫임을 자처하는데, 이는 고주몽의 건국신화를 계승했음을 의미하는 것으로 볼 수 있다.[180]

발해와 함께 고려도 고구려 계승의식을 갖고 있었다는 것은 다 아는 사실이다. 고구려 계승을 표방하여 국호를 고려라 하였으며, 고구려의

---

177) 『續日本記』卷10, 神龜 5年 正月 甲寅條.
178) 『續日本記』卷10, 神龜 6年 4月 壬午條.
179) 宋基豪 해설, 「日本 平城宮 出土 木簡」『譯註 韓國古代金石文Ⅲ』(신라2·발해), 한국고대사회연구소, 1992, 493~495쪽.
180) 박시형, 「발해사연구를 위하여」『력사과학』, 1962-1 ; 朴鍾鳴 日譯, 「渤海使研究のために」『古代朝鮮の基本問題』, 學生社, 1974, 155쪽.

370

수도인 평양에 서경을 신설하고 옛 고구려의 영토를 수복하려고 하였다. 고려가 수많은 발해 유민을 수용한 것이나 이규보가『동명왕편』을 짓게 된 목적도 고구려 계승과 깊은 관련이 있을 것이다. 심지어 신라계 출신인 최승로 역시 태조 왕건의 정치를 평하면서 고구려의 부흥왕조를 세웠다고 하였다. 이러한 것들은 고려가 고구려 계승국임을 그대로 드러내는 것이다. 그리고『고려도경』(권2, 왕씨조)의 "王氏之先 蓋高麗大族也",『송사』(권487, 고려전)의 "高麗本曰高句麗"라는 표현, 後唐에서 고려 태조를 책봉하는 조서 중에 "주몽이 나라를 연 상서를 이어서 그 군장이 되었다."라는 표현이 등장하는 것은,[181] 중국인의 시각에서도 고려가 고구려를 계승했다는 것을 보여주는 것이다.

이처럼 발해와 고려는 존속했던 시기나 지역이 서로 다르지만 다같이 고구려의 계승 국가임을 표방하였다. 특히 고려는 고구려에서 발해, 발해에서 고려로 이어지는 역사 전개과정을 정확히 파악하고 있었을 것이다. 따라서 고려는 고구려뿐만 아니라 발해에 대해서도 역사의 공유의식과 같은 친연성을 가지고 있었을 것으로 생각된다. 이는 고려초 발해 유민에 대한 처우나 대외관계, 북방정책을 통해서 확인할 수 있다.

이상에서 발해 문화와 고려 문화의 유사성 내지 전승에 대해서 살펴보았다.[182] 고려 전기의 문화는 삼국, 통일신라, 후삼국, 중국, 북방민족의 문화 등 다양한 요소를 가지고 있을 수 있으며, 여기에 자기 고유의 문화도 만들었을 것이다. 그리고 앞에서 살펴본 것처럼 발해의 문화 즉, 온돌, 정치운영 방식, 성씨, 기둥밑 장식 기와, 공예, 역사 계승

181)『高麗史』卷2, 太祖 16年 三月 辛巳, "踵朱蒙啓土之禎爲彼君長".
182) 그 외에 발해나 고려 여성의 높은 지위를 비롯해 유학, 농업, 과학기술, 풍습 등 여러 분야에서도 유사성이나 전승 가능성을 짐작케 하나 그 구체적인 모습을 밝히는 데에는 자료상 한계성이 있다.

의식 등 여러 요소가 고려에 전승되었다.

　결국 발해 문화는 지역적으로 발해 영토의 대부분을 차지한 遼에 가장 많이 이어갔을 것이며, 뒤이어 金에까지 계승되었다. 그러나 남쪽의 고려에 전승되어 한국의 문화 발전에 일정한 역할을 했다는 측면도 결코 간과할 수 없다.

결 론

본서는 10세기 초 발해 멸망기 이래 발해 유민사를 고려와 관련지어 체계적으로 연구, 정리해 보려는 데에 그 목적이 있다. 200여 년에 이르는 유민들의 활동은 발해 존속 당시의 역사와는 그 성격에서 분명한 차이가 있을 것이다. 그러나 발해사 전체를 구성하는 중요한 하나의 부분이다. 이러한 차원에서 이 글이 출발하였다. 지금까지의 논의를 정리하면 다음과 같다.

서론에서는 발해사를 연구하고 있는 동아시아 여러 나라의 국가별 연구 동향을 개략적으로 살펴보고, 발해 유민사에 대한 지금까지의 연구 현황을 알아보았다. 이어서 본서의 연구 목적 및 연구 방향을 제시하였다. 이미 앞에서 밝혔던 것처럼 연구 목적은 주로 고려와 관련된 발해 유민사를 연구하여 실제의 모습을 밝히려는 것이다.

제1장에서는 동아시아 정세의 변화 속에서 거란의 요동 진출과 발해의 멸망과정을 살펴보았으며, 발해가 멸망하자 그 자리에 세워진 東丹國의 건립과 국가 성격을 이해한 다음 당시 발해 유민들은 어떠한 삶을 살아갔는지도 추적하였다. 이어서 발해의 마지막 왕 대인선의 즉위 과정과 가계, 그에 대한 인식의 전환 문제를 살펴보았다.

10세기 초 동아시아의 분열을 틈타 부족을 통합한 야율아보기는 동방의 발해에 압박을 가하는 가운데, 발해의 요충지 부여부를 포위한 지 3일 만인 926년 1월 3일에 이를 함락시켰다. 그 뒤 渤海老相이 이끄는 3만 군대를 만나 격파하고 이어 곧바로 발해 수도를 공략하여 수도를 포위하였고, 12일에는 발해의 마지막 왕 대인선이 항복을 청하였다. 1월 14일에는 대인선이 흰 옷을 입고 요속 300여 인을 이끌고 성을 나와 정식의 항복 절차를 밟음으로써 발해는 마침내 멸망하고 말았다.

발해의 멸망에 뒤이어 전개되는 동란국은 단순히 거란사의 전개 과정과 그 연장선에서만 논의될 부분은 아니다. 渤海遺民史의 입장에서도 매우 중요한 주제이다. 즉 발해의 멸망, 동란국 건립, 발해 유민의 부흥운동으로 전개되는 10세기 초 동아시아 정세변화를 이해하는 데 매우 중요한 부분인 것이다. 동시에 200년에 이르는 발해 유민사의 출발과 서로 맞닿는다는 점에서도 그 중요성이 크다고 하겠다. 그렇다고 동란국은 발해 유민의 국가는 아니다. 발해 계승국도 아닌 제2의 거란국이었다.

그리고 발해의 마지막 왕 대인선에 대해 지금까지는 무능하고 부정적인 시각으로만 바라보았으나 이를 시정할 필요가 있음을 주장하였다. 대인선대 20년 동안 모두를 멸망기로 설정하고 실정의 결과 멸망을 자초했다는 식의 평가는 어울리지 않는다. 20년을 다시 시기별로 나눠 이해하는 자세가 중요하다.

대인선의 치세가 문제가 없는 것은 아니나 긍정적으로 해석할 여지가 있는 것도 사실이다. 예컨대 대인선은 거란의 강한 압박에 대항하기 위해 대외적으로 신라, 고려와 연대해 돌파구를 찾으려는 나름의 노력이 엿보이기 때문이다. 따라서 대인선을 두고 대내외 정세를 파악하지 못한 무능의 군주, 그리고 거란에 잡혀가 비참하게 생을 마감한 비운의 왕으로만 자리매김하는 것은 올바른 해석이 아니다.

제2장에서는 발해·발해 유민과 고려 사이의 혼인의 실체와 이와 관련된 일련의 사실에 대한 내용을 검토하였다. 그리고 발해 세자 대

광현의 고려 내투 시기, 그에 대한 고려의 처우 및 역할이 어떠했는가
에 관해 살펴보았다.

우선 발해·발해 유민과 고려의 혼인관계에 대해 정리하면 다음과
같다.『자치통감』에 나오는 왕건의 '渤海我婚姻也'(渤海本吾親戚之國)
발언은 고려가 외교상의 명분을 찾기 위해서 만들어 낸 표현이 아니
라, 실지로 고려와 발해 왕실 내지 발해 귀족과의 혼인으로 보았다. 이
렇게 보는 결정적인 근거는 왕건이 후진 조정에 '婚姻'이라고 하는 구
체적 표현을 사용한 점, 양국 왕실 또는 발해 귀족과 관련되지 않은 혼
인으로는 발해왕을 구하는 거란 협공의 배경으로 너무나 미약하다고
하는 점을 들었다. 그리고『요사』고모한전을 토대로 한 왕건의 女와
고모한과의 혼인은 비록『고려사』공주전에 고모한과 관련된 혼인 기
록이 나오지 않지만 혼인이 확실히 있었던 것으로 파악하였다. 이는
고모한전에 '模翰避地高麗 王妻以女'라는 분명한 기사에 따른 것이다.
따라서 발해·발해 유민과 고려 사이의 혼인관계는 발해가 멸망하기
전에 있었던 양국 존속 당시의 혼인과 발해 멸망 후 발해 유민 고모한
과 고려 왕실 사이의 혼인 등 두 가지 사례가 있었다.

혼인의 상대는『자치통감』의 기사로는 파악할 수 없는 실정이지만,
『요사』기록의 혼인 대상은 고모한과 고려 태조의 女라고 하였다. 태
조의 女 가운데서도 누구인가 하는 점은『고려사』의 기록에 문제가 없
을 경우 즉, 사료 인멸이 많지 않으면서 조선 초기에 고의로 인한 혼인
기사의 누락이 없다고 한다면 宮妾所生의 庶女일 가능성이 크다고 하
였다.

혼인이 언제 이루어진 것인가 하는 문제에 대해서는,『자치통감』혼
인 기사의 혼인 시기는 923년 내지 924년 발해와 고려 사이의 결원과
연계하여 이와 비슷한 시기에 맺어졌던 것으로 추정해 보았다. 그리고
고모한과 왕건 女와의 혼인 시기는 고모한이 고려로 넘어오는 926년 1

월에서 그가 거란으로 도망가 죄를 지었을 때 그의 재주를 알아 풀어
준 거란 태조가 죽는 926년 7월 사이의 어느 시기에 이루어졌음이 확
인되었다.

그리고 이러한 두 가지 사례의 혼인관계는 발해 멸망 이후 고려시대
의 역사적 흐름에 여러 작용을 하고 있음을 알 수 있었다. 고려와 발해
를 멸망시킨 거란 간에는 소위 만부교 사건과 더불어 국교가 단절되는
하나의 배경이 되었으며, 발해 멸망 직전부터 나타나는 발해 유민의
고려 내투와 발해 세자 대광현에 대한 고려에서의 厚待도 혼인과 관련
이 있었던 것으로 보았다. 또한 발해 왕실의 후손인 대연림이 세운 흥
료국이 5회에 걸쳐 고려에 구원을 요청한 배경에도 발해와 고려 사이
의 혼인관계를 파악한 후에 이루어졌을 것으로 추론하였다.

다음 대광현과 관련된 몇 가지 문제에 대해 검토해 보았다. 그의 내
투 시기는 926년 발해 멸망 직후이며 934년에 고려의 처우가 내려진
것으로 해석하였다. 그리고 대광현에 대한 고려의 처우는 김부나 견훤
에 미치지는 못하지만 그 차이만큼이나 고려의 국내외 사정이 서로 다
르다는 점을 강조하였다. 고려는 남방의 신라와 후백제, 북방 발해의
국가적 전통과 왕실의 권위를 통해서 명실상부한 국가를 만들기 위해
대표자 3인에 대해 다같이 厚待한 것은 사실이지만 처우면에서 김부가
가장 높았으며 그 다음이 견훤이었고 발해의 세자인 대광현은 이들에
비해 상대적으로 낮았다. 이렇게 대광현에 대한 처우가 상대적으로 낮
게 나타나는 가장 큰 이유는 왕건대에 대광현과 발해 유민을 통한 對
契丹·北方政策이 매우 중요한 것은 틀림없지만, 3인의 처우가 내려진
934~935년대의 최대의 관심은 한반도의 북방보다는 남방에서 어느
나라가 후삼국을 마지막으로 통일하는가 하는 문제였다. 이에 따라 현
안과는 멀어진 대광현에 대한 처우는 김부와 견훤에 비해 낮게 나타날
수밖에 없었다.

내투 후 대광현의 역할은 고려의 對北方 정책에 크게 도움을 주었던 것으로 보인다. 이는 대광현이 무리 수만 명을 이끌고 내투하자 대외 교류의 창구이자 군사적 요충지인 白州를 지키게 한 점이나, 對契丹戰 에서 발해계 인물들이 활약하고 있는 점에서 알 수 있다. 단 그에 대한 의문 가운데 하나는 대광현에 대한 기록이 너무나 소략하여 고려에 내 투한 후 거점인 白州를 지키게 했던 사실까지만 나오고 그 뒤의 행적 은 전혀 알 길이 없다는 점이다. 고려 태조대에 그가 지닐 수 있는 사 회적 지위와 역할로 미루어 충분히 『고려사』 열전에도 입전될 수 있었 을 것으로 짐작되는데 어떠한 이유인지 입전되지 않았다.

제3장은 발해 유민들의 활동 가운데 부흥운동 차원에서 이해할 수 있는 나라 즉, 소위 후발해, 후발해와 밀접한 관련을 가졌을 것으로 보 아지는 정안국, 11세기 초 요동에서 세워진 흥료국, 12세기 초 대발해 의 건국 과정과 고려와의 관계에 대해서 심도 있게 고찰하였다.

발해 멸망 후 어느 시기에 세워진 것으로 보이는 후발해·정안국은 물론이고 1029~1030년의 흥료국, 1116년의 대발해는 지속적으로 남쪽 의 고려와 인적, 물적 교류를 행하고 있었다. 흥료국과 대발해는 비록 시차는 있지만 다같이 요동 지역을 중심으로 세워진 조그마한 나라라 는 공통점이 있다. 그런데 흥료국은 무려 5회에 걸쳐 고려에 군사적 지 원을 요청하고 있다는 점이 눈길을 끈다. 고려에서는 지원에 대한 많 은 논의가 이뤄지기도 했으나 끝내 원병 요청에 응하지 않았다. 그 이 유는 명분보다는 실리를 중시하는 고려의 외교에서 비롯된 것이다.

대발해의 고려에 대한 구원 요청 사례는 나타나지 않는다. 이 문제 를 흥료국과 비교한다면 아마도 흥료국과 대발해 간의 시간의 차이에 따른 요동 일대 발해 유민의 對高麗 인식의 변화 가능성에서 찾을 수 있을 것이다. 흥료국 시기와 대발해의 시기만 해도 벌써 100년 가까운 시간이 흘렀고, 고려 건국기로부터 보면 무려 200년의 시간이 흐르고 있다. 그러므로 거란 지배하 홍료국 시기의 對高麗觀이라는 것은 아직도 고려에 대해 연결의 끈을 가지고 있었으나 대발해 시기에는 이러한 요소들이 많이 사라졌다는 점이 크게 작용한 것이 아닐까 생각된다. 그러나 대발해가 진압되자 발해 유민들이 고려에 내투하고 있다는 점에서 아직까지도 발해 유민과 고려 사이에는 그들이 지니고 있던 친연성이나 이와 유사한 의식들이 존재하고 있음을 발견할 수 있다.

제4장은 고려에 내투한 발해 유민과 한인, 거란인, 여진인에 대한 고려의 인식·처우를 비교하였다. 이와 함께 발해 유민 후예의 사회적 지위에 대해서도 다루었다. 시기별, 사안에 따라 인식의 변화가 달라지기도 하겠지만 대체적으로 거란과 여진인에 대한 인식은 극히 나쁜데 비해, 한인과 발해인에 대한 인식은 우호적인 입장이었다는 것을 확인할 수 있었다. 그 가운데 발해인에 대한 인식은 특별하여 동족적 차원으로까지 이해하려 했다는 점이 주목된다. 이는 고려 태조가 발해에 대해 혼인관계 더 나아가 친척관계였음을 밝히고 있는 데서 분명하게 확인할 수 있다. 처우면에서 보면 역시 한인과 발해 유민에 대한 우대가 두드러지고 있다. 그러나 전자는 고려의 현실적 필요에 의한 것인 반면 후자는 동질감에서 우러나는 자연스런 현상이라는 점에서 큰 차이가 있다.

그리고 발해 유민 후예의 사회적 지위는 지금까지 견해와는 달리 그렇게 낮지 않았음을 지적하였다. 즉, 발해 유민 후예가 가지고 있던 관직이 그다지 낮지 않았다는 점, 발해 유민 후예에 대한 차별 의식과 차별 대우가 어디에도 발견되지 않는다는 사실, 발해 유민 후예 중 어느 특정인이 비록 천민집단에 거주했다고 가정하더라도 이를 일반화시켜 지위가 낮았다고 보는 것은 잘못된 견해라 하였다.

제5장은 고려의 발해·발해 유민 인식, 고려의 발해 계승의식, 발해와 고려 문화의 유사성과 전승에 대해서 살펴보았다. 고려시대의 발

해·발해 유민 인식은 고려가 처한 시기별 대내외 상황과 개인의 성향
에 따라 달리 나타나고 있었다. 고려 초기 특히 태조대에는 발해를 동
류·동족의 국가로 인식하려는 입장이 강하였다. 이 시기는 고려의 어
느 시기보다도 발해나 발해 유민에 대해 우호적으로 적극 수용하는 시
기였다. 이는 고려 초 국제관계를 유리하게 전개시키려는 의도에서 나
온 것일 수도 있지만 동족의식 차원에서 출발하였다는 측면도 결코 간
과해서는 안 될 것이다. 최승로도 태조대와 비슷한 입장이었으나 동족
의식의 수준이 그렇게 높지는 않았다.

　중기는 초기에 비해 발해 인식에 많은 변화가 나타나고 있다. 이를
대표하는 것이 김부식과 다수의 인물이 참여해 편찬한『삼국사기』이
다. 이 사서는 발해를 한국사로 인식하지 않으면서 단지 신라 북방의
인접 국가로만 인식하고 있다. 이것은 단순히 김부식 개인의 발해 인
식은 아니며 그를 대표하는 12세기 고려 지배층 내지 보수적 유학자들
의 현실 인식과 사상을 반영하는 것이다.

　그런데 김부식과 거의 같은 시기에 살다간 윤언이는 발해를 한국사
로 인식하였다. 윤언이의 표문(1142년)을 통해 본다면 그는 발해를 한
국사의 한 부분으로 받아들이고 있다. 이로써 고려의 발해 인식은 같
은 시기에도 각 인물이 처한 현실 인식과 사회적 지위, 사상에 따라 서
로 입장을 달리하고 있음을 확인할 수가 있다. 그리고 고려인과 많은
접촉을 가졌던 徐兢의『고려도경』에서는 발해사를 한국사 전체 흐름
속에서 이해하려 하였다.

　고려 후기에도 그 나름의 발해 인식을 보여주고 있다. 먼저『삼국유
사』의 찬술을 위한 예비자료의 성격을 지니고 있는『歷代年表』의 海
東諸國置條에 발해의 연호가 수록되었다는 점은 주목된다. 이는 일연
이 발해를 한국사로 인식한 하나의 근거가 되기 때문이다. 그리고 元
의 압제하에 있던 시기이나 자주적 입장에서 서술된『삼국유사』와『제

왕운기』역시 발해를 한국사로 인식하였다. 그런데 두 사서 다같이 한국사의 출발을 단군부터 잡으며 면면히 이어져 온 우리 역사의 유구성을 밝히려 하였지만, 『제왕운기』의 역사의식이 『삼국유사』에 비해 앞선 것으로 평가할 수 있다.

14세기는 원의 압제와 여기에서 벗어나는 시기가 이어지는 상황에서 각 개인에 따라 다양한 발해 인식이 표출되고 있다. 최해는 최치원의 발해 인식의 영향을 받아서인지 발해를 한국사로 인정하지 않았으며, 이제현은 처음에는 한국사로 인식하는 듯하였으나 나중에는 인식의 전환을 가져오는 특이한 경우에 해당한다. 14세기는 발해 유민의 내투는 더 이상 없던 시기이고 동북아시아에서 유민의 부흥운동마저 존재하지 않는 시기이다. 발해 유민 후예들만이 고려 사회에서 살아가던 시기에 고려 말의 정치가이자 학자인 정몽주가 발해를 고구려 계승국가로, 발해를 한국사로 인식하고 있다는 것은 매우 주목되는 사실이다.

한편 고려의 발해 계승의식은 고려가 국가통치 차원에서 표면적으로 드러낸 경우는 없다. 여기에는 고려의 입장에서 볼 때, 영토, 문화, 지리, 전통의 면에서 발해보다는 고구려를 계승 국가로 내세우는 것이 유리하다는 고려의 현실적 판단이 크게 작용한 결과였다고 본다. 태조대의 발해 계승의식은 일단 겉으로 이를 직접 표방한 경우는 없다. 대신 발해에 대한 통합의식은 상당히 남아있었던 것으로 보인다. 발해세자 대광현에 대해 王繼라는 성명을 내리고 宗籍에 싣게 하고 발해왕실의 제사를 받들게 하였던 조치도 대광현을 발해의 계승자로 인정한 것에 불과하다. 즉, 고려가 발해의 중심 세력을 수용했다는 의미이지 고려가 발해의 계승 국가라는 것을 의미하는 것은 아니다.

『삼국사기』는 고려의 신라 계승의식이 드러나고 있으나 발해 계승의식은 나타나지 않는다. 반면에 고려인과 많은 접촉을 가졌던 徐兢의

『고려도경』에서는 발해사를 한국사 전체 흐름 속에서 이해하였으며, 고려의 고구려 계승의식과 함께 발해 계승의식도 어느 정도 확인할 수 있다. 즉, 발해에서 고려로 이어지는 계승관계를 표면적으로 찾기는 힘들어도 제한적이나마 발견할 수 있다. 『제왕운기』와 『삼국유사』는 다 같이 발해를 한국사로 파악하였지만 역사 계승의식에서 차이가 있다. 즉, 『제왕운기』에는 많은 발해인의 고려 귀부라는 사실을 통해 내면적으로는 발해 계승의식을 詩 가운데 담고 있는 것이다.

따라서 고려시대에는 발해 계승의식이 완전히 없었던 것은 아니고 일부의 사실에서 부분적이나마 계승의식을 엿볼 수 있다. 그러나 무엇보다 중요한 것은 고려가 발해를 고구려 계승 국가로 인식하면서 후삼국 통일 과정에 발해 통합의식을 강력히 내비치고 있다는 점이라 하겠다.

마지막으로 발해 문화와 고려 문화의 유사성 및 전승에 관한 문제인데, 일단 현재까지의 연구로는 발해 문화의 많은 요소가 고려에 전승된 것은 아니다. 그러나 발해가 고려에 인접해 있었고, 수만의 발해 유민이 고려에 내투하였으며, 발해의 일부 영토가 그대로 고려에 편입되었다는 점에서 전승 가능성은 적지 않다. 온돌, 성씨, 공예, 역사 계승의식을 비롯한 다수의 유형, 무형의 문화가 이어져 갔을 것이다. 문화 전승에 대한 연구는 남한보다는 북한이 지역적으로 유리한 면이 있다. 앞으로 남북한의 학술교류가 진전되어 공동으로 연구한다면 새로운 성과를 거둘 수 있을 것이다.

이상 각 章의 중심이 되는 내용을 요약하여 정리하였다. 결론적으로 발해가 멸망한 926년 전후부터 유민들의 집단 활동이 사라지는 12세기 초까지 약 200년 동안 발해·발해 유민과 고려는 지속적으로 많은 관계를 맺고 있었음을 알 수 있다. 이것은 발해사 내의 발해 유민사 차원을 넘어 한국사 전체의 입장에서 보아도 상당히 중요한 의미를 지니는 것이다. 남방의 고려와 북방의 발해·발해 유민사가 각자 별개로 진행되는 것이 아니라 상호 관계를 통해 하나의 역사를 구성해 가는 모습을 확인시켜 준다는 측면에서 그러하다.

발해사는 연구 자료의 부족과 영토적인 문제로 인해 국가 귀속 문제를 낳으면서 한국사 가운데 가장 국제적인 연구 대상이 되어 있다. 발해 유민사 역시 남·북한, 중국, 일본 등지에서 연구가 이루어졌으나 개인적인 견해 외에 국가별로도 입장 차이를 보여주고 있다. 오늘날의 연구 동향에 비추어 이러한 현상이 쉽게 해소될 상황은 아니다. 발해 유민사에 대한 남한의 연구는 점점 많아지고 있으며 연구 수준도 높아지고 있다. 그러나 여전히 해결해야 할 과제가 남아 있다.

첫째, 발해 유민사 연구에 필요한 각종 자료를 수집하여 종합적으로 재정리, 검토, 체계화할 필요가 있다는 점이다. 이는 유민사를 넘어 발해사 연구 전체에 해당하는 문제이기도 하다. 얼마 전까지는 이 작업이 제대로 이루어지지 않은 채 단순하게 문헌사학 중심으로 일부의 연구가 있었다. 그러다가 최근에 들어 고구려연구재단, 동북아역사재단에서 발해사에 대한 많은 자료의 수집을 적극적으로 추진하여 어느 정도 성과를 거두었다. 그래도 아직은 많이 미흡한 편이다. 자료의 지속적인 발굴과 정확한 번역·주석 작업, 모든 자료에 대한 검색 시스템의 완비가 절실하다.

발해 유민사는 시기적으로 五代, 宋, 遼, 金, 高麗와 밀접한 관련이 있다. 앞으로는 문헌사학을 넘어 발해 유민의 활동 무대가 되었던 동아시아 여러 지역의 고고학, 금석학, 언어학, 인류학 등 인접학문들과의 학제간 연구가 절실한 동시에 거시적이고 체계적인 연구가 진행되어야 한다. 관련 자료들의 수집과 종합적인 비교·검토는 지금까지의 중국적 시각의 유민사가 아닌 발해 유민의 시각에서 재구성된 유민사를 낳을 수 있을 것이다.

둘째, 高麗, 五代, 宋, 東丹國, 遼, 金 등 여러 국가나 지역에서 살아 갔던 발해 유민들의 활동이 이제 종합적으로 정리되어 보다 확고한 유민사가 자리를 잡아야 한다. 아직까지 발해 유민사에 대한 단행본이 출간되지 않았다. 이것은 발해 유민사가 체계적으로 연구, 정리되지 않았다는 것을 반영하는 것이다. 하나하나의 사실에 대한 구체적인 유민 연구가 중요한 것은 사실이다. 하지만 이제는 유민사 전체의 이해를 위한 정리가 필요한 시점이다.

물론 정리를 위한 선결 과제도 남아 있다. 예컨대 지금까지 관심을 가져왔던 遼 지배하 발해 유민의 부흥운동에 대한 탐구도 중요하겠지만 東丹國과 遼 정권에 협력하는 발해 유민의 활동도 정밀하게 연구할 필요가 있다. 그것은 金 정권하에서 많은 발해 유민들이 동참하는 것과 서로 연계된 문제이기도 하다. 그리고 後渤海와 定安國의 관계 설정, 兀惹의 성격이 과연 무엇인지도 밝혀져야 한다. 이러한 부흥국에 대한 명확한 입장이 정리되지 않으면 올바른 유민사가 정립되지 못할 것이다.

더불어 후삼국시대에서 고려 초에 이르는 시기의 발해와 고려 사이의 국경선 연구도 중요하다. 국경선은 두 나라 간의 대외관계, 문화, 유민 동향과 밀접한 관련을 맺고 있어 결코 소홀히 할 수 없기 때문이다. 이것은 현장 접근이 필요한 남한의 입장에서는 어려운 문제이기는 하나 남북간의 학술교류에 의해 조금씩 해소될 것으로 기대된다.

셋째, 발해 유민사에 대한 시기 구분이 이루어져야 한다. 발해 유민의 활동은 10세기 초에서 12세기 초까지 약 200년 동안 진행되었다. 이러한 발해 유민의 여러 활동이 각각 어떠한 성격을 지니고 있는지 명확하게 규명한 다음 발해 유민사의 시기 구분이 마련돼야 한다. 이 작업은 이전의 발해사에 대한 시기 구분만큼이나 중요한 문제다. 앞으로 유민사 연구가 착실히 진행된다면 누구나 공감할 수 있는 유민사 시기

구분이 마련될 것으로 믿는다.

오늘날 동아시아는 나라마다 많은 변화를 하고 있다. 앞으로 이 변화의 흐름에 가장 큰 문제를 가져올 수 있는 한국사 분야 가운데 하나가 발해사다. 그러나 발해 유민사를 포함한 발해사 연구가 지나치게 민족과 영토 문제에서 출발한다면 올바른 발해사가 재구성될 수 없을 것이다. 발해사를 연구하는 각 나라의 학자들은 이 문제에 대해 진지하게 성찰할 필요가 있다.

중국의 동북공정은 우리 역사에 대한 왜곡된 시선만 안겨준 것이 아니라는 지적이 있다. 그동안 우리 역사임을 당연시했던 고구려, 발해사에 대한 연구 자세의 반성과 새로운 시각에 눈뜨게 하였다. 더욱이 한반도라는 공간을 넘어 역사 연구의 새 지평을 열어야 할 책무를 안겼고, 한국 고대사 연구의 새로운 방향을 정립할 기회를 마련하였다. 동시에 동아시아의 평화와 공존을 위해 무엇이 필요한 가를 돌이켜보게 하였다. 이 글 역시 이러한 점을 유의하면서 동아시아 전체의 흐름 속에 발해 유민사를 조망하려 하였다.

참고문헌

1. 자료

한국

① 사서류 : 『三國史記』, 『三國遺事』, 『帝王韻紀』, 『高麗史』, 『高麗史節要』, 『三國史節要』, 『東國通鑑』, 『東國史略』, 『朝鮮王朝實錄』, 『東史綱目』, 『渤海考』, 『海東繹史』, 『東史世家』

② 문집류 : 『孤雲集』, 『補閑集』, 『稼亭集』, 『圃隱集』, 『櫟翁稗說』, 『拙藁千百』, 『東人之文四六』, 『牧隱詩藁』, 『三峰集』, 『東文選』, 『崔文昌侯全集』, 『高麗名賢集』, 『韓國文集叢刊』, 『韓國歷代文集叢書』

③ 족보류 : 『永順太氏族譜』, 『陝溪太氏族譜』, 『開城王氏世譜』

④ 지리지류 : 『慶尙道地理志』, 『世宗實錄地理志』, 『新增東國輿地勝覽』, 『大東地志』, 『我邦疆域考』, 『全國地理志(韓國地理志叢書)』

⑤ 기 타 : 『歷代年表(陜川 海印寺 寺刊板殿 所藏)』, 『國朝榜目』, 『司馬榜目』, 『增補文獻備考』, 『高麗墓誌銘集成(金龍善 編)』

중국

『北齊書』, 『隋書』, 『舊唐書』, 『新唐書』, 『通典』, 『武經總要』, 『宋史』, 『遼史』, 『契丹國志』, 『五代會要』, 『大金國志』, 『金史』, 『唐會要』, 『宣和奉使高麗圖經』, 『松漠紀聞』, 『舊五代史』, 『新五代史』, 『文獻通考』, 『資治通鑑』, 『續資治通鑑長編』, 『三朝北盟會編』, 『冊府元龜』, 『宋會要輯稿』, 『滿洲源流考』, 『遼東行部志』

일본

『續日本紀』, 『續日本後紀』, 『日本三代實錄』, 『日本文德天皇實錄』, 『類聚國史』,

『扶桑略記』,『入唐求法巡禮行記』

2. 저서 및 편·역서

한국

경제기획원 조사통계국,『1985년 인구 및 주택 센서스-한국인의 성씨 및 본관 조사보고』(하권), 1988.

고구려연구재단 편,『발해사 자료집』(상·하), 고구려연구재단, 2004.

고구려연구재단 편,『중국의 발해사 연구』, 고구려연구재단, 2004.

고구려연구재단 편,『새롭게 본 발해사』, 고구려연구재단, 2005.

고구려연구재단 편,『발해사 연구논저 목록』, 고구려연구재단, 2005.

고구려연구재단·조선력사학회·러시아극동국립기술대학교 편,『고조선· 고구려·발해 발표 논문집』, 고구려연구재단, 2005.

고구려연구재단 편,『2005년도 러시아 연해주 크라스키노성 발굴 보고서』, 고 구려연구재단, 2006.

高句麗硏究會 編,『高句麗硏究』6(발해건국 1300주년), 學硏文化社, 1999.

高句麗硏究會 編,『高句麗硏究』25(동아시아와 발해 I), 學硏文化社, 2006.

高句麗硏究會 編,『高句麗硏究』26(동아시아와 발해 II), 學硏文化社, 2007.

국립문화재연구소 편,『한·러 공동발굴특별전-아무르·연해주의 신비』, 국립 문화재연구소, 2006.

국사편찬위원회 편,『국역 中國正史朝鮮傳』, 1986.

국사편찬위원회 편,『中國正史朝鮮傳 譯註』(一, 二, 三, 四), 1987~1990.

국사편찬위원회 편,『한국사』10(발해), 1996.

國史編纂委員會 編,『韓國古代金石文資料集III』(統一新羅·渤海篇), 1996.

權悳永,『古代韓中外交史-遣唐使硏究』, 一潮閣, 1997.

金庠基,『新編 高麗時代史』, 서울대학교출판부, 1985.

김영하,『新羅中代社會硏究』, 일지사, 2007.

金渭顯,『契丹的東北政策-契丹與高麗女眞關係之硏究』, 華世出版社, 1982.

金渭顯 編,『高麗史中中韓關係史料彙編』(上, 下), 食貨出版社, 1983.

金渭顯,『遼金史硏究』, 裕豊出版社, 1985.

金在善,『渤海文字硏究』, 民族文化社, 2003.

金在滿,『契丹民族發展史의 硏究』, 讀書新聞社, 1974.

金在滿,『契丹·高麗關係史의 硏究』, 國學資料院, 1999.

김정배·유재신 편,『발해국사(1)』, 정음사, 1988.

김정배 엮음,『북한의 우리고대사 인식(1)-연구성과와 평가』, 대륙연구소출판부, 1991.

김정배 편,『한국고대사입문』3(신라와 발해), 신서원, 2006.

金哲埈,『韓國史學史硏究』, 서울대학교출판부, 1990.

김한규,『한중관계사Ⅰ』, 아르케, 1999.

김한규,『요동사』, 문학과 지성사, 2004.

김한규,『天下國家-전통 시대 동아시아 세계 질서』, 소나무, 2005.

김현희 외 공저,『고대문화의 완성-통일신라·발해』, 국립중앙박물관, 2005.

노중국,『백제 부흥운동사』, 일조각, 2003.

檀國大學校東洋學硏究所 編,『二十五史抄』(上·中·下), 檀國大學校出版部, 1977.

대륙연구소 편,『러시아 연해주 발해유적』(제1차 한·러 공동발굴조사보고서), 대륙연구소출판부, 1994.

독립기념관 한국독립운동사연구소 편,『한국근대사와 고구려·발해 인식』, 2005.

동북아역사재단 편,『발해의 역사와 문화』, 동북아역사재단, 2007.

동북아역사재단 편,『2006년도 러시아 연해주 크라스키노 성 발굴 보고서』, 동북아역사재단·러시아극동역사고고민속학 연구소, 2007.

문명대·이남석·V.I. Boldin,『러시아 연해주 크라스키노 발해 사원지 발굴 보고서』, 고구려연구재단, 2005.

문안식,『한국 고대사와 말갈』, 혜안, 2003.

朴玉杰,『高麗時代의 歸化人 硏究』, 國學資料院, 1996.

발해사 편집실,『발해사 연구를 위하여』, 천지출판, 2000.

발해사 편집실,『자주독립국 발해』, 천지출판, 2000.

발해사 편집실,『발해의 유물 유적』(상·중·하), 천지출판, 2003.

方東仁,『韓國의 國境劃定硏究』, 一潮閣, 1997.

方學鳳 著·朴相佾 編譯,『渤海의 佛敎遺蹟과 遺物』, 書景文化社, 1998.

邊太燮,『高麗史의 硏究』, 三英社, 1982.

上田雄 저·최봉렬 역,『발해의 수수께끼』, 교보문고, 1994.

서병국,『발해·발해인』, 一念, 1990.

서병국,『거란·거란인』, 五政株式會社, 1992.

서병국,『발해국과 유민의 역사』, 대진대학교출판부, 2000.

서병국,『발해제국사』, 서해문집, 2005.

서병국,『발해사』(1~6), 한국학술정보, 2006.

서병국,『고구려인과 말갈족의 발해국』, 한국학술정보, 2007.

서울대학교박물관,『해동성국 발해』(도록), 통천문화사, 2003.

송기호,『발해를 찾아서-만주, 연해주 답사기』, 솔, 1993.

宋基豪,『渤海政治史研究』, 一潮閣, 1995.

송기호·정석배 옮김(E.V. Shavkunov 엮음),『러시아 연해주와 발해 역사』, 민음
　　　사, 1996.

송기호,『발해를 다시 본다』, 주류성, 1999.

송기호 역,『발해고』(유득공 저), 홍익출판사, 2000.

송기호,『한국 고대의 온돌-북옥저, 고구려, 발해』, 서울대학교출판부, 2006.

申瀅植,『三國史記研究』, 一潮閣, 1981.

梁銀容 編,『渤海史料集成』, 法印文化社, 1989.

王承禮 저·宋基豪 역,『발해의 역사』, 翰林大學 아시아文化研究所, 1987.

윤재운,『한국 고대무역사 연구』, 景仁文化社, 2006.

李基白 외 共著,『崔承老上書文研究』, 一潮閣, 1993.

李東馥,『東北亞細亞史研究-金代女眞社會의 構成』, 一潮閣, 1986.

이병건 편역,『발해건축의 이해』, 백산자료원, 2003.

이병근 외,『한반도와 만주의 역사 문화』, 서울대학교출판부, 2003.

이성시 지음·김창석 옮김,『동아시아의 왕권과 교역-신라·발해와 정창원
　　　보물』, 청년사, 1999.

이성시 지음·박경희 옮김,『만들어진 고대-근대 국민 국가의 동아시아 이야
　　　기』, 삼인, 2001.

李佑成·姜萬吉 編,『韓國의 歷史認識』(上·下), 創作과 批評社, 1976.

이영훈 외,『한민족과 북방과의 관계사 연구』, 한국정신문화연구원, 1995.

李龍範,『古代의 滿洲關係』(春秋文庫20), 한국일보사, 1976.

李龍範,『中世東北亞細亞史』, 亞細亞文化社, 1976.

李龍範,『中世滿洲·蒙古史의 研究』, 同和出版公社, 1988.

李龍範,『韓滿交流史研究』, 同和出版公社, 1989.

李在成,『古代 東蒙古史研究』, 法仁文化社, 1996.

이정신,『고려시대의 정치변동과 대외정책』, 景仁文化社, 2003.

日本東亞研究所 편·서병국 역,『이민족의 중국통치사』, 대륙연구소출판부,
　　　1991.

林相先 編譯,『渤海史의 理解』, 新書苑, 1990.

임상선,『발해의 지배세력 연구』, 신서원, 1999.

張東翼,『元代麗史資料集錄』·『宋代麗史資料集錄』, 서울대학교 출판부, 1998·
        2000.

全海宗,『韓中關係史硏究』, 一潮閣, 1983.

鄭求福,『韓國中世史學史』(Ⅰ), 集文堂, 1999.

鄭容淑,『高麗王室族內婚硏究』, 새문社, 1988.

정용숙,『고려시대의 后妃』, 민음사, 1992.

정진헌,『실학자 유득공의 고대사 인식』, 신서원, 1998.

정진헌 외 공저,『고구려와 발해의 계승 관계』, 고구려연구재단, 2005.

정진헌 역,『발해고』(유득공 저), 서해문집, 2006.

조동걸 외 엮음,『한국의 역사가와 역사학』(상·하), 창작과비평사, 1994.

조선유적유물도감 편찬위원회 편,『북한의 문화재와 문화유적』(고려편 Ⅳ), 서
        울대학교 출판부, 2000.

조선유적유물도감 편찬위원회 편,『발해의 유적과 유물』, 서울대학교 출판부,
        2002.

趙二玉,『統一新羅의 北方進出硏究』, 서경문화사, 2001.

蔡尙植,『高麗後期佛敎史硏究』, 一潮閣, 1991.

崔根泳 외 편,『日本六國史 韓國關係記事』(原文·譯註), 駕洛國史蹟開發硏究
        院, 1994.

崔茂藏 譯,『高句麗·渤海文化』(增補版), 集文堂, 1985.

崔茂藏 編譯,『渤海의 起源과 文化』, 藝文出版社, 1988.

河炫綱,『韓國中世史硏究』, 一潮閣, 1988.

韓國古代社會硏究所 編,『譯註韓國古代金石文Ⅲ-신라2·발해편』, 駕洛國史
        蹟開發硏究院, 1992.

韓國史硏究會 編,『韓國史學史의 硏究』, 乙酉文化社, 1985.

한국전통문화학교 편,『연해주 체르냐치노5 발해고분군(Ⅰ·Ⅱ)』, 한국전통문
        화학교·러시아연방 극동국립기술대학교, 2005·2006.

韓國精神文化硏究院 編,『韓國學基礎資料選集-고대편』, 1987.

韓圭哲,『渤海의 對外關係史-南北國의 形成과 展開』, 新書苑, 1994.

韓圭哲외 共著,『渤海史의 綜合的 考察』, 高麗大學校 民族文化硏究院, 2000.

韓永愚,『朝鮮前期史學史硏究』, 서울大學校 出版部, 1983.

韓永愚,『朝鮮後期史學史硏究』, 一志社, 1989.

洪承基 編,『高麗 太祖의 國家經營』, 서울대학교 출판부, 1996.
V.I. Boldin · E.I. Gelman,『2004년도 러시아 연해주 발해 유적 발굴 보고서』, 고
　　구려연구재단, 2005.

　北한

김영진,『도자기가마터발굴보고』, 사회과학출판사, 2002/ 백산자료원, 2003.
김영황,『조선민족어발전력사연구』, 과학,백과사전출판사, 1978.
김은택,『고려태조 왕건』, 과학백과사전종합출판사, 1996.
김인철,『고려무덤발굴보고』, 사회과학출판사, 2002/ 백산자료원, 2003.
김재홍,『조선인민의 반침략투쟁사-고려편』, 과학백과사전종합출판사, 1988.
김종혁,『동해안 일대의 발해유적에 대한 연구』(사회과학원), 중심, 2002.
김혁철,『발해사연구』6(력사지리 2), 사회과학출판사, 1998.
김혁철,『대조영과 발해』, 자음과모음, 2006.
력사편집부 편,『발해사연구론문집』1, 과학백과사전종합출판사, 1992.
류영심 편,『발해사연구론문집』2, 과학백과사전종합출판사, 1997.
리대희,『발해사연구』5(력사지리 1), 사회과학출판사, 1998.
리창언,『고려유적연구』, 사회과학출판사, 2002/ 백산자료원, 2003.
리화선,『조선 건축사』1, 과학백과사전종합출판사, 1989.
박시형,『발해사』, 김일성종합대학출판사, 1979/ 이론과 실천, 1989.
사회과학원 고고학연구소,『조선고고학개요』, 과학,백과사전출판사, 1979.
사회과학원 력사연구소,『조선전사』5(중세편, 발해 및 후기신라사), 1979
사회과학원 력사연구소,『조선전사』6(중세편, 고려사1), 1979.
장국종,『발해사연구』1, 사회과학출판사, 1997.
장국종,『발해사연구』2(정치), 사회과학출판사, 1998.
장국종,『발해국과 말갈족』(사회과학원), 중심, 2001.
장국종,『발해사 100문 100답』, 자음과모음, 2006.
전준현,『조선민족의 반침략투쟁사-고조선~발해편』, 과학백과사전종합출판
　　사, 1988.
조선유적유물도감 편찬위원회 편,『조선유적유물도감』(8권 발해편)』, 외국문종
　　합 출판사, 1991.
조선유적유물도감 편찬위원회 편,『조선유적유물도감』(10권 · 11권 · 12권 고
　　려편), 외국문종합 출판사, 1991, 1992, 1992.

조선기술발전사편찬위원회 편, 『조선기술발전사』 2(삼국시기·발해·후기신
　　　라편), 과학백과사전종합출판사, 1994.
조선의 민속전통편찬위원회 편, 『조선의 민속전통』 1~7, 과학백과사전종합출
　　　판사, 1991~1995.
조중공동고고학발굴대, 『중국 동북지방의 유적발굴보고(1963~1965)』, 사회과
　　　학원출판사, 1966.
주영헌, 『발해문화』, 사회과학출판사, 1971.
채태형, 『발해사연구』 3(경제), 사회과학출판사, 1998.
채태형, 『발해사연구』 4(문화), 사회과학출판사, 1998.
채태형, 『발해사연구』 7(력사지리 3), 사회과학출판사, 1998.
허종호, 『조선토지제도발달사(1)』, 과학백과사전종합출판사, 1991.
『발해사문답』, 사회과학출판사, 1998.

　　중국

金毓黻, 『東北通史』, 洪氏出版社, 1976.
金毓黻, 『渤海國志長編』, 華文書局, 1934/『渤海國志』, 宋遼金元四史資料叢刊
　　　(一), 文海出版社, 1977.
滕紅岩 編, 『渤海史文獻資料簡編』, 吉林文史出版社, 2006.
孟廣耀, 『北部邊疆民族史硏究』(上冊), 黑龍江敎育出版社, 2002.
방학봉, 『발해문화연구』, 이론과 실천, 1991.
방학봉, 『중국동북 민족관계사』, 대륙연구소출판부, 1991.
방학봉, 『발해유적과 그에 관한 연구』, 연변대학출판사, 1992.
方學鳳, 『渤海疆域和行政制度硏究』, 延邊大學出版社, 1996.
방학봉, 『발해건축연구』, 연변대학출판사, 1996.
방학봉, 『발해불교연구』, 연변대학출판사, 1998.
방학봉, 『발해의 주요교통로 연구』, 연변인민출판사, 2000.
方學鳳, 『中國境內 渤海遺蹟 硏究』, 백산자료원, 2000.
方學鳳·鄭永振 主編, 『渤海文化硏究』, 吉林人民出版社, 2000.
方學鳳·鄭永振 主編, 『渤海貨幣及二十四塊石論著滙編』, 吉林人民出版社,
　　　2000.
방학봉, 『발해경제연구』, 흑룡강조선민족출판사, 2001.
方學鳳, 『渤海城郭』, 延邊人民出版社, 2001.

방학봉,『발해성곽연구』, 연변인민출판사, 2002.

방학봉,『발해주요유적을 찾아서』, 연변대학출판사, 2003.

방학봉,『발해의 문화』1, 정토출판, 2005.

방학봉,『발해의 문화』2, 정토출판, 2006.

傅朗云 外,『東北民族史略』, 吉林人民出版社, 1983.

薛虹·李澍田 主編,『中國東北通史』, 吉林文史出版社, 1993.

孫進己·郭守信 主編,『東北古史資料叢編』(4), 遼審書社, 1990.

孫玉良 編著,『渤海史料全編』, 吉林文史出版社, 1992.

孫進己 外 主編,『中國考古集成』(東北卷 兩晉隋唐), 北京出版社, 1996.

孫進己 主編,『渤海史論著匯編』, 1987.

孫進己,『東北各民族文化交流史』, 春風文藝出版社, 1992.

孫進己·孫海 主編,『高句麗 渤海研究集成』(4, 5, 6), 哈爾濱出版社, 1994.

孫進己·張璇如·蔣秀松·干志耿·莊嚴,『女眞史』, 吉林文史出版社, 1987.

楊保隆 編著,『渤海史入門』, 靑海人民出版社, 1988.

楊若薇,『契丹王朝政治軍事制度研究』, 中國社會科學出版社, 1991.

楊志軍 主編,『東北亞考古資料譯文集』(渤海專號), 北方人民出版社, 1998.

歷史研究編輯部 編,『遼金史論文集』, 遼寧人民出版社, 1985.

연변대학 발해사연구실 편,『발해사연구』1~3, 서울대학교출판부, 1993.

연변대학 발해사연구소 방학봉 주편,『발해사연구』4, 서울대학교출판부, 1994.

연변대학 발해사연구소 편,『발해사연구』5~7, 연변대학출판사, 1994, 1995, 1996.

연변대학 발해사연구소 방학봉 외 주편,『발해사연구』8, 연변대학출판사, 1999.

吳文衒·張泰湘·魏國忠,『黑龍江古代簡史』, 北方文物雜誌社, 1987.

吳文衡 主編,『東北亞考古資料譯文集』(俄羅斯專號), 北方人民出版社, 1998.

王肯 外著,『東北俗文化史』, 春風文藝出版社, 1992.

王民信,『契丹史論叢』, 學海出版社, 1981.

王承禮,『渤海簡史』, 黑龍江省人民出版社, 1984.

王承禮 主編,『遼金契丹女眞史譯文集』, 吉林文史出版社, 1990.

王承禮·劉振華 主編,『渤海的歷史與文化』, 延邊人民出版社, 1991.

王禹浪·王宏北 編著,『高句麗渤海古城址研究滙編』, 合爾濱出版社, 1994.

王禹浪·田曉潮 主編,『旅順唐鴻臚井研究文集』, 哈爾濱出版社, 2005.

王仁富 編著,『旅順唐鴻臚井刻石回歸探討』, 哈爾濱出版社, 2005.

禹碩基・劉毅・竇重山 主編,『渤海國與東亞細亞』, 遼寧大學出版社, 1995.

劉子敏 外 主編,『中國正史中的朝鮮史料』(一・二), 延邊大學出版社, 1996.

魏國忠 外 共著,『渤海國史』, 中國社會科學出版社, 2006.

李唐 著・金渭顯 譯,『遼太祖』, 藝文春秋館, 1996.

李德山 外 共著,『中國東北古民族發展史』, 中國社會科學出版社, 2003.

李東源 譯,『渤海史譯文集』, 黑龍江省社會科學院歷史研究所, 1986.

李殿福・孫玉良,『渤海國』, 文物出版社, 1987.

張高 外 著,『渤海國管窺』, 中國社會科學出版社, 2003.

張博泉 編,『東北地方史稿』, 吉林大學出版社, 1985.

張修桂・賴靑壽,『遼史地理志滙釋』, 安徽敎育出版社, 2001.

張泰湘,『黑龍江古代簡志』, 黑龍江人民出版社, 1989.

鄭永振 主編,『渤海史研究』9, 延邊大學出版社, 2002.

鄭永振・尹鉉哲 主編,『渤海史研究』10, 延邊大學出版社, 2005.

鄭永振・嚴長錄,『渤海墓葬研究』, 吉林人民出版社, 2000.

鄭永振,『高句麗渤海靺鞨墓葬比較研究』, 延邊大學出版社, 2003.

정영진 외 공저,『고분으로 본 발해 문화의 성격』, 동북아역사재단, 2006.

朱國忱・魏國忠,『渤海史稿』, 黑龍江省文物出版編輯室, 1984.

朱國忱・朱威,『渤海遺蹟』, 文物出版社, 2002.

黃斌・黃瑞・黃明超,『渤海國史話』, 吉林人民出版社, 2004.

일본

駒井和愛,『中國都城・渤海研究』, 雄山閣, 1977.

島田正郎,『遼代社會史研究』, 巖南堂書店, 1978.

島田正郎,『遼朝史の研究』, 創文社, 1979.

東亞考古學會 編,『東京城－渤海國上京龍泉府址の發掘調査』(東亞考古學叢刊 甲種 第五冊), 1939.

濱田耕策,『渤海國興亡史』, 吉川弘文館, 2000.

三上次男,『古代東北アジア史』, 吉川弘文館, 1966.

三上次男,『金史研究』(1・2・3), 中央公論美術出版, 1970, 1972, 1973.

三上次男,『高句麗と渤海』, 吉川弘文館, 1990.

上田雄,『渤海國の謎』, 講談社現代新書, 1992.

394

上田雄・孫榮健, 『日本渤海交渉史』(改訂增補版), 彩流社, 1994.

上田雄, 『渤海使の研究』, 明石書店, 2002.

石井正敏, 『日本渤海關係史の研究』, 吉川弘文館, 2001.

新妻利久, 『渤海國史及び日本との國交史の研究』, 東京電機大學出版局, 1969.

外山軍治, 『金朝史研究』, 同朋社, 1964.

園田一龜, 『東丹國人皇王南奔の行迹』(奉天圖書館叢刊 22), 1935

李殿福 著・西川 宏 譯, 『高句麗・渤海の考古と歷史』, 學生社, 1991.

日野開三郎, 『日野開三郎東洋史學論集』 第8卷(小高句麗國の研究), 三一書房, 1984.

日野開三郎, 『日野開三郎東洋史學論集』 第15卷(東北アジア民族史(中)－靺鞨・渤海關聯篇), 三一書房, 1991.

日野開三郎, 『日野開三郎東洋史學論集』 第16卷(東北アジア民族史(下)－後渤海・女眞篇), 三一書房, 1990.

田村實造, 『中國征服王朝の研究』(上, 中, 下), 京都大東洋史研究會, 1964, 1971, 1985.

田村實造, 『慶陵の壁畵－繪畵・彫飾・陶磁-』, 同朋舍, 1977.

田村晃一 編, 『東アジアの都城と渤海』, 東洋文庫, 2005.

鳥山喜一 著・船木勝馬 編, 『渤海史上の諸問題』, 風間書房, 1968.

鳥山喜一 著・陳淸泉 譯, 『渤海史考』, 商務印書館, 1964.

鳥山喜一, 『滿鮮文化史觀』, 刀江書院, 1935

朝鮮總督府 編, 『朝鮮の姓』, 第一書房, 1934

朝鮮總督府中樞院 編, 『朝鮮の姓名氏族に關する研究調査』, 1934.

佐藤信 編, 『日本と渤海の古代史』, 山川出版社, 2003.

酒寄雅志, 『渤海と古代の日本』, 校倉書房, 2001.

中西進・安田喜憲 編, 『謎の王國・渤海』, 角川書店, 1992.

池內宏, 『滿鮮史研究』(中世 1), 1933.

津田左右吉, 『津田左右吉全集』12(滿鮮歷史地理研究 2), 岩波書店, 1964.

和田淸, 『東亞史研究』(滿洲篇), 東洋文庫, 1955.

3. 논문・학위논문

한국

具蘭憙, 『國際理解 增進을 위한 渤海・日本 交流史 學習 研究』, 韓國敎員大學

校 大學院 博士學位論文, 2003.

金光錫, 「高麗太祖의 歷史認識(Ⅰ)-그의 渤海觀을 中心으로」 『白山學報』 27, 1983.

金東佑, 『渤海 地方 統治 體制 研究-渤海 首領을 中心으로』, 高麗大學校 大學院 博士學位論文, 2006.

金玟志, 『渤海 服飾 研究』, 서울대학교대학원 의류학과 박사학위논문, 2000.

金渭顯, 「高麗의 宋遼金人 投歸者에 대한 收容策」 『史學志』 16, 1982/ 『遼金史研究』, 裕豊出版社, 1985.

金渭顯, 「遼代 渤海復興運動의 性格」 『明大論文集』 11, 1979/ 「遼代의 渤海復興運動」 『遼金史研究』, 裕豊出版社, 1985.

金渭顯, 「遼代渤海人反抗鬪爭」 『遼金西夏史研究』, 中國社會科學院, 1997.

金渭顯, 「契丹, 高麗間의 女眞問題」 『明知史論』 9, 1998.

金渭顯, 「渤海 遺民과 後渤海 및 大渤海國」 『高句麗研究』 6(발해 건국 1300주년), 학연문화사, 1999.

金渭顯, 「東丹國考」 『宋遼金元史研究』 4, 宋遼金元史研究會, 2000.

金渭顯, 「東丹國變遷考」 『宋史研究論叢』 5, 河北大學, 2003.

金恩國, 「渤海滅亡에 관한 재검토-契丹의 侵攻과 그 對應을 중심으로」 『白山學報』 40, 1992.

金恩國, 「渤海 末王 大諲譔時期 對外關係 研究」 『國史館論叢』 82, 1998.

金恩國, 「渤海 滅亡의 原因」 『高句麗研究』 6, 학연문화사, 1999.

金恩國, 「중국의 발해 멸망과 유민 연구동향」 『중국의 발해사 연구』, 고구려연구재단, 2004.

金恩國, 『渤海 對外關係의 展開와 性格-唐·新羅·契丹과의 관계를 중심으로』, 중앙대학교 대학원 박사학위논문, 2005.

金恩國, 「발해의 멸망 원인-시간적·공간적 접근」 『새롭게 본 발해사』, 고구려연구재단, 2005.

金在滿, 「遼天祚帝時代對金與高麗的關係」 『中韓關係史研討會論文集』, 中華民國研究會, 1981.

金在滿, 「契丹·高麗國交前史」 『人文科學』 15, 成均館大學人文科學研究所, 1986.

金在善, 「契丹의 渤海遺民 移住政策의 要因」 『新羅文化』 26, 2005.

金種福, 『渤海 政治勢力의 推移 研究-對唐政策을 中心으로』, 성균관대학교 대학원 박사학위논문, 2003.

金鎭光,「8世紀 渤海의 遼東進出」, 韓國精神文化研究院 韓國學大學院 碩士學
    位論文, 2002/『三國時代研究』2, 學研文化社, 2002.

金鎭光,『발해 문왕대의 지배체제 연구』, 韓國學中央研究院 韓國學大學院 博
    士學位論文, 2007.

金昌謙,「後三國 統一期 太祖 王建의 浿西豪族과 渤海遺民에 대한 政策研究」
    『成大史林』4, 1987.

金昌洙,「高麗와 興遼國」『黃義敦先生古稀記念史學論叢』, 1960.

南仁國,「高麗前期의 投化人과 그 同化政策」『歷史教育論集』8, 1986.

盧明鎬,「高麗 支配層의 渤海遺民에 대한 認識과 政策」『汕耘史學』8, 1998.

盧泰敦,「渤海國의 住民構成과 渤海人의 族源」『韓國古代의 國家와 社會』, 一
    潮閣, 1985.

盧泰敦,「對渤海 日本國書에서 云謂한 '高麗舊記'에 대하여」『邊太燮博士華甲
    記念史學論叢』, 1986.

류재일,「渤海 유예인의 한시 작품 연구」『洌上古典研究』10, 1997.

문안식,「'南北國時代'論의 虛像에 대하여 - 新羅와 渤海의 天下秩序에 기인한
    相互認識을 중심으로」『韓國古代史研究』19, 2000.

朴玉杰,「高麗時代의 渤海人과 그 後裔」『退村閔丙河教授停年紀念史學論叢』,
    1988.

朴眞淑,『渤海의 對日本外交 研究』, 忠南大學校 大學院 博士學位論文, 2001.

朴漢男,『高麗의 對金外交政策研究』, 成均館大學校 大學院 博士學位論文,
    1993.

朴漢卨,「弓裔의 渤海 收復意識」『高句麗研究』13, 學研文化社, 2002.

박홍갑,「발해 유민 大氏의 한반도 정착 과정 - 영순현과 영순태씨를 중심으
    로」『東北亞歷史論叢』16, 동북아역사재단, 2007.

方京一,「金代 墓誌銘에 실린 渤海遺民」『白山學報』76, 2006.

徐炳國,「遼末金初 漢官의 去就」『白山學報』33, 1987.

서성호,「고려 대조대 대(對)거란 정책의 추이와 성격」『역사와 현실』34,
    1999.

송기호 역(E.V. Shavkunov·L.E. Semenichenko 저),「소련 연해주의 발해문화 연
    구」『韓國史論』23, 1990.

宋基豪,「唐 賓貢科에 급제한 渤海人」『李基白先生古稀紀念韓國史學論叢』
    (上), 1994.

宋基豪,「발해 멸망기의 대외관계 - 거란·후삼국과의 관계를 중심으로」『韓

國史論』17, 1987.

宋基豪,「발해의 불교자료에 대한 검토」『韓國史學論叢(崔泳禧先生華甲記念 論叢)』, 探求堂, 1987.

宋基豪,「渤海史 研究 動向」『韓國上古史學報』1, 1988.

宋基豪,「발해사 연구의 몇가지 문제점」『韓國古代史論』, 한길사, 1988.

宋基豪,「북한의 발해 고고학과『발해문화』」『역사와 현실』3, 역사비평사, 1990.

宋基豪,「조선시대 史書에 나타난 발해관」『韓國史研究』72, 1991.

송기호,「발해사, 남북한·중·일·러의 자국중심해석」『역사비평』, 1992 가 을호.

宋基豪,「渤海佛敎의 展開過程과 몇 가지 特徵」『伽山 李智冠 스님 華甲紀念 論叢 韓國佛敎文化思想史』(上), 論叢刊行委員會, 1992.

宋基豪,「渤海 五京制의 연원과 역할」『강좌 한국고대사』7(촌락과 도시), 가 락국사적개발연구원, 2002.

申采浩,「朝鮮歷史上 一千年來第一大事件」『改正 丹齋申采浩全集』(中), 1995.

申瀅植 外,「中國學界의 韓國古代史 研究活動」『國史館論叢』91, 2000.

烏雲達賚 著·윤은숙 譯,「「西발해」와 몽골」『博物館誌』4·5合, 江原大, 1998.

吳煥一,「高麗와 渤海의 婚姻關係에 대하여」『歷史와 鄕村社會 研究』, 景仁文 化社, 2000.

柳在日,「渤海 遺裔人의 한시 작품 연구」『韓國 漢詩의 探究』, 이회, 2003.

柳在日,「王庭筠 시작품의 문예 공간」『韓國 漢詩의 探究』, 이회, 2003.

尹載云,『南北國時代 貿易研究』, 高麗大學校 大學院 博士學位論文, 2002.

이구의,「王庭筠 시에 나타난 自我와 外物」『民族文化論叢』, 嶺南大, 2004.

李東輝,「崔致遠의 北方認識-渤海觀을 중심으로」『白山學報』65, 2003.

李東輝,『발해의 종족구성과 신라의 발해관』, 釜山大學校 大學院 博士學位論 文, 2004.

李美子,「<후발해국>의 존재여부에 대하여-사료 검토를 중심으로」『白山學 報』67, 2003.

李萬烈,「朝鮮後期의 渤海史認識」『韓㳰劤博士停年記念史學論叢』, 1981/『한 국 근현대 역사학의 흐름』, 푸른역사, 2007.

이병건,『발해 24개돌유적에 관한 건축적 연구』, 건국대학교대학원 건축공학 과 박사학위논문, 2001.

李龍範,「渤海史研究의 回顧와 國史」『韓國思想』7, 1964.

李龍範,「遼代 上京・中京道의 渤海遺民」『白山學報』15, 1973.

李龍範,「遼代東京道의 渤海遺民」『史叢』17・18合, 1973.

李龍範,「高麗와 渤海」『韓國史』4, 국사편찬위원회, 1974.

李龍範,「金初의 渤海遺民」『又軒丁仲煥博士還曆紀念論文集』, 1974.

李龍範,「胡僧 襪囉의 高麗往復」『歷史學報』75・76合, 1977.

李佑成,「三國史記의 構成과 高麗王朝의 正統意識」『震檀學報』38, 1974.

李佑成,「南北國時代와 崔致遠」『創作과 批評』10-4, 1975/『韓國의 歷史像』,
        創作과 批評社, 1982.

李在範,「高麗太祖의 對外政策－渤海遺民 包攝과 관련하여」『白山學報』67,
        2003.

李鍾明,「高麗에 來投한 渤海人考」『白山學報』4, 1968.

李孝珩,「渤海와 高麗 사이의 婚姻關係에 대한 檢討」『釜山史學』31, 1996.

李孝珩,「興遼國의 성립과 對高麗 구원 요청」『釜大史學』22, 1998.

李孝珩,「고려시대 渤海遺民 後裔의 사회적 지위－大氏系 인물을 중심으로」『白
        山學報』55, 2000.

李孝珩,「『高麗史』 소재 渤海關係 기사의 검토」『지역과 역사』11, 2002.

李孝珩,「발해 유민의 大渤海 건국과 고려와의 관계」『白山學報』64, 2002.

이효형,「비운의 발해세자 대광현」『10세기 인물 열전』, 푸른역사, 2002.

李孝珩,「발해 문화의 고려 전승」『白山學報』67, 2003.

李孝珩,『渤海 遺民史 硏究－高麗와의 관계를 중심으로』, 釜山大學校 大學院
        博士學位論文, 2004.

李孝珩,「고려시대 발해・발해 유민 인식의 추이」『역사와 경계』53, 2004.

李孝珩,「渤海의 멸망과 遺民의 諸樣相－東丹國 관련 渤海遺民을 중심으로」
        『白山學報』72, 2005.

李孝珩,「海關國的滅亡及其遺民加入東丹國」『渤海史研究』10, 延邊大, 2005.

李孝珩,「高麗前期의 北方認識－발해・거란・여진 인식비교」『지역과 역사』
        19, 2006.

李孝珩,「발해의 멸망・유민사에 대한 연구 현황과 과제」『釜大史學』30,
        2006.

李孝珩,「발해 부흥국가와 고려의 발해 계승의식」『역사와 경계』60, 2006.

李孝珩,「渤海의 마지막 왕 大諲譔에 대한 諸問題의 검토」『韓國民族文化』
        29, 2007.

이효형, 「발해의 멸망과 유민의 동향」·「발해 유민의 부흥운동」『발해의 역사
와 문화』, 동북아역사재단, 2007.

이효형, 「발해사의 새로운 이해와 중국의 동북공정」『한국사와 한국인』(전근
대편), 선인, 2007.

이효형, 「『歷代年表』와『三國遺事』를 통해 본 一然의 발해 인식」『東北亞歷史
論叢』 18, 2007.

이효형, 「중국 학계의 발해 유민 연구」『중국 북방민족 연구』, 동북아역사재
단, 2008.

林相先, 「高麗와 渤海의 關係-高麗 太祖의 渤海認識을 중심으로」『素軒南都
泳博士古稀紀念 歷史學論叢』, 民族文化社, 1993.

林相先, 「8~10세기 동아시아 역사속의 渤海人」『三國時代硏究』 2, 學硏文化
社, 2002.

임상선, 「발해 유민의 부흥운동」『새롭게 본 발해사』, 고구려연구재단, 2005.

임지현, 「한국사 학계의 민족 이해에 대한 비판적 검토」『역사비평』, 1994 가
을.

全炫室, 『對外關係를 중심으로 본 渤海 男子 服飾 硏究』, 가톨릭대학교 대학
원 생활문화학과 의류학전공 박사학위논문, 2004.

鄭鎭憲, 「渤海史 史料와 渤海史 認識의 變遷」『高句麗硏究』 6, 1999.

趙仁成, 「高麗 初·中期의 歷史繼承意識과 渤海史認識」『李基白先生古稀紀
念韓國史學論叢(上)-古代編·高麗時代編』, 一潮閣, 1994.

蔡尙植, 「至元 15년(1278) 仁興社刊『歷代年表』와『三國遺事』」『高麗史의 諸
問題』, 삼영사, 1986.

河炫綱, 「高麗時代의 歷史繼承意識」『梨花史學硏究』 8, 1975.

韓圭哲, 「高麗來投·來往 契丹人-渤海遺民과 관련하여」『韓國史硏究』 47,
1984.

韓圭哲, 「後三國時代 高麗와 契丹關係」『富山史叢』 1, 1985.

한규철, 「고려에서 독립운동기까지의 발해사인식」『역사비평』, 1992년 가을호.

韓圭哲, 「高麗來投·來往 女眞人-渤海遺民과 관련하여」『釜山史學』 25·26
合, 1994.

韓圭哲, 「渤海復興國 '後渤海'硏究-연구동향과 형성과정을 중심으로」『國史
館論叢』 62, 1995.

韓圭哲, 「渤海國의 住民構成」『韓國史學報』 創刊號, 고려사학회, 1996

韓圭哲, 「발해유민의 부흥운동」『한국사』 10(발해), 국사편찬위원회, 1996.

韓圭哲, 「발해의 대외관계」 『한국사』 10(발해), 국사편찬위원회, 1996.

韓圭哲, 「渤海遺民의 高麗投化-後渤海史를 중심으로」 『釜山史學』 33, 1997.

韓圭哲, 「渤海史 研究의 現況과 課題」 『高句麗研究』 6(발해건국 1300주년), 학
　　　연문화사, 1999.

韓永愚, 「高麗圖經에 나타난 徐兢의 韓國史體系」 『奎章閣』 7, 1983.

북한

김장겸, 「고려의 고구려옛땅 남부지역통합」 『력사과학』, 1986-1.

김종혁, 「우리 나라 동해안 일대에서 조사발굴된 발해의 유적과 유물」 『발해
　　　사연구론문집』 2, 과학백과사전종합출판사, 1997.

리창진, 「고려푸른자기는 발해푸른자기의 계승발전」 『조선고고연구』, 2001-1.

박시형, 「발해사연구를 위하여」 『력사과학』, 1962-1.

박영해, 「발해는 고구려를 계승한 국가」 『력사과학』, 1986-3.

장국종, 「발해의 6부제에 대하여」 『력사과학』, 1990-4.

장국종, 「발해의 정치제도」 『발해사연구론문집』 2, 과학백과사전종합출판사,
　　　1997.

장상렬, 「발해의 건축」 『발해사연구론문집』 1, 과학백과사전종합출판사, 1992.

장상렬, 「발해건축의 력사적위치」 『고고민속 론문집』 3, 사회과학출판사,
　　　1971.

조대일, 「발해의 공예」 『발해사연구론문집』 1, 과학백과사전종합출판사, 1992.

주영헌, 「발해는 고구려의 계승자」 『고고민속』, 1967-2.

채태형, 「《협계태씨족보》에 실린 발해사 관계 사료에 대하여」 『발해사 연구
　　　론문집』 1, 과학백과사전종합출판사, 1992.

채태형, 「발해의 수상운수」 『발해사연구론문집』 2, 과학백과사전종합출판사,
　　　1997.

허종호, 「발해의 토지제도와 그 계승관계」 『발해사연구론문집』 2, 과학백과사
　　　전종합출판사, 1997.

중국

盖之庸, 「耶律羽之墓誌銘考證」 『北方文物』, 2001-1.

景愛, 「遼代女眞人與高麗的關係」 『北方文物』, 1990-3.

金毓黻, 「東丹王陵考察記」 『滿洲學報』 3, 1934.

盧任,「金代渤海族女政治家貞懿皇后」『北方民族』, 1993-1.

董萬崙,「關于遼代長白山女眞幾個問題的探討」『民族研究』, 1989-1.

鄧偉,「渤海遺裔第一文人王庭筠」『北方民族』, 1989-1.

鄧偉,「遼金渤海遺裔文學擧隅」『遼金契丹女眞史金研究』, 1987-2.

馬赫,「王黃華墓碑辨疑」『遼金契丹女眞史研究』, 1986-2.

馬赫,「略論金代遼東詩人王庭筠」『社會科學輯刊』, 1987-5.

馬赫,「東丹詩魂情韻綿」『北方文化研究』 2, 1989.

孟廣耀,「耶律倍及其藏書樓-望海堂」『實踐』, 1982-3.

孟廣耀,「渤海與契丹關係中的若干問題考述－遼對原渤海地區的經略」『北部邊
　　　疆民族史研究』(上冊), 黑龍江敎育出版社, 2002.

武玉環, 「遼朝的渤海移民政策」『中國東北邊疆研究』, 中國社會科學出版社,
　　　2003.

방학봉,「발해의 멸망원인에 대하여」『발해사연구』 1, 연변대학출판사, 1990.

范壽琨,「李石族屬新證」『學習與探索』, 1983-5.

范壽琨,「關于金朝重臣李石的幾個問題」『社會科學戰線』, 1988-3.

范壽琨,「略論李石」『北方民族』, 1992-2.

孫進己, 「唐代渤海民族的分布及渤海人的西遷」·「定安國,兀惹國及燕頗的活動」
　　　『東北民族史研究』(1), 中州古籍出版社, 1994.

宋玉祥,「渤海與契丹 "世讐"之淺見」『北方文物』, 1995-4.

艾生武,「東丹國初探」『北方論叢』, 1983-2.

楊保隆,「遼代渤海人的逃亡與遷徙」『民族研究』, 1990-4.

楊雨舒,「遼代渤海人高模翰述略」『北方民族』, 1990-1.

楊雨舒,「東丹南遷芻議」『社會科學戰線』, 1993-5.

楊雨舒,「<耶律倍與東丹國諸事考>商榷」『北方文物』, 1995-3.

楊雨舒,「渤海及東丹史研究論著資料索引」『北方文物』, 1996-1.

葉啓曉·干志耿,「滇西契丹遺人與耶律倍之裔」『北方文物』, 1995-4.

烏雲達賚,「渤海唐朝的繫縻國·西渤海軼事」『鄂溫克的起源』, 內蒙古大學出版
　　　社, 1998.

王民信,「契丹統治下的渤海人民」『民族與華僑論文集』 1, 臺北, 1974.

王民信,「遼東京與東京道」『邊政研究所年報』 13, 1982.

王成國,「論遼代渤海人」『博物館研究』, 1987-2.

王聲銀,「東北古代著名藏書家耶律倍和他的藏書樓」『黑龍江圖書館』, 1988-3.

王世蓮,「渤海遺民與金之勃興」『求是學刊』, 1983-4.

402

劉肅勇,「渤海遺民大延琳的反遼鬪爭」『學習與探索』, 1981-2.

劉肅勇,「論高永昌反遼抗金的戰爭」『遼寧師院學報』, 1981-4.

劉肅勇,「東丹國與東丹王耶律倍」『遼寧師院學報』, 1982-3.

劉肅勇,「闆山脚下話東丹王」『錦州師院學報』, 1984-2.

劉肅勇,「渤海遺民與金朝的政治關係」『北方民族』, 1990-1.

劉桓,「關于契丹遷東丹國民的緣起」『北方文物』, 1998-1.

李宗勳,「論遼代渤海遺民的社會地位及其影響」『渤海史研究』 3, 1993.

張泰湘,『東北考古研究』 3(第4編, 兀惹叢考·遼代兀惹城考), 中州古籍出版社, 1995.

程尼娜,「遼代渤海人地區的東丹國探析」『北方史地』, 2005-6.

趙鳴岐,「黃華山主-王庭筠」『學術研究叢刊』, 1985-4/『東北歷史名人傳』(古代卷上), 1986-7.

趙振績,「渤海族系與契丹之關係」『史學集刊』 11, 1969.

趙評春,「遼太祖攻滅渤海時程考」『學習與探索』, 1986-6.

주국침 저·김영국 역,「발해왕제가 부여성을 진공한 문제에 대하여」『발해사연구』 5, 1994.

朱國忱,「兀惹部, 兀惹城研究」『東北史地』, 2007-3.

陳顯昌,「渤海國史概要(五)」(第7章 渤海國滅亡及渤海族的離散, 渤海遺民的反遼鬪爭)『齊齊哈爾師範學院學報』, 1984年 3期.

馮繼欽,「遼代兀惹新探」『東北地方史研究』, 1986-4.

馮繼欽,「東丹國使節訪日考」『瀋陽文史研究』, 1987-2.

馮繼欽,「金代兀惹新探」『東北地方史研究』, 遼寧社會科學院歷史研究所, 1989-4.

何俊哲,「耶律倍與東丹國諸事考」『北方文物』, 1993-3/ 최태길 역,「야률배와 동단국의 여러가지 문제들에 대한 고증」『발해사연구』 6, 1995.

何俊哲,「關于耶律倍秘密向契丹主請兵攻擊後唐的再商榷」『北方文物』, 1996-2.

　일본

古畑徹, 「後期新羅·渤海の統合意識と境域觀」『朝鮮史研究會論文集』 36, 1998.

北村秀人, 「高麗時代の渤海系民大氏について」『三上次男博士喜壽記念論文集』 (歷史篇), 1985/「高麗時代の渤海系民管見」『月刊 しにか』, 1998.

浜田耕策, 「渤海史をめぐる朝鮮史學系の動向－共和國と韓國の「南北國時代」

論について」『朝鮮學報』83, 1978.

三上次男,「高麗と定安國」『東方學報』11-1, 1940.

三上次男,「金代遼陽の渤海人と佛敎」『塚本博士頌壽記念佛敎史學論集』, 1961.

三上次男,「金朝治下の渤海人」『金朝史研究』, 同朋社, 1964.

三上次男, 「渤海國の滅亡事情に關する考察－渤海國と高麗との政治的關係を 通じて見たる」『和田博士還曆記念東洋史論叢』, 1951/ 『高句麗と渤 海』, 吉川弘文館, 1990.

石井正敏,「朝鮮における渤海觀の變遷－新羅～李朝」『朝鮮史研究會論文集』 第15集, 1978.

李成市,「渤海史研究における國家と民族－「南北國時代」論の檢討を中心に」『朝 鮮史研究會論文集』25, 1988.

日野開三郎, 「五代時代に於ける契丹と支那との海上貿易－東丹國內に於ける 渤海遺民の海上活動」(上, 中, 下)『史學雜誌』52-7, 8, 9, 1941.

日野開三郎,「兀惹部の發展」(一, 二, 三, 四)『史淵』29～33, 1943, 1944, 1945.

日野開三郎,「後渤海の建國」『帝國學士院紀事』2-3, 1943.

日野開三郎,「定安國考」(一, 二, 三)『東洋史學』1, 2, 3, 1950, 1950, 1951.

日野開三郎,「統和初期に於ける契丹聖宗の東方經略と九年の鴨綠江口築城」『朝 鮮學報』20・21合, 1961.

日野開三郎,「宋初女眞の山東來航と貿易」『朝鮮學報』37・38合, 1966.

酒寄雅志,「日本における渤海史研究の成果と課題」『日本古代の國家と祭儀』, 雄山閣, 1996.

池內宏,「遼の聖宗の女眞征伐」『史學雜誌』26-6, 1915/『滿鮮史研究』(中世1), 1933.

池內宏, 「余の遼聖宗征女眞考と和田學士の定安國考について」『東洋學報』 6-1, 1916/『滿鮮史研究』(中世1), 1933.

和田淸, 「兀惹考」『東洋學報』 38-1, 1955/ 『東亞史研究』(滿洲篇), 東洋文庫, 1955.

和田淸, 「定安國について」『東洋學報』6, 說林, 1916/『東亞史研究』(滿洲篇), 東洋文庫, 1955.

中文摘要

渤海 遗民史 研究

与高丽的关系为中心

李 孝 珩

　　本书将系统地整理了十世纪初渤海灭亡以后，渤海、渤海遗民和高丽的关系为研究中心的渤海遗民史。虽然渤海遗民将近两百余年的活动和渤海当时的历史有本质的差异，但是它确是整个渤海史的重要组成部分。这本书就是从这个角度出发进行了分析研究。以下是各章的简要概括。

　　緒论是列举古往今来对于渤海遗民史的研究动向并提出本书的研究目的和研究方向。

　　第一章，首先叙述了在东亚局势的变迁中契丹的辽东进军和渤海的灭亡的过程。从而分析了在渤海灭亡之后，在渤海旧址上建立起来的东丹国的建立过程和国家性格。然后，探讨了在东丹国支配下渤海遗民们的各种生活状态。最后，还考察了渤海末王大諲譔的即位过程，家系和对关于大諲譔问题的一些新的认识。

　　渤海没能抵挡住契丹二十年的持续攻击，最后还是在926年1月14日灭亡。灭亡的真正原因无法说清楚。虽然契丹的侵略是直接的原因，但是也有必要从对内外的各个侧面上进行研究。渤海灭亡以后建立起来的东丹国并不是渤海遗民建立的国家，也不是渤海的继承国而是一个崭新的国家。还有目前为止，对渤海最后一个王大諲譔一直是无能和否定的

406

视角，但这些看法有必要更正。可能在对大諲譔的治理国家方面指出许多问题，但同时也存在从肯定一面解释的余地。 例如，在十世纪东亚经历着大动荡时期，为了挽救快要崩溃的渤海作了许多外交活动。大諲譔并不是一个无能的君主，也不是一个命运悲惨的君王。所以认为有必要转换对他的一些认识。

第二章，首先概述了约十世纪前后渤海灭亡时期东业复杂的国际态势。 随后在国际态势的变化中探讨了渤海、渤海遗民和高丽间的婚姻情况，以及与此相关的一系列事实。 同时研究分析了渤海世子大光显在投奔高丽时，高丽对大光显的态度以及大光显的作用。

以下是对渤海、渤海遗民与高丽的婚姻关系做的整理。《资治通鉴》中记载的王建的片语："渤海我婚姻也(渤海本吾亲戚之国)"，此语并不是为了寻找外交上的名分而捏造的话。事实上，自此可推断出高丽和渤海王室及渤海贵族的联姻。对此已在前面列出了几个理由。其次，在《辽史》中高模翰传上主要叙述得王建之女与高模翰的婚姻，虽然没有出现在有关《高丽史》中公主传的公主记录中，但却可以断定出确有过婚姻这一事实。 对此也可以参照《辽史》中记载的"模翰避地高丽王妻以女"叙述。所以这一事件是显而易见的事实。

《资治通鉴》所记载的婚姻对象在现实中无法判断其真伪。虽然《辽史》中所记录的婚姻对象是所谓的高模翰和高丽太祖之女。但是很难了解到她是太祖的哪一个女儿。如果在《高丽史》中的记录没有问题的话，她也有可能是宫妾所生的庶女。

在婚期的叙述上也有时间上的差异。一种推断是，依据《资治通鉴》中所记载的婚姻时期923年或924年来断定的。另一种推断是，高模翰与王建之女的婚姻时期是从926年1月到926年7月之间的某个时期形成

的。不管怎样，都可以分析出这个婚姻关系在渤海灭亡之后，在高丽时代的历史中起到了很重要的作用。

其次，大光显的诸问题。据考证大光显投奔高丽的时期是渤海灭亡的926年以后，而下达对大光显厚待的命令是在934年。同时高丽对于大光显的待遇虽然不如金傅或甄萱，但再次需要强调的是此差异也恰恰说明了高丽不同的内政外交。投奔高丽之后大光显的作用主要是对高丽北方政策所做的贡献。然而对大光显始终有个疑问，那就是在所有史料上几乎没有关于他的历史记录，从而无法了解到他投奔高丽以后的行踪。

第三章，对渤海遗民们进行的复兴运动和高丽的关系进行了考察。在渤海灭亡之后某个时期内建立的所谓后渤海定安国就不用说，就连兴辽国(1029~1030)·大渤海(1116)也和南方的高丽进行了持续的人和物的交流。兴辽国和大渤海虽然有时差，但其共通点是他们都是辽东地域为中心建立的小国。但是值得注意的是兴辽国时，曾有5次向高丽请求军事支援。高丽虽然对是否支援兴辽国进行了一番争议，但最终还是未果。 从此看出高丽在实行外交政策时相比名分更注重实利。

第四章，比较了高丽对来投奔高丽的渤海遗民和汉人·契丹人·女眞人认识和待遇。从而探讨了渤海遗民后裔的社会的地位。因时期和事件上的不同，虽有认识的变化差异，但总体上高丽对契丹和女眞人认识非常不好。与此相反对汉人和渤海人的认识却非常友好。其中，对渤海人的认识非常特别，可以理解为同族间的相待。在待遇上也是优待了汉人渤海遗民。但是对于汉人是依据高丽人现实的需要。而对于渤海遗民确是从同质感中自然流露的感情。因此，两者具有很大的差异。

从这些就能得出与以前相反的见解，那就是渤海遗民后裔的社会地位不是太低，而且海遗民后裔的官职也不是太低，也没有发现高丽对他们

的差别意识和差别待遇。虽然他们中的有些人住在贱民集团，但为此认为这事普遍的现象的话，那么这种观点是错误的。

在第五章中探讨了三个问题。既高丽对渤海、渤海遗民的认识，高丽对渤海的继承意识，高丽对渤海文化的传承。对高丽时代的渤海·渤海遗民的认识依据高丽的对内外状况和以个人的认识有时被认为是韩国史，有时不被认为是韩国史。

首先，在高丽初期的太祖时代把渤海史认为是韩国史。此后虽然也把渤海认识为韩国史，但和太祖时代相比这样的认识相对淡化了不少。中期和初期对渤海的认识是不同的。代表此观点是金富轼等人参加编纂的《三国史记》。此史书上不把渤海认识为韩国史。然而，和金富轼几乎生于同时期的尹彦颐却认为渤海是韩国史。因此，高丽对渤海认识上即使是同时期的人物，也因为所持的现实认识和所处的社会地位不同而思想也不同，各有自己的见解。曾是宋朝使臣的徐兢在《高丽图经》中认为渤海史属于韩国史。即认为渤海史就是韩国史。

在高丽后期渤海认识上出现了13世纪和14世纪的两个不同观点。在13世纪末编纂的《三国遗事》和《帝王韵纪》把渤海认识为韩国史。而14世纪的崔瀣不知是否受到了崔致远的渤海认识的影响，并不认为渤海是韩国史。然而值得注意的是，高丽末期政治家和学者郑梦周不仅认为渤海是高句丽的继承国家，而且认为渤海是韩国史。

同时，高丽的渤海继承意识上，因为出于高丽的统治目的而没有露于言表。在这里可能是出于领土文化、地理、传统范畴内，与渤海相比把高句丽作为继承国家话更对自身有利的想法上出发的。但是，最重要的是高丽把渤海认作是高句丽的继承国家以后，在三国的统一过程中曾强烈宣扬渤海的统合意识。

渤海的众多文化并非传承高丽。即便如此，渤海和高丽毗邻，而且渤海的一部分领土划入高丽，这一点来看有充分的传承可能性。在历史的继承意识和姓氏·制度·工艺·击球等方面，有形和无形的文化均被高丽传承。

以上简述和整理了各章的中心内容。对渤海史的研究有相当大的困难。这是因为渤海人或渤海遗民没有遗留历史书籍，而且在中国和韩国、日本里保存的与渤海相关资料非常少。特别是过去渤海的领土包括了现在的北韩·中国·俄罗斯，故对渤海史的研究更是难上加难。从而引起了渤海史究竟是属于哪一国历史的论争。渤海史在韩国成了国际间的研究对象。渤海遗民史虽然在南北韩·中国·日本里都进行研究，但研究过程中不仅存在个人见解上的差别，而且也有国家立场的差异。

对渤海遗民史的研究渐渐增多，研究水平也日益提高。但是，到现在为止，还留下了许多课题。

第一，收集对渤海遗民史研究有用的各种资料，并对此有必要进行综合整理。到现在这项工作还未实现，只是单纯以文献研究为中心进行的。渤海遗民史在时期上与五代·宋·辽·金·高丽有紧密的联系。特别是除领土之外，应收集曾作为渤海遗民活动舞台的辽·金·高丽的考古学资料和对金石文·言语学·文化方面的各种资料。

其次，按照时差综合整理曾在许多地域中出现的渤海遗民们的各种活动。迄今还未出版以渤海遗民史命名的单行本。这反映出还没有进行对渤海遗民史的系统整理。从事实上来看，虽然对于一个个具体事实的遗民研究是很重要，但现在需要的是，到了对遗民史做出全面理解而做整理的时候了。

再次，应对渤海遗民史进行具体的时期区分。渤海遗民的活动时间是从十世纪初开始到十二世纪初约两百年。那么，有必要首先明确渤海遗民的各种活动有什么特征，然后再划定渤海遗民史的时期区分。这项工作和渤海史的时期区分同样重要。

现在东亚各国正在经历着巨变。今后在这种变化的潮流中，韩国史领域里可能成为关注的问题之一是渤海史。但是包括渤海遗民史的渤海史研究中，如果过分地从民族和领土问题出发的话，就无法再构筑渤海史。这需要研究渤海史的东亚各国对此问题做真挚的反省。

中国的东北工程不光是给我们提供了歪曲韩国史的视线。也让我们对一直理所当然地认为高句丽史·渤海史是韩国史的研究姿态进行反省，也让我们开阔了视角。还有让我们意识到了有必要开辟一个超越韩半岛空间的历史研究新天地的责任感，而且提示了以后研究韩国古代史的新方向。同时，也让我们从新思考了为东亚和平和共存到底需要什么的问题。本书就是在此理念的指引下，以整个东亚为背景来展开了对渤海遗民史的研究。

찾아보기

414

416

418

민족문화 학술총서를 내면서

21세기의 새로운 미래를 향해 나아가는 현 시점에서 한국학 연구는 새로운 전기를 맞이하고 있다. 한국은 물론이고, 아시아·구미 지역에서도 한국학에 대한 관심은 고조되고 있으며 여러 분야에서 다각도로 심층적인 분석이 이루어지고 있다. 이러한 추세에 발맞추어 우리나라의 한국학 연구자들도 지금까지의 연구를 기반으로 하여 방법론뿐 아니라, 연구 영역에서도 보다 심도 있는 연구가 요청되고 있는 형편이다. 따라서 우리는 동아시아 속의 한국, 더 나아가 세계 속의 한국이라는 관점에서 민족문화의 주체적 발전과 세계 문화와의 상호 관련성을 중시하는 방향에서 연구를 진행해야 할 것이다.

본 한국민족문화연구소는 한국문화연구소와 민족문화연구소를 하나로 합치면서 새롭게 도약의 발판을 마련한 이래 지금까지 민족문화의 산실로서 중요한 역할을 수행해 왔다. 그런 중에 기초 자료의 보존과 보급을 위한 자료총서, 기층 문화에 대한 보고서, 민족문화총서 및 정기학술지 등을 간행함으로써 연구소의 본래 기능을 확충시켜 왔다. 이제 이러한 성과를 바탕으로 한국학 연구자의 연구 성과를 보다 집약적으로 발전시켜 나아가기 위해서 민족문화 학술총서를 간행하고자 한다.

민족문화 학술총서는 한국 민족문화 전반에 관한 각각의 연구를 체계적으로 정리함으로써 본 연구소의 연구 기능을 극대화하는 역할을 할 것으로 기대한다. 또한 본 학술총서의 간행을 계기로 부산대학교 한국학 연구자들의 연구 분위기를 활성화하고 학술 활동의 새로운 장이 되기를 바란다.

아울러 본 학술총서는 한국학 연구의 외연적 범위를 확대하는 의미에서 한국학 관련 학문과의 상호 교류의 장이자, 학제간 연구의 중심 기능을 수행함으로써 명실상부한 한국학 학술총서로서 자리잡을 수 있도록 해야 할 것이다.

1997년 11월 20일

부산대학교 한국민족문화연구소

지은이 | 이효형(李孝珩)

1962년 경남 거창 출생. 부산대학교 사학과를 졸업하고, 2004년 부산대학교 대학원 사학과에서 『渤海遺民史 硏究-高麗와의 관계를 중심으로-』로 문학박사 학위를 받았다. 부산대학교 사학과 강사를 역임하였으며 현재 부산대학교 한국민족문화연구소 객원연구원이다. 발해사에 많은 관심을 가지고 연구 중이며 자라나는 세대의 역사교육에 힘쓰고 있다.

주요 논저 | 『발해의 역사와 문화』(공저, 동북아역사재단), 『중국 북방민족 연구』(공저, 동북아역사재단), 『한국사와 한국인』(공저, 선인), 『10세기 인물열전』(공저, 푸른역사), 「발해 부흥국가와 고려의 발해 계승의식」, 「발해의 멸망·유민사에 대한 연구 현황과 과제」, 「발해 유민의 대발해 건국과 고려와의 관계」, 「발해 문화의 고려 전승」, 「고려시대 발해·발해 유민 인식의 추이」, 「고려시대 발해 유민 후예의 사회적 지위」 외 다수의 논문이 있다.

민족문화학술총서 48

발해 유민사 연구

이 효 형 지음

2007년 12월 27일 초판 1쇄 발행

펴낸이 · 오일주
펴낸곳 · 도서출판 혜안
등록번호 · 제22-471호
등록일자 · 1993년 7월 30일

(우) 121-836 서울시 마포구 서교동 326-26번지 102호
전화 · 3141-3711~2 / 팩시밀리 · 3141-3710
E-Mail hyeanpub@hanmail.net

ISBN 978-89-8494-331-5 93910

값 28,000 원